本书受"企业文旅产品开发推广研究（1501-H2023060050）""陕西省社科联项目：榆林非物质文化保护传承工作研究（2023HZ0544）""榆林学院高层次人才项目：陕北道情唱本整理研究（2023GK36）""榆林学院教改项目：应用型本科《写作》教学改革研究（JG2367）""榆林市重大文艺项目"等项目基金资助，谨表谢忱。

清代八股文的文体形态研究

张建华◎著

吉林大学出版社

·长春·

图书在版编目（CIP）数据

清代八股文的文体形态研究 / 张建华著. —— 长春：
吉林大学出版社, 2023.9
ISBN 978-7-5768-2187-1

Ⅰ.①清… Ⅱ.①张… Ⅲ.①八股文 – 研究 – 中国 –
清代 Ⅳ.①H152

中国国家版本馆CIP数据核字(2023)第193463号

书　　名：清代八股文的文体形态研究
QINGDAI BAGUWEN DE WENTI XINGTAI YANJIU

作　　者：张建华
策划编辑：张鸿鹤
责任编辑：张鸿鹤
责任校对：田　娜
装帧设计：张　娜
出版发行：吉林大学出版社
社　　址：长春市人民大街4059号
邮政编码：130021
发行电话：0431–89580028/29/21
网　　址：http://www.jlup.com.cn
电子邮箱：jldxcbs@sina.com
印　　刷：长春市中海彩印厂
开　　本：787mm × 1092mm　　　1/16
印　　张：23.25
字　　数：350千字
版　　次：2023年9月　第1版
印　　次：2023年9月　第1次
书　　号：ISBN 978–7–5768–2187–1
定　　价：78.80元

躬耕书田，心系人间

——代自序

这本书是我博士四年多一个琐碎不堪卒读的战果，遽成芸帙，颇为汗颜，就当敝帚自珍吧，将那段日子，做一个短小的总结。

近乎五年，感觉是经历了一段漫长无涯的隧道时光，火车不紧不慢地向前，我时而觉得目标明确，时而又迷失在昏黄的光晕里找不到出路。道路清晰时，内心振奋不已，恨不能一步抵达终点，好赶紧回家守护稚子田园；彷徨迷失时，两股战战，汗湿衣衫，不知迷途的尽头等待我的将会是什么样的命运。这一段历程，至今不敢回望，就像我的生命陡然空白出了五年，这五年的每一天，春夏秋冬，都在悄悄地向前迈进，唯有我，似乎跌入长梦，怎么都醒不来。

还好，时间是最好的良药，一切都会过去。痛的时候，站在宿舍窗前，看窗外那两棵大树从枝繁叶茂到枝干清冷，从白雪覆盖再到黄叶飘零，四季就那样飞掠而去。树上有一窝鸟儿，常年在枝头筑巢繁衍生息，夏天歌喉婉转，冬天也格磔唧啾，从不疲倦。

我这个选题，从偶一得之，到入门选材、构建框架、烂尾重建、装潢启动、质疑再建，再到淬火涅槃，其中甘苦，唯有自知。寒冬腊月、暑气蒸人之时，我都在7号公寓楼那一方斗室伏案苦读。《清代硃卷集成》共420册，纸质图书既买不起，也背不动，电子版影印本书籍，我精读并句读、辑录、笺注文献达五十万字之巨，泛读涉及田启霖、龚笃清、郭英德及吴承学诸先生文献数十种，至若其他参考资料，则不可计数，梳理统计数据达数月余。每至夜深人静，窗外树影婆娑，屋内灯影如豆，吾坚守一隅，或清心展眉，或百思不解，其状难喻。偶或去洗手间一游，长长的走廊里声控灯时明时灭，悄无声息的楼道就像某恐怖片现场，某次"夜奔"，灯暗处一声诡异"喵"叫唬得我魂飞魄散几乎一蹦三尺，仔细一看，是那只博学的大橘，不知何时从积石堂转移到我们楼道。如此作为，好处也是有的，整日两眼昏花，十米之内不识庐山，免去吾作为巨型社恐患者的后顾之忧，反正熟悉我的人都知道我疑似眼底黄斑病变，正常的时候看，电脑是长方形，但有时候看过去电脑屏幕会变成平行四边形，有时候是菱形，又有时候是S形，花一样钱买四个形状的电脑，我妥妥赚了。

本书能够达到今日面貌，我的博导胡颖教授、其他各位先生、我的家人、各位同门、同窗甚至我的个别同事功不可没，他们或精心引路，或查阅馈赠资料，或传达信息，或鼓励助力，无疑是我微末进步路上的巨大动力。回头看去，我曾经的浮躁既未能使师长惬心，亦未能解同窗憾惜，更未能让家人宁神，实在令我羞惭不已。即使今天，本书中也仍然有不少问题，有些问题并未真正得到解决，有待此后继续深入研究。之所以斗胆将此巾箱付梓面世，乃有抛砖引玉之意图，希冀借此薄文引出其他前辈们的高文大册，可为后世论者留些许足迹，惶愧之余，足以慰藉吾心。

文稿绪论部分主要梳理了本书的研究背景、国内外研究现状及本书研究的重点难点、研究的创新点等内容。全文分五章。

第一章：清代八股文的语境。语境主要指清代八股文产生和发展的社会历史、文化语境，它对其时制义的内容、形式及美学趋向具有十分重要的影响。

本章主要从理学语境、历史文化语境与衡文标准三方面切入，以明代八股文反映出的理学内容为背景，探析清代八股文理学追求的细微变化，并阐释后者对前者的突破以及这种理学语境对清代八股文之作用机理；在此基础上，以传统诗论、文论为背景，寻求清代考官产生他们的审美评价所依恃的传统文化理论，以及这种价值观念对清代八股文创作的引导之功；进而分析在这些背景影响下产生的清代八股文衡文标准：理法辞气与清真雅正，以及这种衡文标准之所指，并以具体文本为参照物，指出何为清代八股文的理法辞气与清真雅正，以此证明这种衡文语境对其发展嬗变的深刻影响。

第二章：清代八股文的体制。体制指文体的结构形制。本章将清代八股文置于其漫长的发展史中，将楚简《恒先》的文本形构当作其文体萌蘖期的体制模式，结合其文体形成前的社会条件一起考察其体制形成的早期形态，以示文体渊源有自。在此基础上，提出常式和变式八股文的概念，将那些符合"八股"结构特征的文本称为"常式八股文"，并将那些股对少于或多于"八股"的文本称作"变式八股文"，以辑录文献为本考察清代八股文中"常""变"之文本数量，以此证明形式之逐步美化和多样化正是其时文本文学性增强的第一个特征。同时，对清代八股文中大量存在的对偶变体进行考察，这是清代八股文创制之举，同时也是其文学性增强的另一表征。

第三章：清代八股文的语体。语体主要指文本在语言和修辞方面的特色。本章从语体的概念界定入手，从交际需要、类型化特征等核心义素出发解析八股文语体影响下的"四字格"结构，并由这个小的语言单位进一步扩展来考察受语体影响的八股文文本之声律美。与此同时，清代八股文的辞格选用充分证明了作者在语言使用中的匠心独具，此为其"文学性增强"在语言方面的表现。

第四章：清代八股文的体法。体法主要指清代八股文的体裁和文法。本章首先介绍清代八股文的体裁——议论体的阐释与嬗变，指出清代八股文的议论方式由最初的宗经到实用、从最初在记言基础上的代言到抒发作者身心的代言这一复杂多变的嬗替过程。并以"文法"为线索考察清代八股文篇章建构之法，主要文法有正反、顺逆、钓渡挽以及起承转合之法，总体看来，其文法运用更加圆熟流畅。就结构文本的功能而言，清代八股文还有一种比较突出的文法，就是建立在传统文学批评理论基础上的"倚峰成文"之法，它是由中国古代文化"以峰论文"模式演变而来。更加讲求文章成法，亦为八股文之文学性增强的明证。

第五章：清代八股文的风格。风格是中国传统文论的必要范畴，主要指文章的美学风貌。本章首先结合作者的阅历、性格分析清代八股文的个体风格和其美学效果。其次，通过对《清代硃卷集成》所存会试文本的细勘可知，清代八股文在康雍乾、嘉庆、同治和光绪等不同阶段，其主流风格是存在的，并且缓慢而清晰地变革着。康雍乾时期的八股文因为上承明鼎盛时期，大都呈现出雍容典雅的风貌；嘉道时期的八股文因为摭拾《竹书》等上层人士所诟病的思想和词句，大都呈现出诡谲怪奇的风范；同治时期社会短暂中兴，中西方文化汇集碰撞，其时八股文，大都平易畅达；而光绪时期各种思潮狂飙突进，西方文化进一步渗透，士人意气昂扬，多以八股论时事，其风格往往生新廉悍。最后介绍清代八股文流派可能的存在状况，比较分析不同流派之间的风格特点，指出其变化的时序性和社会性。

行文至此，只恨无法笔走龙蛇，为读者提供足征参考的资料，再次冷汗涔涔，惟再三拜谢众师友以祈谅解。文字鄙陋，辱请同领域专家学者不吝赐教，定伏而称谢并做更正。是为自序。

张建华
2023癸卯岁首于听云阁

目　　录

绪　论

明清两朝，多以八股取士。清代开国，稽古右文，效法明制以擢拔官吏。于朝廷而言，此举意在选才求贤；于士人而言，此实乃进身遂志之阶。以此，有清一代，八股文再次成了一个朝代政治兴衰的见证者和文风变易的风向标，其文本在诸多方面体现出显著的"与世沉浮"之特性，即八股文经学性逐步下降、文学性持续增强。这种趋势又是不断变化的社会环境、源远流长的文学批评与八股文的文体特性相互融合、相互调适的必然结果。故而，顺社会发展之"藤"，摸文体形态嬗变之"瓜"，是当前亟须进行的工作。

在材料的择取上，本书主要参考《清代硃卷集成》。它是顾廷龙先生于1992年主编的清代进士、举人、贡生中式后的八股文（影印本）合集，共计420册。该合集搜求务广，体例严谨有序，为学者们提供了大量珍贵的一手资料。科举考试审查过程十分严格，故其文本的全面性、真实性和准确性是其他同类汇编无法相媲的。集成还附有大部分士人的履历、考官评语以及试帖诗，皆具有重要的社会、学术和文献价值，值得学界进行多角度、多层次的探索。

而关于《清代硃卷集成》的研究，近些年来的成果主要集中在历史学领域，学者们多考述其履历、地方进士的婚姻、交际状态和著述情况等，以八股文本为中心的研究或进入文本的研究鲜见问世，且缺乏系统而深入的探讨。吴承学《明代八股文文体散论》云："文化研究假如不是建立在坚实的文本研究的基础上，就容易陷入浮光掠影、人云亦云的窠臼。"[①]

---

① 吴承学. 明代八股文文体散论［J］. 中山大学学报，2000（6）：1.

龚笃清也认为：迄今为止，深入文本的研究尚未启航。其学生高明扬曾欲裨补乃师之遗憾，继续力倡"回归文本"，他在《文体学视野下的科举八股文研究》中说："八股文研究，离不开对材料的分析。让材料说话，很多问题就会不言自明，给人以直观的认识。我们以时间为序，抽样选取明、清两代经义八股文共二十六篇作比较分析。"①他对文本研究的提倡值得肯定，其文亦颇堪研读，但他写作一部专著，所选文本仅26篇，且为明、清并论，或有浅尝辄止之叹，难以清晰描画八股文在清代这种特殊社会背景下发展嬗变的脉络。

本书将研究方向投向《清代硃卷集成》中的会试八股文，正是为了弥补这一研究之憾。作为清代八股文的典范文本，它的文体形态发展变化状况如何，这种嬗变有何意味，这些是本书将着力探索的问题。

一、研究对象的界定

（一）八股文概念界定、分类及其与策的区别

1. 八股文的概念及分类

八股文是一种用以选拔人才的应试文体，其初体制简约，主要为考验士人们对于经典著作的熟悉程度，后来演化为程朱理学的直接代言者和儒家思想的间接传播者。文以议论为核心要素，以经学典籍之章句、片段为发论基础，以儒家思想为精神支柱，是用来阐解经典的议论体散文。这种文本大都立意为公，立论以正，文辞以庄，文气以雅。其在发展过程中又有经义、经疑、时文、八比文、制义（制艺）、功令文、四书文等称谓。

从内容的演绎来看，八股文是由默诵经典的"帖括"发展为解释经典的"经义"，继而变为阐发经典的"制义"。在"制义"阶段，它其实已有了自由解经的苗头，但尚未彻底解脱桎梏。至明，其文体开始逐渐加大成型的脚步。迄明中期，大量股对整齐、言辞典雅的阐经文字出现，并在社会历史进程中充当了重要角色。

从体制的演变来看，在长期发展过程中，八股文吸纳了政论散文、骈

---

① 高明扬. 文体学视野下的科举八股文研究 [M]. 昆明: 云南人民出版社, 2012: 55.

文、律诗、小说中的某些成分，逐步形成一种体分八股、句式对仗且程式严密的独立的文体形式。此体以八股对偶成文的形式为正，亦有二、三、四、五、六、七、九、十、十一、十二诸股之文，兹谓之八股文变体。

明代为八股文的巅峰时期，其作用是既有定体之力，亦有光大之功；而清代八股文是在明代制义的基础上集大成之作，其在八股文史上的主要功能在于继承旧体、推陈出新。

清代八股文可按照作者身份不同分为如下几类：游戏八股文多为落仕文人所作，程墨乃考官所写，窗稿系入泮学子所习，社稿多为集会结社之学者所撰，硃卷文是中式士人的应试之作。最为特殊者乃游戏八股文，它是以八股体制写作的文学文本，其始在于游戏制义，带有玩世不恭的意味，然发展至后期，其文字由最初的男女情爱、调笑宴饮至嬉笑怒骂、调侃世情、描摹世相，它的文学和艺术学价值皆强于其他类型八股文，但于八股文的文体形态而言，这种文本贡献并不大，甚至因为不涉理路偏离了其文体本质，故而一度为正统士人诟病。关于游戏八股文，黄强和王颖的相关著作中所论已比较充分，故此不再赘述。

窗稿、社稿、程墨和硃卷文，即当今学者们通常所谓的八股文。因其体其旨大都比较严肃，为与放浪谐谑的游戏八股文相区分，此处暂称其为正统八股文。与游戏八股文相较，正统八股文不是文学作品，但它多种多样的对偶形式与某些时期内激进、批判性的思想内容使其内蕴了文学作品的某些特点。

2. 八股文与策的区别

在厘定正统八股文等概念时，我们还须将其与"策"区别开来。"策"在文体史上又称"策论""对策""策问"等，其始于汉，以董仲舒《举贤良对策》为精粹。①据郭英德《中国古代文体学论稿》梳理，最早在《文选》目录已可见"策"这种文体，而同时期《文选·序》与《文心雕龙》则不收。②此后逐步发展成为唐、宋、金科举考试科目之一。

① （东汉）班固著，赵一生点校. 汉书：卷五六[M]. 杭州：浙江古籍出版社，2000：792—801.
② 郭英德. 中国古代文体学论稿[M]. 北京：北京大学出版社，2005：165.

《新唐书·选举志》曰："凡秀才，试方略策五道……凡明经，先帖文，然后口试，经问大义十条，答时务策三道……凡进士，试时务策五道，帖一大经，经、策全通为甲第；策通四，帖通四以上为乙第。"①《宋史·冯拯传》亦云："拯与王旦论选举帝前。拯请兼考策论，不专以诗赋为进退。"②又《金史·章宗纪三》载："会试取策论、词赋、经义，不得过六百人，合格者不及其数则阙之。"③先是，《汉书·武帝纪》尝云："汉元光元年初，征吏民有明当时之务，习先圣之术者，县次续食，令与计偕。"④明丘濬《大学衍义补》据《武帝纪》按曰："今世科举初场试以五经四书，即此习先圣之术，终场策士以时务，即此明当世之务。"⑤数例共证，尤以《金史》《大学衍义补》所记，将策论、经义并列阐述，显见二者绝非同一文体。

当今学者汪小洋、孔庆茂亦曾考证这一问题："策往往放在二三场考，先考诗赋、帖经等项，以检查士子的学问才华，最后看处理时务的能力。唐宋以前策都占重要的位置，策是取人的最重要的标准。只是明清以后，八股文成为头场考试，同时也是头等标准，策才退居次要位置。"⑥清康熙初及光绪季年尝以策问取士，后皆废止。从《清代硃卷集成》所存少量光绪年间进士策问文本可知，策问往往是皇帝以政事问策于臣子，臣属就上问作答以彰显政治见识的文章。

八股文与策问虽同为考试文体，皆有考较士子器识格局的成分，但前者题目出自经史典籍，后者题目发自时事经济；八股文冒头后体分股对，而策问则首先是帝王因事以文问计，文末谕令士子即此作答，而后才是士人的正式答卷，其程式及内容与八股文不同，且较八股文要自由得多。

① （宋）欧阳修著，王小甫标点.新唐书·选举志：卷三四［M］.长春：吉林人民出版社，1995：683.

② （元）脱脱著，刘浦江标点.宋史：卷二八五［M］.长春：吉林人民出版社，1995：6859.

③ （元）脱脱著，张彦博标点.金史：卷一［M］.长春：吉林人民出版社，1995：154.

④ （东汉）班固.汉书［M］.兰州：敦煌文艺出版社，2015：61.

⑤ （明）丘濬.大学衍义补［M］.北京：京华出版社，1995：75.

⑥ 汪小洋，孔庆茂.科举文体研究［M］.天津：天津古籍出版社，2005：31.

（二）文体形态的概念界定

明白八股文的定义及其与策的区别，以防混淆，而后可细较八股文之文体形态。

所谓文体形态，形，指形状，文体的外在形式；态，指体态、风貌，文体内蕴之美学风范。具体到某类文体，又可细化为它生成和发展所依赖的原始语境及受此语境牵制的文本所具有的基本体制模式、语言特色、文章成法、美学风格等要素。各类不同的文体，对这几个方面的重视程度不一致，比如传统散文的基本结构比八股文简单，但其语言修辞比之八股文丰富得多，仅辞格就比八股文多了比喻、夸张、拟人、通感、反讽、仿词等若干项，其表现方式亦趋于多样化，可以是叙事+抒情，可以是抒情+议论，也可以夹叙夹议，更可以移步换形，八股文则只能"代圣人言"，且以议论为主；传统散文的美学风格可以囊括中国古今所有可以想象和见识的美学品性，八股文则有所框范和偏重。

目前学界对于"文体形态"的要素厘分各有其长，而其较卓著者，有周振甫、童庆炳、郭英德、吴承学等人。

周振甫虽然没有对于文体形态的专章论述，但他在《怎样学习古文》一书中的"六观说"却可视作早期的研究文体形态的重要成果。他认为，考察古文应该"一观字句，二观宫商，三观置辞，四观篇章，五观体性，六观通变"[①]。这里，观字句、观宫商之顺序或待商酌调整：是否可从外在的宫商观察到内在的字句？此外，该书前四部分实际上说的是文章的修辞，第五部分所述为文体的审美风格，第六部分考察的是文章体制的常与变，从中可以稍得窥知文体形态的一鳞半爪。大概先生本意是从最小的语言单位字句到音韵，再从词汇到篇章，又从其风格到体制和风貌的变化这种顺序来安排，但若从其逻辑看，既然从小到大，音韵附着于字节，是否可以按照语言学惯例从音韵这个最基本的语言单位说起，再到字句，继而篇章，再则体性，通变可为总论呢？

童庆炳先生在《文体与文体创造》一书中将文体形态三分为体裁、

---

① 周振甫. 怎样学习古文[M]. 北京: 中华书局, 1992: 1.

语体、风格三大板块；郭英德的《中国古代文体学论稿》在童庆炳的基础上细化，将其分为体制、语体、体式、体性四个方面；吴承学《中国古代文体学研究》综合童氏、郭氏理论，认为文体形态大致分为体裁或文体类别、具体的语言特征和语言系统、章法结构与表现形式、体要或大体、体性或体貌、文章或文学之本体（体用）。然"体要或大体""文章或文学之本体"这两大板块亦待商榷，他说体要是"文体的内在质的规定性"①，而后一板块"文章或文学之本体"开篇即云"体用指事物的本体、本质和现象"②，至于何为"内在质的规定性"，体用为何又是"事物的本体、本质和现象"，先生也没有展开分析。

相形之下，郭英德先生的分类最为允当，四大形态板块既息息相关又泾渭分明，比较准确地涵盖了文体形态的内容，但其中尚存微瑕。郭氏将其中体裁分为体制和体式，体制指文体的基本结构形式，这一条郭先生说得比较明确，是"字句和篇幅的长短、音律的规范与变异、句子和篇章的构架"③；而对体式这一概念他阐解得就略显模糊，他说："体式原指体裁，本文特指文体的表现方式。文体的表现方式，中国古代有赋比兴的说法。"④既说它指体裁，又说是文体的表现方式，更将文体的表现方式简单地归并为赋比兴，且他在其后的段落中阐释诗中之赋比兴时游刃有余，对其他文体如何运用赋比兴却避而不谈，或可商榷。郭先生之谓体性也相当于童先生之风格，这一概念他诠释得非常明晰，读来并无争议。

童、郭、吴几位先生之形态分类，各有千秋，亦各有其白璧微瑕。兹各取其长，可得一个新的理论框架。

首先，吴承学先生2020年12月2日在其讲座"谈谈文体学研究的语境"中提到"原始语境"的概念。虽然这次讲座他并未将科举文体语境纳入研究范畴，但是凡有文章，皆处于某一定的社会历史语境之中，受相应的社会规则和历史状况制约和推动。清代八股文作为中国古代最重要的应

---

① 吴承学.中国古代文体学研究［M］.北京：人民出版社，2011：19.
② 吴承学.中国古代文体学研究［M］.北京：人民出版社，2011：20.
③ 郭英德.中国古代文体学论稿［M］.北京：北京大学出版社，2005：6.
④ 郭英德.中国古代文体学论稿［M］.北京：北京大学出版社，2005：13.

试文体之一，更是如此。其审美观念在何种社会情态下形成、依据什么样的文化基础成型、形成后的规则对八股文写作有何制约和规范，这都是有必要搞清楚的问题。只有明了其原始语境，我们才可以抽丝剥茧，更加清晰、理性地审视其体制嬗变、修辞特征、风格特色等内容。与此同时，所有文体都有其生成、发展、兴盛、衰落、消亡的过程，没有任何一种文体是骤然出现或遽然消失的，其评价体系亦随着这些历史进程出现、消亡，并反过来制约和影响着文体的前进方向、审美趣味等，所以考察文体存在的历时和共时语境亦非常有必要。

其次，周振甫先生从小到大的研究文本形态的思路是对的，可择善而从。再针对现阶段文体研究中"体制"和"体式"概念游移容易混淆的情形，我们可以运用"体法"这一概念替换"体式"。

"体法"原指书画的格局和法式，如张怀瓘《书断》评蔡邕之书云："工书，篆隶绝世，尤得八分之精微。体法百变，穷灵尽妙，独步古今。"[①]贾耽《赋虞书歌》亦曰："众书之中虞书巧，体法自然归大道。"[②]可见张、贾二人所谓体法，本即书体的写作格局和方法，上文所述"体法百变"及"虞书巧"指其书法的运笔方法"百变"与"机巧"。张怀瓘《书断》另论曰：

朱焰绿烟，乍合乍散。飘风骤雨，雷怒霆击，呼吁可骇也。信足以张皇当世，轨范后人矣。至若礛磜铓骨，裨短截长，有似夫忠臣抗直，补过匡主之节也；矩折规转，却密就疏，有似夫孝子承顺，慎终思远之心也；耀质含章，或柔或刚，有似夫哲人行藏，知进知退之行也。固其发迹多端，触变成态。或分锋各让，或合势交侵。亦犹五常之与五行，虽相克而相生，亦相反以相成。[③]

此处"乍合乍散、裨短截长、矩折规转、却密就疏、知进知退、触变成态"等原指书法之"法"，如何相辅相成，如何布局成书，引申至八股

① （唐）张怀瓘撰，邵军校注. 书断·神品［M］. 太原：山西教育出版社，2018：58.

② 王仲镛. 唐诗纪事校笺：下［M］. 成都：巴蜀书社，1989：1341.

③ （唐）张怀瓘撰，邵军校注. 书断·序［M］. 太原：山西教育出版社，2018：2-3.

文，恰可类比其正反、顺逆、钓渡挽、对偶变体、起承转合等行文之法，简称"体法"。

二者相较，体制的要点在于"制"，"制"符合本书语境的释义为"式样"，此处可比附为结构模式，即用以区分此、彼文体的本质性结构特征；而体法之要点在于"法"，指作者用来将那些零散的结构体勾连成一个整体，使之浑然成章的行文方法，即文章成法。二者泾渭分明，毫不含糊。

此外，郭英德在其著作中提到"体性"即"风格"。"体性"一词本自《文心雕龙·体性》，其中"体"指文体风格，"性"指作者个性，刘氏该节原为论述文体风格与作者性格之关系。《清代硃卷集成》所涉士人身份十分驳杂，若逐一研究其个性特征，既没必要也不科学。而郭氏此种概括，显见缩小了刘勰所言体性之概念范围，刨除了作者个性一条，将刘勰的体性直接阐释为风格，盖亦是考虑到作者个性特征的复杂性与全体追踪之不可行性。本书综合郭、童二先生之说以及吴承学所倡"回归传统本身"之论，仍以中国传统文论常用的"风格"作为其美学风貌的关键词。

以上概念的厘分至少明晰了以下内容：第一，确定了研究的主要对象为清代八股文，并以其中会试文为文本中心；第二，明确了本书研究的主要方向是八股文的文体形态。

二、课题价值及研究背景

长期以来，八股文被国人成见妖魔化，认为它就是一种完全程式化的板着面孔的文字，毫无研究价值可言。然《清代硃卷集成》所收，除了少数不尽如人意之作，大多颇堪一观。无论是八股文写作的优点、劣势，还是其体制风格的发展嬗变，皆可以直观地从这些精选文本中一斑窥豹。

如前所述，清代八股文分为游戏八股文与正统八股文。《清代硃卷集成》中的制义乃应试之作中的精品，相较其他类型的八股文，它更遵从这一文体的写作规范，更注重与其特定读者群体——考官与士人，尤其是考官们潜在的精神交流及正式的书面交际。

如果说游戏八股文发抒情感，讽喻世情，其价为玉，其貌雅俗并行；正统八股文（尤其会试文）则阐释经典，重塑圣像，堪比金石，其声铿锵敦厚。二者分处于八股文之两端，一者最为自由，一者最不自由。后者盖以束缚过甚，故而佳作难得，且藏本多历经风霜，遗失大半，亦因此幸存之文实乃沙中之金，堪称中华民族文化宝库中无价的瑰宝之一。

当然，并非所有存于《清代硃卷集成》中的会试文本皆可为范文，比如嘉庆中后期以及光绪中期的部分文本就存在诡怪支离、理趣半失的弊病，从本质上偏离了八股文"代圣人言"的文体特性，我们在阅读中亦须去伪存真，仔细甄别。而正因如此怪奇诡谲的八股文都可经过千军万马的选拔高中榜上，恰巧很直观地反映了当时社会的选文理念和选士标准，这种理念、标准又与其时社会政治及受其影响的文化观念密切相关。若耐下心性再向其深层漫溯，则愈可知研究这一课题很有必要——

从社会学视角看，清代是中国科举考试的最后一站，其八股文在接受历朝历代的经验洗礼之后达到体制、内容、美学风格最丰富的时期，并在达到前所未有的丰富性之后，随着社会语境的变化逐步式微。

从学术史角度觇视，不但前朝诗文对其施加了积极影响，清代文人之文、学人之文和其他各类诗文流派更直接而深刻地影响了八股文的写作格局，使其写作动机、写作空间呈现出辐射状、多元并存之局面，表现在文中就是以地域和业师为半径，出现了一些学术分野虽不明显、没有确定的团体口号和宗旨但的确存在的流派群体。

从其写作规则梳理，清代八股文形成了明确的文体判断标准"理法辞气、清真雅正"。除了嘉庆后期、光绪后期的八股文多言辞漫诞无复肃穆之气，清代其他时期文本大都抛除了前朝八股文的晦涩板滞，行文更加圆熟流畅、光明朗润、对仗工稳而时有以意对等方式进行的拗救，节奏韵律的运用亦较前更为娴雅妥帖。单就其文本自身而言，它不但具有考试文体的严肃性，又形态各异、错彩镂金，读来朗朗如玉山上行，具有较鲜明的节制美学特征。

在这一领域，前人之探索虽历经坎坷，但其价值不容忽视。翻检典籍可知，八股文研究是有迹可循的。自有文体定式的八股文出现，各种形式的八股文选本、八股文评议集等陆续问世。这些选评本算不得严格意义上的学术研究，多为辅导写作的范本，如《作义要诀》《文说》《书义矜式》《大学衍义补》《大题文府》《小题文府》等，但由于选文必有标准，而这些标准一定隐含褒贬，故此间亦不乏论述深刻透辟的理论作品。近现代的八股文研究，由卢前1937年所撰《八股文小史》开山；又由启功和金克木先生于1990年合写的《说八股》为续，其观点在当时而言已经非常超前且比较严谨，可称中国早期八股文研究的扛鼎之作。启功之后，新时期的八股文研究，大致遵从如下的路径：

20世纪八九十年代，相关著作陆续出现，但此期一些研究成果仍存有偏见。如罗东阳、刘国石编著《八股文、二十四史》一书，该书篇目有"名缰利锁话八股""经义、杂剧与八股"等，其文对八股文的归类、评判显然不够客观。此期还有部分作品研究较浅，仅入皮毛，不及肌肤，更遑论腠理。但其接续之功，仍然不可湮灭。这一阶段可称作八股文研究的萌芽期。

此后十年，八股文研究逐步进入正轨，研究成果日渐丰富，且学者们的态度日渐审慎，不再以一己之见滥施攻伐，开始冷静审视这一类文章的功过是非，并将其与科举学、文体学、现代教育学和戏曲小说的文体发展联系到一起，研究视野更加开阔，研究成果逐步趋于多样、厚重和深入。此期可称作八股文研究的发展期。

近十年来，八股文研究一路走高，逐步成为学术研究热点之一，研究成果如雨后春笋，日见其新。且国内出现几个以师生传承为特点的研究团体，成为八股文研究领域的中坚力量。他们申请国家级课题，多方调查搜集资料，并以更加全方位的视角切入探讨，其研究领域各有所长，博士硕士论文纷纷问世，新书新论各呈异彩，为八股文研究画出一个五色斑斓的研究图谱。此期可称作八股文研究的兴盛期。

鉴于现阶段以八股文文本研究为重心的成果比较欠缺，文体形态的研究亦相对匮乏，将二者相结合，对收取清代八股文最全之《清代硃卷集成》文本的深入爬梳和系统研究就很有必要性和可行性。

综上，研究清代八股文的文体形态意义殊深，我们应当细读文本，真正将文本的考察与语境的探求相结合，找到清代八股文的文体形态特征、修辞新变和美学范式，并解读这种嬗变背后的社会、历史和文化因缘，使八股文的研究更加理性、系统和深入，亦可为其他文体的形态研究提供一定的借鉴。

三、研究现状梳理及存在问题思考

八股文是科举考试的副产品之一，故而与科举学相关的著作也应该被纳入阅读视野。迄今为止，与"科举学""八股文"相关的研究成果相当丰富，但《清代硃卷集成》之研究起步较晚，且研究成果集中于历史学、文献学领域，兹分门别类陈列如下。

（一）科举学研究现状

科举学是八股文研究的社会基础学科，其研究中心在科举史、科举文化等的梳理和考较。它的研究成果主要分为四类：

1. 考试制度及史料研究

最早研究考试制度的著作有宋马端临的《文献通考》①，内含选举、学校、职官、经籍考四类，共348卷；又有明张朝瑞辑《皇明贡举考》②，记载了历代贡举制度沿革；近、现代主要研究成果如1931年章中如的《清代考试制度》、1958年商衍鎏的《清代科举考试述录》等书阐释了科举考试制度沿革；1998年何怀宏的《选举社会及其终结——秦汉至晚清历史的一种社会学阐释》揭示了科举考试形式、内容、性质、功能及其社会意义与影响，对选举社会困境及其"终结"也进行了深刻、富有新意的精彩论述；2002年陈飞的《唐代试策考述》主要考察了唐代常明经、准明经、类明经、常进士、学馆试策等制度和试策文体及其相关问题；2006年龚延明的《中国古代职官科举研究》收集了作者有关职官科举研究的主要成果，代表了他在职官科举研究方面的成就；2009年刘海峰的《科举学的形成与发展》一书亦颇具价值，其内容涉及科举学理论、断代科举、科举文化、科举文学、科举社会、科举文献、科举地理、科举立法、越南科举等各个方面；2011年邓嗣禹的《中国考试制度史》论说周详，颇有见地；2012

---

① （宋）马端临. 文献通考［M］. 北京：中华书局，2011.
② （明）张朝瑞. 皇明贡举考［M］. CADAL图书馆藏.

年王凯旋的《中国科举制度史》，指出科举制度是从"重血缘"到"重人才"的巨大跨越，述论谨严，值得借鉴；2019年沈兼士的《中国考试制度史》以大量史料充分肯定了古代科举考试的先进性和进步意义，同时指出其种种弊端。

2. 进士群体研究

关于此类成果，比较突出的有1980年朱保炯、谢沛霖编著的《明清进士题名碑录索引》，该书是一本工具书性质的科举文献；2003年张杰的《清代科举家族》从进士的社会关系层面对清代科举家族进行了探讨，并对清代科举家族的历史地位做出了科学的评价；2008年张仲礼出版了《中国绅士研究》，该书以上、下编对绅士阶层的生存状态进行了多角度的研究；2010年多洛肯的《清代浙江进士群体研究》对清代浙江进士群体进行了细致入微的考察与摹写，他的研究涉及浙江进士群体与传统教育的关系，与藏书刻书事业的关联，与文学、史学及文献学兴盛的联结等内容，为学术界提供了人文地理科举学的研究视野；2018年多洛肯出版了《明清甘宁青进士征录》，该书共分四章，第一章"明清甘宁青进士征略"主要以《明清进士题名碑录索引》《甘肃通志》《甘肃新通志》《皇明进士登科考》等资料确定明清两代陕、甘、宁籍进士名录，第二章"明清甘肃进士特色论"，第三章"明清甘肃社会经济发展概况"，第四章"明清甘肃文教事业的发展"，这为我们研究地方科举学提供了借鉴。

3. 学科交叉研究

科举与社会、科举与文学、科举与经学等关系的研究也是一个重要的内容，其主要成果有2007年王日根的《中国科举考试与社会影响》，该书从社会学角度出发阐述了科举考试相关问题，视角独特，视野开阔，颇具借鉴意义；2009年陈文新等三人合编的《明代科举与文学编年》，以编年史的形式展现了"明代科举与文学"的发展历程；2016年冯建民的《清代科举与经学关系研究》，从经学史的视野出发，以科举与经学的互动为经纬，分析不同时期经学发展对清代科举所产生的全方位影响。

4. 综述及学术团体

《二十世纪科举研究论文选编》从20世纪发表的数千篇相关论文中，

精选出包括邓嗣禹、傅衣凌、潘光旦、费孝通、钱穆等学者所写的四十多篇具有代表性的科举研究论文。全书以论文发表时间为序，内容涉及起源、革废、评判、考释等多角度的阐发，充分反映了20世纪科举研究的发展脉络、争论热点和研究水平。刘海峰的《科举学的系统化与国际化》为"第十二届科举制与科举学国际学术研讨会"论文集，这批论文主要围绕科举制度的系统化和国际化展开研究，内容广博，学术视野开阔，不但具有重要的学术价值，而且有强烈的现实意义。刘海峰主编的另一本书《科举学的历史价值与现实意义》则包括科举选才文化对我国考试招生机构专业化建设的启思、弱势群体的高考公平诉求——兼论科举公平之启思、论科举制度的变迁及重新认识、宋代的州府贡院与贡院记等。

目前科举学研究已经比较成熟，此类资料浩如烟海，限于篇幅，兹不一一析出。

关于科举学研究团队，早年间刘海峰、龚笃清、龚延明几人皆有与此相关的省级、国家级重要课题。近几年的研究课题更加具有开放性和系统性，如2016年武汉大学陈文新教授主持的教育部人文社科重点研究基地重大项目"科举文化与明清知识体系研究（16JJD750022）"，将科举文化与明清知识体系的内在联系作为研究重心；另如复旦大学陈维昭主持的教育部哲学社会科学研究重大课题"清代稀见科举文献整理与研究（17JZD047）"，此课题于2018年3月上旬举行了开题论证会，中国人大朱万曙和北师大杜桂萍教授以及复旦的陈引驰、黄霖、陈广宏教授一起出席了本次论证会。而最新的学术动态为2019年5月23日在北京大学静园召开的"历代进士登科数据库"上线发布会及"科举文献的整理与数字化应用"学术研讨会，该数据库是由浙大龚延明先生整理编纂的以登科人物传记为主要内容的专业在线数据库产品。本次会议由北大人文社科研究院、北大中国古文献研究中心、浙大宋学研究中心、中华书局联合举办，全国古籍整理研究中心主任安平秋、北大人文社科研究院邓小南、国家图书馆张志清、浙大宋学研究中心龚延明、中华书局总编顾青、厦大考试研究中心主任刘海峰、中国社科院文化研究所刘跃进和刘京臣、中国社科院历史研究所孟彦宏、北大历史系张帆、清华大学历史系侯旭东、《历史研究》

杂志社路育松、《中华读书报》王玮、浙江省图书馆褚树青、云南大学图书馆李东红、南京中国科举博物馆冯家红、上海科举博物馆朱勾先等参加了本次会议并做了专题讲话，北大、清华、复旦、浙大四大巨头同时关注，且引起历史学家们的高度重视，这再次说明本课题的研究深具价值。

（二）八股文研究的基本情况

1. 八股文写作指导

自八股文定型成熟以来，古代学者就开始关注并总结相关经验，不过这些学者写作专著的目的主要是为了辅导八股文写作，并非当今的严格意义上的学术探讨，但其中偶见之篇章却颇有一些真知灼见，以今视之亦自愧弗如。此类著作主要有元倪士毅《作义要诀》①、陈绎曾《文说》②、王充耘《书义矜式》③，明丘濬《大学衍义补》④、李贽《说书》⑤，清吴兰《吴苏亭论文百法》⑥、周梦颜《能文要诀》⑦、司徒修等《举业度针》⑧、郑献甫《制义杂话》⑨、钱振伦《制义卮言》⑩（八卷今存四卷）、郑锡瀛辑评《分体利试试帖法程》⑪、谢若潮《帖括枕中祕》⑫、楼沨《举业渊源》⑬、袁守定《时文蠡测》⑭、刘熙载《艺概·经义概》⑮等。

---

① （元）倪士毅. 作义要诀 [M]. 北京：中华书局，1985.

② （元）陈绎曾. 文说 [M]. 钦定四库全书，集部九.

③ （元）王充耘. 书义矜式 [M]. CADAL图书馆藏.

④ （明）丘濬. 大学衍义补 [M]. 北京：京华出版社，1999.

⑤ （明）李贽. 李温陵集·说书 [M]. 海虞顾大韶校本.

⑥ （清）吴兰. 吴苏亭论文百法 [M]. 清末抄本.

⑦ （清）周梦颜，戴绳武. 能文要诀 [M]. 浙江CADAL图书馆藏.

⑧ （清）司徒修. 举业度针 [M]. 清道光东昌叶氏书林木刻本.

⑨ （清）郑献甫. 制义杂话 [M]. 清同治十年南皋署刊本.

⑩ （清）钱振伦. 制义卮言 [M]. 清咸丰刊本，复旦大学图书馆藏.

⑪ （清）郑锡瀛. 分体利试试帖法程 [M]. 清光绪十九年武进赵氏刻本.

⑫ （清）谢若潮. 帖括枕中祕 [M]. 清光绪十九年刻本，中国人民大学图书馆藏.

⑬ （清）楼沨. 举业渊源 [M]. 清芝秀园刻本.

⑭ （清）袁守定. 时文蠡测 [M]. 清光绪十二年刻本.

⑮ （清）刘熙载. 艺概 [M]. 上海：上海古籍出版社，1978.

2. 八股文汇编

古代的汇编类作品不胜枚举，但大多湮灭不存，现存者主要有明代李廷机选评《刻九我李先生评选丙丁二三场群芳一览》①、王鏊《震泽集》②、王慎中《遵岩集》③、归有光《震川先生集》④、陈际泰《已吾集》⑤、艾南英《艾千子先生集》⑥等；清代吕留良《吕晚村先生文集》⑦和《晚村天盖楼小题观略》⑧、金圣叹《小题才子书》⑨、陆陇其选评《当湖陆先生评选先正制义一隅集》⑩（二卷）、方苞《钦定四书文》⑪、俞长城《可仪堂一百二十名家制义》⑫、吴懋政《八铭塾钞》⑬、王步青《小题五集精诣》⑭和《巳山先生文集》⑮、楼泂《增订明文小题贯》⑯、高鹗《兰墅制艺》⑰等。

现当代比较重要的文献（按出版年份排序）有顾廷龙、田启霖、周新曙、黄强、赵基耀、龚笃清、李德龙、陈维昭等人选辑之八股文汇本。除1992年顾廷龙《清代硃卷集成》外，1994年田启霖编纂的《八股文观止》⑱，收集了宋经义文52篇、明八股文286篇、清八股文137篇，共475

① （明）李廷机. 刻九我李先生评选丙丁二三场群芳一览［M］. 万历刊本.

② （明）王鏊. 震泽集［M］. 长春：吉林出版集团有限责任公司，2005.

③ （明）王慎中著，林虹点校. 遵岩集［M］. 北京：商务印书馆，2020.

④ （明）归有光著，周本淳点校. 震川先生集［M］. 上海：上海古籍出版社，1981.

⑤ （明）陈际泰. 已吾集［M］. 台北：伟文图书出版社有限公司，1977.

⑥ （明）艾南英. 艾千子先生集［M］. 梦川亭，1644.

⑦ （清）吕留良. 吕晚村先生文集［M］. 北京：北京图书馆出版社，2003.

⑧ （清）吕留良. 晚村天盖楼小题观略［M］. 清康熙十二年刻本，复旦大学图书馆藏.

⑨ （清）金圣叹. 小题才子书［M］. 沈阳：万卷出版公司，2009.

⑩ （清）陆陇其. 当湖陆先生评选先正制义一隅集［M］. 清雍正刊本，日本内阁文库藏.

⑪ （清）方苞. 钦定四书文［M］. 清光绪十五年刻本.

⑫ （清）俞长城. 可仪堂一百二十名家制义［M］. 怀德堂.

⑬ （清）吴懋政. 八铭塾抄［M］. 清渔古山房木刻本.

⑭ （清）王步青. 小题五集精诣［M］. 清乾隆经正堂木刻本.

⑮ （清）王步青. 巳山先生文集［M］. 清乾隆敦复堂刻本.

⑯ （清）楼泂. 增订明文小题贯［M］. 清乾隆致和堂刻本.

⑰ （清）高鹗. 兰墅制艺：清稿本［M］. 北京大学图书馆藏.

⑱ 田启霖. 八股文观止［M］. 海口：海南出版社，1996.

篇。其体例以作者为序，每位作者又以人物小传、正文、题解、注释为序罗列而下。2008年周新曙的《明清八股文鉴赏》^①对明清八股名家们的著作进行了一些初步鉴析。2009年黄强、王颖的《游戏八股文集成》^②，对历代游戏八股文本做了全面整理，并初步阐释了游戏八股文的文学价值和文体学意义。2011年赵基耀、李旭的《清代八股文译注》^③对清代八股文做了部分的译注尝试，但数量甚少，只有33篇，且对八股文评价并不十分客观。2014年龚笃清的《八股文汇编》，收录了自宋代王安石至清代商衍鎏的文章共777篇，"其中宋经义3篇、明文482篇、清文292篇。作者计220位，其中宋人3位、明人119位、清人98位。所选文以四书文为主，也有一定数量的五经文"^④，可谓存文宏富，洋洋大观，颇值一读。2016年田启霖再编五册《明清会元状元科举文墨集注》^⑤，第一、二册为明文上、下卷，内收明洪武到正德八股文96篇、嘉靖到崇祯105篇；第三、四、五册为清文上、中、下卷，分别收顺治到雍正之八股文83篇、乾隆到嘉庆八股文87篇、道光到光绪八股文70篇、文后附录宋经义4篇、元八比文1篇、五经义1篇、皇帝诏书4篇。与其1994年所编的《八股文观止》相较，剔除了宋经义，减少了清代八股文之数量，且做了分期录入，共计443篇（不含后附皇帝诏书），每篇前附作者小传、题目、"题解"（即题目出处、意义内容）、正文等，正文后再附注释，其体例与其早年编著之书相似。2017年田启霖出版了《明清会元状元科举文墨今译》^⑥，内中辑录明清两朝状元、会元科举考试的范文五百余篇，附有作者小传、注释、译文、评析等，该书比前更加谨慎、详尽，是不可多得的文献资料。2019年李德龙、董玥搜集出版的《未刊清代硃卷集成》^⑦，共90册，约

---

① 周新曙. 明清八股文鉴赏 [M]. 武汉: 湖北人民出版社, 2008.
② 黄强, 王颖. 游戏八股文集成 [M]. 武汉: 武汉大学出版社, 2009.
③ 赵基耀, 李旭. 清代八股文译注 [M]. 上海: 上海古籍出版社, 2011.
④ 龚笃清. 八股文汇编 [G]. 长沙: 岳麓书社, 2014: 2.
⑤ 田启霖. 明清会元状元科举文墨集注 [M]. 桂林: 广西师范大学出版社, 2016.
⑥ 田启霖. 明清会元状元科举文墨今译 [M]. 哈尔滨: 黑龙江大学出版社, 2017.
⑦ 李德龙, 董玥. 未刊清代硃卷集成 [M]. 北京: 学苑出版社, 2019.

2 000份硃卷，涉及清代进士784人656份、举人1 355人1 194份、贡生95人110多份，与顾廷龙先生所辑硃卷互不重复，亦是一份非常重要的八股文研究资料汇编。2019年陈维昭的《稀见明清科举文献十五种》①（三卷），内收文献15种，每种文献前附一简短小序介绍其资料来源、内容提要等，为研究八股文贡献了非常珍贵的一手资料。

田启霖与龚笃清收入汇编的宋代经义比较少，且时而放入正文，时而收入附录，盖二位前辈对八股文起源的时间尚存疑虑，对这一问题举棋不定，故有此举。

3. 八股文发展嬗变研究

近代较早出现的八股文研究专著有1937年卢前的《八股文小史》，该书肯定了八股文的文体学地位，是其时反八股思潮下的新声，它首次阐论了八股文的嬗变及特点，此本虽然篇幅较小，但它是最早专论八股文的著作，在八股文研究史上具有开山之功；1994年邓云乡的《清代八股文》出版，该书为现代早期比较客观的八股文研究专著；1999年南京师大孔庆茂的博士论文《八股文流派论》着重阐发了八股文在明清两代的发展轨迹及其流派特征；2003年复旦大学潘峰的博士论文《明代八股论评试探》，将八股论评分为八股评点和八股理论两个板块；2005年龚笃清的《明代八股文史探》对明代八股文做了进一步深入的探索；同年孔庆茂的《八股文史》系统研讨了八股文的文体特点与流变、理论与流派、作家与选本等，并附有"八股文史大事年表"，此书最具价值之处在于他对于明代八股文流派的追踪和阐述；2017年金克木的《八股新论》②续其早年研究成果，并提出了一些新的见解，亦堪称扛鼎之作。

与此相关的学术论文主要有文元珏的《论八股的源流及其历史意义》、李光摩的《八股文的定型及其相关问题》、罗时进的《八股文的消亡：时代必然取向与文体自我否定》、郑雄的《明代八股文发展分期的差异与折衷》、刘虹的《从"经义式"到八股文形成的当代诠释》、陈祥龙

---

① 陈维昭. 稀见明清科举文献十五种［M］. 上海：复旦大学出版社，2019.
② 金克木. 八股新论［M］. 北京：生活·读书·新知三联书店，2017.

的《基于路径依赖理论下的八股文存废探析》、惠鹏的《论八股文之雏形在宋代的发展历程》、陈维昭的《元代程墨批点"矜式"专书与元代文论》、孙达时的《清初八股文批评的回顾与反思——以顾炎武的八股文批评为例》等。

这类研究成果可以比较清晰地梳理出八股文发展嬗变的历史，为我们追本溯源、深入研读八股文本提供了坚实的理论基础。

4. 八股文价值、源流研究

1990年启功、张中行、金克木合作再版《说八股》一书，其中启功先生《说八股》一文结构谨严，论理精辟，颇可一观；金克木先生则一力为八股文申冤，认为人们把社会兴衰寄于一种文体有悖常理。1996年罗东阳、刘国石编著《八股文　二十四史》一书，该书篇章有"名缰利锁话八股"等，对八股文的评判显见不够客观。2002年，王凯符的《八股文概说》出版，他的论著对八股文与社会、政治、经济之间关系做了阐解，对八股文亦颇有微词，认为它是导致社会退步的主因。2010年龚笃清出版了《八股文百题》一书，此作阐释了何谓八股、八股乃刘伯温与朱元璋创制、为何八股文是明清科举制的灵魂、何谓破题等内容，类于杂谈，但充分肯定了八股文的价值。2011年李井慧著《八股文》，全文五章，分别为八股文简介、八股文发展演变、八股文与古代教育、对八股文的批判、八股文在历史上的影响。这本书中规中矩，且部分章节有重复和交叉之内容，或可商榷。2015年黄强出版了《游戏八股文研究》，以八股化的历史剧、八股化的话本小说、《西厢制艺》、集句八股、报章八股、诗钟体八股等为主线，对历代游戏八股文做了系统梳理研究。

与此相关的论文有陈文新的《八股文的无用与有用》及《激活和丰富儒学传统是明代八股文的重要价值》、刘尊举的《明代选举制度与八股文的文化职能》、徐梓的《八股文的作用和意义》、柯安竹的《八股文是生是死——对一种受蔑汉语修辞形式再生可能性的探讨》、张若群的《明末民间八股选文以及对社会的影响》、戴元枝的《明清八股文与当代写作教学》等。

对于八股文价值的研究，学界或褒或贬，或客观审视，其总体趋势是从早期的非理性看待到中期的科学评价再到现代的偶见誉高于实，其首尾两种判断都有失公允，对其价值判断，应当实事求是，力求客观公正。

5. 八股文与其他文体的交互影响

八股文与其他各类文体一直处于相互影响、相互渗透的进程中，这种现象也引起了学者们足够的重视。黄强于2005年出版的《八股文与明清文学论稿》一书从八股文与明清诸文体的关系入手进行了系统而深入的考察，在这一领域，其首发之功，不容忽视。

与此相关的论文可分四类：第一类阐释八股文与诗歌的交互作用，第二类考察八股文与小说的相互关系，第三类研究八股文与戏曲的互渗，第四类综述八股文与明清文学的关系。因部分作者在此领域深耕细作，其论文所涉领域十分宽广，为论述方便，此处以作者为单位列举其重要作品。而单个作者的成果，则依诗歌、小说、戏曲、综述顺序选列。

这类论文数量较多，无法一一析举。而其要者，有黄强的《稗官野乘悉为制义新编——论明清小说对八股文的影响》《儒林外史结构反讽说质疑》《八股文与〈红楼梦〉——兼论从文章学的角度研究八股文》《八股文与明清戏曲》及《八股文的文学因素》，蒋寅的《科举阴影中的明清文学生态》，王玉超的《八股活法与明清小说评点的文学意韵》《八股文的嬗变与明清小说理学色彩的对应变化》《八股文对明清小说繁荣的促进作用》《对"代圣贤立言"原则的超越——〈七十二朝人物演义〉与〈东郭记〉内容的比较》《论八股文对明清小说语言的影响》《明清小说对八股因素的直接容纳》《明清小说评点对八股文死法的借用》《明清小说评点对八股文体式的借用》《明清小说对八股文及写作技巧的评论》《明清小说特性与游戏八股文类型的对应》《明清小说中的文人游戏与八股文》《明清小说中反映的科举与文人活动探析》《明清小说作者的创作态度对游戏八股文意趣的影响》及《八股文雅论语言对明清小说的影响》等，田子爽的《论八股文与诗歌创作的嫁接——以尤侗的〈论语诗〉为考察文本》《八股文与小说的嫁接——以〈七十二朝人物演义〉为考察文本》《论八股文与戏曲创作的嫁接——以〈东郭记〉为考察文本》等，邓正辉的《聊斋志异文本中起承转合技巧的运用》及《八股文技巧和〈聊斋志异〉创作》，张永葳的《小说作法与制艺同——论八股文对清代小说创作的影响》及《八股文对拟话本文体的塑造》，刘尊举的《〈歧路灯〉与明清科举制度》及《以"古文为时文"的创作形态及文学史意义》，刘明坤的《八股结构对明清小说布局的影响》，王学军的《〈读杜心解〉与清代八股文》，姚梅的《试论八股文"章法理论"对李渔曲论的浸染》，邱江宁的《八股文技法与明清戏曲小说艺术》，张祝平的《八股文探源——〈诗义集说〉中元代"股体"诗义著者考略》，庄丹的《八股文与〈左绣〉评点述论》，李光摩的《八股文与古文谱系的嬗变》，陈维昭的《明清曲学的"代言"与八股文法的"入口气"》，陈光的《八股文与金圣叹的"作题"论》，张同胜的《〈聊斋志异〉的"破体"问题》，徐虹的《八股文与明清戏曲关系摭谈》，张荣刚的《八股文与戏曲关系考论》，周飞伶的《八股文与中国现代文学》，马琳萍的《从代言看明代戏曲创作对八股文的借鉴——以〈香囊记〉的二重代言为个案》及《从用典看〈香囊记〉对八股文的模仿与借鉴》，姚越超的《从"举业八大家"之一到戏曲史上的"绝代奇才"——浅析八股文对汤显祖戏曲创作的影响》，王以兴的《从八股思维角度看〈儒林外史〉讽刺风格形成的主观因素》，张国荣的《从八股文的衰亡谈近代文化启蒙的特点和现实意义》，孙明道的《从文人之文到文人之画——董其昌的八股文与绘画》，许慈晖的《宫音串孔　商律谱孟——论元代杂剧对八股文的影响》，张小钢的《金圣叹的文学批评与科举》，胡海义的《科举文化与明清小说研究》（博士论文），王丽丽的《论陈与郊〈詅痴符〉传奇创作的八股化》，高明扬的《论科举八股文的写作要素——兼谈与古文要素的差异》，王诗瑶的《论明代教化戏、弄孔戏与八股文的关系》，覃佳的《论明清小说对八股文的接受》，王颖的《论晚清报章游戏八股的兴衰——以〈游戏报〉等文艺小报为例》，陈才训的《论张竹坡小说评点的八股思维及其得失》，邝健行的《律赋与八股文》，张伟的《明代八股论评对戏曲评点的影响》，林红的《明代八股文对文学的背离与通融》（硕士论文），钱成的《明清八股文法理论对张批〈金瓶梅〉影响试论》，刘久顺的《天花藏主人才子佳人小说对科举的揭露与批判》，吴玉军的《晚清四大谴责小说中的科举文化探究》（硕士论文）等。

由上可见，学术界对于八股文与其他文体的交互影响十分关注，研究成果十分丰厚，且大多较有见地，足征其深广。

6. 名家八股文专论

名人八股文评点也是学界关注的对象，其主要成果有2008年龚笃清的《雅趣藏书〈西厢记〉曲语体八股文》一书，着重介绍以《西厢记》为内容要点破题写作八股文的现实表现。

与此相关的论文主要有黄强的《论李贽的八股文观及其实践》，陈维昭的《论郑献甫的八股文话及评点》《论高鹗制艺》《复旦大学图书馆藏钱振伦〈制义卮言〉叙论》以及《八股文与情思的翅膀》，王伟的《艾南英与八股文之流变》，赵俊波的《论刘咸炘的八股文研究》，张艳丽的《明代会元唐顺之科举八股文〈一匡天下〉考述》，赵永刚的《吕留良八股文选本探微》，李群喜等的《路德八股文批评述论》，陈水云的《陈名夏的八股文批评述略》《涵泳性灵：袁黄八股文批评之主体论》《李绂八股文批评述略》《论李光地八股文批评中的理学立场》及《管世铭八股文批评述论》，张富林的《试论章学诚的八股文思想》，张思齐的《从〈夕堂永日绪论〉看王夫之的八股文观》《李贽〈说书〉与明代八股文》，高琦的《代言尽意择　理精淳——论汤显祖的八股文创作》，胡兆红的《戴名世八股文写作的心路历程》，刘文彬的《方苞时文研究》（博士论文），王燕的《功利与文艺：八股文的两面性——从〈谈艺录〉看钱钟书先生的八股文观》，程翔章的《龚自珍与八股文》，罗茜的《归有光"以古文为时文"的八股文创作理念与实践研究》，郝艳芳的《侯方域的时文观》，文贵良的《梁启超对八股文的解构——从"二分对比"的改装到"三段论法"的引入》，张彦的《梁章钜〈退庵论文〉的文笔骈散之辨及其意义》，言丽花的《刘大櫆的时文观》，孙达时的《陆陇其八股文批评略论》，高琦的《论临川文学家对制义的独特贡献》，李小兰的《论临川文学家与八股文的渊源》，郭迪的《论刘熙载的八股文观》，冯小禄的《论明代八股文中的七子派秦汉古文宗尚》，薛扬的《论王夫之的八股文观》，王炜的《明代黄汝亨的宗教经验与八股文观念》《明代乡会试录选评经义程文及其中的辞章观念》，王祥辰的《明清之际顾炎武八股文观新探》，马琳萍的《徐渭"以时文为南曲"考论》，宋俊玲的《袁宏道与八股文》，许翠兰的《袁枚科举文学考论》，曹雪的《方苞〈钦定四书文〉研究》等。

7. 八股文的文体研究

1987年台湾学者郑邦镇的博士论文《明代前期八股文形构研究》，主要涉及八股文的结构形态。大概此前资料有限，且其时八股文研究亦非显学，故其文论述比较浅显。2009年吴伟凡著《明清制艺今说：八股文的现代阐释》，包括制艺的名称、产生、特点、程式、制艺与文学、制艺与科举等内容。2012年高明扬的《文体学视野下的科举八股文研究》，文分上下两编，上编"科举八股文的文体特性"共六章，从文体学角度阐述八股文，体例清晰，立论允当；下编"八股文相关文献拾遗"分三章，略显薄弱，且与主题关系稍有疏远，第一章是"蔡元培全集补遗"，第二章"从《时文蠡测》看袁守定的八股文观"，第三章却又写"袁守定《谈文》的文论思想"，章节安排仍需考量，但他首次从文体学角度考察八股文，其功断不可忽视。

与此相关的论文有吴承学的《明代八股文文体散论》，黄强的《八股文的解释学透析》，刘尊举的《顺题成文与因体立格——明代八股文的结撰模式及创作空间》及《八股文文体形成考辨》，董友福的《八股结构模式的借鉴意义》及《八股文的章法意义》，郑超群的《八股文的股对韵律探析》《八股文的句式韵律探析》及《论八股的句式修辞艺术》，高明扬的《论八股文的韵律特征》，王同舟的《八股文体式辨微》，陈光的《八股文体式源流考辨》，罗时进的《八股文异名考论》，许蕙蕾的《八股现象与文体变异浅析》，朱刚的《从修辞到体制：扇对与八股文》，田子爽的《分咏体诗钟与八股文截搭题》，刘文彬的《论八股文之"破题"》，张富林的《文备众体：论八股文之"杂"——兼论八股文文体特征》，张帆、陈文新的《集部视野下的明代八股文文体考察》等。

由上可知，八股文文体形态研究比较分散且驳杂不清，亟须纵深开掘梳理。

总体而言，八股文研究往往明清合体，且关于明代八股文的研究成果数量较多，清代八股文的汇编多而研究成果相对薄弱；研究内容主要集中于选本汇本的集注、八股文嬗变史、八股文与其他文体的交互融通、名家八股评点等领域，而关于文体形态的研究数量不多，且缺乏深入系统的考察；很少有人真正以大量的文本证实其研究的准确性、客观性和规律性等。

（三）《清代硃卷集成》研究情况

《清代硃卷集成》的研究主要集中在浙江大学龚延明这一群体，且其研究主要集中在历史学范畴，如《清代硃卷集成》的履历情况考辨、地域分布特色及各地进士分布状态分析、进士姻亲关系研究等。

第一个较重要的研究成果为龚延明的学生蒋金星2004年所撰博士论文《〈清代硃卷集成〉的文献价值和学术价值研究》，这一成果初步介入《清代硃卷集成》本体，对科举制度进行溯源，又大致梳理了其中的履历资料并总结其学术价值，对一些科举术语进行了考订；其文题关键词为"文献价值与学术价值"，文章中心二、三、四章所述也是基本合乎其立论本意的，然分析稍有欠缺；且第五章和第六章实际上相当于附录内容，作者并未将其从体例中摘出另列，此亦为遗憾之处，但毕竟开山有功。2006年浙江大学古代史专业方芳博士撰写了《〈清代朱卷集成〉研究——以进士履历档案为中心》，该文分五章，集中研究进士履历的价值，为同时期进士履历研究与地方进士家族考证做了先导。2006年浙江大学毛晓阳博士的《清代江西进士丛考》为地方科举及进士考察提供了比较成熟的范例，亦功不可没。2008年厦门大学刘希伟硕士论文《清代山东乡试研究》、2017年华中师范大学王克琦博士论文《清代湖北乡试研究》相类，主要从教育学、文化学、地理学、社会学以及经济学等多个视角，对清代山东、湖北乡试的经费、竞争、举人的区域分布以及社会出身等几个方面进行了较为系统的探讨。2016年湖南大学黄艳的博士论文《清代江南举人研究》，从中国古代史学角度进行了探讨。此外，还有2017年湖北社会科学院杨振的博士论文《从〈清代朱卷集成〉看江西的宗族与科举》、2017年湖北社会科学院吴健的硕士论文《驻防旗人科举考试若干问题研究——

以〈清代朱卷集成〉为核心》等作品，这些博士、硕士论文都集中在历史学或文献学的角度探讨问题。

目前可见唯一一对《清代硃卷集成》进行文学思辨的是2015年云南师范大学欧阳颖琳的博士论文《明清云南进士文学著述考》，该文以明清云南进士及其文学著述为研究对象，主要考察云南明清进士的数量、籍贯及家庭出身，并在此基础上将明清云南进士的文学著述篇目罗列出来，未涉及八股文的研究。

（四）国外研究成果

国外与此相关的研究成果主要有2000年美国本杰明·艾尔曼的《晚期帝制中国的科举文化史》（*A Culture History of Civil Examination in Late Imperial China*），2020年日本宫崎市定著、马云超译的《科举史》，2020年陈维昭的《日本所藏稀见明清科举文献汇刊》等，这些著作与《清代硃卷集成》研究具有一定的亲缘关系。

（五）存在问题思考

综上可见，各类相关成果尤其是科举学和八股文研究之专著已比较丰富，且取得了一定的成绩，值得肯定。但这些研究仍然不够系统和深入，因此需要做一些补充和推进工作，具体情况如下：

1. 整理辑注工作待进一步开展

虽然此前有诸如田启霖的《明清会元状元科举文墨集注》、龚笃清的《八股文汇编》等大型的八股文选辑本，但其所选大部分为明清两代股肱重臣之文，可资查考的普通士人会试文本并不够丰富。《清代硃卷集成》是含量最大、准确性最高的清代士人八股文合集，其内所收会试、乡试八股文与田、龚二位先生所辑交集不多，而目前对《清代硃卷集成》原文进行句读和点校的工作完全没有展开，亟须进行深入细致的整理辑注工作。

2. 系统性欠缺

对八股文的文体形态研究已有少量成果问世，但是不够深入和系统，对清代八股文文体形态的研究亦无影响较大的成果，颇具开拓空间。

3. 关联研究匮乏

《清代硃卷集成》中的八股文评语大都衍生自司空图的《二十四诗

品》、严羽的《沧浪诗话》、陆机的《文赋》等，详加参审即可见原始语境影响下八股文的审美标准及风格差异，而这种诗、文评价体系为八股文评鉴普遍借用的现象蕴含着极其复杂的理学与美学、理性与感性、社会化与个性化交织的审美心理机制，目前尚未发现有文献涉足并做出解读。

四、研究思路与方法

（一）研究思路

本书首先对《清代硃卷集成》会试八股文进行句读和简注，并在大量阅读八股文献资料的基础上，从原始语境的剖析入手，逐章分析在此语境影响下的清代八股文体制建构与发展变化、修辞特征、文体法则、美学风范等。其思维导图如下：

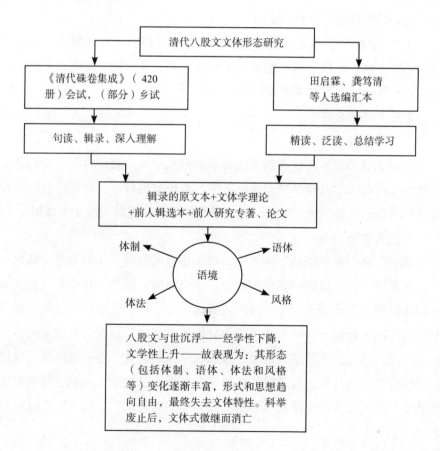

（二）研究方法

在研究过程中，具体采用的方法为：

（1）文献整理和文本解读相结合。根据本书结构选择整理作品，在泛读大量硃卷、墨卷八股文的基础上，辑录《清代硃卷集成》中清代各时期会试八股文，将文本研究立足于扎实的文献爬梳和作品研读的基础上。

（2）专题研究和综合研究相结合。在深入研究清代会试八股文结构形制、修辞特点、文法等形态学分支的基础上，将会试八股文评语系统与语境、文本及作者履历相结合，对其美学评价标准进行综合研判与归类，以求更完满地把握清代八股文的总体面貌。

（3）横向和纵向对比研究相结合。如对比研究阶段性八股文、不同流派八股文风格的异同，以寻找在共时和历时状态下其个体差异的蛛丝马迹以及美学特点多元并存的原因。

（4）定性分析和定量分析相结合。本书在探析清代八股文"常变倒置""四字格"等内容时，运用了定性分析和定量分析（含图表）相结合的方法，尽量使研究结果更加科学、严谨。

（三）创新之处

1. 方法创新

运用大量的语言学、音韵学的知识研究八股文，将语言学、音韵学、文献学、古代文学几种学科知识融汇于八股研究进程中，并将定性和定量分析相结合，以数字统计法使研究结果更加客观，更加接近文本真相。

2. 内容创新

第一，将"原始语境"纳入文体形态研究的范畴，不但专注文体之本然，亦尝试探究其形成和变化的社会、历史原因；第二，在考察八股文节奏韵律时将中古音三十六个声母引入破题、四字格、股对韵律分析，使其节奏韵律的考辨建立在中国传统韵律分析的框架内，更符合八股文的语言使用情况；第三，无论是对语境、体制和语体的研究，还是对体法、风格的考察皆建立在扎实的文献爬梳、辑录及分析的基础上，区别于目前颇多相关研究脱离文本的虚浮之风，真正做到"回归文本"，将八股文研究向前推进了一小步。

3. 研究体系创新

童庆炳、郭英德、吴承学等人对于文体形态分区，各有其趣亦各有微瑕，本书合诸方家之理论加入作者之理解，重新构建了较合理的文体形态研究体系，此框架或可适用于大部分中国本土的文体形态研究。

清代八股文的语境

　　若曰提纲挈领，语境即八股文文体形态研究的"纲领"。对任一文体而言，语境皆可指促使其产生和演变的社会历史状况、学术趋势、审美倾向等环境因素。清代会试八股文是在应试过程中得到高度认可因而被遴选出库的精品文本，无论是其体制、语言模式还是文法，皆要为"应试"和"被认可"这两个中心词服务，这是考察清代八股文语境必须强调的大前提。

　　那如何才能在应试过程中获得考官认可呢？考官评判八股文优劣必须要依据一定的标准进行，而这种标准又非一朝一夕生成。上层建筑引领意识形态走向，而意识形态决定着他们在某特定时期选拔人才的标准，这种具有绝对话语权的选拔标准又可以导引和规范士人的思想。这种领属关系的存在使我们不仅仅要关注清代八股文所处时代的共时社会语境，还应当适度回溯其文体产生过程中的历时文化语境。研究八股文，一个难以回避的命题就是经学性在文章中的地位变化，明清两代之八股文皆遵此道。龚笃清对此认知十分明确，其《明代八股文史》序言云：

　　在八股文的发展变化过程中，充斥着经学性的消长现象。这些现象的产生，与时代、科举、社会语境、经济变化、士习、民风、社会思潮相互纠葛，相辅相成，情况极为复杂。然而，只要牢牢把握住八股文经学性消长这条主线，便可清理出八股文在不同时代、不同阶段、不同作者笔下所呈现出的各种形态，也可分辨出不同思想观念的人对八股文的态度、见解。①

清代八股文经学性的消长与其所处的社会历史、文化语境关系十分密切，这是毋庸置疑的，正是在这些历时和共时语境复杂的交互影响之下，清代八股文逐步建立了自己完整的、独有的审美评价体系，这种审美评价标准又反过来制约和规范着八股文写作。

第一节　清代八股文的理学语境觇探

理源于经，理学是清代统治者用以经世的最重要的思想工具。作为选才文本，八股文最根本的属性乃其社会属性——亦即理学属性，故其时考官们对这一文本的评价，首先必须囿限于人们对这一属性的认知。

此种属性决定了其文本内容必涉经典，故其风大抵端庄肃穆；亦因为理源出于经，故其股对言辞雅洁，音韵和谐，又处处内蕴着文学元素。而这种文学因子大都受其理学属性的制约，使其显示出节制和内敛的文体特点。

因其节制且含蓄的文本表现，我们不能将其视为纯文学作品；因其内蕴文学因子的丰富性和普遍性，又使其不能完全归属于应用文体。盖亦以此，郭英德将之归属于"泛文学文本"，这是从"儒本位"出发考量其文本属性，其思路是明晰的。而考察理学语境，首先要明晰理学的社会功能。

一、理学：文化安抚的工具

在以儒为主的中国古代社会，理学宣扬"经"中为人处世的道理，劝化育善，足以抚慰振作士人心灵，故萧延福尝云："《学》《庸》《论》《孟》，为学为政理也；经史子集，皆其诠注，非徒供时文标题者。"②萧氏之言，盖曰四书阐"理"，八股文为其衍生物。以此可见，理学其首

---

① 龚笃清. 明代八股文史 [M]. 长沙：岳麓书社，2015：4.
② 萧延福. 晴川书院课艺·自序 [M]. 清同治七年刻本，2b.

先是文化安抚的工具，在社会和人民中间起着非常重要的精神引领和调节作用。

自汉有经学之称，人们普遍认为圣人为世之楷模，而"经书"是文之典范。刘勰《文心雕龙》即称："爰自风姓，暨于孔氏，玄圣创典，素王述训，莫不原道心以敷章，研神理而设教。"①"辞之所以能鼓天下者，乃道之文也。"②此二句说明两个问题：第一，人们敷文设章是为了阐释"道"义，且写作的目的是为了"设教"于民众；第二，辞可以"鼓"天下，无论是"教化"还是"鼓"，其目的都是建立更有秩序的世界。八股文以阐释和传播经典为己任，更要依赖这种语境生发开去。

由道趋理，始于程朱。《宋史·道学传序》先言帝王传心之奥，次指初学入德之门，再论格物致知、明善诚身，其实正是阐论了由道趋理的过程，此为理学发展过程中的"新变"，而宋代理学之所以发生如此微妙的变化，皆因社会所需。此后，元代理学趋于俗，明代理学历凡数变，清代理学亦接续明之轨迹并随俗化迁，其最重要的文化载体八股文遂与之浮沉。也就是说：理学附着于八股文，是古代统治阶级用以弥纶人心、巩固稳定、维持社会运转的工具。

它的工具性首先在于其精神引导功能。所谓精神引导，就是通过对人思想的浸润，继而指导其行为。张志公说："文章是思想的表现，思想是内容很复杂的综合体，包含着生活经验，文化、科学知识，思维能力，道德和情操，信念和理想。"③这一说辞虽然是针对现代文章，但于工具性较强的八股文而言，更贴切，既为工具，其实用内涵就会随社会、时代价值观不同而变化，其"与世沉浮"之属性并非虚名。其作用机理为：这种特殊的工具有着强大的哲思之美，能激发士人内心深处的家国之思和命运之叹，进而敦促其积极向上，参与治国理政。

当这种思想演化为一种集体遵循的价值理念时，它就自然衍化为一种

---

① （南朝·梁）刘勰著，韩泉欣校注.文心雕龙［M］.杭州：浙江古籍出版社，2001：4.

② （南朝·梁）刘勰著，韩泉欣校注.文心雕龙［M］.杭州：浙江古籍出版社，2001：4.

③ 张志公.修辞概要［M］.上海：上海教育出版社，1982：5.

时代精神。这种精神影响文章趋向，其作用绝对不可小觑。故陈维昭在评价日藏稀见文献《一隅集》时说："清代的八股文论向两个方向发展：一是继续沿着艾南英的尊朱辟王的方向发展，二是对八股文法进行细致、系统的梳理与归纳。尊孔崇经、尊朱辟王，是陆陇其制义批评的基本立场；由'义'取'法'，以'法'见'义'，是陆陇其制义批评的重要特点。其《一隅集》充分显示，八股文的根基是经学，而不是文章学。"①理源经，经述理，这一论断进一步指出理学乃八股文精神之源。

人们对于理学的态度往往是一个朝代、一个具有独立信仰的个体的精神缩影，这种态度贯穿于漫长的时代本身，且充满了各种不确定性，是一种由形而上向形而下渗透的理念，是对立统一的社会阶层之间长期调和的结果。

二、清代理学背景图谱：士人与官方的博弈

毫无疑问，每一个朝代的兴衰都伴随着残酷的杀戮和艰难的修复，这种修复不仅仅是城池的重建，更重要的是将经历过战争离乱的人心尽快稳定下来，而稳定的手段，则不外乎武力镇压和文化安抚。武力镇压只能一时有效，并不能保证长治久安，安人先安心，清代理学的发展始终与其社会功用息息相关。

（一）士人：伤感、反抗与妥协进击

一方面，作为文化主体的士人在明朝覆亡和清朝新生这一种翻天覆地且痛彻心扉的社会变化中，存在着由追思故国、坚决抗清到无奈妥协继而积极进取的心理变化过程。

清初士人的存在状况，大致分为"战""隐""仕"几大阵营，无论哪一派系，面对天崩地解的社会变化，都无法淡然以对。他们中不肯屈节仕清的一类，辗转联合各地义士抗击清廷，成为清政府密切关注的打击对象；而那些厌倦争斗或者被压制无法生存的士人，则选择隐逸逃禅②，摆

---

① 陈维昭. 日藏稀见八股文《一隅集》考论［J］. 复旦大学学报, 2017（5）: 56.
② 此处"逃禅"指遁世参禅。另有逃出禅戒义。

出不依国主的疏离姿态，试图与权力阶层划清界限；另有一部分士人初期慷慨激昂，后又依附清廷，但清政府亦并未真正重视和信任他们，故而其生存环境亦异常复杂。

以"战"求仁者，因不肯接受清朝的统治，始终幻想明王朝的一统江山有日回归，故以一己之力死战不止。这种斗争自晚明延续至清，以复社、几社成员为主，如明末以顾宪成、高攀龙为首的东林党人和以张溥、张采为首的复社，他们常聚众讲学，并以此名义联合抗击阉党。朱鹤龄虽不喜复社，其文却客观地记录了复社的繁盛状态：

庚午、辛未间，复社盛兴，舟车之会，几遍海内，每邑以一二人主其事，招致才隽之士，大集虎丘。①

且此际士人多有交游，结社甚众，与复社遥相呼应：

因之云间有几社，浙西有闻社，江北有南社，江西有则社，又有历亭席社，而吴门别有羽朋社、匡社，武林有读书社，山左有朋大社，佥会于吴，统合于复社。②

弘光王朝建立伊始，因阉党余孽打击异己，复社受到沉重打击，折损大半。但清兵南下之时，嘉定进士黄淳耀、侯峒曾坚决抗击，几社陈子龙、夏允彝起兵松江，顾炎武和吴其沆起兵昆山，浙东抗清将领如钱肃乐、张煌言皆与复社、几社关系密切，他们先后组织若干次抗击清廷的起义，其影响遍布全国。清政府乙酉和丙戌年间，大西北、江南、河北山右等地的士人依然配合郑成功等人领导的起义军不断打击清廷的统治。甚至顺治十七年官方严令不许兴社结盟后，士人们仍然秘密聚会：

在苏州就有叶恒奏、顾炎武等所举办的惊隐诗社，在淮上就有阎修龄等所举办的望社，在宁波就有六狂生陆宇燝等所组成的两湖八子、南湖九子等社，在广东就有屈大均为首所创立的西园诗社，在沈阳就有僧甬可等所结合的冰天诗社，还有沈光文等在台湾所结合的海外几社。他们或是积极响应海上的义师，或是蓄志密谋作恢复的事业，甚至影响到东

① （清）朱鹤龄.愚庵小集·传家厄言［M］.上海：上海古籍出版社，1979：354.
② 李德强.清代诗学文献整理与研究［M］.上海：上海大学出版社，2016：105.

北和台湾。^①

可惜经历隆武政权、永历朝廷等一系列复杂的政权变换后，南下北上的抗清义士们终于无法抵挡江山易代的历史潮流，或被流放，或被杀戮，义士们的尊严之战，遂以失败告终。

以"隐"托身者，大都为抗击清朝政府而被镇压的复社、几社、三峰派成员，他们多寄身佛门却并不恪守戒律，酒肉家室皆存，行为放荡不羁，盖效魏晋名士，只修习佛学禅教以平复自己风雨飘零的内心。亦有一部分士人真正皈依佛教，虔心修炼，不问世事。清朝政府对这一类士人的态度十分游移，入关前后，为防士子集结，他们对其逃禅持默许甚至鼓励的态度。而政权初建之后，由于此部分成员数量过于庞大，且颇具号召力，清政府开始警惕其存在并采取措施压制其扩张，最终使这部分士人数量一再降低以致分崩离析。

生存状态最为尴尬的是以洪承畴、范文程、陈名夏、陈之遴等为代表的"贰臣"，此部分士人入仕清廷之后，并未迎来繁花似锦的政治前景。一方面，他们不得不面对传统文化压在其心灵上的"失节"之痛和自我谴责，不得不接受社会大众的质疑和嘲骂；另一方面，清统治者欣赏和利用这些汉臣之才学，却又并不真正信任他们，导致其在政局中处处被钳制和打击，尤其在顺治科场案、奏销案、明史案之后，大量的"贰臣"同样面临着被杀或被流放的悲惨结局，且在仕宦、著述、经济等方面皆为清廷所忌惮和禁锢。

总体而言，清代早期大部分士人在经历改朝换代的感伤迷茫之后，虽依然胸怀汉邦，但在清廷强有力的镇压之下，终究是英雄无用武之地。部分出身中上层地主阶级的士人们痛定思痛，不得不承认明朝已成历史，面对现实固然尴尬，但这是时代给予他们的最无奈的命题，除了接受和适应，别无他法。同时，作为具备反思能力的文人，抛除民族情结，他们同样希望社会能够长治久安，于是，他们转而成为新朝的建设者。清初孙奇逢、陆世仪、陆陇其、颜元等人即是如此，他们为了拯救礼崩乐坏的清初社会，极力倡导"黜王尊朱"，认为晚明王阳明心学空谈心性导致社会浮躁不安，只有学理、尊经方可挽狂澜于既倒；他们还大力推进办学，提倡在日常生活中实践古礼，以此来求天下再开太平。

清中叶，由于社会经济短暂恢复兴盛，政治亦有暇刻安宁，随着前代旧臣离世，新生代士人们逐步放弃追思明朝政权，积极迎合新政，并企图在夹缝中追寻其理想蓝图，找到其最佳心理着陆点，此时，最适合他们的进取方式就是学理并积极参与科举，这就使八股文再度成为其时士人穷经皓首追逐的道德文章。

（二）官方：镇绥并举与文化变迁

与士人们的心态变化相适应的，是清政府政治、文化策略的不断调适和更改，总体而言，其策略要点为"镇绥并举"。

作为管理者和政策的制定者，开国之初，清政府一方面投入大量的兵马人力，严酷镇压剿灭辗转各地的抗清力量，并实行惨无人道的文字狱，使大部分士人不敢发声议论新政，以绝对的武力维持新建政权的正常运转；另一方面，因大部分抗清运动的领导者为深具民族情结的汉族文坛领袖，他们可以振臂一呼即天下云集，使清朝统治者充分认识到汉文化的巨大力量，遂始效仿汉制、学习汉文化并笼络汉族名臣以助其治国理政。

在此双重政策的调节下，虽然终其一朝大大小小的抗清斗争始终存在，但基本未对清朝政府造成实际性的威胁。无望的斗争使大批士人纷纷放弃抵抗，或者郁郁老病而死，或者隐逸山林，或者积极寻求新的精神寄托。或许是在寻求社会稳定与生灵得存的目标方面，士人和官方最终达到了某种依然充满矛盾的微弱平衡，这种平衡又不断为新的社会状况和文化观念冲击，再形成新的冲突和协调，周而复始，直至清代覆亡。

清代社会这种士人和官方始终相互博弈又相互调适的社会状况直接影响和制约着其主流文化的发展变迁。

三、明、清理学的发展分期与八股文的主题

在这种复杂的社会背景下，要简单地以一朝一代之理学发展说明理学对八股文的影响是比较困难的。而若要理顺清代理学发展脉络，应将其与

前朝理学的发展变化与内容主旨进行比较，方可使其个性特征在比较中凸显出来。

理学发展非常重要的两个时期在宋、明，史上以"宋明理学"谓之，明代乃理学发展之巅峰。黄宗羲云："尝谓有明文章事功，皆不及前代，独于理学，前代之所不及也，牛毛茧丝，无不辨晰，真能发先儒之所未发。"①除了其无可替代的历史地位，明代理学还具有阶段性特征。陈谷嘉在《明代理学伦理思想研究》中说："宋明理学在漫长的发展过程中显示了一个突出特点，它始终紧跟时代的前进步伐，紧扣着时代的脉搏，随着时代的发展和演进，不断地改变自己的理论形态和表现形式，深深地烙上了时代的印记。在六百余年的发展过程中，它显示出发展的阶段性。"②

（一）明代理学的发展分期与八股文的主题

伴随着明代八股文确立、发展、成熟、转化之迹，理学亦有明显的发展分期，每一时期上层社会及士人对理学的态度是有明晰变化的。

1. 发展分期

明代理学发展可分为前、中、后三期。前期为明代理学初始期，亦乃八股文的发轫期；中期为明代理学鼎盛期，亦为八股文的成熟期；后期是明代理学与心学交互反应的时期，也是明代八股文的转化期。陈谷嘉对此认知十分明确：

明代理学的演变开始于明代立国时期。朱元璋父子为了巩固其统治，开启了以理学治国的布局……程朱理学的官学化和神化，是宋代理学至明初理学发展的一大特色，也是明初理学之"变"所呈现的时代特征之一。到明代十六世纪至十七世纪，在"变"的主导下，明代理学又进入到另一个发展时期，这就是由理学家陈献章和湛若水开启的由程朱理学向心学转变的时期，陈、湛由此成为明代心学转变的先驱者。如果说宋代理学是重新建构儒学的权威，重新发挥儒学外用治国和内用治心的双重功能作用，那么明中叶，由"变"主导的理学则是要打破程朱理学的绝对统治

---

① （清）黄宗羲著，缪天绶选注. 明儒学案［M］. 北京：商务印书馆，1931：14.

② 陈谷嘉，朱汉民. 明代理学伦理思想研究［M］. 长沙：湖南大学出版社，2015：1.

的权威。①

明代理学这种基于继承、发扬、变革的内在转化，毫无疑问会对包括明代八股文在内的斯时文章产生显著影响。

明前期，理学一家独大，因而八股文对其也是绝对尊崇。洪武十八年乙丑会元黄之澄之八股文《天下有道，则礼乐征伐自天子出》，其是一道大题，题目出自《论语·季氏》，原文"孔子曰：天下有道，则礼乐征伐自天子出；天下无道，则礼乐征伐自诸侯出"②。黄之澄八股文破题即云："治道隆于一世，政柄统于一人。"③此处的"一世""一人"显然是为中央集权的统治服务的。文章承题曰："夫政之所在，治之所在也。礼乐征伐，皆统于天子，非天下有道之世而何哉？"④其认为圣主之观念可以使天下兴盛或者衰败，制度只有出自皇帝，天下才能太平。这种对理学的推敬实际上是通过对名义上代表上天的、至高无上的皇权之无限度的维护来实现的，是为"敬天"。其第二篇选文《见其礼而》是一个截下题，出自《孟子·公孙丑上》，原文全句为"见其礼而知其政，闻其乐而知其德"⑤。全文从"见礼知政，闻乐知德"这一大的视角着眼，文字收放自如，语言淳厚，充分说明礼乐徵德的道理，足以启发民智，被称为"煌煌哉盛代之音"⑥。

明中期之理学虽仍占主位，但社会太平，文人思想相对放松，伴随着资本主义思想的传入和初萌，明代商业日趋繁荣，社会上对商人的态度开始有所转变，人们普遍追求享乐，由之延展，社会风气自上而下渐变颓靡，士人怀疑经学的思想遂有了苗头，表现在八股文的写作上，就体现出追求文采藻密而弱化理学角色的倾向，此期之八股文，多体现出矜才使气的特征。如嘉靖二年癸未会元李舜臣之文《上律天时》（会墨）就是较为

---

① 陈谷嘉，朱汉民. 明代理学伦理思想研究 [M]. 长沙：湖南大学出版社，2015：4.

② 田启霖. 八股文观止 [M]. 海口：海南出版社，1994：5.

③ 田启霖. 八股文观止 [M]. 海口：海南出版社，1994：3.

④ 田启霖. 八股文观止 [M]. 海口：海南出版社，1994：3.

⑤ （战国）孟轲著，杨伯峻译注. 孟子 [M]. 长沙：岳麓书社，2000：51.

⑥ 田启霖. 八股文观止 [M]. 海口：海南出版社，1994：8.

典型的例证，文章两大比，第一大比以"上律天时，仰法乎天之径"为中心，第二大比则以"下袭水土，俯因乎地之理"为中心。钱吉士评价此文云："是大结构文字，句句用事，而不觉其重滞。"①而杨维斗则曰："程墨各有体，才识并用。词理兼工，墨体也。用识不用才，尚理不尚词，以少胜多，以无胜有，程体也。士虽积学，应制时尤带书生气。"②钱吉士所云"句句用事不觉重滞"，正是李舜臣有意以典故矜显才气的一种手段，与宋代江西派黄庭坚"无一字无来处"颇有异曲同工之较。在注重辞藻的同时，论家也指出了其"词理兼工"的特点，比之前期理学一统天下之情状，此期理学已经出现一些缝隙，心学之萌芽趁势进入制义，开始了明代理学第二个变革时期。

徐渭乃其时代表人物，他诗文、书画、戏曲皆工，被陶望龄评价曰："吾乡文士著名者，前惟陆务观，后则文长。"③袁中郎对其评价更高："有明以来，一人而已。"④以八股文言情达意，以徐渭为宗。其制义《古之矜也》可以视为明代制义从理学向心学转变的代表作：

论矜之所以为矜，而古今有不同焉。

盖廉则古之矜，而忿戾则今之矜也。由今观古，而矜之为疾也，不谓之亡乎？

夫矜一也，而谓之或亡者，非故伤今而思古也，亦惟自夫矜而观之耳。

夫古之矜也，何以谓之矜也？廉之谓也。廉，则其检身也，若不及，而周折规矩，每屑屑而自闲；其与人也，若有浼，而特立独行，多荦荦而难舍。过严于义利之辨，而凡有行也，惟其义焉，然犹务为表暴而形迹之必存，惟恐一毫之涉于利也；深求于是非之故，而凡有为也，惟其是焉，然犹务为崇饰而嫌疑之必避，惟恐纤悉之涉于非也。夫其廉若此。此古之所谓矜也，矜非不可也，而浑厚敦大之体不无少亏，此其所以为疾也。

---

① 田启霖. 明清会元状元科举文墨集注 [M]. 桂林: 广西师范大学出版社, 2016: 420.

② 田启霖. 明清会元状元科举文墨集注 [M]. 桂林: 广西师范大学出版社, 2016: 420.

③ 田启霖. 明清会元状元科举文墨集注 [M]. 桂林: 广西师范大学出版社, 2016: 509.

④ 田启霖. 明清会元状元科举文墨集注 [M]. 桂林: 广西师范大学出版社, 2016: 509.

夫今之矜也，何以谓之矜也？忿戾之谓也。忿戾，则其视已也，常过高，而身心性情之际，每怀不平；其视人也，常过卑，而亲疏远近之间，鲜能当意。义利之辨，亦未尝不明，但其所见者，自以为义，而谓天下则皆利也；是非之故，亦未尝不知，但其所执者，自以为是，而谓天下皆非也。夫其忿戾若此，此今之所谓矜也，非直浑厚惇大之体无所望也，好胜不已，而其势必至于争矣。

此古之矜，所以古也。[①]

此文堪称制义中的《五柳先生传》，开以制义抒心声的先河，这就为游戏八股文做了奠基，素为后代评者所赞赏。梁赞图说："言者心之声，古今诗文往往能自肖其人，制义则言之尤畅。如前明山阴徐文长狂士也，其作《今之矜也忿戾》文。"[②]梁章钜评曰："此文直是文长自作小传，可见狂士并不讳疾，特自知其疾而不能自医耳。"[③]商衍鎏云："刻画'矜'字、'忿戾'字入骨，言为心志，直肖其人，八股文之可达人性情也如此。"[④]古人之评价，恰合吾之心声。此后李贽《道之以政》、汤显祖《故太王事獯鬻，勾践事吴》执其旗帜，将这种理学转变后的八股文继续发扬光大，逐渐派生出后续的游戏八股文，这无疑是在理学和心学各申其志的过程中开放的一朵奇葩。

晚明天下大乱，理学领域被心学冲击得几无立身之地，表现在八股文中，就是这种一向用来谈论义理的文章居然出现了谈禅论道的迹象，甚至可能暗涌成风，以致万历间礼部尚书冯埼上疏批评曰：

士习浸漓，始而厌薄平常，稍趋纤靡，纤靡不已，渐骛新奇。新奇不已，渐趋诡僻，始犹附诸子以立职，今且尊二氏以操戈。背弃孔孟，非毁程朱，惟南华西竺之语，是宗是竞，以实为空，以空为实。以名教为桎梏，以纪纲为赘疣，以放言恣论为神奇，以荡弃行检、扫灭是非廉耻为广大，取佛经言心、言性略相近者，窜入于圣言，取圣言有空字无字者，强

---

① 田启霖.明清会元状元科举文墨集注［M］.桂林：广西师范大学出版社，2016：510–511.

② 梁章钜著，陈居渊校点.制义丛话［M］.上海：上海书店出版社，2001：80.

③ 梁章钜著，陈居渊校点.制义丛话［M］.上海：上海书店出版社，2001：82.

④ 商衍鎏.清代科举考试述录［M］.北京：生活·读书·新知三联书店，1958：268.

同于禅教。①

冯琦作为礼部尚书，若非此种现象已经非常严重，断不会贸然上书求治。究其实，不过是此期八股文确已偏离常规。跟其他文体一样，当其被规则束缚太过或者达到巅峰述无可述时，其内部遂有了变革的需求，这种需求使其将此前奉为纲纪的理学思想视作"桎梏"和"赘疣"，而背孔毁朱，以二王之思想为旗帜，对其时的理学发起攻讦。艾南英《皇明今文待序》对此亦有体察：

嘉靖中姚江之书虽盛行于世，而士子举业尚谨守程朱，无敢以禅窜圣者。自兴化、华亭两执政尊王氏学，于是隆庆戊辰《论语》程义首开宗门。此后浸淫无所底止，科试文字大半剽窃王氏门人之言，阴诋程朱。②

艾南英、章世纯、罗万藻、陈际泰四人被称作晚明"四大家"，其评价也是对晚明八股文谈禅论道的典型佐证。

2. 明代八股文的内容主旨

虽然现实中八股文发展过程与理学的纠葛是复杂多变的动态图像，是难以句诠的，但理论上，某特定时期二者的胶着状况却是静态的，可以捕捉的。我们可以从明代八股文编选观念和八股文题目来审视其内容主旨。

明代八股文选本非常丰富，这些选本也是随着科举制度和八股文的发展分期逐步丰富和成熟起来的，从这些选本之选文宗旨即可窥见人们对于理学观念取舍消长的态度：

有明三百年间，选家编选观念的转变有这样一种趋势：明代初期的选家立足于国家的立场，试图以选本的形式确证科举制度的有效性。到了明代中期，选家们立足于未中式士子的立场，编订选本，目的是为士子研习举业提供范本；明代中后期，选家们立足于士子这个阶层的需求，试图借助八股文选本的编订，从官方手中分割选权甚至是科举考试的评定权。③

这种八股文集选编观念的变化与上述明代理学的发展分期是基本一致

① （清）孙承泽. 天府广记·春明梦余录：卷四十[M]. 北京：北京古籍出版社，1991：744.

② （清）黄汝成. 日知录集释[M]. 上海：上海古籍出版社，2006：1404.

③ 王炜. 明代八股文选家考论[M]. 武汉：武汉大学出版社，2015：6.

的，亦可旁证明代理学思想的嬗变对八股文之写作宗旨有着至关重要的学术影响。

殊为可惜的是，此时期许多选本已经佚失，无以为据。新时期田启霖先生多年辛苦搜集选校，根据《钦定四书文》《可仪堂一百二十名家制义》《岭云编》《大题观海初集》《程墨前选》《文坛博钞》《名稿小品》等资料，于1994年编辑出版《八股文观止》，内含宋、元、明、清四朝名家八股文共484篇，他在该书例言中说："明清设科取士重首场，故明清重选四书文。为窥八股文之全貌，选少许五经文。四书文重选'修身''齐家''治国''平天下'之篇，为观四书文之全貌，选少许传统之文，如《邦君之美》。"①田氏于2017年再次编辑出版了《明清会元状元科举文墨今译》，其中前两册为明代会元、状元八股文，从中可以大致推断万历前的选本状况，且亦可从中找到一些明代八股文理学趋向的蛛丝马迹。

大致而言，明代八股文主要表现出三类主旨：启民敬天，矜才使气，谈禅论道。例如，田启霖先生的《明清会元状元科举文墨今译》将明八股文分为两个阶段，其中洪武至正德年间选文96篇，嘉靖至崇祯年间选文105篇，仅从其整理的文献资料之题目即可约略窥见明代八股文在理学追求方面的重心（见表1-1-1、表1-1-2）。

表1-1-1　洪武—崇祯选文题目表（96篇）

黄子澄2	《天下有道，则礼乐征伐自天子出》《见其礼而》会墨2
吴伯宗2	《〈大学〉曰：国治而后天下平……不同何欤》《孟子曰：由尧舜至于汤五百余岁……请究其说》会墨2
刘三吾1	《天下有道，则礼乐征伐自天子出》程墨
方孝孺1	《可以托六 一节》程墨
解　缙2	《德者本也》《禹吾无间 一节》程墨2
王　艮1	《文行忠信》
胡　广1	《子曰为命》

① 田启霖.八股文观止[M].海口：海南出版社，1994：1.

杨　荣2	《他人之贤》《所以动心忍性，曾益其所不能》
杨　溥1	《顺天者存，众也》
杨　懋1	《武王缵大王　王季　文王之绪》会墨
于　谦2	《不待三然，多矣》《王自以为与周公》
曹　鼐1	《当暑袗绤裕》
刘定之2	《君子遵道而行，能之》乡墨，《好仁者无，见也》会墨
姚　夔1	《隐居以求》会墨
刘　俨1	《学而时习》
商　辂4	《子在川上曰》墨，《德为圣人，其寿》会墨，《父作之子述之》乡墨，《舜之居深》
岳　正2	《子曰庶矣》《今夫天　一节》会墨
彭　时1	《孔子曰才难，为盛》会墨
丘　濬2	《周公兼夷狄，百姓宁》程墨，《为国以礼，哂之》陈选
李东阳2	《欲罢不能》《由尧舜至于汤》程墨
章　懋2	《诗云邦畿》会墨，《从我于陈蔡者皆不及门也》
罗　伦4	《致知在格物》《莫春者，点野》《昔者先王以为东蒙主》《三月无君则吊》
吴　宽3	《乐天者保天下》程文，《不幸而有疾，景丑氏宿焉》《则之野，下车》墨
王　鏊4	《百姓足，君孰与不足》程文，《武王缵大王，及士庶人》乡墨，《周公兼夷狄，百姓宁》会墨，《身不失天下之显名》
谢　迁2	《文王发政，四者》《责难于君谓之恭》程文
梁　储1	《夫子之文章》程墨
蔡　清1	《吾十有五而志于学》
赵　宽1	《出门如见大宾》会墨
王　华1	《卑宫室而》程墨
储　瓘1	《故君子戒慎》会墨

续表

李 旻1	《恶乎宜乎抱关击柝》
邵 宝1	《子路有闻》
钱 福4	《好仁者无以尚之》《经正，斯无邪匿矣》会墨2，《修己以安百姓》《春秋无义战》
王守仁2	《志士仁人》《子哙不得与人燕》
唐 寅1	《古者易子而教之》
康 海2	《众恶之必察焉》《有不虞之》
杨 慎2	《德行颜渊》会墨，《君子不谓命也》

注：此表内容参龚笃清的《八股文汇编》。

表1-1-2　嘉靖—崇祯年间选文题目表（105篇）

李舜臣1	《上集天时》会墨
姚 涞1	《君子矜而》程墨
唐顺之5	《请问其目》会墨，《此谓之絜矩之道》《君子喻于义》《三仕为令君》《一匡天下》
归有光5	《〈诗〉曰：天生烝民》会墨，《吾十有五而志于学》《天将以夫子为木铎》《周公成文武之德，及士庶人》《孰不为事》
徐 渭1	《古之矜也》
罗洪先2	《莫见乎隐》会墨，《后生可畏》
许 谷1	《吾说夏礼》会墨
薛应旂3	《赐也女以予为多学而识》《君子之志，不达》会墨2，《子所雅言》
袁 炜1	《仰不愧于》
陆树声2	《修道之谓教，致中和》《不见诸侯》
瞿景淳2	《事君敬其事》《〈诗〉曰不显惟德》会墨2
胡正蒙1	《固天纵之将圣之多能也》会墨
李春芳1	《仁者必有勇》
杨继盛1	《王勃然变乎色》
王世贞1	《天下大悦，咸以正无缺》程墨

续表

张居正1	《生财有大道》程墨
傅夏器2	《子贡问君子，从之》《洋洋乎发育万物，峻极于天》会墨2
海　瑞1	《生财有大》
曹大章2	《诚者，非自成己而已也》《由尧舜至于汤》会墨2
丁士美1	《是集义所生者》程墨
李　贽1	《道之以政》
王锡爵4	《文王以民，灵沼》会墨，《事君能致其身》《贱货而贵德》《反覆之而不听则去》
申时行1	《事君能致》会墨
陈　栋3	《绥之斯来》《人道敏政》《〈诗〉曰天生烝民》会墨3
田一儁2	《子曰由诲女知之乎》会墨，《吾岂若使是君为尧舜之君哉》
邓以赞2	《生财有大》《先进于礼乐》会墨2
孙　矿2	《子张问十世》《用下敬上》会墨2
冯梦祯2	《回之为人也》《我亦欲正人心》会墨2
李廷机2	《颜渊问仁》《孔子有见行可之仕》会墨2
王肯堂1	《人十能之己千之》会墨
邹德溥1	《子曰吾之于人也》会墨
陶望龄3	《孟献子曰》《夫妇之愚，所憾》《圣人之行不同也，烹也》会墨3
焦　竑1	《万物皆备》
吴　默4	《爱之能勿劳乎》《知及之》会墨，《以善服人》乡墨，《以约失者鲜矣》
汤宾尹3	《好善优于天下》会墨，《其身正不》《忧民之忧》
汤显祖1	《故太王事獯鬻，勾践事吴》
杨起元1	《〈诗〉云鸢飞》
赵秉忠1	《先立乎其》
许　獬2	《唯上知与下愚不移》会墨，《季康子患盗，问于孔子》
张以诚2	《疏食饮水》《君子和而不同》

钱　禧2	《临大节而不可夺》《匹夫不可夺志也》
吴伟业1	《必之官则》会墨
李　清1	《可谓远也已矣》
陈际泰4	《救民于水火》会墨，《学而时习之》《盖均无贫》《博学之》
刘同升1	《省刑罚薄，兵矣》
陈名夏1	《得道者多助》
黄淳耀1	《见义不为无勇也》
徐孚远1	《禄之去公室》

注：此表内容参龚笃清的《八股文汇编》。

从这些篇目可见，明代八股文之理学内涵率皆集中于"修齐治平"四个领域之内，表现出对于天下一统的强烈渴望与政治理想，启民敬天是其主旋律，其中启民又从学、知、德、慧、礼、乐等角度阐发，具有很强的理学属性。

（二）清代理学发展分期与八股文主题

与明代八股文本突出"修齐平治"的内容相较，清代八股文主题更突出地表现在治国为政、传道解惑、诚善修身等三个方面。治国为政是为了更好地以理治乱，传道解惑、诚善修身是为了教化民众，为统治筑造符合国情的精神藩篱。

1. 清代理学发展分期

于清而言，布施教化、巩固政权为其传播理学的主要目的，表现在其八股文中的理学追求则存在三个基本阶段：第一阶段为巩固新朝笼络人心的时期，在统治阶级眼里，理学应当与骑射并重；第二阶段为学术流派内部调整的时期，理学的价值更进一步深入，同时西学渐次渗入；第三个阶段为与西方现代社会接轨的时期，理学之力量开始被西学大幅度削弱。

在巩固新政时期，与前朝相若，清代理学被康雍乾三朝帝王推向至高无上的地位。努尔哈赤、皇太极、多尔衮和顺治帝皆十分重视汉文化，为康乾盛世做了奠基。康熙帝始大力推行尊孔崇儒的政策，他举行临雍大典，恢复圣裔监生，礼祀孔子，拜谒阙里，搜集经典，且读书不辍，博学多闻。他的这一系列行为再次使程朱理学兴盛起来。雍正亲纂《孝经集注》。乾隆则御纂《周易述义》《诗义折中》《春秋直解》，钦定《周官义疏》《仪礼义疏》《礼记义疏》，又修《明史》，续"三通"（《通典》《通志》《文献通考》），编方略，纂修《四库全书》，定其为七部，分藏文渊、文源、文津、文溯、文澜、文汇、文宗七阁；收书三千余种，七万余卷，前后历时十五年；还修了一部《四库全书》节略本《四库荟要》，缮写两部，分别藏于摛藻堂和味腴书屋。

这些史上明君之文治武功，不得不令人赞叹。但因为其特殊的统治背景以及严酷的文字狱政策，使其时文人大都有所忌惮，清代理学事实上并未如统治者所愿走向以义理化育世人的途径，而是逐步走向避离政治世界并以考据为主的道路。具体而言，就是士人对理学的尊崇被纳入经学的范畴，因而八股文更注重对繁文缛节的阐释。

到中期，王朝逐渐稳定，理学与经学相交融，表现在八股文中，就是在崇尚义理的前提下，文人的制义书写具有了多种多样的风格和流派，这是清代八股文在反思和学习明代八股文基础上的一种整合。

至王朝后期，西方各种新的文化、思潮涌入国门，与明代只是资本主义萌芽状态相较，此时士人多奋发图强，力主新变，其八股文就表现出与西方思想、事物接轨的鲜明迹象。

2. 清代八股文的内容主旨

从历时角度考察，无论是初期还是中后期，清代八股文始终以"理法辞气"为写作要素，且大都以"理"为文章考察的重心。赵耀基在《清代八股文译注》序言中讲述其应广东江门之邀前去鉴定"清代科举四书范文汇编"[①]（实为科举考试未曾使用的微型"夹带"）一事，这些遗留文字微小如蚊蚋，因为是作弊的材料，故而并无作者履历，其后罗列三十三篇经过翻译的八股文，其中《欲治其国者，先齐其家》《必也使无讼乎》《为政以德》《古之人与民偕乐》《宁武子邦》《当今之时，仁政》《生

---

① 赵基耀.清代八股文译注［M］.上海：上海古籍出版社，2011：1.

之者众》等篇与治国之理有关，《中也者天下之大本也，和也者天下之达道也》《学而优则仕》《谨庠序之教》《原泉混混》《学问之道无他》《孔子登东山》《尽信书，则不如无书》《道不远人，不可以为道》《知、仁、勇三者，天下之达德也》《子曰诗三百》《吾十有五》等篇与传道解惑有关，《巧言令色足恭》《奢则不孙》《君子笃于亲》《有美玉于斯》《衣敝缊袍》《子曰岁寒》《文犹质也》《君子成人之，之恶》《老吾老以，于掌》《以直养而》《富贵不能，至未》《古之人未尝不欲》《生亦我所欲》《养心莫善于寡欲》《人而无信》等篇则跟诚信修身有关，这些文字虽并非会试文，但可推知正因此部分内容为官方、士人所重视，才可能被作为夹带携入考场，因此也可以从侧面佐证清代八股文的理学内容倾向。

更为直接的证据来自《清代硃卷集成》，概括其阐发义理的内容，不外乎以下几方面。

（1）治国为政

清代八股文首要之义理核心就是如何使国家长治久安，士人们从多个角度强调社会和谐稳定之道，形成一个较为明显的义理阐释域。

治国理政的要义是全国上下各安其分，家齐则人无犯上作乱之心，而国必太平康乐，因而纲常伦理乃治国之必重。邵日诚文《君君臣臣，父父子子》即言此敦伦之则，其冒头部分云："本立而政行，上下各尽其分而已。（破题）盖政者，由君臣夫子推焉者也。上下之分，各尽政本，不于以立哉？（承题）且列国各殊其政，善觇国者，无庸事事而观之也。入其朝，而盛衰之气象著于纲纪彝伦者，可望而知；则布于教号条令者，不言而喻。故夫国有常经，政有急务，宜先取其大者正之，一切苟且补救之谋，甚无谓也。（起讲）"①主体部分写君臣父子之伦的社会意义："伦不明则政不立，尊卑远迩之际，实有其凛然不容紊者，则在国在家之定位綦严也。‖情不洽则政不行，俯仰进退之间，实有其肫然不容歉者，则尽伦尽制之天怀自笃也。（起股）故侈不冒之广者，曰圣神，曰文武，而兹

---

① 顾廷龙.清代硃卷集成：卷七［M］.台北：成文出版社，1992：173.

不具论也。君道岂名一德，经纶焕而治具毕张，谟烈垂而清和咸理。君尽君道，则凡治内治外者赅之矣。如是为之臣者，作其股肱，竭其心力，不以为报礼之重，而以为自靖之私，盖臣节无亏始。为臣之尽职也，则继君君而曰臣臣。‖咏鞠育之劳者，曰恩勤，曰怙恃，而兹不待言也。父道悉本性真，义方之教尚乎严，式谷之贻主乎爱。父尽父道，则凡生之成之者统此矣。如是为之子者，服劳就养，承志无违，不仅为明发之怀，而且为终身之慕，盖自职无忝始。为子之克家也，则继父父而曰子子。（中股）"①儒家以仁义道德治国，敬天爱民，君臣相合，父子相亲，这是在为其时之社会伦理做一种明确的导向，清代八股文很多篇章与此相关。

　　伦理纲常，乃下民必尊之教条，那为上者何以统率国民呢？钱棨作《尧舜帅天下以仁，而民从之》一文，全篇以"仁"为中心，谈论何为"仁"，帝王如何以"仁"统率天下："论治国而举古帝，见仁之足以化天下也。（破题）夫民之欲归仁久矣，特视帅之者何如耳。尧舜之治，其定国之极轨乎？（承题）……夫君与民，其性一也。天下国家，其理一也。知仁之可以帅天下，则知所以齐家治国矣。由是则为恕，反是则为暴。治术虽多，要之以仁为本。"②其文首句云"仁之足以化天下"，末句曰"治术虽多，要之以仁为本"，二者首尾呼应，将修齐治平很好地统率于一文，句句似从心地出，而句句想落天外，却恰合阅者心声。

　　以仁治国，推行之者，人才也，选拔人才也是治国理政的重要环节，故而道光进士郑汝楫之八股文《无求备于一人》为引申之曰："人无求备，元公之遗训可思矣。（破题）夫人各有能，有不能，求备则苛矣。此周公遗训，复以此致戒乎？（承题）且夫国有与立，人是也，亦知人之所由以自效乎？善用人者，宽以克众职之纷，而又未尝有废事也；严以澄官方之叙，而又未尝有弃材也。审乎命官分职之经，而行以器使因材之道，斤斤苛责，所勿尚已。（起讲）试进亲贤录旧，而观君子之所以用人。（入题）栽培之力厚乎人，而奇杰生焉。然寒暑阴阳，造物且有偏畸之

---

① 顾廷龙.清代硃卷集成：卷七[M].台北：成文出版社，1992：173-177.

② 顾廷龙.清代硃卷集成：卷四[M].台北：成文出版社，1992：261-262.

憾。彼凡受之以为气者，岂能不驳而纯？故宇宙未始无全才，宇宙未始尽全才。||川岳之灵钟乎人，而精英出焉。然燥湿刚柔，五方每多风气之殊。彼凡得之以为质者，岂能不倚而中？故群伦亦尝有至诣，群伦未尝皆至诣。（起股）"①在冒头和起股部分，作者一再强调要因材施用，不可求全责备。

中股分析在人才选用中出现"求全责备"之因，给上层决策者一警醒："英明之主，好大喜功。自负其才，而视天下之才无不足；自勤其略，而视斯人之略皆有余。当其命职设官，未必尽乖旧制，而究之晚近之治，不如上古之简。故礼兼夫乐，刑统夫兵，亦只行乎虞夏以上，而汲汲以求之者，徒以形其竭蹶也。所愿为开国者，诰诚申之。||刻覆之朝，纷更日甚。时以汰冗为名，而官可摄也；时以减糈为计，而职可兼也。想夫抱德怀才，亦可兼综庶务，而究之任非其器，即致负乘之羞。故命以宅揆，咨以总师，不数见之禹皋以降，而皇皇以求之者，徒以滋其流弊也。所愿为需才者，儆切惩之。（中股）"②

文章后股则对正确使用人才的前景做出展望，其用意在于为有司用才增强信心："仰惟穆考，菁莪以生多士，棫朴以验官人，亦即位事任能矣。而且修和之勋，必分资夫二虢；询谋之益，更有藉乎八虞。虽蕞尔侯封，要莫不分百职，以广朝廷任用之途。尔小子克迪前光乎？麟有趾，而时庸可展；兔在置，而御武堪资。誉髦歌而思皇奋，辟雍钟鼓，可远绍西京穆穆之休。||率时昭考，三恪以封侯服，六官以统庶司，亦既陈殷置辅矣。下至辉庖翟阘，并隶策名之籍；仓庾凫桌，自成世守之官。虽政静人和，要莫不广置胥徒，以佐国家指臂之使。尔小子其丕承洪业乎？鸒之集，而好音足慕；鹭之飞，而式舞可风。小大从而左右率，泮水宫芹，可大启东鲁岩岩之望。（后股）"③其大结再次呼应主题，谆谆呼吁君子当恕以用人。全文阐述人主和有司应该量才施用，使人才各得其所，方可国

---

① 顾廷龙.清代硃卷集成：卷七[M].台北：成文出版社，1992：235.

② 顾廷龙.清代硃卷集成：卷七[M].台北：成文出版社，1992：236.

③ 顾廷龙.清代硃卷集成：卷七[M].台北：成文出版社，1992：235-238.

强民富。

也有八股文阐释"民贵君轻"之思想，如："尝思损上益下，其名为益；损下益上，其名为损。此岂厚于民而薄于君哉？"[①]此处"厚于民"即"民贵"，"薄于君"则为"君轻"之注解。

（2）传道修身

有的八股文给读者讲述道之本源是什么，何以达道、传道，从而为追求"理"的人们树立一个标杆。还有些八股文强调孝道、谦逊、善于知人识人等儒家价值观念，是从修身齐家的角度传播理学之精髓。

李继修的八股文《参乎！吾道一以贯之　四节》，题目出自《论语·里仁》，作者破题即曰："圣人以一传道，大贤示学者以修道之要焉。"[②]那么修道之要为何？文章说："曾子曰：夫子之道，即人人共有之心也。"[③]此阐述道之本源为"忠恕"。

姜坚的八股文《人之为道而远人，不可以为道》则阐释对于中庸之道的理解：若为遵循中庸而远离人群，这就不能被称为道。文章如是说："圣人戒远人之道，以不可为者惕之焉。（破题）夫道自有所以为道也，乃为之而远人焉，道之实不于是掩乎？（承题）且须臾不可离者，道是也。乃身入乎道之中，心骛乎道之外，迹其殚精神，竭谋虑，一似卑近者，转失之迂。而其始发为幽深之论，其继入于幻渺之乡，其后遂举道之不可离者，日离焉而不容相假，乃觉道其所道，非吾所谓道也。（起讲）道不远人，则道之所以为者在是也，而有何不可哉？乃同一道，而人之为者异矣。（入题）其或构心思于鲜据，而以知所不当知者，超迹象而索杳冥，则岂理道无粲著之渊微，而奈何以有用聪明施诸惝恍也？吾甚为昧昧者惜之。||其或置性命为可轻，而以行所不当行者，尚元妙而高清静，则岂大道无显呈之模范，而奈何以有凭学力遁于空虚也？吾尤为庸庸者慨之。（起股）"[④]道即百姓日用，故因追逐道而远离众人，此非道义之真

---

① 顾廷龙. 清代硃卷集成: 卷四[M]. 台北: 成文出版社, 1992: 289.

② 顾廷龙. 清代硃卷集成: 卷三[M]. 台北: 成文出版社, 1992: 7.

③ 顾廷龙. 清代硃卷集成: 卷三[M]. 台北: 成文出版社, 1992: 9.

④ 顾廷龙. 清代硃卷集成: 卷六[M]. 台北: 成文出版社, 1992: 105.

者，作者此文肫肫切切为世人讲述这种道理。

嘉庆姜坚的另一篇八股文《诚身有道　一节》阐述诚身之道在于明善。此题目原意为："要让自己诚心诚意有办法，要是不明白什么是善，也便不能使自己诚心诚意了。"①文章破题曰："终举诚身之道，非明善不能也。"承题补充道："夫事莫大于诚身，而善不明，虽欲诚，得乎？举其道，而诚之之实乃全。"②起讲解释主题："且人自受中以生，有是身，即有所以宰乎其身者，而粹然万善之兼赅，即浑然一诚之各足。乃始以勿三勿二，而诚保于太初；继以相取相攻，而善淆于后起。夫至善失，而诚亦与之俱失矣。则非于易淆者，而先立不淆之识；奚由于难葆者，而俾有常葆之功？"③继而起股、中股两大比详细阐释"明善"与"诚身"于人类诞降之时就相依相存的关系。其起股写道："原夫身之所从来，则惟皇降衷，厥有恒性，而成象成形之始，莫非元善之洋溢而充周。身与善融，即善与身合，何待推详既审，而后隐微之地有真修。‖溯夫诚之所自启，则下民阴骘，相协厥居，而惟渊惟默之中，莫非至善之浑沦而固结。即诚即善，亦即善即诚，奚俟察识既精，而后宥密之中有实学。"④中股云："顾民彝物则之原，本不贰之菁英所宅，至世故涉而朋从客感，遂大汩其人生。而静之初，则惟以有主之灵明，默参消息。而乃肫然罔间，克协乎诚通诚复之精。‖使日用周旋之地，非常惺之志气相维，将本始失而惝恍游移，徒自抱此形气。空存之体，而所谓木然之美善，概属虚悬。何以卓然不摇，独操夫立诚著诚之要。"⑤其后股则曰："而不然者，尧德克明，逊其钦安；文德克明，异其宣哲。挟真然罔觉之衷，而赋畀所存，不识消归于何有？则小之无以见善端之布濩，即大之日以慨诚意之沦亡。而道有攸归，知圣学不矜言逸获。‖而不然者，丽明为晋，弗逮其自昭；继明为离，弗如其两作。肆悍然无知之隐，而秉彝攸好，已觉大昧其本

---

① 陶新华. 四书五经全译 [M]. 北京：线装书局，2016：210.

② 顾廷龙. 清代硃卷集成：卷六 [M]. 台北：成文出版社，1992：105.

③ 顾廷龙. 清代硃卷集成：卷六 [M]. 台北：成文出版社，1992：109.

④ 顾廷龙. 清代硃卷集成：卷六 [M]. 台北：成文出版社，1992：110.

⑤ 顾廷龙. 清代硃卷集成：卷六 [M]. 台北：成文出版社，1992：110.

来。则善之蕴日习而日忘，即诚之功日漓而日远。而道有专主，知正学不崇尚虚无。"①后股以两个"而不然者"入笔，从反面论述如果不"明善"则无以"诚身"，也就无法切合天人之道。

李继修《天之所覆，地之所载　一节》则阐发孝道，题目出自《礼记》，作者破题所述："再观上下之间，益信尊亲不远矣。"②可见"尊亲"乃为一篇之核心。承题进一步论述道："盖天地也，日月霜露也，则尽乎上下之间矣，而有血气者皆尊亲焉。非至圣乌能如是乎？"③文章阐解"天地之间，凡有血气者皆尊亲"之礼。中国素来尊崇"百善孝为先"，本文就身体力行，为士子修身做先导。

俞日灯的八股文《虽曰未学，吾必谓之学矣》冒头和起股曰："贤者崇实学，于敦伦者有深许焉。（破题）盖学以明伦为贵也，曾贤亲君友之各尽其诚，而尚谓之未学乎？子夏故深许之。（承题）今夫敬德之崇，昭于修纪；居业之要，归诸立诚。世人读书数十年，咸自诩为宏通博雅矣。及进考其性情心术之微，或抱惭于家国，或负疚于贤仁，如是以云学，不知其所学者安在也。吾因思夫好贤、事亲、事君、交友之克尽其诚者矣。（起讲）"④其末尾又云："盖庠序瞽宗之设，不外于饬纪敦伦，俾共端其趋向；诗书礼乐之文，皆本于斥华从实，使自悟其旨归。（后股）虽曰未学，吾必谓之学矣。世有其人，此予所旦暮欲见者矣，而宁敢求多于是哉！（大结）"⑤此文认为一个人如果道德修养较好，能够时时处处待人以诚，哪怕并无多少知识，也可以被认为是有学问的人，这是将德行置于学问之先，为社会风气之提高做理论向导。王克让的八股文《子曰：不知命，无以为君子也　三节》讲述具有理想人格的君子应当"知命、知礼、知言"，才可以谈为人处世之理。《唯天下至诚　四节》是说只有至诚至性之人，才可以深刻领悟事物的本质，才能练就立身于天地的本领。

①　顾廷龙.清代硃卷集成：卷六［M］.台北：成文出版社，1992：109-112.

②　顾廷龙.清代硃卷集成：卷三［M］.台北：成文出版社，1992：11.

③　顾廷龙.清代硃卷集成：卷三［M］.台北：成文出版社，1992：11.

④　顾廷龙.清代硃卷集成：卷四［M］.台北：成文出版社，1992：90.

⑤　顾廷龙.清代硃卷集成：卷四［M］.台北：成文出版社，1992：91.

除了阐发道之内涵，八股文还为传道作解。孝悌原为道之本分，或哀远古之道不传，因而道光癸未进士苑馥桂之八股文《入则孝，出则悌，守先王之道》为卫道敦伦作设："不观其入则孝乎？不过此服劳奉养之节，而先意承志，特深孺慕于无形，容则愉也，色则婉也，日与庭闱相聚处，若舍此事，而别无所为事者，则先王教孝之经，若人以意会之，而不必袭其文。‖不观其出则悌乎？不过此隅坐随行之文，而齿让雁行，独昭亲爱于有象，或父事之，或兄事之，日与里党相周旋，若有此事，而其他皆余事者，则先王教悌之仪，若人以躬行之，而不必言其义。（起股）"① "其在先王，垂成宪以昭示来兹，功极于弥纶参赞，而要惟彝伦攸叙，遂以树千古纲常之大节，而道综其全。‖其在若人，笃至性以缅怀天，显理不越，乐易雍容，而推此爱敬良知，遂以立一时名教之大防，而道完其量。（中股）"② "游说纷起之秋，纵横攘之，富强窃之，形名法术乱之，一一与吾道争其驱。若人有定力焉，彼益恣其挤排，我益坚其悍卫，即将危之势，难遽胜方炽之势。然留其一线，使民彝物则，不为淫辞诐行所淆，而学校井田可渐复也。岂非先王之捍卫也哉？‖异学争鸣之会，为我攻之，兼爱袭之，诸子百家裂之，在在与大道树其敌。若人有定识焉，彼且自肆其侵扰，我自固其千城，虽众浊之时，不容为独清之时。然延之斯须，使亲逊敬服，不改帝典王谟之旧，而道德性命可类推也。岂非先王之千城也哉？（后股）"③文章首言"事莫重于卫道，而道莫重于敦伦"④，继之讲述如何"敦伦"、如何"卫道"，并在文末再次点题"天下事尚有大于此者乎"⑤，三对六股裁剪精工，论述气盛言宜，以情运理，颇具声情并茂之美。

明道传道，皆为了让士人修身齐家，以引领天下和培育世人。

---

① 顾廷龙.清代硃卷集成：卷三七七[M].台北：成文出版社，1992：198.

② 顾廷龙.清代硃卷集成：三七七[M].台北：成文出版社，1992：199.

③ 顾廷龙.清代硃卷集成：卷三七七[M].台北：成文出版社，1992：200.

④ 顾廷龙.清代硃卷集成：卷三七七[M].台北：成文出版社，1992：198.

⑤ 顾廷龙.清代硃卷集成：卷三七七[M].台北：成文出版社，1992：200.

（3）知礼明德

除传道修身之外，还有些八股文涉及社会礼仪之内容。有的讨论社会习俗对道德的影响，有的针对社会礼仪发论，可谓事无巨细，以小见大。

《曾子曰：慎终追远，民德归厚矣》是嘉庆乙未会试文的题目之一，该题出自《论语·学而》。此题的"终"，即去世，先人下世，后人深情追忆和怀念先祖，后引申为追念先贤；"民德归厚"则是缅怀先人之功业和德行。同年，曹汝渊、俞恒泽、王家景、俞恒润、杨树基、黄维烈等进士皆作此篇，虽为社会习俗发论，然其文各有千秋，其中最堪玩味的乃杨树基之文。此文虽不合八股体制，文皆散行，却颇有行云流水之趣，其文语言清冽，读之满口余香："上之德厚，可勿问民矣。（破题）夫慎终追远，君子之德厚矣。此亦何与于民，而民各有心，谁能自已乎？（承题）且吾观后世之民，不仅慨然矣。浇漓之俗日起，而敦庞浑穆之俗邈不可追，说者谓气运使然。今之民，不可古治治也。曾子曰，此非民之罪也，无以动之之过也。（起讲）吾闻古昔盛时，黎民醇厚，率由德行。（入题）墟墓之间，未施哀于民而民哀；社稷宗庙之中，未施敬于民而民敬。（起股）何风之隆兴？此其法治禁令之所为驱策与？抑其孝亲睦姻之训之所能收其全效与？（过接）今夫丧礼，与其哀不足而礼有余，不若礼不足而哀有余；祭礼，与其敬不足而礼有余，不若礼不足而敬有余。此不专为在上者言也。（中股）而必诚必信，人皆有终，而君子慎之；如生如存，人皆有远，而君子追之。（后股）当斯时，创巨痛甚之思，根于肺腑；水源木本之意，动于性天。（束股）丧礼，忠之至也；宗庙之祭，仁之至也。君子之德，可不谓厚欤？（大结）"[1]全文讨论对祖宗丧礼的态度，认为应当真心哀伤和礼敬，而不应当浮于形式；同时指出为上者尊亲礼敬对社会道德具有正面的引领感化作用。

又如沈作梓的八股文《红紫不以亵服。当暑，袗絺绤》就是针对社会礼仪展开论述的篇章："间色严于燕居，而时服亦有取于袗焉。（破题）夫红紫非正，虽亵服不为，况大焉者乎？（承题）而当暑则推絺绤，殆有

① 顾廷龙.清代硃卷集成:卷四[M].台北:成文出版社,1992:233.

取于袗之宜夏欤？记者谓夫人情厌古喜新，曷其有极？使稍纵于燕间之地，即沿及于朝庙之间，难以古人所服之无斁者，且将该乎其度矣。（起讲）岂知大圣人衣服有常，奇淫必杜其渐，而简约第审其宜，不屑苟同乎俗之所为，而遂可因应乎天而不爽。非但甘绌之不饰也。（入题）想其因事殊施，已廑谨小慎微之意，岂不涉于新奇，尚虞差贷；而有乖于法，故罔虑奇邪乎？则自饰而外，固有谨之宜益谨者矣。‖且其乘时顺应，更切明嫌章别之心，岂吉凶常变，不容易位以相侵；而内外贞邪，反致杂施而无别乎？则甘绌而外，又有辨之宜早辨者矣。（起股）有红紫焉，君子盖不以为亵服云。（过接）"①上文指出君子不以红紫为亵服，批评那些着装不守规则之人，其后从上古之风追寻此举之源：

其当暑之絺綌乎？则君子之袗之已有然者。

豳风著蚕绩之期，载元而载黄者，公子之裳是赖，而时乎当暑，则尚非所需也。天生时而地生财，睹萋萋于谷中，早生人以是刈是获之想，将为絺为綌，自有天真之足贵矣。

玉藻垂衣裳之制，为茧而为袍者，布帛之用綦详，而服在当暑，则尚非所藉也。春宜裕而夏宜禅，值炎炎之畏日，早兴人以薄污薄瀚之思，则絺兮綌兮，夫岂无物候之当顺欤？

乃知红紫夺朱，属人情所争炫，而服奇之戒必凛，自无容踵事以增华；絺綌宜夏，亦属人事所同然，而安亵之念不萌，自不至从欲而踰矩。

然则间色之谨，固君子所独；而絺綌之袗，亦君子所矜也。表而出之，则又昭其敬也。②

后半部分阐释着装规则产生的原因：争炫服奇，不符合中庸昭敬的原则。作者将此上升到君子之行为准则的高度，从衣着之规矩体现"礼"之意义。沈作梓另一八股文《旅酬下为上 一节》论说祭祀之仪：

制有逮贱与序齿者，昭其备也。

盖贱者亦得伸其敬，而尚齿之典兴焉，何其备也！武、周所以有旅酬

---

① 顾廷龙.清代硃卷集成：卷三[M].台北：成文出版社，1992：245-248.

② 顾廷龙.清代硃卷集成：卷三[M].台北：成文出版社，1992：245-248.

与燕毛之制，闻之射乡之礼，无不举旅行酬，而况在宗庙中哉。

若夫祭毕而燕，以绥后禄，此卿大夫之蔡皆然也。乃若事仍其旧，而制增其新，则合同异姓而偕来，亦聚少与长而胥洽。其有加而无已者，于以见惠养之深情焉。

序爵序事而外，宗庙之制，又有可稽者。[①]

本文是阐解旅酬和燕毛之制，并将其与宗庙之制相较，使后来者可以为据。与此类同者如同治壬戌陈秉和《设其裳衣》等文。

斯观清代八股文纷纷8 000多篇，其所述作，盖无非以上几方面的内容。以此可见，清代理学最重要的任务乃是传播儒家思想、强化社会礼义以浸润人心。清代虽尝为后世所诟，但客观而言，清政府为维护社会稳定和平也是做出了一定程度的努力的，这种以理治国之术虽本为维护自己的统治考虑，可毕竟某段时间百姓亦曾安居乐业，平心而论，其功过亦当慎重考量。

四、清代理学语境对其八股文的影响

在这种以理、法治国的社会背景下，清代理学追求的细微变化是形成其文本个性的根本原因或曰精神基础，这种脱胎于经典的积极的精神力量使现存绝大部分清代八股文气量宏大，包天孕地，发人深省，很好地引导着社会思维的走向。即使在社会处于颓势时，也一直有一部分士人代表社会良知，在写作八股文时，始终保持着轩昂正气，以引人向上的积极力量推动社会的巨轮滚滚向前。而到了清朝后期，这种理学思想所传递的情感力量被西方文化强大的现实力量碾压，再也不足以支撑当时士人们的精神世界，科举亦逐步式微，这种精神力量以及依附其存在的八股文才渐次退出了历史舞台。

从此角度审视，清代理学既承继往古，又开启新智，它对清代八股文的影响不容忽视，其表现主要有三：

---

① 顾廷龙.清代硃卷集成：卷三［M］.台北：成文出版社，1992：249–252.

第一，心学与理学的纠缠始终存在。

虽然清初文坛领袖积极致力于涤除晚明空疏文风，但事实上晚明时以八股文谈禅论道的风气并未马上消失，而是以一种相对严肃的面孔持续于清代社会。

清朝三百多年间，士子履历后标注"习《易经》"者不乏其人。仅以康雍乾三朝现存会试状元履历为考察对象，可知习《诗经》《礼记》《书经》《春秋》者有康熙丁丑进士李继修、康熙戊戌进士谢光纪、雍正癸卯进士于沔、雍正癸卯进士丛洞、雍正丁未进士林令旭、乾隆壬戌进士丛中芷、乾隆戊辰进士庄采、乾隆丙辰进士福保、乾隆己丑进士特克慎、乾隆己丑进士梦吉、乾隆辛卯进士方昂、乾隆乙未进士赵钧彤、乾隆辛丑进士王鸿中、乾隆辛丑进士汪长龄等14人，习《易经》者有康熙丙戌进士王克让、康熙壬辰进士谢济世、乾隆己未进士葛乃衮、乾隆戊辰进士毛绍睿、乾隆辛巳恩科进士沈作梓、乾隆癸未进士鲁鸿等6人。康雍乾时期现存进士砑卷共计29人，其中姜士仑、汪波、吴培源、胡高望、李骥元履历无存，彭希郑、齐嘉绍、高鹗、张大维履历不全。即使是习《诗经》的进士林令旭也在其八股文《见其礼而知其政　两节》的大结中写道："继天之功，仍以祖述宪章大其施，而心法即全乎治法者，运其神不必泥其迹也。"[1]在《志于道，据于德，依于仁》中云："涵泳于退藏之密，而理与心日相洽；从容于顺应之常，而心与理日相容。依之之功，所为以一念而统乎万境者也。"[2]

林令旭还在一篇八股文《自诚明，谓之性　一节》中曰：

试即诚与明思之。

人成其形，身心皆载道之器。而安而且成，不习而无不利；睿以作圣，无思而无不通。氤氲化醇之理，每当几而自悟，而无所待于推致之功。

人生而静，赋理在受性以前。而精义极而利用生，功不能以无待；聪明尽而化裁出，道亦著于相生。实理流行之地，常阅久而自昭，而必有藉

---

[1]　顾廷龙.清代砑卷集成：卷三［M］.台北：成文出版社，1992：151.

[2]　顾廷龙.清代砑卷集成：卷三［M］.台北：成文出版社，1992：142.

于引伸之力。

夫不有自诚明者乎？

一心与天地同流，而太和元气，卷舒皆有以自适；一德与阴阳合，而神明变化，动静只觉其咸宜。

盖神清则无杂虑，理足则无歧见，德备则无遁情。凡所为元以始之，亨以达之，贞以成之，利以遂之者，无不统备于至人之一心。

是固维皇降衷之初，有全而授之者，以为是宣锡之独隆者矣，则谓之性矣。①

雍正时期是清代政令较为严酷的时期，虽云"赋理在受性以前"，但其结论云"无不统备于至人之一心"，林令旭敢于如此阐释心学与理学的关系，且此文能够在会试中名列第74，充分说明：当时官方的理念中，是认可这种主题的。这些用来阐释心学与理学纠缠的文本是与晚明以心学入八股文的潮流一脉相承的，盖新朝甫开而科举尚在摸索阶段，故而此种论调并未来得及完全整肃净尽。

及至清代末期，西学大兴的背景下，八股文仍有一些对心学进行阐解的篇章，如光绪甲午科浙江嘉兴平湖优贡中式第三名的朱凤冈之第二篇八股文《九卦说》开篇即云："易为圣人忧患之书，一以切于身心为用。"②

这些范例的存在足以证明：明清理学的缝隙里，心学始终据有一席之地。

第二，清代中、后期的八股文对于理学的反叛。

理学阐经，本应以温柔敦厚为大旨，但清代中、后期的八股文在解经的过程中，显见继承和发扬了《诗经》批判现实主义的创作宗旨，大胆的批判和讥讽成为其文本思想方面的一个鲜明变化。

此时期的八股文，有的议论时政，对百姓生活予以关注，如："思昔先公之世，非无水毁木饥之宰也，而盈宁有庆，未尝烦乞籴之文；非无燕

---

① 顾廷龙.清代硃卷集成：卷三[M].台北：成文出版社，1992：145.

② 顾廷龙.清代硃卷集成：卷三七七[M].台北：成文出版社，1992：195.

飨锡予之费也，而府车所藏，未闻商补苴之策。自后世履亩变法，户口凋敝，君议加赋而不知有民，民赋哀泽而不知有君，朝野解体，公私告匮，其所由来者渐矣。"①这里虽是议论春秋时期的赋税问题，其考量指向，或为清代赋税制度。另如："然生不患众而患寡。耕夫之穰黍无论己，乃至横经负耒，生于俊毛；织女之求桑无论己，乃至献茧称丝，生于嫔御。推之闲民，任以转移，余夫授以田里，生之者不为寡矣。顾播谷聚十千之耦，而鹈梁讥夫赤芾，且朘民膏以肆骄盈；取禾纳三百之廛，而狙庭诮夫素餐，更多官墨以资豢养。是食者之众，反若生者之寡也。"②本文原为模拟圣贤之口吻论国家生财之道，然如"鹈梁之讥""朘民膏以肆骄盈""狙庭诮夫素餐，更多官墨以资豢养"等，暗中化用《诗经·候人》《诗经·伐檀》等诗句，内寓浓烈的讥刺之意，虽为阐发《礼记·大学》之经义，但其文显然已突破中正和平的面貌。

还有的八股文是在阐发"得民心者得天下"之理，却也有意无意地露出批判战争的意识，其语气之激烈，几可与韩非子《五蠹》相较："自纵横捭阖之术兴，而天下日事于争战；辟土开疆之说起，而天下日竞于富强。寸则王之寸，尺则王之尺，推其意，无非欲得天下耳。然而思取天下，而不思取之之策，则攻城伐邑，不能胜被坚执锐之徒；思御天下，而不思御之之宜，则劳师费财，不能致箪食壶浆之众。欲得天下而不得乎民，天下之所以弗顺也。‖抑自战守之具修，而民一变；要结之术作，而民又一变。而诈虞或范其耳目，或约其心思，推其意，无非欲得此民耳。然而作会始疑，作誓始畔，民有神明之畏者，而心不必有父母之亲；家具一筥，户具以钟，民怀咻噢之恩者，而心不必有忠诚之属。欲得民而不得其心，斯民之所以解体也。"③或者有文本阐述"百姓日用即为道"，但亦不乏情感迸发激烈酣畅的词句："民有旷土，非所以为民也；吏有旷官，尤非所以课吏。游惰聚，则泽有嗷鸿矣；恩倖升之，场多硕鼠矣。生

① 顾廷龙. 清代硃卷集成：卷四［M］. 台北：成文出版社，1992：290.
② 顾廷龙. 清代硃卷集成：卷五［M］. 台北：成文出版社，1992：343.
③ 顾廷龙. 清代硃卷集成：卷五［M］. 台北：成文出版社，1992：290.

者穷而食者滥，食愈滥而生愈穷，庸有济乎？道有以维之。必使生浮于食，不可使食浮于生。"①又或有八股文批判世人追逐名利而以愚藏奸："不见夫深情厚貌，恍逢古处之衣冠，而面目之真久已尽丧，不待发微摘伏，一晋接可洞悉其由来，而彼方假为愚而匿其短。‖世故周旋，善壮古初之行谊，而心思之谲见于闭藏，无竢引绳批根，一将迎遂显呈其梗概，而彼方讬为愚以隐其奸。"②这样具有强烈批判精神的语言本不应该出现在以中正和平、清真雅正为美学宗旨的八股文里，一旦出现，应为悖谬，然它毕竟出现了，并且被选高中，其原因是值得深思的。结合此两篇八股文的出现年代——嘉庆己巳和道光癸巳，八股文总评里出现"来谒""揭晓知"云云皆在此期，可知当时吏治转坏，清朝由盛转衰。此外，部分富有先锋意识的士子们从《竹书》《路史》中撷拾章句或汲取精髓，受其影响，八股文中遂始出现议论时政的苗头，虽然这种做法不被统治阶层认可，认为他们不合古制，但士人阶层是颇有追随者的。

统治阶层反对的实质，一因此时期十数年士子文风持续旷散诡谲，二因其时西方民主主义思想已开始向国内传播，加之《竹书》《路史》之类书籍里不合经义的"邪说"被很多士人潜吸暗收，统治阶层内心担忧这些新思想会动摇士人们的"仁义忠信"并继而动摇他们的统治。于社会稳定而言，它的确潜藏着损毁根基的可能性；于八股文本身而言，此种现象却是这种文体向近现代过渡的一个典型表象，是其内部寻求解放的一种勇敢的尝试，这次反叛虽以失败告终，然虽败犹荣。

第三，清代八股文的理学思想常常升华至哲学思辨的高度。

清代理学对八股文的影响还有一个比较鲜明的表征，即蕴含其中的理学思想常常突破"理"的界域上升到哲学思辨的高度，这是清代理学与心学、西学交汇融通的结果。

文本中一些语言深具哲理之美。例如，"夫既知其性矣，众物之繁赜，豁然一贯，观其分而一物一太极，观其合而统体一太极"③，此处从

① 顾廷龙.清代硃卷集成：卷五[M].台北：成文出版社，1992：238.

② 顾廷龙.清代硃卷集成：卷九[M].台北：成文出版社，1992：20-22.

③ 顾廷龙.清代硃卷集成：卷四[M].台北：成文出版社，1992：239.

事物发展之状态分而观之、合而观之，分明是荀子天人合一思想的体现。"心以虚而常明，全体奚能以或损？惟客感之纷乘，斯明而转昧，将不能适其分以相偿，又何论于穆之浑全，无言而合？心以灵而善运，本原奚致于或亏？惟朋从之撞扰，斯滞而不灵，将不能如其量而无歉，复何言真精之妙合，达本而穷源"①则反映了阳明心学的精理。"气兼乎动静，言动何以不言静？不知鸢之飞为动，而与天相习则为静；鱼之跃为动，而与渊相习则为静"②又以鲜明的形象阐释了早期朴素的哲学理念。

可以说，明代政府推崇理学，要在巩固与发展；清代政府崇尚理学，要在维稳与安民甚至削民、愚民。清代理学在明代理学发展基础上的变化途径及表现状态，又足以说明：每当理学兴盛的时候，客观社会也比较稳定；而当礼崩乐坏之际，社会意识形态和信仰失散，导致人们随心所欲，追求自由的同时也失去了更大的自由。

社会对理学的态度反映了士人们的阶段性价值取向，而这种价值观又塑造着八股文的选文标准和写作理念，清代八股文之体制、文法和风格的变化始终处于这种理学精神消长波动的影响和掌控之下，此正所谓"与世沉浮"，这是清代八股文嬗变的决定性因素。

第二节　清代八股文的传统文化批评语境探论

清代八股文的文化语境主要指向此期该文体的评价体系及其产生的文化背景。

从来诗文皆有境界，不过诗境以留白多而偏宽，文境以叙述详而偏窄。因其高度自律之特点，叙述、议论难免被各种严密的规则掣肘，八股文之文境又较古文为狭，而境界往往通过意象来传达。本书将结合其时考官的意象性评价与文本二者，共同完成对其文化语境的考察和描述。这种

---

① 顾廷龙.清代硃卷集成:卷四[M].台北:成文出版社,1992:155.

② 顾廷龙.清代硃卷集成:卷六[M].台北:成文出版社,1992:343.

广泛存在于清代八股文中的意象性评价与中国传统诗文的审美评价在语言上具有高度同一性，究其原因，是八股文本来就博采众文体之长而自成一体，它的成型尤与古代诗歌、散文具有直接而密切的联系。

一、传统文化批评语境与审美判断

通过对照《清代硃卷集成》八股文本与其评语可知，清代八股文始终是处于中国传统文化批评语境的统摄之中的，正因此种传统文化批评理论施加于文本的巨大影响，使清中后期大部分八股文本都显示出鲜明的文学性，这是清代八股文相较于明代八股文而言体现出的一个显著特点。

其文学性除了表现于我们肉眼可见的对偶、排比等丰富的修辞手段，更表现于或恬淡悠远或典赡华美的气韵，而这些不同风姿的美学范式之所以出现于八股文中，大抵是因考官们先饱读中国传统文化批评的精华之作，并吸收其内核，从而生成他们自己的审美判断，他们或旁人再将此类判断以书面形式记录下来并公之于众，这种审美话语传诸四方，又使士人写作八股文时刻意迎合这种权威性美学评判，以求得考官赞赏，这就是中国传统文化语境对清代八股文的作用机理。

中国传统文论对审美类型的阐解多如牛毛。最早对文章美学风貌进行类分的是曹丕的《典论·论文》，他说："应玚和而不壮，刘桢壮而不密。"[①]这里的"和而不壮"和"壮而不密"虽然是表述应玚、刘桢之文的缺点，却是以形象性的语言对文章风格做简单的总结归类。

传统文论也习惯以譬喻手段来描述诗、文境界，曹植《文章序》云："故君子之作也，俨乎若高山，勃乎若浮云，质素也如秋蓬，摛藻也如春葩，泛乎洋洋，光乎皓皓，与雅、颂争流可也。"[②]这段文字就是典型的以排比式比喻描述境界的例证，曹植较难或者不屑对"君子之作"做墨守成规的标准评判，但是以高山、浮云、秋蓬、春葩这些意象来描述其高妙之处，其效果正如严羽说述"意在言外"，具有"象外之旨"，为批评境

---

① 王运熙，顾易生. 中国文学批评史新编：上［M］. 上海：复旦大学出版社，2005：75.
② （魏）曹植著，（清）丁晏铨评. 曹植集［M］. 上海：上海古籍出版社，2018：284.

界留了白，给读者留下了无限的想象空间，对文本阐述而言往往事半而功倍。

陆机《文赋》对文章风格做了一些区分："诗缘情而绮靡，赋体物而浏亮。碑披文以相质，诔缠绵而悽怆。铭博约而温润，箴顿挫而清壮。颂优游以彬蔚，论精微而朗畅。奏平彻以闲雅，说炜晔而谲诳。"①这里的"绮靡、浏亮、悽怆、温润、清壮、彬蔚、朗畅、闲雅、谲诳"是根据文体特点对其个体风格所做的总结。司空图将诗的风格分为"雄浑、纤秾、高古、洗练、绮丽、含蓄、冲淡、沉着、典雅、劲健、自然、豪放、精神、疏野、委屈、悲慨、超逸、旷达、缜密、清奇、实境、形容、飘逸、流动"②二十四类。这些类别虽然是针对诗歌所作的风格分类，但其实在风格范畴内，诗、文一理，暗通款曲，都是通过既定的文字表现出一定的风致，或纤弱、或空灵、或雄浑、或清新、或豪放，并无一定之规，却与作者的学养、阅历、地域、禀性息息相关。司空图并未以严肃的面孔直接构撰这些风格之定义，而是以若干富于审美情趣的语句将其描摹出来，在批评史上别具一格。这二十四段品评诗歌的韵文，意象层出不穷，且各有神采，构成一个庞大而充满诗境美的意象世界，当真称得上论诗境之神品妙笔。严羽在《沧浪诗话·诗辨》中将诗的风格分为九类："曰高，曰古，曰深，曰逸，曰长，曰雄浑，曰飘逸，曰悲壮，曰凄婉。"③这种分类已经脱离了文体特点的框范，自觉地把诗的风格细化了。同样杰出者还有严羽之境界论："盛唐诗人，惟在兴趣；羚羊挂角，无迹可求，故其妙处，莹彻玲珑，不可凑泊，如空中之音，相中之色，水中之月，镜中之象，言有尽而意无穷。"④这种言外之意、韵外之致正是境界之最高妙处。

近年来，周振甫先生在《文章例话》中分别阐释了文言文作品的文章阅读法、文章写作法、文章修辞法和文章风格，他认为阅读应当求用

① （晋）陆机著，张怀瑾译注. 文赋译注［M］. 北京：北京出版社，1984：29.

② （唐）司空图著，闵泽平注评. 二十四诗品［M］. 武汉：崇文书局，2018：1-2.

③ （宋）严羽著，胡才甫笺注. 沧浪诗话笺注［M］. 杭州：浙江古籍出版社，2015：14.

④ （宋）严羽著，胡才甫笺注. 沧浪诗话笺注［M］. 杭州：浙江古籍出版社，2015：21.

意、找渊源、分因革；写作应当注重文德立意、本色体物、事中见意、断处皆续等；修辞可用奇偶排比、设彩层叠、垫高拽满、映衬点染、错综讽喻等。以此可见，他的文论全部建立在中国古代文章学的基础上，亦在此书中，他将风格分为"刚健、柔婉、平正、奇特、峻峭、明决、绮丽、繁丰、细密、疏淡、疏密、雅正与奇变、诙谐"①等十几类，与刘勰、陆机、司空图、严羽、钟嵘等人关于风格的阐释异曲同工。以此可见，对中国传统文献的阐释，从古至今是有一条一脉相承的红线的。

正因为审美境界是一种只可意会不可言传之情感体验和心理镜像，故而人们无法用准确的词汇去捕捉它，但是如上例所示的活态的比喻性语言可以很轻松地做到这一点。这种比喻性的语言，或可称为比拟态意象。它是境界评价体系里必不可少的参照物和比兴物，清代八股文的评语系统对这种意象性评价系统的吸纳是显而易见的，它呈现为"诗—文—八股文"的审美判断转移过程。

以《清代硃卷集成》为例考察，可知其中的审美评价体系多承历代诗文评论之语言体系，对八股文的审美风格做了恰如其分的表述。比如，它的评语中颇常出现"天机骏利"一词，究其根源，实可追溯到陆机《文赋》描述作家思维活动的一段文字中："若夫应感之会，通塞之纪，来不可遏，去不可止。藏若景灭，行犹响起。方天机之骏利，夫何纷而不理。"②与此同时，八股文评价系统里也经常出现"音声之迭代、五色之相宣"③等语句，这是陆机对文章进行美学评价时所写的一段文字，说明清代虽然与魏晋南北朝相隔千年，其论文之标准、审美之要求实具内在同一性，并非凭空生造。尤为常见者如"大用外腓，真体内充，反虚入浑，积健为雄，超以象外，得其环中（雄浑）"、"不著一字，尽得风流（含蓄）"、与古为新（纤秾）、"太华夜碧，人闻清钟（高古）"、"犹矿出金，如铅出银，超心炼冶，绝爱缁磷（洗练）"、月明华屋（绮丽）、

---

① 周振甫. 文章例话［M］. 北京: 中国青年出版社, 1983: 434.

② （晋）陆机著, 张怀瑾译注. 文赋译注［M］. 北京: 北京出版社, 1984: 46.

③ （晋）陆机著, 张怀瑾译注. 文赋译注［M］. 北京: 北京出版社, 1984: 32.

"俯拾即是，不取诸邻，与道俱往，著手成春（自然）"、"吞吐大荒，真力弥满，万象在旁（豪放）"、矫矫不群（飘逸）、"若纳水輨，如转丸珠，超超明神（流动）"等描述，直接或间接出自司空图的《二十四诗品》。

这种吸纳再一次旁证了古代散文和时文之间复杂的交融关系，同时充分证明清代八股文虽以清真雅正为总的衡文标准，但涉及个体文本，仅用清真雅正四字评价，未免太过单薄。故而其具体评价，大都是以文学性的境界和意象出之。

以此可知，清代八股文的审美评判是以理学为根本基础，融合诗歌境界、散文风范等美学概念为一体的杂合式美学判断。

二、清代八股文的评价与文本的对照

这种杂合式审美评价直接或间接地影响着士人的八股文创作。作为一种必须关注考官审美倾向的文体，八股文中式的前提是必须获得考官认可，那么考官的评价就是其文化语境的重要组成部分。《清代硃卷集成》所保存的丰赡多姿的评语资料为这种交互影响提供了必要而厚实的佐证。

斯观有清一代会试八股文并部分乡试硃卷可知，引诗、文评论的"境界"论其媸妍乃八股文评价体系的一贯之举。更值得注意的是，与清代八股文的内容、节奏韵律变化大致同步，清代八股文的评价体系在不同的历史时期是有所变化的。

康雍乾时期和咸丰中后期、同光时期对八股文的比喻性评价一般处于大总裁批语或眉批中，且评价语言大半言简意赅，极少数显得颇有辞采。

如康熙丁丑会试李继修评语："观其落笔命意，不屑纤尘，春山秀濯、晴霞郁蒸似此文境。"[①]康熙壬辰会试谢济世评语："一泓澄澈，几于秋水为神，然清新中饶有英悍之思；本房加批：干将莫邪，岂铅刀所能比其犀利。"[②]康熙戊戌会试谢光纪评语："浑浩流转，波涛拍天，气象

---

① 顾廷龙.清代硃卷集成: 卷三 [M]. 台北: 成文出版社,1992: 4.
② 顾廷龙.清代硃卷集成: 卷三 [M]. 台北: 成文出版社,1992: 42–46.

万千，不可端倪，阅是文当作如是观。"①雍正癸卯会试于沔评语："大总裁批：词旨朗朗如玉山上行；本房总批：理明气畅，机到神流，无钩深索引之劳，有流水行云之乐。"②乾隆辛丑会试王鸿中评语："反正相生，局法森然，何处着一浮烟涨墨；帷灯匣剑，精光闪烁。"③其他如雍正林令旭之文、乾隆梦吉之文、乾隆李骥元之文的评语皆类于此。

嘉道时期则与前不同，描述性评语在本房总批里占比最大，且字数越来越多，评语镂金错彩，有的本身就是一段上佳之文，美不胜收。

如嘉庆丙辰会试鹿维基评语："本房总批：行神如空，行气如虹，体素储洁，乘月返真，司空表圣，诗品所谓劲健、洗练两种，斯兼得之；沉细之思，清矫之笔，矞然不滓，超然绝尘，吴道子画水月观音，形影俱动，文境仿佛似之。"④本段"司空表圣"已经明确标明此条评语是学习司空图而来（司空图，字表圣，其《二十四诗品》与其他文章合刊本来就叫《司空表圣文集》）。嘉庆乙丑会试彭浚评语："大总裁恩批：剑气烛天，金声掷地；大总裁戴批：龙文五色，凤采九苞；大总裁朱批：清思浣月，健笔凌云；眉批：丹凤翀霄，祥云捧日；胸吞云梦几许，熔经铸辞，花团锦簇。"⑤嘉庆甲戌会试张翱评语："本房总批：六经注脚，万斛词源，岳峙之思，虎卧龙跳之笔。合观十四艺，金相玉质，实春华既未艳，而班香已董，醇而贾茂；入门下马气如虹。"⑥道光丙申会试韦逢田八股文评语："本房总批：倚天拔地之才，倒海翻江之笔，剥蕉抽茧之思，飚举云飞之势。"⑦道光丙申徐文藻八股文评语："其理则董醇贾茂，其气则苏海韩潮，其笔则柳骨颜筋，其词则班香宋艳。潇洒出尘，纯粹入矩，所谓松风水月，比其清华仙露，明珠方滋朗润者也。"⑧同治戊辰会试陈

① 顾廷龙. 清代硃卷集成：卷三 [M]. 台北：成文出版社，1992：73.
② 顾廷龙. 清代硃卷集成：卷三 [M]. 台北：成文出版社，1992：78.
③ 顾廷龙. 清代硃卷集成：卷三 [M]. 台北：成文出版社，1992：386–387.
④ 顾廷龙. 清代硃卷集成：卷四 [M]. 台北：成文出版社，1992：128–135.
⑤ 顾廷龙. 清代硃卷集成：卷四 [M]. 台北：成文出版社，1992：414–419.
⑥ 顾廷龙. 清代硃卷集成：卷五 [M]. 台北：成文出版社，1992：234–235.
⑦ 顾廷龙. 清代硃卷集成：卷十 [M]. 台北：成文出版社，1992：68.
⑧ 顾廷龙. 清代硃卷集成：卷十 [M]. 台北：成文出版社，1992：125–127.

桂芬评语："鸢肩度伟，燕领姿雄。具翘关拔距之材，蕴说理敦诗之美。挽强命中，开弓则霹雳无声，破的呈石破天惊。能纵锋而风云变色，比羊侃之举石，力任千钧。类浑瑊之舞刀，名高八校；琬琰为心，云霞作骨。入五都之市，百货牣充；游九曲之溪，千岩献秀。固信石仓擅富，尤徵花管舒灵，此优于天成而蔚为人杰者也；鸾凤之音，鼎彝之色，一气鼓荡，俯仰徘徊，使人神远；镂金振玉，叶雅调风，非苟为炳炳烺烺者也；返照入江翻石壁。"①嘉庆辛酉乡试张兴镛评语："回环雕镂，瑰丽乔皇，洵足媲皇坟而润金石；高文典册，直须以金泥纸检书之；云盖三层，玉槛九井，惟奇惟丽，乃能腾跃百家，蔚为钜制。相如赋，大人飘飘有凌云之志，对此仿佛遇之；寻声律而定墨，窥意象而运斤，流丽端庄，高华名贵，京江风度斯为嗣音。"②嘉庆辛酉进士朱方增评语："星宿罗胸，琳琅溢目，鲜新如翡翠兰苔，浩瀚似鲸鱼碧海。文驰风藻华披，舒锦之篇；诗握骊珠秀琢，雕琼之句；经援据而有识，足徵边筹。"③咸丰辛亥乡试觉罗至善评语："精蕴内含，才锋外肆，雪瓷冰瓯之笔，珠徽玉轸之音。奇采虹申，丹山哕凤。吉辉彪丙，碧海掣鲸。万言既刻露清新，五字尤摛霞绮丽。谈经启筹，群推叔重无双；射策升堂，不让郄诜第一。洵乎纯粹人品潇洒出尘者矣。"④其他如嘉庆戴殿泗、廉能、徐大酉、顾元熙、唐鼎高等，道光徐文藻、仲孙樊及咸丰杨景孟等会试文评语亦皆类于此。

　　这种八股文评语在《清代硃卷集成》中俯拾可见，其他评语，大同小异，故此即可以斑窥豹，觇视清代八股文评语系统的意象性表述。

　　这些评语，有的以传统意象如"碧海掣鲸、华岳三峰、黄河九曲、剑气云霞、鸾凤翡翠、虎卧龙跳、月净沙明"等来比喻文章气度、风神，也有的以早期典籍文献如陆机《文赋》、刘勰《文心雕龙》、司空图《二十四诗品》等评价系统为参照做出评价，说明清代八股文大部分篇章具有诗歌和散文那样的意境之美，只不过这种意境之美依然被框范在八股

---

① 顾廷龙.清代硃卷集成：卷九二[M].台北：成文出版社，1992：14.

② 顾廷龙.清代硃卷集成：卷一三一[M].台北：成文出版社，1992：175–184.

③ 顾廷龙.清代硃卷集成：卷四[M].台北：成文出版社，1992：304.

④ 顾廷龙.清代硃卷集成：卷一零一[M].台北：成文出版社，1992：368.

文的文体范围之内，是依附于经学而产生的厚重、内敛、繁复之美。

若着意将八股文本与其评语相对审视，二者大都严丝合缝，谄媚或俗套者较少，可见评价确当。也就是说，清代八股文评价系统以"境界""意象"做出价值评判，主要是因为清代八股文的审美评价与古代诗歌散文的审美判断属于异体同构。

三、审美判断同构之原因及其影响

这种审美判断同构的成因，最主要的一点是古代诗歌、散文和八股文之间本来就有着千丝万缕的内在勾连。考官们之所以会采用这种语言评价八股文，大抵因为考官们不但读诗、读文，也读《诗品》《二十四诗品》《沧浪诗话》《文赋》《文心雕龙》，他们在评价这些与传统文学密切相关的文本时，会自然而然地引用品评诗歌和散文的标准来做出价值判断。

（一）诗歌对八股文之影响

细论因缘，首先是诗歌对八股文之文章主旨、体制成型、审美风格生成有很大的影响。诗歌对八股文的影响，又首先体现在其精神之引领上。

中国之诗歌，自《诗经》始，至《离骚》、汉乐府、魏晋玄言诗、南北朝乐府诗，唐杜甫、白居易、杜牧、李商隐，再至宋陆游、辛弃疾，元文天祥以及明清之现实主义诗歌，始终有一条惟歌生民病、弘扬儒学、追随先秦两汉为社会建言、作传的红线暗藏其中，尤其以杜甫、陆游之爱国热情至死不休，影响了后世数不胜数的文人，使他们以天下百姓为己任，以社稷民生为衷肠，在为社会创造正气的路上生生不息，求索不止。这种放眼天下、薪火相传的责任心在精神上为理学的持续推广做好了充分而持久的准备，士人孜孜求仕，名利虽为欲取之物，但于大部分参与科举的士子而言，吸引他们的还有家国苍生之使命感。

其次，诗歌之于八股文的贡献，还在于其律诗对八股文文体形制的造就之功。

八股文的股对是其文章主体部分，常被认为是扩大了的律诗的对句。纳兰性德说："律诗，近体也。其开承转合，与时文相似，唯无破承起讲耳。古诗，则欧、苏之文，千变万化者也。"①他认为律诗的起承转合之法与八股文是相同的，律诗与八股文相较只是缺乏了破题、承题和起讲这几道工序。黄生在《诗麈》中写道："律诗之体，兼古文、时文而有之。盖五言八句，犹之乎四股八比也。今秀才家为诗，易有时文气，而反不知学时文之起承转合，可发一笑。至其拘于声律，不得不生倒叙、省文、缩脉、映带诸法，并与古文同一关捩。是故不知时文者，犹不可与言诗。"②这里指出律诗和时文的结构特点有相似之处，所以，时文大兴，必然暗中推动具有同构性的律诗也成为士人心头所好，黄生甚至因秀才写诗"不知学时文之起承转合"而哂笑，这固然有些过于急切为时文正名，但可佐证，律诗与八股文之体制关联甚密。

律诗的特点之一即为诗句的起承转合之美，金圣叹认为这种美学特征应当溯源于唐试帖诗："唐人既欲以诗取士，因而又出新意，创为一体，二起二承二转二合，勒定八句，名曰律诗。如或有人更欲自见其淹赡者，则又许于二起二承之后，未曾转笔之前，排之使开，平添四句，得十二句，名曰排律。"③梁章钜说："古人但有诗，并无所谓题，三百篇以诗中字为名目，非诗题也。汉魏六朝亦未尝先立题后作诗，至唐人以词赋应制，然后命题，而后作诗。"④二人共同秉持律诗与唐试帖诗密切相关的观点。

排律这种诗体延长了诗歌的表现空间，使清代诗人们尝到了以诗叙事的甜头，遂学习白居易和杜甫的叙事诗传统，将叙事诗的篇幅大加拓展，就产生了许多著名的长篇叙事诗，以吴伟业《圆圆曲》为翘楚。因为律诗和长篇叙事诗风行，以诗而承担讲故事的功能，必不可平铺直叙，则八股文的起承转合之法、吊挽之法皆可运用于律诗的承上启下和长篇叙事诗的波澜起伏及前后呼应。与此同时，排律这种延长了时空的写作方式也影响到清代八股文，使其出现十股、十一股、十二股等超越常规的变体。

---

① （清）纳兰性德. 渌水亭杂识：卷四［M］. 上海：上海古籍出版社，1979：6.

② （清）黄生. 诗麈：卷二［M］. 合肥：黄山书社，1995：87.

③ （清）金圣叹. 金圣叹全集：卷四［M］. 南京：江苏古籍出版社，1985：38.

④ （清）梁章钜著，陈居渊校点. 制义丛话·试律丛话［M］. 上海：上海书店出版社，2001：597.

信知任何文体都不可能在孤立的环境里自我繁殖，必然会受到同时代它种文体的影响和浸润。律诗写作中的对偶体式对八股成文的体制有一定的推动力，律诗的对仗平仄对八股文的平仄抑扬亦有成型和促进的作用，其结构中的起承转合更与八股文起承转合之法有直接的关联。下表即二者之间互渗关系的直观体现。

表1-2-1　律诗与八股文结构比较

	起	承	转	合
律　诗	首联	颔联	颈联	尾联
八股文	起比	中比	后比	束比

从中可见，律诗的四联和八股文的四比呈现出隔代呼应的状态，显证二者之间的渊源关系和交互影响是存在的。

（二）古代散文与八股文之交互影响

律诗而外，古代散文对八股文的影响亦不可忽视。如果说诗歌对八股文的影响主要表现于精神浸润和形式成型，则古代散文对八股文的影响就更加深入和复杂。

古文对八股文之影响，首要表现依然出于精神。在这个层面，诗、文之内在精神追求上是一致的，人性善恶交织，必须以经典浸润其心，方可得其精髓，化为其性。我们可以从人（主观）、文本（客观）这两个视角切入考察这种精神之济溉。

从写作主体的角度勘验，历代八股文写作之佼佼者，往往饱读诗书且大都品性高洁，追求甚远。仅仅有明一代，就有方孝孺、解缙、杨溥、杨荣、于谦、姚燮、商辂、丘濬、李东阳、章懋、王鏊、钱福、伦文叙、王守仁、唐寅、康海、杨慎、唐皋、唐顺之、归有光、徐渭、王世贞、张居正、海瑞、申时行、汤显祖、汤宾尹、赵秉忠、陈际泰、吴伟业等数百位名士在八股文领域叱咤风云，他们大多诗、文、书、画兼胜，又对苍生黎庶抱有深沉的爱与怜悯。在看尽世间繁华苦痛之后，大多会从思想深处追问与思索人生终极意义，同时将济世救人的情怀深深楔入其行为之中。设欲兼济，须有话语权，欲有话语权，又须入仕途。而唐以诗赋取士，宋明以八股取士，士人们遂从古文中汲取正气，将之转移到八股文创作当中。他们涉猎甚广，各类经典文献皆为案头必备，且又旁涉杂史，凡忠臣义士、英豪俊杰皆为其范，这就为士人的精神园圃提供了最直接而丰富的浇灌资源。

从文本视角探析，人之精神气概皆可以文传达，文又可润藻心灵，八股亦若是。论家对此功能认知主要有两类。第一类以蔡世远、潘遵祁等人为代表，他们从八股文对精神世界的引领塑造作用出发，肯定八股文移风易俗的社会功能。蔡世远《九闽课艺序》云：

国家以制义取士，非徒使人敝精劳神，猎取词华，组织文字以为工也。盖以从古圣贤之言，无过于四子之书，读者玩心力索于此，则内自家庭之间，以及于事君交友、治国平天下之道，毕具于此。而又恐人之目为平淡无奇而不加意也，于是乎标以题目，定以科名，不入彀者，虽有高才无由自见。此朝廷取士之深心，使天下画然而出于一者也。①

潘遵祁《紫阳书院课艺·自序》亦云：

所愿诸生潜心四子书，务通其理，然后研之经，以定学术纯驳之趋；考之史，以知世运升降之故；参之诸子百家，以穷物理人情之变。②

另一类以李贽、艾南英、焦循等人为代表，主要是从文体地位出发，充分肯定八股文在文学史上的重要性。李贽以"童心"为基，盛赞八股文为"天下之至文"，其情切切：

天下之至文，未有不出于童心焉者。苟童心常存，则道理不行，闻见不立，无时不文，无人不文，无一样创制体格文字而非文者。诗何必古选，文何必先秦，降而为六朝，变而为近体，又变而为传奇，变而为院本，为杂剧，为《西厢曲》，为《水浒传》，为今之举子业，皆古今之至文，不可得而时势先后论也。③

明艾南英亦是如此，他将明代八股文与汉赋、唐诗相提并论，其评价可谓极高。其《答杨淡云书》曰：

---

① （清）蔡世远.二希堂文集（影印《四库全书》集部第1325册）[M].上海：上海古籍出版社，1987：680.

② （清）潘遵祁.紫阳书院课艺·自序[M].清同治十二年刻本：3a.

③ （清）李贽.焚书[M].北京：中华书局，1961：97.

弟以为制义一途，挟六经以令文章，其或继周，必由斯道。今有公评，后有定案。吾辈未尝轻恕古人，后来亦必苛求吾辈。使有持衡者，衡我明一代举业，当必如汉之赋、唐之诗、宋之文升降递变，为功为罪，为盛为衰，断断不移者。则兄以为今日置我辈于功乎罪乎？①

清焦循《易余籥录》也强调说：

有明二百七十年，镂心刻骨于八股，如胡思泉、归熙父、金正希、章大力数十家，洵可继楚骚、汉赋、唐诗、宋词、元曲，以立一门户。而李、何、王、李之流，乃沾沾于诗，自命复古，殊不可必者矣。夫一代有一代之所胜，舍其所胜，以就其不胜，皆寄人篱下者耳。余尝欲自楚骚以下，至明八股，撰为一集。汉则专取其赋，魏、晋、六朝至隋则专录其五言诗，唐则专录其律诗，宋专录其词，元专录其曲，明专录其八股，一代还其一代之所胜。②

既有名士和批评家们孜孜不倦在前导引，又有主流社会氛围对此赞赏有加，士人们作八股乐此不疲也在情理之中，毕竟精神引领的力量是无比强大的。

其次，二者在文法、句法、表达模式诸方面也有一定的互动和交融。最直接的联系，乃在于明代古文和八股文互渗三次进程，即"以古文为时文""以时文为古文""古文时文一体化"。

这三次互渗过程虽时有交织，但依序首先出现的乃"以古文为时文"。这一阶段主要发生于明八股文初创期，此时文本、体制尚未成型，士人之八股文，是在注疏的基础上稍加敷衍，代圣人言则有名无实，基本无言可"代"，其文简古，被后人讥为质木无文，这一进程一直延伸到明永乐至天顺时期。至明成化、弘治时期，八股文创作进入全面繁荣时期，此时之文体制完备，文法繁荣，已足以与古文分庭抗礼甚至略胜一筹，其时有不少古文家学习八股文之文法，将其移植到古文写作中，同时，又将古文的一些较灵活的结构之法、文法、句法移入八股文，二者互相渗透融

---

① （清）周亮工. 尺牍新钞: 卷三 [M]. 上海: 上海书店, 1988: 73.

② （清）焦循. 易余籥录: 卷十六 [M]. 扬州: 广陵书社, 2009: 859.

通，一时成为风气，此为"以时文为古文"时期。此后数年，八股文写作和古文创作互通有无，无论是其结构，还是句法、文法，皆已高度相近，史称"古文时文一体化"。

"古文时文一体化"主要针对其文法而言，余祖坤先生所辑《历代文话续编》将王万里《晴竹轩文法》和姚漼《文法直指》共同辑录于上册，《晴竹轩文法》归纳了古文和部分时文共用之行文方法，而《文法直指》则本身就是为制艺书写的教材，这两者共同进入《历代文话续编》释放出一个信号：在余祖坤先生的视野里，八股文与古文是同源异体的，故而可以同域相较。其事议夹叙条云："《左传》'使营菟裘，吾将老焉'二句，'命二拒曰，旛动而鼓'二句；《城濮》篇'使曰：以曹为解'句；《史记·韩安国传》'马邑豪聂翁壹因大行王恢言上曰'至'马邑长吏已死，可急来'一段。……曹子建《赠白马王彪》第六章，陶公《挽歌》'向来相送人'四句。方百川《不有祝鮀之佞》一节文二大比，徐念祖《唐棣之华》一节文。"[1]紧切题字一条云："金嘉鱼《以善养人》《忠焉能无悔乎》《丹朱之不肖》二句，陈大士《邦无道则愚》《用之者舒》，王耘渠《古者言之不出》一节，刘沧岚《浸润之谮》，明文小题《郑声淫》，张小楼《就有道而正焉》。"[2]紧切题事一条云："金嘉鱼《德行颜渊》一节，任翼圣《求也艺於从政乎何有》，储仲子《子适卫》一章。"[3]坐实制胜一条云："金嘉鱼《何以报德》两大比，首比坐实'以'字；次比坐实'报'字；'既富矣，又何加焉'起下，坐实'富'字，为'既'字立灯取影。陈大士《邦无道则愚》起讲，坐实'愚'字，为'则'字凭空设标。方望溪《子在齐闻韶》，坐实'齐'字、'闻'字，为'不图乐之至于斯也'立案。何屺瞻《管叔以殷畔》两大比，坐实'以'字，以便归狱周公。方朴山《知柳下惠之贤》中后四比，坐实'知'字，为窃位张本。《圣人之忧民如此》两提比，坐实'如此'两

---

① 余祖坤.历代文话续编：上［M］.南京：凤凰出版社，2013：489.

② 余祖坤.历代文话续编：上［M］.南京：凤凰出版社，2013：493.

③ 余祖坤.历代文话续编：上［M］.南京：凤凰出版社，2013：493.

字；以下四比，只用虚扣。'岂有他哉'，坐实'他'字，针对下文。'多取之而不为虐'，坐实本题，是助法，对贡法之取盈，直觉霄壤不侔。王巳山《古者言之不出》坐实'言'字，为下文'逮'字伏根。李愚村《见贤》坐实'贤'字，为下文'思齐'起案，又是截下题不传秘诀。"①凡此种种，不胜枚举，皆将古文和八股文置于同一背景下相较，其意不言自明。

若要更直观地见证其相互影响，莫过于将二者直接相较，究其异同，所得或更有说服力。

1. 相似之处

（1）构思及写作过程相若

任何文章都是长久的学养积累与瞬间的灵感突袭相结合的产物，因缘际会，此二者碰撞交流落诸笔端，才可以产生人间至文。八股文文法严谨，似无迹可寻，然实有可以巧为炊饮的趣味。

茅坤在《文诀五条训缙儿辈》里对此有精辟的论说："神者，文章中渊然之光、窅然之思，一唱三叹，余音袅娜，即之不可得而味之又无穷也。入此一步则《庄子》之《秋水》《马蹄》，《离骚》之《卜居》《渔夫》诸什，下如苏子瞻前后《赤壁赋》，并吾神助也。吾尝夜半披衣而坐，长啸而歌，久之，露零沾衣，不觉银河半落，明星在掌。已而下笔，风神倍发也。"②这一段形象地描述了八股文写作过程中凝神得意的奇妙境界，作者从众多散文大家和散文名篇中得到启发，下笔竟然若有神助。焦循则曰："极题之枯寂险阻，虚仄不完，而穷思渺虑，如飞车于蚕丛鸟道中，鬼手脱命，争于纤毫，左右驰骋，而无有失……实于六艺九流诗赋之外，别具一格。"③此处焦循对八股文写作过程的描述简直有欣赏享受的意味。焦循在构思枯寂虚仄的题目时感受到了心游万仞的愉悦，继而文思泉涌，不择地而皆可出。且其描画文字，颇类陆机《文赋》中的"其始

---

① 余祖坤. 历代文话续编：上[M]. 南京：凤凰出版社，2013：494.

② （明）茅坤. 玉芝山房稿：卷十六[M]. 济南：齐鲁书社，1997：136–137.

③ （清）焦循. 雕菰集[M]. 北京：中华书局，1985：154–155.

也，皆收视反听，耽思傍讯，精骛八极，心游万仞。其致也，情瞳昽而弥鲜，物昭晰而互进。倾群言之沥液，漱六艺之芳润。浮天渊以安流，濯下泉而潜浸。于是沈辞怫悦，若游鱼衔钩，而出重渊之深；浮藻联翩，若翰鸟缨缴，而坠曾云之峻。收百世之阙文，采千载之遗韵。谢朝华于已披，启夕秀于未振。观古今于须臾，抚四海于一瞬"①一段。

三者都描述了灵感出现之前及出现之后的心理情态和审美意象，前两例画八股文构思时情状，后者摹古文写作时情态，实具异曲同工之妙。

（2）主题表达手法相似

除了灵感凸显的过程，八股文与散文在主题表达手法方面亦很相似。

不管论人、论事还是宣扬经典，古代散文和八股文都紧紧围绕一个中心，或恣肆铺张如《谏逐客书》《过秦论》；或简笔白描如《五柳先生传》《小石潭记》；或情景交融如《前赤壁赋》《醉翁亭记》《岳阳楼记》；或巧为机杼如《溥博渊泉　一章》，要之或围绕中心多方铺垫，不枝不蔓；或看似迂回曲折，实则曲径通幽，毫无生硬造作之感。形散而神不散，不仅仅是针对古代散文的，八股文亦然。

论其本质，八股文就是议论体阐经散文，每篇皆有一个论点。文既有论点，此论点即为一篇之"神"，作者无论若何盘旋萦回，不过是围绕此"神"作论，这种做法与先秦政论文具有极强的亲缘关系。

如嘉庆庚辰进士邵日诚之八股文《以善服人者，未有能服人者也》中"夫悦其志者曰服，绌于力者曰屈。如一屈而为服也，则是秦出关中之兵，赵举邯郸之甲，齐起临淄之众，楚兴鄢郢之师，恃其力而可以服人也。又如齐桓之明礼，晋文之示义，楚庄之训武，宋襄之行仁，假其权而可以服人也。曰：未有也。夫非人之不好善也，亦非善之不能及人也，而终未有能服者，何也？则以善服人者异也"②一段，咸丰壬子进士潘祖荫之八股文《楚国无以为宝，惟善以为宝》中"楚自蚡冒开疆，伟绩聿传于中叶。杞梓皮革，地产名材。菌簬筈丹，物充方贡。宇宙日献其菁华，以

---

① （晋）陆机著，张怀瑾译注. 文赋译注［M］. 北京：北京出版社，1984：22.

② 顾廷龙. 清代硃卷集成：六［M］. 台北：成文出版社，1992：166.

供人采纳。谁谓辉光增物类，不荟萃于蓝褛筚路之区。楚自熊渠创霸，雄声遂振于邻封。左史多才，能通坟典。右尹纳讽，解诵祈招。扶舆日钟其灵秀，以间出奇尤。谁谓渊薮萃人文，不诞育于云梦潇湘之地"①诸联，与《谏逐客书》中"今陛下致昆山之玉，有随和之宝，垂明月之珠，服太阿之剑，乘纤离之马，建翠凤之旗，树灵鼍之鼓。此数宝者，秦不生一焉，而陛下说之，何也？必秦国之所生然后可，则是夜光之璧，不饰朝廷；犀象之器，不为玩好；郑、卫之女不充后宫，而骏良駃騠不实外厩，江南金锡不为用，西蜀丹青不为采"②一段的语言、气韵何其神似，曰后者取法乎古代散文，相形之下，一目了然。

（3）句法结构相似

另外，八股文之句法结构亦多取益于古代散文。

首先，因以言得意者比比皆是，文为心声，故先秦散文多见情感澎湃喷涌的句子。而这种句式在清代八股文中亦不鲜见。如八股文《莫见乎隐，莫显乎微》开篇先言题旨，继而写道："甚矣，隐与微人之所深恃者也。而岂知其莫见莫显乎？《中庸》故切指之。"③这种散句里隐含着强烈情感的句式完全就是从先秦散文的开篇或结尾的句法模式借鉴而来。

其次，在先秦《谏逐客书》里，我们可以看到层层排比对偶的句式，可谓字字珠玑，气盛言宜。而从八股文里，我们也可以随意找到对偶工巧的句子，如《溥博渊泉，而时出之　一节》中股云：

人惟中之隘而不宏也，则其由中而之外者，遂有不能给之忧。而至圣不然，其仁义礼知之得于生知者，本无所蔽亏，而又未尝不力廓其分。吾见一理不遗，何其溥也；万理之皆备，何其博也。时而并出之，时而递出之，有无往不当者矣。

人惟积之浅而易穷也，则其由积而之发者，遂有不终日之势。而至圣不然，其仁义礼智之得于生知者，本无所洇塞，而又未尝不益澄其源。吾

①　顾廷龙.清代硃卷集成：十八[M].台北：成文出版社，1992：152.

②　罗新璋.古文大略[M].上海：复旦大学出版社，2012：39.

③　顾廷龙.清代硃卷集成：卷四[M].台北：成文出版社，1992：89.

见窥之而莫能测，何其渊也；挹之而莫能竭，何其泉也。时而经以出之，时而权以出之，有无往不宜者矣。①

而在承题、起讲部分则以散句单行为主，这种骈散相间的结构方式，正是从古代散文中传承而来。

（4）文法规则相近

二者所运用的文法规则相近。《谏逐客书》里运用了正面叙说和反面推论的文法，也就是运用了正反对比的手法，说理清晰，是非分明，这在谢济世的八股文里也可以找到鲜明的例证；《岳阳楼记》《醉翁亭记》《前赤壁赋》皆以起承转合的情境模式，肆意开合，钩渡挽并用，貌似视角分散，但万变不离其宗，这种文法不但体现在清代散文中，如前所述，在戏曲、小说、文学评论里也有精彩的体现。

而八股文最显著的结构特点就是注重文章的起承转合之法，不得不说，它依然是在吸取古代散文的传统手法之后将其制度化，成为八股文的一种标志性文体特征。

2. 不同之处

除了非常明显的相似性，八股文与古代散文有着较为清晰的差异，表现为如下三点。

（1）写作时间地点不同

古代散文写作时间地点一般是随意的，是一种有意识的自觉的行为。这种写作过程存在着极大的艺术鉴赏和艺术享受的意味，作者模山范水、交友遇亲、仕途抒怀、追忆先祖、书写历史，凡目之所及心之所向俱可写入笔端，恣肆扬洒，无所不能。且作者至少在写作当时不用刻意考虑读者群体的精神需求，可以说写作时空的自由使得古代散文的书写成为一种纯艺术的享受过程。

但是八股文的写作时间和空间皆有严格限制，故写作者在书写过程中心态紧张、思维高度运转，要在有限的时空内最大限度地发挥自己的才智，并完成书面语言交际行为，这种交际行为又有着许许多多程式禁锢。

---

① 顾廷龙. 清代硃卷集成: 卷三[M]. 台北: 成文出版社, 1992: 47–50.

作者写作时又须考虑第一读者即考官的思维及判断模式，其干扰因素较散文成倍增加，多方掣肘使得这一过程更具挑战性，能够写出优秀作品绝对可以验证士人的综合能力。

（2）结构的严谨程度不同

相较八股文而言，散文的结构形式更加随意，只要可以完整表情达意，结构可以尽管翻新出奇，表达主题时可以开门见山，也可以卒章显志。八股文就不同，开头破题，文末大结，这是固定不变的套路，在这个基础上，虽谓八股文，行文中却可以灵活调整八股的股对数量，可以写成二股、三股、四股、六股、八股甚至十二股，这又是刻板的外形下隐含的自由。故此，二者在结构上的严谨程度不同。八股文是"戴着镣铐跳舞"的写作过程，散文则具有无限多的转圜空间。

（3）代言与抒怀的差异

散文和八股文最本质的差别就在于"抒怀写意"与"代圣人立言"的写作目标。前者更加注重通过场景、环境、人物等来抒写作者襟怀，主要是为个人的感情体验和抒写服务，其次才是为社会做贡献；后者则完全且必须为圣人代言，模拟圣人的声口、思维来组织文章，其首要目标在于发扬经义，为社会服务，其次才是在代言过程中表达自己的思想，这种思维表现方式是潜在的、隐形的，与散文完全自由抒怀写意大有不同。

八股文既然与诗和散文有如此多的渊源，其批评语言相似相通亦实属必然，并非考官信口开河或词穷借用。当然，我们也不排除一种可能：他们在对士人制义进行评点时，有意地旁征博引，亦为借此矜显文采，以与同僚交流切磋。

第三节　清代八股文的衡文标准鉴析

清代八股文的美学根基既在理学，其审美判断的标准也必然与理学之美学评价相维相系，总结起来，无外"理法辞气、清真雅正"八字。

"理法辞气"古已有之，只未成系统，《钦定四书文》综合过往相关文体特征，公开制定此四字为基准；而"清真雅正"则由明代八股衡文范式"醇正典雅"演进而来。^①这种衡文标准的制定本来源于明清八股文写作实践，同时它一旦成型，又成为清代八股文中式与否最明确而权威的衡量标准，从而有力地引领着清代八股文的创作风尚，这种影响力直到晚清八股文消失之前依然存在着。

具体而言，就是写作八股文必须注重"义理""法度""辞采"和"气韵"。一篇优秀的功令文应做到法度清明、气韵淳真、辞采赅雅、义理忠正。清代八股文之大总裁评价，大都围绕这八个义素四对范畴延伸演绎。

一、理法辞气与清真雅正的生成

"理、法、辞、气"这四大要素与"清、真、雅、正"之衡文标准确立是一个十分复杂的过程，它与清代社会状况、当时学术界与文坛流派迭起且互相吸纳融合等密切相关，几个领域相互交织，时常变化，此情形绝非三言两语可以轻易诠释，但细究之下，仍有大略的迹象可循，具体而言，表现为如下几方面。

（一）学界影响与理法辞气

理法辞气之要素的产生，亦可从远源、近源来分别追溯。

论其远源，从来众说不一，但章学诚在《论课蒙学文法》中"古文时文，同一源也"^②之说颇具道理。章氏在其《清漳书院留别条训》中亦云：

> 世之稍有志者，亦知时文当宗古文，其言似矣。第时文家之所为古文，则是俗下选本，采取《左》《国》《史》《汉》，以及唐、宋大家，仍用时文识解，为之圈点批评，使诵习之者，笔力可以略健，气局可以稍展耳。此则仍是时文中之变境，虽与流俗辈中，可以高出一格，而真得古文之益，则全不在乎此也。盖善读古人文者，必求古人之心。古人文具在

---

① 高明扬. 文体学视野下的科举八股文研究 [M]. 昆明：云南人民出版社，2012：100.

② （清）章学诚著，仓修良编注. 文史通义新编新注：下 [M]. 北京：商务印书馆，2017：417.

也，疏密平奇，互见各出，莫不各有其心。此其所以历久不敝，而非仅以其言语之工，词采之丽，而遂能以致是也。①

其意乃云：时文和古文"其言似矣"，同时，学习古人应当求神似，也就是要有"古人之心"。古文时文既互相影响，则溯时文之源，即可追踪至古文之源头。

细究其实，清代八股文"理法辞气"的标准可以回溯至东汉时期甚至更早。

刘安的《淮南子·要略》曰："夫作为书论者，所以纪纲道德，经纬人事。"②此处所言"纪纲道德"云云，正是"理"之要旨。曹丕亦云："奏议宜雅，书论宜理，铭诔尚实，诗赋欲丽。"③其中"书论宜理"明确说出了"议论体"的文章要追求"理真"。葛洪特别推崇儒家经典，认为他们是道义之根本，将德行与文章相提并论，他说："且文章之与德行，犹十尺之与一丈。谓之余事，未之前闻。"④这里的"德行"其实就是儒家所说的"道"，推而衍化之，又为清代之"理"。至于"法"，自古以来作文皆有一定之法，如何突出主题、如何阐释观点、如何表情达意、如何组织篇章等，皆在"法"之范围。清代文章包括八股文，毫无疑问，上承先古，且有所突破。关于辞采，《后汉书》《烈女传》《三国志》等早有对声辞之美的记载及评价，说明人们早就开始关注这一问题。"辞"的修炼之自觉则自南朝永明年间始，《宋书·谢灵运传》关注到了"理"与"辞"之关系，文章云："至于高言妙句，音韵天成，皆暗与理合，匪由思至。"⑤此为有自主意识的修辞之始。"气"之产生始于先秦之前，而以"气"论文盖始于曹丕，此后文人后先承之，代传至清。

从近源论，清廷成立之初，入仕文人们反思晚明的政治之弊，也反思其学术之空疏无用之害，因而企图以唐宋传统文风和实学裨补时世，如此

---

① （清）章学诚著，仓修良编注. 文史通义新编新注：下［M］. 北京：商务印书馆，2017：620.

② （西汉）刘安. 淮南子［M］. 长沙：岳麓书社，2015：302.

③ 王运熙，顾易生. 中国文学批评史新编：上［M］. 上海：复旦大学出版社，2005：73.

④ 王运熙，顾易生. 中国文学批评史新编：上［M］. 上海：复旦大学出版社，2005：87.

⑤ （梁）沈约. 宋书：上［M］. 长沙：岳麓书社，1998：969.

便先后产生了文人之文与学人之文。

文人之文以吴伟业、侯方域、魏禧、汪琬等人为代表，他们既不肯觍颜仕清，亦不敢积极反清，其文力戒晚明文风之纤佻，提倡恢复唐宋散文之正统，实则多以技巧和文法取胜。学人之文则以黄宗羲、顾炎武、王夫之等人为代表，他们深具民族气节，主要从文章内容上抨击晚明散文的空疏，以求有补于世为己任。

无论是文人之文，还是学人之文，其努力皆为尽快恢复社会的安定和秩序，以使百姓尽早安居乐业。经过文人之文和学人之文的全力清扫，清初散文俨然唐宋气象，八股文之价值观亦受此影响。但是追求补世，必然观政，观政必然议政干政，这是统治者所不愿看到的事实，故而他们必会出面干涉。由于清统治者的残酷压迫和政策导向，这种有补于世的文风不可避免地在乾隆后期悄然发生转变，文人们开始逃避政治，一味地钻入故纸堆追求"实事求是"，自以为有"求实"精神，实则是光复或改革无望后，对当时的社会政治问题避而不谈，形成寻经据典的文风，勉强为当时的统治阶级服务，考据之风由此兴起。

此期，晚明文风之弊已被基本肃清，清政府需要一种具有明确规程、便于操作的文本为自己的统治服务，八股文恰好符合此种需求，又有现成的规则可循，加之其时桐城派方苞、刘大櫆、姚鼐等人先后为此做出了较大贡献，种种因素使八股文再次粉墨登场，成为当时社会的重要辅治工具。方苞为桐城派之祖，他提出"义法"之说，其"义"是说要言之有物，"法"是说要言之有序，言之有物指文章须得有主旨，言之有序是说写文章要注意形式问题。刘大櫆在继承方苞理论的基础上进一步总结了"神气、音节、字句"三者之间的关系，认为"义法"中的"法"更需引起重视。姚鼐在前人基础上提出了"义理、考据、辞章"三者结合的理念，并用"八要"，即神、理、气、味、格、律、声、色，来具体融合三者，将文章风格分为"阳刚"与"阴柔"两派。继而姚鼐之"义理说"，就显见包含"理、法"二字，其辞章内蕴"辞"，其"八要"则涵盖"理、气"二字，合而论之，实在是八股文"理法辞气"的先导无疑了。

另一方面，骈文的复兴也对"理法辞气"具有一定的助推作用——晚明复社曾主张恢复骈文写作传统，然应者寥寥。至清初陈维崧尝试并倡导骈文写作，使骈体文在经历低谷多年之后再次跻身文坛，但是发展平平。至康乾时期，骈文呈现中兴之势，以汪中为代表的扬州学派，成为与桐城派尖锐对立的一个学术派别。以恽敬、张惠言为代表的阳湖派实为桐城派支系，他们扩大了文章的取法范围，将之从六经语孟、唐宋八大家扩展到子史百家，并将骈文笔法引入古文，进一步奠定了"理、法、辞、气"原则的基础。

虽然俯身故纸的汉学家和追求骈俪的骈文家都排斥桐城派，但还是无法抹去他们作为清中叶第一散文派系并深刻影响当时文坛的事实。

与此同时，文坛之写作宗旨也影响到诗坛之创作。时拟古主义和形式主义文风大行其道，沈德潜所倡"格调说"强调"温柔敦厚"，主张诗人"立言"应"怨而不怒"，并主张诗歌要"比兴""蕴藉""不露"方为本色，这其实就是要求诗人不要描述阶级斗争相关内容，要维护清政府统治。以厉鹗为代表的宋诗派则喜用僻典和描述饾饤琐屑，成为形式主义的另一支流。郑燮和袁枚受晚明"公安派"影响，追求自然书写，故未受形式主义影响。郑燮乃扬州八怪之一，书画诗文俱佳。他同情人民疾苦，作文倡导直达肺腑，反对因袭模拟。袁枚则主张作诗文要有真性情，追求赤子之心，反对模仿唐宋，以考据和格律寻章摘句，认为运用僻韵、叠韵、和韵、古人韵皆可能束缚心灵，故而失却其真心。与袁枚齐名的赵翼则认为诗文总是在向前发展，发展过程中必有进化，因而"未可以荣故虐今之见轻为訾议也"[①]。但赵翼所谓的创新主要集中在语言、创作技巧的翻新出奇方面，其诗作亦多冲口而出，议论成癖，故而成就并不高。翁方纲提倡"肌理说"，诗宗江西派，主张"诗必研诸肌理，而文必求实际"[②]，这为当时文士以古代文献入书提供了依据，并影响到后来的宋诗派。诗坛之首领们同时也是文章大家，故而他们的理论和实践又反身浸润和影响八股文的创作实践。

---

① （清）赵翼.瓯北诗话: 卷十 [M].南京: 凤凰出版社, 2009: 126.

② （清）翁方纲.清代稿本百种汇刊: 卷六十七 [M].台北: 文海出版社, 1974: 3089.

诗派和文派之间从来不是静止不动的胶着状态，而是处于变化无端的交汇杂糅状态，因而士子在写作八股文的过程中自觉运用"他山之石"并由此生发开来，形成了八股文自身的写作要素。

（二）官方推行与清真雅正

如果说理法辞气的写作要素是文体自身积累和各类文体交互影响的产物，那么"清真雅正"的美学范式则更多得益于官方之大力提倡。清代早、中期，具有最高话语权的统治阶层反复倡言这些美学标准，是其确立的最初动力和有力推手。

入清伊始，清统治者即力倡"崇实黜虚"。清顺治二年上谕曰："凡篇内字句，务求典雅纯粹，不许故摭一家言，饰为宏博。"①顺治六年，帝再次大力推崇质朴文风，反对骈俪浮华之质，时风气为之一变。康熙强调："文章贵于简当，可施诸日用。如奏章之类，亦须详明简要。"②"章辞取于达意，以确切明晰为尚……务去陈言。"③康熙主张学问用之于治道，文章应归于简洁、淳雅，反对陈言腐语、浮华而脱离实际的虚文。他还于康熙十六年（1677年）十二月庚戌亲作《日讲四书解义序》曰：

朕惟天生圣贤，作君作师，万世道统之传，即万世治统之所系也。自尧、舜、禹、汤、文、武之后，而有孔子、曾子、子思、孟子；自《易》《书》《诗》《礼》《春秋》而外，而有《论语》《大学》《中庸》《孟子》之书，如日月之光昭于天，岳渎之流峙于地，猗欤盛哉！盖有四子而后二帝、三王之道传，有四子之书而后《五经》之道备。四子之书，得《五经》之精意而为言者也。孔子以生民未有之圣，与列国君大夫、及门弟子论政与学，天德王道之全，修己治人之要，俱在《论语》一书。《学》《庸》皆孔子之传，而曾子、子思独得其宗，明新止至善，家国天下之所以齐治平也。性教中和，天地万物之所以位育，九经达道之所以行

---

① 清会典事例：第五册[M].北京：中华书局，1991：303.

② 清实录·圣祖仁皇帝实录：卷二[M].北京：中华书局，1985：187.

③ 清实录·圣祖仁皇帝实录：卷二[M].北京：中华书局，1985：194.

也。至于孟子继往圣而开来学，辟邪说以正人心，性善仁义之旨，著明于天下，此圣贤训辞诏后，皆为万世生民而作也。道统在是，治统亦在是矣。历代贤哲之君，创业守成，莫不尊崇表彰，讲明斯道。朕绍祖宗丕基，孳孳求治，留心问学，命儒臣撰为讲义，务使阐发义理，裨益政治，同诸经史进讲，经历寒暑，罔敢间辍，兹已告竣。思与海内臣民，共臻至治。特命校刊，用垂永久，爰制序言，弁之简首。每念厚风俗，必先正人心；正人心，必先明学术。诚因此编之大义，究先圣之微言，则以此为化民成俗之方。用期夫一道同风之治，庶几近于唐虞三代文明之盛也夫。①

身为一代帝王肯降尊为四书五经之讲义作序，足见其对宗经慕治的重视和决心，这为以后"清真雅正"的提出做了很好的铺垫。

到雍正时，士人逞才使气，其结果就是文风"有冗长浮靡之习"②。雍正屡以"清真、理法"诰诫考官，后来乾隆也一再强调以"清真雅正"为选文取才最高标准。③至此，文取"清真雅正"已然确立，成为清代中后期科场衡文的基本准绳。

继后乾隆命方苞以此为准选编《钦定四书文》，据《清史稿》载：

乾隆元年，高宗诏曰："国家以经义取士，将以觇士子学力之浅深，器识之淳薄。风会所趋，有关气运。人心士习之端倪，呈露者甚微，而征应者甚巨。当明示以准的，使士子晓然知所别择。"于是学士方苞奉敕选录明清诸大家时文四十一卷，曰《钦定四书文》，颁为程式。④

这就从官方把清初八九十年的衡文思想归纳并公示于众，并辑录范文供士子学习，其时士人将之奉为圭臬，熊伯龙、张玉书、刘子壮、李光地、韩菼皆为个中翘楚，余波所及，文学领域也为此浸染，几演变为文坛审美风尚。

有清一代，即使到了1901年光绪朝八股文被废止，"清真雅正"也依然作为衡文之标准存世许久。如1903年颁发的《奏定初级师范学堂章程》

① 王炜.《清实录》科举史料汇编［G］.武汉：武汉大学出版社，2009：75.

② 世宗宪皇帝圣训：卷十［M］.台北：文海出版社，1740：152.

③ （清）托津.钦定大清会典事例（嘉庆朝）［M］.台北：文海出版社，1991：1649.

④ 赵尔巽.清史稿·选举：卷一零八［M］.北京：中华书局，1976：3153.

云："师范生作文，题目大小，篇幅长短，皆可不拘，惟当以'清真雅正'为主。"①足见其影响力之深远。

二、理法辞气与清真雅正之内涵阐解

具体而言，何为"理法辞气、清真雅正"呢？狭义的"理"即义理，但广义的理范围还包括性理、心学等范畴，故而其外延远远大于道。且若单纯以理代道，此处的"道"又有可能与中国传统道教之"道"相混，故而以理称之，较为允当。

归有光素倡义理："文章以理为主，理得而辞顺，文章自然出群拔萃。如伊川先生《周易传序》、阳明先生《博约说》，此皆义理之文，卓见乎圣道之微者。"②此处所谓"理"，就是维护统治的必需品：儒家的修齐平治之术与纲常伦理。深入探视可知，考官们曰"理"，从大处着眼，是指"经义之理"；从小处着眼，则指每一份八股文具体论述的"义理"，即文章之主旨。而所谓理真、理赅，就是该八股文之所阐发，既符合儒家经义，又能围绕题目说得充分、准确。

"法"即文章之法度，既包括对各种为文技法的运用，也包括对各种规则的遵守。文章成法，古来甚多，如刻意避熟、化腐为新、实提虚接、虚提实接、移堂就树、实笔倒插、羯鼓解秽、紧切题字、紧切题事、横云断山、徐波绮丽、深心斡旋、遥呼徐应、侧锋入妙、声东击西、正提奇接、单抛双挽、匣中隐剑、桥心倒影、灵药养磁、秘丹点石、舞马临涯、借舟渡港、欲紧故宽、因题制变、破格入神、先谜后解、相形见意、本事翻新、妙意如环、以纵为擒、以离为合、临水促波等皆为文章法门，还有运用钓渡挽、起承转合的能力和方法。八股文要求不能骂题，不能越幅，大题小题各有破题之要等，此皆士子须严守之法。

"辞"即修辞，文章主旨既定，法度先存，而主旨必须靠辞、句来表达。袁守定云：

①　(清)张百熙撰，谭承耕校点. 张百熙集［M］. 长沙：岳麓书社，2008：280.
②　(明)归有光. 归有光全集：卷九［M］. 上海：上海人民出版社，2015：1.

　　文章以意胜为主，而意必借辞以传。结响修辞尤须斟酌。一字不谐则累句，一句不谐则累篇也。学者须是纂组从宜，裁减合度，长短趷踔相综以行其所安，虚实透逦相卫以承其所乏，锤字则铿而有声，造句则坚而有力，然后可役万里于指下，抒百虑于行间也。若字哑而不响，句弱而不扬，则英思为之不灵，妙理为之寡味，未可为制作之能事矣。①

　　这里既提到锤炼字词，也提到句子选择、句子组建、声韵相合，显然是指文章修辞而言，修辞得当则"可役万里于笔下，抒百虑于行间"，若修辞失当则会导致文章"英思不灵，妙理寡味"。

　　"气"在八股文里既指文章气质，也指文本气势。关于"气"的阐解，批评史上主要有几种论点值得学习。第一种是关于"气"在文章中的重要性和独特性而言，如曹丕在《典论·论文》里说："文以气为主，气之清浊有体，不可力强而致。譬诸音乐，曲度虽均，节奏同检，至于引气不齐，巧拙有素，虽在父兄，不能以移子弟。"②这里"气"是作为文章的主要美学品格之一被曹丕提到重要位置阐述的（文以气为主）。同时，一篇文章或婉约或雄豪或质朴或清远，皆是作者之综合素质映诸笔端而体现在字里行间的，是文章表现出来的独特地域风格及人格气质；另一种主要是针对"气""觇人品心术"的功能而言，袁守定如此阐发"气"之含义："文章虽末技，可以觇人品心术。气清者，品必清；气浊者，品必浊；学术正者，吐气必纯；意见偏者，议论必驳；内蕴忠贞，则言多激烈；胸无识见，则语必肤庸。"③袁公此处亦以"清浊"论"气"，认为言为心声，吐语可识人。他还认识到培养大气须博取诸经："穷理于诸经，博趣于百氏，胸中积有卷轴，郁而为文，所以古质苍然，绝人攀跻。今人甫读《四书》才占一经，便以考墨卷，进之多者至千首，一段精神命脉尽入于卑腔弱调之中，遂至移其性情未由自拔，及其操笔缀文，一往嫩软沓拖之音，至不能上口。"④意为只有饱读诗书，才会有浩然之气，发

①　（清）袁守定. 时文蠡测［M］. 北京: 北京出版社，2000: 569.

②　郭绍虞. 中国历代文论选: 一卷本［M］. 上海: 上海古籍出版社，2016: 60.

③　（清）袁守定. 时文蠡测［M］. 北京: 北京出版社，2000: 569.

④　（清）袁守定. 时文蠡测［M］. 北京: 北京出版社，2000: 566.

为沛然之势。若读书不精，必然气卑力弱——这又是从"养气之法"入手探讨的。

衍生到八股文之"气"，龚延明和高明扬则认为八股文运用排偶句式可以使文章张弛有度，气势醇厚：

> 因为句式不整齐能让文意疏阔、文气放纵从而文势奔放，句式整齐能让文意紧密、文气收敛从而文势紧凑。两者结合，文气就一张一弛，一开一合，收纵有度，从而使事、情、理臻于完美的表达。另就主体部分的股对来看，八股文也是运用散行的排偶句式来助长文章的气势，从而达到对文章义理的阐发。[①]

一篇好的八股文，必然"理法辞气"俱佳，读来不觉身心朗畅，自有真气灌注心田，有喜悦或振奋之感油然而生。

"理法辞气"可如是阐释，那何谓"清真雅正"呢？方苞《钦定四书文·凡例》云：

> 凡所录取，以发明义理，清真古雅，言必有物为宗。[②]

并继而以韩愈和李翱二人关于"创意""造言"以及"理之明""辞之当""气之昌"等论制定如下标准：

> 兼是三者，然后能清真古雅而言皆有物。故凡用意险仄纤巧，而于大义无所开通，敷辞割裂卤莽，而于本文不相切比，及驱驾气势而无真气者，虽旧号名篇，概置不录。[③]

此处方苞明言不符合"理法辞气、清真雅正"的文字，即使名篇，《钦定四书文》亦不予选录，此言立于乾隆元年，为其后士子写作八股文制定了官方形态的衡文标准。可是"清真雅正"四字，看似简单，涵盖甚广，士人又如何理解它并依规而行呢？清中晚期著名关学家李元春对这一标准做了非常贴切的总结：

> 国朝定文品四字：清真雅正。清有四：意清，辞清，气清，要在心

---

① 龚延明，高明扬.清代科举八股文的衡文标准[J].中国社会科学，2005（04）：176-191+209.

② （清）方苞.钦定四书文·凡例[M].上海：复旦大学出版社，2018：4.

③ （清）方苞.钦定四书文·凡例[M].上海：复旦大学出版社，2018：4.

清；真有五：题中理真，题外理真，当身体验则真，推之世情物理则真，提空议论则真；雅有二：自经书出则雅，识见超则雅；正有二：守题之正，变不失常。[①]

李氏此言，为士人的八股文写作实践提供了十分明确的学习路径，为他们指明了努力的方向，其功殊大。综合言之，"清真雅正"就是文章主旨要清，不能卖弄纤巧，有意以险韵僻句求新者不能算上乘。文章之气势要丰沛，如江河之滔滔汨汨。文章所述"理"要真，不能夸夸其谈，不能妄诞乖僻。文章字句要雅醇，不能粗鄙僻陋，不能口出狂言。文章所表达观点要正，不能偏离社会常规、标新立异。

"理法辞气"作为八股文写作必备要素，而"清真雅正"作为八股文的美学风范，一个是实际可以操作的标杆，打开文章，触目可视；一个是必须用心体会的美学规范，只可用思维系统感知和识别，它们共同构成了八股文的美学范式。

三、清代八股文本中的理法辞气和清真雅正

为最大限度地还原当时语境下考官们对"理法辞气、清真雅正"的深度理解，本书以清代八股文为中心，结合其评语体系对此做一简要梳理。为保持评价之公正，避免失之偏颇，文章选取两个维度的硃卷评语来考察这些写作原则。第一组例选从康熙时期到光绪时期的会试硃卷，按照不同地域、不同名次取样9份；第二组选取从康熙到光绪时期乡试硃卷9份，年限覆盖有清一代。两组共计18份硃卷评语，从中可以大致看出考官们对硃卷评价落脚于何地，亦可以觇视"理法辞气、清真雅正"如何影响考官们的评判并进而影响士人的写作趋向。

（一）会试硃卷评语鉴析

（1）康熙丁丑中式第66名河南进士李继修八股文评语："本房加批：书一，爽秀恬雅，词理醇畅，规矩准绳中一往清灏之气，姿分固优，学力亦到；书二，洗净铅华，独标清新，卓荦顿宕，处处逼取莫不字神

---

① （清）李元春.青照堂丛书·四书文法摘要［M］.清道光十五年朝邑刻本，上海图书馆藏.

理，非深于先辈者不能；书三，结构严密，无懈可击，至讲禹舜处不作一优劣语，只就禹舜本身阐发，两圣位置迥然自异，尤为此题仅见。"①评语涉及的有"词理、神理""清灏之气""清新""结构严密（即为法）"，实际上将"理法辞气"都包孕其中了。

（2）雍正癸卯元年中式第131名山东进士丛洞八股文评语："大总裁张批曰：结体甚工，方珪员璧；大总裁太子太傅朱批曰：气昌力厚，足式浮靡；本房总批：气大理精，功深法密，刻划之至，归于自然，清庙明堂之音，佩玉鸣鸾之度，二、三场亦皆剀切详明，非读书养气兼至未易臻此。"②该砥卷评语涉及"结体甚工（法）""气昌力厚、气大理精、读书养气（气、理）""法密""清庙明堂（清）""刻划之至，归于自然（辞）"，亦含理法辞气四要素。

（3）乾隆丙戌中式第33名正白旗进士福保八股文评语："大总裁陆批曰：字挟飞鸣，句含金玉；大总裁裘批曰：精理为文，秀气成采；大总裁尹批曰：气度充融，情词斐亹；本房总批：骨清于玉，气蔚于霞，都能自出机杼，无一语拾人牙慧，断推能手，经义赡洁，诗律卓雅，五策亦精核不凡，自是庙堂宝器。"③评语涉及"字、句（辞）""精理（理）""气度、秀气（气）""清于玉（清）""卓雅（雅）"等语词，包含"理、辞、气、清、雅"等评价。

（4）嘉庆己未中式第186名江西进士黄维烈八股文评语："大总裁文批曰：理真法密，力厚思深；大总裁阮批曰：逸情骏骨，淳意高言；大总裁刘批曰：水木清华，雷霆精锐；大总裁朱批曰：选义按部，考辞就班；本房总批：秀气成采，精理为文，藻思发于清裁，逸姿翔其高韵，具风发泉流之致，有金和玉节之音，洵所谓雅润为本，清丽居宗者也。韵语音协韶英，经义理赅笺疏。"④批语涉及"理真法密、精理为文、理赅笺疏（理、法）""考辞就班、音协韶英（辞）、秀气（气）""清裁、清丽

① 顾廷龙.清代砥卷集成：卷三[M].台北：成文出版社，1992：4-6.

② 顾廷龙.清代砥卷集成：卷三[M].台北：成文出版社，1992：93-94.

③ 顾廷龙.清代砥卷集成：卷三[M].台北：成文出版社，1992：277-278.

④ 顾廷龙.清代砥卷集成：卷四[M].台北：成文出版社，1992：243-244.

（清）”“雅润（雅）”，包含“理、法、辞、气、清、雅”各要素。

（5）道光壬午中式第7名镶蓝旗进士吉达善八股文评语：“大总裁李批曰：理必透宗，墨无旁沈；大总裁汤批曰：清心妙理，淳意高文；大总裁汪批曰：纯粹以精，文明以健；大总裁英批：息深达亹，元气淋漓；本房总批：披五铢衣，听九华珰，谭理则探根蹑窟，运思则水曲衢交，高挹群言，妙臻神品，八韵精研，骚雅直登小谢之堂；五经贯串，疏笺欲夺大春之席。策对贾茂，董醇韩潮苏海闱中。”[①]批语涉及“理必透宗、清心妙理（理、清）”“运思则水曲衢交（法）”“元气淋漓（气）”“八韵精研（辞）”“骚雅（雅）”，从直接的字面可见“理、法、辞、气、清、雅”，但实际“真、正”亦蕴含其间。

（6）道光丙申恩科中式第31名江苏太仓进士赵兆熙八股文评语：“大总裁礼部侍郎王批曰：气清笔健，理足神完；大总裁吴批曰：词义真醇，题旨了彻；大总裁经筵讲官王批曰：清真雅正，气韵高超；大总裁潘批曰：风骨高骞，笔力沉挚；本房总批：骨力坚凝，丰裁峻整，铸局则方珪圆璧，摛词则戛玉敲金。次艺清思浣雪，扫尽陈言。三艺健笔凌云，独饶英气。”[②]批语涉及“题旨了彻（理）”“丰裁峻整（法）”“词义真醇（辞）”“气运高超（气）”四个写作原则和“清真雅正”四个审美要素。

（7）咸丰丙辰中式第17名浙江杭州进士夏同善八股文评语：“大总裁刘批曰：思清笔隽；大总裁许批曰：气静神恬；大总裁全批曰：法密机圆；大总裁彭批曰：志和音雅；本房总批：雪椀冰瓯方斯朗澈，金铃玉罄自叶宫商。倾璚液于昆冈，采瑶华于元圃。炉锤在手，规矩从心，八十字采艳熏香，清新夙擅。二三场枕经葄史，醇茂兼臻，洵乎丹鼎九成，青钱万选者矣。”[③]批语涉及“清”“气”“雅”“法”“辞”“理”，直接出现的有前四个要素，间接表述的有后两个要素。

① 顾廷龙. 清代硃卷集成：卷六［M］. 台北：成文出版社，1992：335-336.

② 顾廷龙. 清代硃卷集成：卷十［M］. 台北：成文出版社，1992：47-48.

③ 顾廷龙. 清代硃卷集成：卷一九［M］. 台北：成文出版社，1992：95-96.

（8）同治壬辰中式第4名江苏进士龚聘英八股文评语："大总裁熙批曰：言简意赅；大总裁郑批曰：宏深肃括；大总裁万批曰：识高笔老；大总裁倭批曰：体贵言醇；本房原批：意议精深，笔力坚卓，次三亦老笔，纷批诗稳惬；聚奎堂原批：树义正大，下笔高超，学识兼到之作；统观三艺刊尽，浮词独标精义，知洗伐之功深矣。"①批语原文未涉及"理法辞气"及"清真雅正"，然体其词句，则理法辞气、清真雅正皆包含于中。

（9）光绪丙子恩科中式第207名江南苏州府进士钱锡庚八股文评语："同考试官夏、谭批曰：词旨圆湛；大总裁黄批曰：脉理清真；大总裁崇批曰：气体高华；大总裁桑批曰：精深团结；大总裁董批曰：神味渊永；本房原批：笔爽气清，机调圆熟，次警炼三，翻陈出新，戛戛独造；聚奎堂原批：心灵手敏，一气卷舒，次端庄流丽，三能独抒所见。"②批语直接涉及"理""气""清"，间接涉及"法""辞""雅""真"等。

以上9份会试八股文所属年份从康熙、雍正一直到光绪，代有其名，名次有4、7、17、31、33、66、131、186、207诸等级别，所处地域也各个不同，但其批语大致涵盖了"理法辞气"的写作原则和"清真雅正"的审美要求，可见"理法辞气"与"清真雅正"在硃卷会试评语中是非常重要的评价标准。

（二）乡试硃卷评语鉴析

（1）康熙辛卯科山东登州府乡试中式第8名孙式发八股文评语："大主考批曰：识解精莹；大主考赵批曰：曲折生资；本房加批：理明词畅，机旺神流，盛世宏音，于斯未坠经艺，清新透快，不同凡响，二三场典雅淹贯，经济宏通，知为学识兼优之士。精思内容，神光外射，于理窟中有掉臂游行之乐。理解精深，而灏气更足以运之，兼震川思泉之长；眉批：理境澄澈。"③批语涉及"理、辞（理明词畅、理境澄澈）""法（曲折

---

① 顾廷龙. 清代硃卷集成: 卷二三 [M]. 台北: 成文出版社, 1992: 185–186.

② 顾廷龙. 清代硃卷集成: 卷二〇 [M]. 台北: 成文出版社, 1992: 45–46.

③ 顾廷龙. 清代硃卷集成: 卷二〇 [M]. 台北: 成文出版社, 1992: 45–46.

生姿）""气（灏气更足以运之）""清（清新透快）""雅（典雅淹贯）"等标准。

（2）雍正乙卯科山东登州府乡试中式第12名赵泰吉八股文评语："大主考戴批曰：理精词炼，足徵养邃；夹批曰：清新镌刻。命意必清新，造语必警人。理精语粹。前伏后应，机神一片。理既圆澈，法亦精密；本房加批：用法既细密，琢句复工稳，醇意发为高文，格老气严。"①批语涉及"理、辞（理精词炼、理精语粹、理既圆澈）""法（法亦精密、用法既细密）""清（清新镌刻、命意必清新）""气（格老气严）"，基本涵盖这四个写作原则。

（3）乾隆己酉恩科江南松江府乡试中式第80名徐堂八股文评语："大主考图批曰：岱峰雄秀，瀚海浑涵；大主考邹批曰：气律春兰，律谐秋竹；又批：日光玉洁，泉涌露垂；夹批：落落词高，飘飘意远。提纲挈领，圆璧方珪。二比股法相承，气疏以达，声大而远。熔经铸维，气象万千；本房加批：文气舒卷自如，若绛云之在霄。"②批语直接或间接涉及"理（岱峰雄秀，瀚海浑涵）""法（提纲挈领，圆璧方珪）""辞（落落词高、律协秋竹）""气（气律春兰）"四要素。

（4）嘉庆丁卯科正黄旗汉军内务府乡试中式第185名存果八股文评语："大主考蒋批曰：符采外炳，精蕴内涵；大主考桂批曰：语约而精气疏以达。宏深肃括，气象万千。"③批语直接或间接涉及"理（精蕴内涵）""法（宏深肃括）""辞（符采外炳、语约）""气（精气疏以达）"四要素。

（5）嘉庆戊辰恩科乡试顾元熙（中式第一名，为解元）评语："清真雅正，盛世元音。"④

（6）道光庚子恩科江南苏州府乡试中式第3名仲孙樊八股文评语："大主考胡批曰：大家风范，先正典型；大主考文批曰：真气弥纶，天才

---

① 顾廷龙.清代硃卷集成：卷九二[M].台北：成文出版社，1992：121–134.

② 顾廷龙.清代硃卷集成：卷九二[M].台北：成文出版社，1992：389–402.

③ 顾廷龙.清代硃卷集成：卷九三[M].台北：成文出版社，1992：287.

④ 顾廷龙.清代硃卷集成：卷一三[M].台北：成文出版社，1992：306.

俊逸；衡鉴堂原批：理真法密，玉节金和；本房加批：不使一滞笔，不作一腐语，纯是精心结撰而成，夜抱九仙骨，朝披一品衣，是足拟其文品；本房加批：清思健笔，壮采雄文，衍虚砌博者，何处拾其牙慧。"①批语直接或间接涉及"理（理真法密）""法（理真法密、纯是精心结撰而成）""辞（玉节金和）""气（真气弥伦）""清（清思健笔）""正（大家风范，先正典型）"等要素。

（7）咸丰辛亥恩科正蓝旗乡试中式第226名觉罗至善八股文评语："大主考翁批曰：局正词醇；大主考舒批曰：矜炼名贵；大主考柏批曰：气清笔健；大主考杜批曰：切理餍心；眉批：真气盘旋，兜裹严密。探源而入，气体高浑。清言见骨。"②批语涉及"理（切理餍心）""法（兜裹严密）""辞（词醇）""气（气清笔健、气体高浑）""清（气清笔健）""真（真气盘旋）""雅（矜炼名贵）""正（局正）"八个要素。

（8）同治癸酉科四川夔州府乡试中式第41名刘玉璋八股文评语："大主考潘批曰：意到笔随；大主考童批曰：机圆局紧；大主考胡批曰：气静神恬；大主考全批曰：理精法密；本房原荐批：第一场，命意精警，制局雅炼，诗笔雅健；第二场，易用虞夏贯穿，饶有精义。书古气磅礴，笔力亦坚凝。诗出风入雅。文有赋心，如数家珍，笔亦古劲。礼有考据，亦有敷佐；第三场，考据详明，笔气雅近韩苏；聚奎堂原批：神不外散，笔有余妍，次精实，三灵警，诗不负题，得唐贤三昧。经义古香古色，策亦博雅。"③批语涉及"理（理精、命意精警）""法（法密、意到笔随）""辞（机圆局紧）""气（气静神恬）""雅（制局雅炼、诗笔雅健、笔气雅近韩苏）"等要素。

（9）光绪丙子科福建福州府乡试中式第232名王仁东八股文批语："同考试官郑批曰：虑周藻密，经策详赅；大主考麟批曰：局紧机圆，经

---

① 顾廷龙.清代硃卷集成：卷一三七[M].台北：成文出版社，1992：119-132.

② 顾廷龙.清代硃卷集成：卷一〇一[M].台北：成文出版社，1992：368-373.

③ 顾廷龙.清代硃卷集成：卷一一〇[M].台北：成文出版社，1992：119-132.

策典雅；大主考夏批曰：神行官止，经策名通；大主考殷批曰：推陈出新，经策博洽；大主考魁批曰：思清笔健，经策浑成；本房原荐批：思清笔妙，一气呵成，按之题理题神，无不丝丝入扣；本房加批：审题最细，用法亦周，至其气宇发皇，机神洋溢，尤属余事。"①批语涉及"理（经策博洽、经策浑成、经策详赅、经策名通）""法（审题最细，用法亦周）""辞（推陈出新、虑周藻密、局紧机圆）""气（一气呵成、气宇发皇）""清（思清笔健、思清笔妙）""真（按之题理题神，无不<u>丝丝入扣</u>）""雅（经策典雅）"等要素。

以上9篇乡试八股文为一组，年代亦覆盖有清一代，名次和地域也如同第一组有意识地避免重复，由此可以较全面地观察其评语的评价依据。

第一组抽样文本仅分析原文含有"理法辞气"和"清真雅正"者，第二组抽样则分辨字面及隐含原则要素和审美范畴。对比两组评语可见，会试八股文评价标准更加趋向于官方公布的"理法辞气、清真雅正"，而乡试八股文评价则更注重结构、修辞和文采，初看似乎与官方标准约略有隔，仔细比勘八股文及其评语，考官们是把"理法辞气"的写作原则和"清真雅正"的审美标准糅合在充满美学意味的描述性语言中了，仔细体会，不难找到上述评价标准的影子。

（三）清代八股文本释例

以考官们之评价示人，仅可勘其本然，只有深入文本，方可明其所以然。康雍乾时期是"清真雅正"审美范式形成的关键时期，此期之八股文，合乎"理法辞气、清真雅正"范式者甚多。

谢光纪于康熙戊戌会试中式第10名，其文《君子无众寡　二节》，题出自《论语·尧曰》，意思是：君子对人，无论势力大小，都不怠慢他们，这就是庄重而不傲慢。君子衣冠整齐，目不斜视，使人见了就让人生敬畏之心，这就是威严而不凶猛。谢氏如何在议论中体现理法辞气呢？

首言"理正"。考官们大体言其"理真""理醇""理精""理赅""理澈"等。是则何觇？文章说君子处世，应当有庄重而不傲慢、威

---

① 顾廷龙.清代硃卷集成：卷一一五［M］.台北：成文出版社，1992：11–24.

严而不凶猛的态度。作者破题即言"君子无不敬",因为无所不敬,所以不敢存轻慢之心。起讲说君子治理天下之人,是天下人的楷模。起股紧承起讲,说因为要治理天下,所以应酬一定很多;因为天下皆视其一人之行为,故而不得不保持庄重威严的型仪。原题部分,说君子只有时刻保持审慎的态度,才能让天下人看到其泰、威之美,才能让人们从心底折服。文章主旨合乎经义,且态度严肃而亲切,使人读之若见一君子立于眼前,威严庄重而春风和煦,不禁生见贤思齐之心,理趣亦可动人。是为"理正"。

次言"法密"。大总裁评价其文"法老",老者,熟也,是言其为文技巧娴熟。文法之密,首要表现于其首尾呼应之美,文首曰"究言泰与威之美,而见君子之无不敬焉",文末应曰"此君子泰与威之美也",前言君子泰与威之美在"无不敬",文章主体部分详细描述了何为"泰与威之美",其结尾回应开头、收束全文,结构井然有序,无丝毫枝蔓闲词;其次表现为其起承转合自然圆熟,如同风生水起,顺流而下,要之其间上下衔接严丝合缝,毫无拖泥带水或缝隙纰漏之处。此外,中股为文章主题,两大比正反转折,对比分明,既上承起股,又下启大结。文章没有拘泥于传统的八股成文法式,而不觉残缺,双峰并立,迂回婉转,妙不可言。是为"法密"。

再论"辞雅"。"则不可不密其应酬之原"中,"密"本为形容词,此处做动词用,以简驭繁,可见一斑。应酬很多,以"密其应酬之原"书之;恭敬肃容,以"端其临御之体"刻之;君子小心谨慎,以"悉归敬慎之中"摹之;君子不敢有一丝一毫之放纵,以"不敢有稍自宽假之处"总之。以雅丽端庄的文言代替口语。最可称道者,乃文中无后、束股,中股容量巨大,由两个隔段对组成,其中①、③和②、④两两成对,而②和④两段又内含A、A1,B、B1,C、C1三对两相对应的小对偶句,整个段落,抛珠滚玉,骈散相间,美不胜收。闲雅之气,从字里行间袅袅散发,如烟如雾。是为"辞雅"。

最后论"气清"。此文言说君子之行,整篇八股文读过,其气郁郁苍苍,生机勃发,而言辞清丽端雅,浩然之气每充溢于字里行间,读之使人如沐春风，深感作者胸怀坦荡。文意顺流而下，无断续支离及乖僻诡谲之感。是为"气清"。

整篇文章布局巧妙，辞理畅达，文清气正，一气卷舒，万有皆举而不见其迹，实有大家之风。

嘉庆辛未会试第一名朱壬林之八股文《子曰：中庸之为德也，其至矣乎》被指"理醇脉正"，此处所谓"理醇"即指士子八股文中所代之言是正确、合乎事物规律和道理的。

朱氏之文讲中庸是最好的为人处世的方式，文章写道："圣人欲以中庸范世，而叹其德之至焉。（破题）夫中庸之道，赋于天而得于心者也。子叹其德之至，亦曰尽人当勉焉尔。（承题）且虞廷之授受也以中，中者，不偏倚于道之谓，言中不言庸可也。圣人又虑望道者之莫失所归也，而为设一易知易从之名，使皆蹈乎其常而诣乎其极。故中庸之统，自执中之圣开之；中庸之旨，自时中之圣发之。（起讲）"①文章冒头部分"子叹其德之至，亦曰尽人当勉焉"乃通篇命意，圣人把中庸之道当作世人行为准则，认为它是至上之德。起讲则阐明"中庸之道"的由来。

文章起股为："性毗于阳，情毗于阴，而吾道乃范之以为中。统高明沉潜之异禀，同趋于荡平正直之途，而畸异之为弗尚焉。‖天有常行，地有常顺，而吾道即本之以为庸。合知愚贤否之殊伦，共勉于日用周旋之地，而隐怪之说不参焉。"②此股阐明了何为中庸，即合乎阴阳天道者乃为中庸，中庸不尚畸异隐怪之说。

中股论述中庸之道的社会作用："人心之危而不能安也，准之以中庸，则偏陂悉化，而危者安。其为德也，盖能潜移夫气质，而自全夫性体也，而又非绳人以所难也。圣贤于以复性者，庸愚亦可以见天，范围不过，曲成不遗，斯为天理之极则也乎。‖道心之微而不能著也，持之以中庸，则精一相传，而微者著。其为德也，盖能协乎道之自然，即合乎事之当然也，而要非离人以自异也。其极察乎天地者，其端实造乎夫妇，

---

① 顾廷龙. 清代硃卷集成：卷五［M］. 台北：成文出版社，1992：117.

② 顾廷龙. 清代硃卷集成：卷五［M］. 台北：成文出版社，1992：118.

化裁存乎变，推行存乎通，斯为神明之默成也乎。"①后股由"天命"和"道"归于"德"："性原于天命，命此德也；道原于率性，率此德也；教原于修道，修此德也。千古咸奉一中庸以为归，而大本达道之贯天人、包费隐者，莫非其德之所弥纶。‖知者能明道，明此德也；仁者能体道，体此德也；勇者能行道，行此德也。学者各循一中庸以为趋，而修身志人之精择执、合外内者，要皆其德之所推致。"②束股讲中庸之道该如何践行："从心之矩，非设以成心。必拟议求合者，践中庸之迹，而适已漓中庸之实。不知意必固我之胥泯，正德之所为一而神也，神故至也。‖时措之宜，不关乎时势，彼事几偶当者，得中庸之一德，而终不可为中庸之全德。要之经权常变之悉协，又德之所为两而化也，化故至也。"③

点题之后，转而写"庸"字，着力点恰在"德"，文章抓住"惟中故庸，惟中庸故为至德"之理，层层推进，以明德修身不偏不倚为"德"之本，字字皆自《中庸》出，精粹透宗，切中题旨，一洗时人之弊，句句围绕题意，文字雅合无诡词，故而称其"理醇""切理"。

说其字字句句皆法，亦为言其"法密"，首先是因该文实提虚接，以"中庸至德"实提，以"庸"则"中"虚接，其后双管齐下，先谈"中庸"，继谈"至德"，二者以原题为转折点，相形见意。首云"子叹其德之至，亦曰：尽人当勉焉"，尾应"盖以见中庸之德之非难，而尽人所当勉"，首尾遥呼徐应。

全文起承转合懿雅自然，无突兀之感，破题先说"中庸范世为德之至焉"，承题部分解释其意，认为中庸赋于天而得于心，每个人都应遵从中庸之道。起股说为什么"庸"为"中"，因为它不偏不倚，且因为"庸"，人人易于掌握。原题部分为"转"，由讲论"中庸"而转折至"德"，又与题旨"德之至"相合，转折如流水，毫无斧凿痕迹。中股讲德与中庸之关系，后股讲德与道之关联，束股讲如何践行中庸之道以明德

修身，将中、后股密密织成一网，滴水不漏却纤毫毕现，可见其"法"度存于字里行间，确是"字字皆法"，机到神流。

"辞雅"指其词语选用和句子选择，恰如其分，无滞涩之弊。文章正破题旨，无甚新奇。但文中天地相对，阴阳相向，安危相对，微著相向，其他如贤愚、内外、正直与畸异各相对照，此为选词之妙；"正德之所为一而神也，神故至也"与"又德之所为两而化也，化故至也"相对，"性原于天命，命此德也；道原于率性，率此德也；教原于修道，修此德也"与"知者能明道，明此德也；仁者能体道，体此德也；勇者能行道，行此德也"两两相对，此为用句之精。其辞此呼彼应，各得其宜，是为"辞雅"。

"气清"指文章之气质高远，作者之文风意态闲雅，从容不迫。该文眉批云："精专气聚，神闲意暇，苏长公称楞伽经曰：句句皆理，字字皆法。"[①]聚奎堂原评"气空理实""清光大来"皆提到气，言其气聚，是说该文字字句句皆围绕主题阐发，无一字废；言其气空，是说作者写作风格优游纡徐，无急迫遽下之感，而裕如之中亦未泄半分精气神，依然紧握题旨。

其文"气清"，即脉络清晰，简洁不支，气局清醇；理真，云其理路合乎经义，可为标榜；辞雅，云其文字典雅，无粗鄙唐突、悖反经典之言；理正，云其文探骊得珠，循前哲典型，在嘉庆晦涩难明之八股文中独标高旨，饶有肃括宏深之致，堪为士子为文及行为典范。

有清一代，"理法辞气""清真雅正"成为判断八股文优劣之标杆，实因其囊括八股文之古、今法门，易于操作判定，于士子、考官，皆为便于学习和遵从的文体法则，这种评判标准始终在制约和影响着清代八股文的创作实践。

---

① 顾廷龙. 清代硃卷集成: 卷五［M］. 台北: 成文出版社, 1992: 117.

小　结

学术界有"原始语境"之说，并将这一概念界定为文本赖以生存的社会、时代和文化背景。因为任何一种文体都不可能凭空出现又突然消失，它的产生和消亡都须经历漫长的进程，故而我们在考察文本之体制、语体等特征时，还应当从其历时语境着手，再考察文本所处时代的共时语境，进一步切中其肯綮，剥离剖析，这样的语境考察才可能更加科学和客观，也更具文体学意义。

除此之外，考官们对八股文的评价标准也会对士人写作八股文产生直接而深刻的影响，使其体制、语体、体法和风格凸显出具有时代印记的个性特征。

第二章

清代八股文的体制

清代八股文的语境对体制的影响，是其与前朝体制模式相较而言的，表现于《清代硃卷集成》会试文中就是"变体为主"的体制特点。

"体制"指文体的形体制度，即某种文体需要大家共同遵守的形式规则。与此最为相似的概念有"结构"，研究文体的学者往往将二者混同互释，其实这二者是有分别的。体制主要针对某一文体的总体形制特征而言，而结构则主要指单篇文本的形制；体制一般具有概括性，是文体在长期的发展过程中逐步形成的一些普遍性特征，而结构则指某具体文本的特点。相形之下，体制的意义范围要远远大于结构。

就八股文而言，其体制受社会背景的影响甚巨，它经历了一个漫长的文体要素聚合和分散过程才最终成型。至清代，八股文在集大成基础上嬗变、中兴、衰落和消亡，这种文本体制的变化既有对其远源——先秦哲理、政论散文的遥远呼应，又有对其近源——宋元经义和明代八股文的接纳与变革，变革的最终结果是清代八股文在形式上更加多样化，在内容上亦多有突破，比之前朝，文本的文学性逐步增强，而经学性逐步降低，恰恰是这种变革方式——厚重典雅的八股文大量渗入了为考官之外的普通接受者喜爱的华美辞藻与典丽形式，成为清代八股文区别于明代的显著特征之一，盖亦为现代读者仍旧能够对八股文产生兴趣之原因所在。

有部分学者认为，就体制而言，明代八股文经历了一个定型、成熟、兴盛、分化衰落的进程，而清代八股文也是在康雍乾时期逐步定型，继而发展、中兴、衰落的，两个朝代的八股文发展呈现出一个隔代循环的进程。事实上，无论与早期的八股文体制相比较，还是与明代鼎盛期八股文相对比，清代八股文明显集中了这一文体发展中的各种因素而自创新制，在风格上亦较明鼎盛期更加鲜明多变，整体上有一个明显的提升过程，故而学者们大都称其为"集大成时期"，而这种提升将八股文这种文体再一次推向一个高峰，这种发展变化的轨迹用"线性论"总之固然不妥，但用"循环论"名之亦似不够精准，笔者以为可以"螺旋式上升"命名之。亦即，清代八股文有与明代八股文相类同的地方，但更多的是在精神内涵上、在体制结构和风格类型等方面明显要比明代八股文更丰富，仅从形制而言，隔段对、长段对、镶嵌对、大型排比对，皆是明代八股文所未见的，亦属有所突破。

至于其衰落之局，一则是遵循所有文体的盛衰规律，在盛极而衰、追求变革（形式和内容的自由探索）、中兴挣扎之后必然走向式微的情势。二则在清代中后期，受社会语境与文化语境的双重影响，士人企图从文体内部追求新的突破，就从内容和形式上做了颇多创新，但这种创新之举并未挽救八股文走向颓势的命运——一方面是因为其体制本身在达到前所未有的丰富性之后，也变无可变，且在追求自由变革的过程中，八股文在内容上逐步偏离其本质属性（经学性），出现了以八股论时政的苗头，这就使其文体经学性逐步被实用功利性取代；另一方面，八股文赖以存在的社会语境在清末发生了巨大的变化，科举考试退出历史舞台，八股文失去了其为国选材的社会功能，这就为八股文彻底退出历史舞台敲响了丧钟。

由此可见，八股文的盛衰兴亡，其轨迹非常复杂，绝不能简单以文体自身的传承断代一言蔽之，而是由其社会功能和文体兴替共同决定的。

第一节　清代八股文体制溯源

要彻底理清这种代际传承与变革的关系问题，首先要对清代八股文的体制进行追本溯源。江河各有其源，任何文体的发展变化也都犹如江河，必有其源头之源头。在梳理清代八股文体制构件之先，我们必须对其萌蘖期的存在状态进行回溯，进而以清代会试八股文为例，从鲜活的文本中寻觅其各类体制模式和发展变化轨迹。

关于八股文源流，视野最为广阔者当为章学诚，他说："时文之体，虽曰卑下，然其文境无所不包，说理、论事、辞命、记叙、纪传、考订，各有得其近似，要皆相题为之，斯为美也。"[①]章氏此说，主要从八股文体制来源展开，认为它博采多种文体之长而自成一体。1985年文元珏的《论八股文的源流及其历史意义》亦论及此，他主张八股文的形式变化应自经义作为应试之文取代诗赋之日起，为唐代说之秉持者。1991年启功的《说八股》一文，再次论及八股源流，先生持宋代说，并提出"远源"概念，他将研究触角投向八股体制形成中对其他文体的吸纳这一进程，进一步扩大了八股文文体来源的范围，认为此文体是吸收了骈文、律赋、经义等多种文体之养分而成其体制，且指出八股文之成型并非一朝一夕，故其形态亦呈现出鲜明的多样性。

章、文二人皆认为八股文杂采众体而自成一体，实际指出了八股文发展过程中出现多样化体制模式的原因所在。此体既曾吸收众体，在短短的任一文本中不可能众体皆备，其"杂合"的体制特征必然在众多文本中分散显露出来。故追溯其体制的起源不应当仅仅将目光锁定于其形态学及社会学上正式定型的阶段，还应该前溯至其形态萌芽及科举前身出现的时期，我们可以将这一时期称作八股文的前萌蘖期，亦即绪论所称远源。

以笔者之见，这种前萌蘖期可以追溯至先秦，判断依据有二。第一，相类于科举前身的社会活动持续存在和变化；第二，八股文雏形出现。

一、远源：先秦选士与楚简《恒先》

（一）先秦选士与后世科举

由科举一脉来看，先秦许多典籍记载可以证明，此时为遴选人才，已经出现颇多类于科举的考试活动，这些考试正是后世科举制度的前身。后

---

① （清）章学诚著，仓修良编.文史通义新编［M］.上海：上海古籍出版社，1993：307.

世论科举起源，基本认同其源于西周乡举里选之法，《大明会典·学校》就说："科举，本古者乡举里选之法。"①《册府元龟·贡举部》总序云："三代贡举之制，始于卿、大夫。"②

以此可见，科举考试正式出现并被载入史册虽在隋唐时期，但其渊源或可追溯到上古时期，沈兼士在《选士与科举》一书弁言中写道：

一国的大政，不外"用人"和"行政"二者。行政的良窳，全看用人的当否；而用人的标准，舍公平的考试制度以外，没有更好的办法。其见之于经史的，首推《尚书》，如《虞书》载：四岳举鲧治水，岳曰："异哉，试可乃已。"又四岳举舜嗣位，帝曰："我其试哉。"及舜历试诸难，帝曰："格，汝舜，询事考言，乃言底可绩。"此实考试制度的滥觞。③

他把科举考试与上古之帝以某种方式考核入选者之史实联结在一起，并提出此为"考试制度"的滥觞，此言固属新奇，然其端倪，虽为择才，究竟文意隐晦，或难以查考并为之定论。

刘海峰为求稳妥而后退一步，他认为："科举考试制度源远流长，虽然以进士科设立为标志的严格意义的科举起始于隋代，但广义的科举却始于汉代。而其渊源还可上溯至先秦时期的乡举里选。"④之所以提出这种观点，是因为他清楚地认识到科举制度最根本的社会功能：为统治阶级选拔人才。故云：

早在西周之前，中国已出现了"选贤任能"的观念和根据考绩黜陟官员的做法。在原始社会后期，部落的首领由民主选举产生。《礼记》卷四、《礼运》第九说："大道之行也，天下为公，选贤与能，讲信修睦。"到了奴隶社会的夏商周时期，开始了"家天下"的世袭制度，也即父子相传、兄终弟及的"世卿世禄"任官制度。但到了西周时期，为了适应统治机构的需要，也开始实行乡举里选的贡士之法，自下而上地为统治

---

① (明)李东阳. 大明会典: 卷七八[M]. 扬州: 广陵书社, 2007: 1233.

② (北宋)王钦若. 册府元龟·贡举部[M]. 北京: 中华书局, 1960: 639.

③ 沈兼士. 选士与科举——中国考试制度史[M]. 桂林: 漓江出版社, 2017: 1.

④ 刘海峰, 李兵. 中国科举史[M]. 上海: 东方出版中心, 2004: 1.

阶级选择人才。[①]

　　既然科举制度是一种选择人才的考试制度，自然不可能仅在隋唐才开始需要人才。事实上，自私有制产生，私利与竞争出现，因社会管理所需，人才遴选就已存在。

　　此说并非虚言，先秦诸多古籍多见这种选拔贤才的记录，言之凿凿。如《周礼·地官》载："三年则大比，考其德行道艺，而兴贤者能者。"[②]《礼记·射义》亦云："古者天子之制，诸侯岁献贡士于天子，天子试之于射宫。"[③]此处"考其德行道艺"实汉察举制之滥觞，亦唐科举乡贡按州县大小比例举贡参试的最初形态，三年大比则为后世三年一科之雏形，而"天子试之于射宫"不正是科举成熟期的"殿试"之源吗？

　　关于西周已有完整严密的人才选拔制度之说，典籍记载最为详细的是《礼记·王制》：

　　命乡论秀士，升之司徒，曰选士。司徒论选士之秀者而升之学，曰俊士。升于司徒者不征于乡，升于学者不征于司徒，曰造士。……大乐正论造士之秀者以告于王，而升诸司马，曰进士。司马辨论官材，论进士之贤者以告于王而定其论。论定然后官之，任官然后爵之，位定然后禄之。[④]

　　且不论此时已有秀士、选士、俊士、造士、进士之称谓，仅就"论定官之""任官爵之""位定禄之"而言，显见这种遴选制度与后世从童试、乡试、会试到殿试逐级上升并以试选禄的制度基本相同，可见科举制并非凭空降世，实有根源。

　　古籍典雅，又非神话，其迹大都可考校稽察，故而多较可靠。盖由于此，王力先生云：

　　古有乡举里选之说。《周官·地官·乡大夫》讲到三年举行一次"大比"，以考查乡人的"德行道艺"，选拔贤能的人才。《礼记·王制》提到"乡论秀士"，经过逐级选拔，有所谓俊士、进士等名称。秦确有贡举

①　刘海峰，李兵. 中国科举史［M］. 上海：东方出版中心，2004：1.
②　陈戍国点校. 周礼［M］. 长沙：岳麓书社，1989：23.
③　（元）陈澔注. 礼记［M］. 上海：上海古籍出版社，2016：685.
④　（元）陈澔注. 礼记［M］. 上海：上海古籍出版社，2016：137.

制度，但是后世科举制度上的一些做法和用语，有的是从这里来的。①

乡论秀士，正类于后世之秀才，而俊士则类于举人，进士更是与后世之"进士"有着直接的渊源。

即至光绪时，朝政颓废，仍有举孝廉一事存世。光绪四年（1878年）二月庚子，《清实录》有载：

谕：给事中郭从矩奏，各省调考孝廉方正，迟误有因，请饬部变通办理一摺。各省保举孝廉方正赴部考试各员，原应依限到京，由该部照章办理。现在调考之周光珍等，据该给事中奏称，或因措资不易，未能依限起程，或系年前到京，不谙新章，以致验到稍后，迟误尚属有因，并非任意延玩。所有此次在部具呈之周光珍等各员，均着准其一律考试，以示体恤，并行知各该衙门传集会验，俾符定制。②

又：二月丙午，考试孝廉方正。③

汉有孝廉方正，清末亦然，此即传承明证。可见无论是文体的萌发与式微，还是制度的诞生与消亡，皆非一蹴而就的事情，其路漫漫，常、变有迹。

基此多种记载可见，先秦已经出现科举考试的萌芽是毋庸置疑的事情了，后世科举许多制度，皆以先秦为范，兹不赘述。

（二）楚简《恒先》与八股雏形

非仅如此，先秦八股文之萌芽也有迹可循，只不过它与科举萌蘖并未完全同步，至二者在历史长河中密切交汇并定型那一刻，才正式出现"八股文"这一文体称谓。

此方面较为重要的论说，有刘熙载《艺概·经义概》云："制义推明经意，近于传体。传莫先于《易》之十翼。至《大学》以'所谓'字释经，已隐然欲代圣言，如文之入语气矣。汉恒谭遍习《五经》，皆训诂大义，不为章句，于此见义对章句而言也。至经义取士，亦有所受之。"④

---

① 王力. 古代汉语: 卷三[M]. 北京: 中华书局, 1999: 885.

② 王炜.《清实录》科举史料汇编[G]. 武汉: 武汉大学出版社, 2009: 961.

③ 王炜.《清实录》科举史料汇编[G]. 武汉: 武汉大学出版社, 2009: 961.

④ （清）刘熙载. 刘熙载集[M]. 上海: 华东师范大学出版社, 1993: 193.

此处"隐然欲代圣言"即指先秦已有代言议论的八股文之雏形。章学诚《文史通义》亦云："盖至战国而文章之变尽，至战国而著述之事专，至战国而后世之体备。"[①]又说："后世之文，其体备于战国。"[②]这里的后世之文，毫无疑问也当包含八股文。

从文体本身而言，先秦时期虽无"经"之称谓，但已经出现内容上阐释朴素之道（其实质为理）、形式上对偶对仗且与后世八股文体制相近的文字。最需仔细参详的，乃楚简《恒先》，以其形制比照清代成熟期的八股文，几似一人处于婴儿与成年期的照片，虽皱纹增减，但大样是相似的。只《恒先》究竟是否是八股文雏形之作，目前尚有争议。

1. 起源之争及其实质

关于八股文起源，学者们颇多龃龉，其中最为著名者，乃邢文和谭家健围绕楚简《恒先》的一场争论。

2010年3月1日，《光明日报》载邢文的《楚简〈恒先〉与八股文》，以楚简《恒先》已经具备八股文之体制雏形，认为八股文之起源当在战国；同年4月25日，该报同时刊登谭家健的《楚简〈恒先〉与八股文无关》、邢文答辩的《八股文滥觞于战国》二文，将此争论推向高潮。

邢文在其答辩文章中提出"狭义八股文"和"广义八股文"之概念，认为狭义的八股文专指明代应试文体，而广义的八股文指具有八股体制形式的所有文字，楚简《恒先》既有阐道之内容和破承起讲、股对等形式，当可归为广义八股文，以此坚持八股文滥觞于战国；而谭家健之文引用王鏊《百姓足，君孰与不足》一文做对比，认为《恒先》中之对偶并非股对，而是意义相对的排比句，他以八股文起源的早期认知为基础，坚持认为八股文滥觞于宋，成熟于明代。

从中可以看出，二者争论的焦点为《恒先》是否具备八股文基本体制。

谭家健提出的疑问主要针对《恒先》之对偶，它以明代成熟期王鏊最著名的八股对偶句式与之对比，这种以成熟期的文本与滥觞期的文本相较

---

① （清）章学诚著，刘公纯标点. 文史通义［M］. 北京：古籍出版社，1956：16.

② （清）章学诚著，刘公纯标点. 文史通义［M］. 北京：古籍出版社，1956：16.

已经有失公平，可见谭先生对于"滥觞"二字的含义并未详加审校，比较的起点已然错误，其结果就可想而知了。

他认为的意义相对的对偶并非八股文股对，这种观点本身有误。他所指摘的"非股对"正是后世广泛出现于各类硃卷文、墨卷文中的"意对"，其特点即为追求意义相对，而不拘泥于逐字逐句对仗的形式；他还认为《恒先》中的排比句亦非对偶，恰恰明清两代成熟期的八股文中出现了大量的排比对，盖二人争议时期历史资料匮乏，导致谭氏研读八股文本数量有限，以致出现这种认知偏差，亦属情有可原。邢文先生大概其时亦无研读更多八股文的客观条件，不能以后世八股文本之大量例证驳斥谭先生之论，只好以模糊的"广义八股文"为应对武器，所以应战之据并不十分理直气壮。

2.《恒先》形制分析

本书认同邢文先生之论，因楚简《恒先》实为一篇哲理性议论文，它的形制已初步具备八股文之文体特征：述理和对偶。该文从"恒先无有"开始，引出"或作"（或即是恒），层层深入，大致可分如下几个层次。

其破题曰："恒先无有，朴、静、虚。"[1]篇名"恒先"来自文题"恒先"二字，全篇以"恒先无有"开篇，明破主题，下启全篇。其承题"朴，大朴。静，大静。虚，大虚"[2]为3句，每句3字，但两两相承，排比对偶，应和前文的"恒先无有，朴、静、虚"。

起讲两层："自厌不自，或作。有或焉有气，有气焉有有，有有焉有始，有始焉有往者。"[3]第一层为"自厌不自，或作"，阐述"或"（即"恒"）之始作；第二层为"有或焉有气"等4句，以顶真格排比对偶，指出宇宙发生之理，拈出文章主线，为全文核心。

起股为："未有天地，未有作行出生。"[4]此二句虽字数不同，但成分相对，意义相生，乃后世意对之祖；其对偶部分虽不严整，亦可视为下

---

① 马承源.上海博物馆藏战国楚竹书：卷三[M].上海：上海古籍出版社，2005：103.
② 马承源.上海博物馆藏战国楚竹书：卷三[M].上海：上海古籍出版社，2005：103.
③ 马承源.上海博物馆藏战国楚竹书：卷三[M].上海：上海古籍出版社，2005：103.
④ 马承源.上海博物馆藏战国楚竹书：卷三[M].上海：上海古籍出版社，2005：103.

文论述部分所有对偶结构之起点，故可视其为该文"起比"。起比之后有一个入题："虚静为一，若寂寂梦梦，静同而未或萌。未或滋生，气是自生。恒莫生气，气是自生自作。"①此入题承上启下，引出文章枢机。

其中股乃楚简《恒先》之主体与全篇重心："恒、气之生，不独有与也。或恒焉。或同焉。昏昏不宁，求其所生。异生异，归生归，违生非，非生违，依生依。求欲自复。‖复，生之生行。浊气生地，清气生天。气信神哉，云云相生，信盈天地。同出而异生，因生其所欲。业业天地，纷纷而多采物。先者有善，有治无乱。有人焉有不善，乱出于人。先有中，焉有外。先有小，焉有大。先有柔，焉有刚。先有圆，焉有方。先有晦，焉有明。先有短，焉有长。天道既载，唯一以犹一，唯复以犹复。‖恒、气之生，因复其所欲。明明天行，唯复以不废。知几而无思不天。有出于或，性出于有；意出于性，言出于意；名出于言，事出于名。或非或，无谓或。有非有，无谓有。性非性，无谓性。意非意，无谓意。言非言，无谓言。名非名，无谓名。事非事，无谓事。"②从结构上看，它是一个复杂的排比格，由三个意义相对的段落并联而成。

在意义上，"昧或萌"与"求欲自复""天道既载"成分相对，"昧或滋生，气寔自生"与"浊气生地，清气生天""唯一以犹一，唯复以犹复"成分相对；在修辞上，"恒、气之生，不独有与也"与"同出而异生，因生其所欲""恒气之生，因复其所欲"排比、相对，"昏昏不宁，求其所生"与"业业天地，纷纷而多采物""明明天行，唯复以不废"排比、相对，而"异生异，归生归""先有中，焉有外"与"有出于或，性出于有"等3组排比句，其结构严密，措辞谨慎，已堪比清代之段内段际排比对。

其后股"详义利，考采物，出于作。作焉有事，不作无事。举天之事，自作为事，用以不可赓也。凡言名先者有疑妄，言之后者校比焉。举

---

① 马承源.上海博物馆藏战国楚竹书：卷三［M］.上海：上海古籍出版社，2005：103.

② 马承源.上海博物馆藏战国楚竹书：卷三［M］.上海：上海古籍出版社，2005：103.

天下之名，虚树，习以不可改也"①又为一个简单形式的排比对，补充说明中比之未明者。

束股为："举天下之作，强者果天下之大作。其龙不自若作，若作，庸有果与不果？两者不废。举天下之为也，无掫也，无与也，而能自为也。举天下之生，同也，其事无不复。"②"举天下之作""举天下之为"与"举天下之生"排比成段，与前文的起比、中比、后比遥相呼应，脉络清晰，承续分明。

其大结为："天下之作也，无忤极，无非其所。举天下之作也，无不得其极而果遂。庸或得之？庸或失之？举天下之名，无有废者欤？天下之明王、明君、明士，庸有求而不虑？"③陈述句和问句交相辉映，阐发题意，收而不束，余音袅袅。

从以上析举可以看出，《恒先》一文已经初具八股成文的模式，且以阐发道义为写作核心，结尾提到"明王""明君"，显见此文是为治世之导而作，若将其中多处对偶（"举天下之作""举天下之为"与"举天下之生"）与康雍乾时期才成熟的排比对相较，居然略胜一筹，实可证八股文之体制形式远源乃在先秦。

当然，八股文阐经，不能仅仅归因于《恒先》一文，吴曾祺尝云："《戴记》有《冠义》《昏义》等篇，是汉时常有此称。后世或谓之本义，或谓之正义。大抵说经之书，其用以名文者，谓之讲义，或但谓之义，自宋以上无所见。"④言汉代即有说经之文，此典籍之属的文字是否承袭《恒先》类文本待后考证。而论其体制，则先秦的许多政论散文如《过秦论》《谏逐客书》等也具有非常完美的对偶结构，汉末骈文亦以骈四俪六对仗为其特色，故政论文、骈体文亦为八股文的形成准备了必要的形体条件，不容忽视。

---

① 马承源.上海博物馆藏战国楚竹书：卷三［M］.上海：上海古籍出版社，2005：103.

② 马承源.上海博物馆藏战国楚竹书：卷三［M］.上海：上海古籍出版社，2005：103.

③ 马承源.上海博物馆藏战国楚竹书：卷三［M］.上海：上海古籍出版社，2005：103.

④ 吴曾祺.涵芬楼文谈［M］.北京：商务印书馆，1933：96.

二、近源：宋元经义与明代八股文

远源是该文体的源头之初，我们尽可驰骋思维以追远。而八股文之近源应指其体初现时的文本，严格说来，当为宋元经义，而非唐代帖括。

唐代初现"投牒自试"的科举以及默写经文的"帖括"，此并非八股文之源，因其只是默写典籍原文，并无任何扩展。到宋代科举进一步发展，出现演绎经典的"经义"或"经疑"，顾名思义，"经义"之"义"与"经疑"之"疑"已有了阐释和扩展的迹象。尤其是宋神宗、王安石定"十三经"为士人必修课业之后，科举制度确立，经义亦成科举必试科目。此期经义，大致具有冒头、原题、讲题、结尾四部分，即"四段式"结构。这一体制模式是由张荣刚考察所得，他认为：始于北宋的经义试士，"四段式"始终为文体基本模式，此状持续至明代洪武年间。因其为考试文体，故它的结构会随世变迁。至宋朝后期，这种体制模式不断扩张，达到了"冗长繁复可厌"的程度，为元人所诉，不得不着手简化其结构。张氏所论，是建立在对大量宋代经义进行解剖的基础上，不得不令人信服。龚笃清亦云："八股文最初无八股之设，而是沿用宋、元经义的体式，只要将题旨解说明白即可。……从这个意义上说，八股文只是经义的一种。而入口气代圣贤立言及体分八股，又使八股文内蕴着文学的因素。"①此处精准阐释了后世所谓的"初无定式"，其论包含八股文发展的三大要素：内容上代圣贤立言，形式上体分八股，文本中内蕴文学因素。它其实说明了一个问题：即使严肃如八股文，当其追逐内容的相对自由和形式的美学体验时，文学的面目就会隐含其中。

至明，八股成文的体制模式在宋元经义的基础上逐步成型，因其骈俪对偶、八股成文之体制模式，被正式定名为八股文，并于有明一代迅速发展，经历洪武、建文时的初创期，永乐、天顺时的发展期，成化、弘治的成熟期，正德、嘉靖的极盛期，隆庆、万历时的变革期，万历到天启的危机期，崇祯时的去弊起衰期等几个阶段，且形成若干流派，八股文即此成

---

① 龚笃清. 八股文汇编：上［G］. 长沙：岳麓书社，2014：3.

熟完善。其发展分期及体制变化轨迹如表2-1-1所示。

表2-1-1　明代八股文体制发展分期及体制嬗变表

发展时段	变化分期	体制特点及代表人物
洪武—建文（明）	初创期	只有破题、承题、起讲及古文式的正文，八股格式尚未形成，正文部分或对或散，不讲机法，不用辞藻，只阐明经义，亦称注疏体。朴实、平淡，后人讥为"枯简""无文"，黄子澄、刘基、方孝孺、解缙可为代表
永乐—天顺（明）	发展期	体制向八股过渡，永乐间于谦文已有八股格式出现，至宣统正德间，王恕之八股已是平实纯正之八股格式了，然尚未定型。时朱棣钦定《四书大全》《五经大全》，强化程朱理学，故八股文经学性特别强，且特别注重文章技巧。然至正统、景泰、天顺时，八股文出现奇涩险怪言论，虽整体浑厚，但已有思想变化苗头，是八股文冲决儒家正统思想的先声。另一变化是出现割裂经义的小题。此阶段总体特点是简朴浑穆
成化—弘治（明）	成熟期	此时期体分八股定型，标准格式被官方限定、士子熟练掌握，内容和形式高度统一。对偶、声律、逻辑关系等文体特点臻于完备。且此一时期文章"无体不备、众法皆工"，精理秀气，意度谨严。讲究文章的写作方法，气脉制格炼局已备，起承转合成熟，内容已完全摆脱注疏体，自成其风。开始追求气、神及技巧，注重文章内在的和谐与完美。其文其法，是后世遵循揣摩的样板，评文者常用"未离化治矩镬"做衡文标准
正德—嘉靖（明）	极盛期	弘治后一段时间盛景不再，八股体制已被突破，不必专注程朱，追新逐异之风大炽。八股文出现两极分化，其上者逞才使气，使八股文文学性增强，经学性下降；其下者，偏离创立八股初衷，传道功能弱化，为时人及后世诟病。唯正德至嘉靖之八股，归有光、唐顺之等人倡"以古文为时文"，将古文笔法引入八股文，一定程度上化解了八股文的僵化体制。此际考官审选仔细，追新立异者，虽工弗取。故其时文，回归义理导向，且作法圆熟，排比、声调整齐工稳而无炫技之嫌，又根据时代变化注入新的理念，被后世称为"嘉靖盛时风格"

续表

发展时段	变化分期	体制特点及代表人物
隆庆—万历	变革期	商品经济繁荣，心学大盛，追新逐异成风，此时八股，专讲机法，务为灵变，乃八股文追求全面革新的一个阶段。奇思异想，奇谈怪论，非孔斥圣、阳明心学、佛教道教的思想观念常现文中，又有与孔圣人之论驳难者。且追求辞藻华丽，许多篇章灿若文锦。其体制亦发生变化，不限八股，四股、六股皆有，甚至不分股，只以两大段阐释题意，此种做法蔚然成风。考官力求奇矫，故此时士人写作，多以追求机趣和新异为宗，文学性进一步增强，而经学性进一步下降，古文时文合为一体
万历末年—天启末年（明）	危机期	其时皇帝昏庸，社会矛盾尖锐集中，阉党横行，朝纲崩溃，伦常丧失，使得人们更加怀疑孔孟之道。故八股文多不尊经文，放言空谈，以免罹祸。道藏佛经，浮华无根，疏浅无味。八股文经学性进一步被破坏，成为士人背离程朱理学、发表异端学说，甚至成为谄媚阉党及有司的工具。八股格式全面废弃，此时经义，多前后两段，甚至不分段，完全等同古文，几乎变为一种新文体。其文琐碎庸腐，不堪卒读。但仍有部分士人维护传统，他们的八股文虽不免受时代影响，但竭力使其归入正道，类似于嘉靖、隆庆时八股文
崇祯（明）	去弊起衰期	这一时期，天崩地解，朝廷党争不息，流民反叛不止，政权风雨飘摇。然部分志士仁人以八股文作为救亡图存的手段，呼吁实用之学，借八股以言世事，情感浓郁真实，内容充盈，思力奇特，规矩谨严，为清代八股重兴奠定了基础。几个八股文流派出现，如"江右四子"章士纯、艾南英、罗万藻、陈际泰以扫除远离经旨的浮华时文，回归传统为己任；以陈子龙、夏允彝为首的几社，开时文清议之风。此时优秀时文作品的共同特点为：识见高，制局紧，用笔巧

由表可知，基本上每一个时期的开启，也就是明代八股文体制发生变异的一个风向标，其形制和风貌的嬗变大体依乎此时间线而行。

至清初，八股形制直承明代并集各朝之大成，中期始有意识追求体制变化，其发展又依次经历顺治到康熙的承续厘正期、康熙到乾隆中叶的中兴期、乾隆末到咸丰的衰落期、同治末到光绪的消亡期，呈现出稳中有变的形态特征。

科举制出现才使得"八股文"逐步成为一种独立的文体，而明清两代的两个八股文发展高峰期皆在社会状况相对稳定繁荣的时期，每一次的体制变异及风气改易，皆与当时的社会环境、文化观念的变化息息相关，这足以证明社会历史语境是影响八股文体制变化至关重要的因素。

第二节　常变倒置：清代八股文体制蠡探

八股文这一文体，顾名思义，其体制应为八股成文，它一般包含四大块结构元素：题目、冒头、四比八股、出题大结，但并非所有的八股文都必须具备这四大构件。按照常理，我们应该把那些构件齐全的八股文叫作常式八股文，而将那些在体制上发生变异的八股文称为变式八股文。清代八股文股对数量有增有减，有常式，也有变式，但由《清代硃卷集成》会试文常、变式存文比例可知，其时文本，事实上已是变式为主，常式为辅，绝非"八股成文"四字可以囊括。从学界对八股文普遍的定义"体分八股"这一义素出发，其文本常、变情况存在着称名与实际体制悖谬的现象，可谓之"常变倒置"。

究其原因，八股文在明代中期已臻于它在文体学上的巅峰地位，及至明后期和清初，国破家亡的伤感、清朝统治的背景、古文的时代变革以及文体本身巅峰之后的回落和思索都使其企图在文体内部寻求新变，以图其中兴。而所谓变革，无非从内容和形式两方面着手，八股文主旨在于阐释程朱理学，万变难离其宗，内容不敢任性大变，只能求取体制形式之多样性。

虽然"常变倒置"已为不容置疑的事实，但出于陈述之便及读者接受之宜，本书仍将符合"八股成文"形式的文本称为常式，而将其他各体制文本称为变式。

一、常式：形制俱全因前朝

清代常式八股文在基本体制上因袭前朝，其形制由题目、冒头（破题、承题、起讲）、四比八股（起股、中股、后股、束股）、大结这一系列构件组成。有的文章在起讲后面还有小段文字，谓之入题；在中股和后股之间有简短的语句，称为过接；或者在束股后有一句简单的文字与大结的内容相关联，叫作出题。入题、过接、出题通常是简洁明了的简单句，且不押韵不对偶，结构上又隔开形式整齐的两个股对，具有过渡上下文的作用。大结呼应主题，结束全文。

表2-2-1　清代八股文基本体制构件

1.题目：出自四书五经	2.破题：一般两句，或为对偶或为散句
3.承题：三五句	4.起讲：七八至十句，或为对偶或为散句
5.入题：一二或者三四句构成	6.起股：前后对偶成文
7.中股：对偶成文，一般为文章重心	8.过接：一二或三四句散句不等
9.后股：前后一般对偶成文	10.束股：前后一般对偶成文
11.出题：一二或者三四句散句构成	12.大结：结语或落下

（一）题目：八股文之魂魄

题目是文章的头面，也是八股文的枢纽和灵魂所在。清代会试八股文的题目一般出自《论语》《孟子》《大学》《中庸》《易经》《礼记》《诗经》等经典文献，又有大题、小题、截答题之分。

大题常以经典文献中的某一句、数句或全章为题，也有极少数的连章题（两章或三四章合题）、数节题（每章内之数节）、一节题等。大题都是浅显易破的，如以一句为题的《知之为知之　一节》，[①]另如康熙十二年会试题目《子谓颜渊曰：用之则行，舍之则藏　一节》，[②]有整个章节

---

① （春秋）孔子著，刘兆伟译注. 论语［M］. 北京：人民教育出版社，2015：29.

② （春秋）孔子著，刘兆伟译注. 论语［M］. 北京：人民教育出版社，2015：134.

的长题，如《由尧舜至于汤　三节》。①

小题亦类型繁多，有截上题、截下题、截上下题等诸多名目。截，就是截掉。例如《论语》云："其为人也孝弟，而好犯上者，鲜矣；不好犯上而好作乱者，未之有也。君子务本，本立而道生。"②如果题目出的是"其为人也孝弟"，就是"截下题"，就是截掉了下句；如果题目是"君子务本，本立而道生"，则是"截上题"，截掉了上句。如道光甲辰年（1844）乡试题目《是以君子慎密而不出也》，出自《易经·系辞上》的"乱之所生也，则言语以为阶。君不密，则失臣；臣不密，则失身；几事不密则害成；是以君子慎密而不出也"③，也是截掉上句，是截上题。有一两个字或不成句的短题，如道光辛丑二十一年会试题目《约我以礼》，题目出自《论语·子罕》："颜渊喟然叹曰：'仰之弥高，钻之弥坚；瞻之在前，忽焉在后。夫子循循然善诱人，博我以文，约我以礼。欲罢不能，既竭吾才，如有所立卓尔。虽欲从之，末由也已'。"④这个题目截掉了前面和后面的句法成分，是截上下题。

还有一类小题甚至将毫不相干的两个半句连在一起构成题目，叫截搭题。光绪三十年（1904）甲辰科探花商衍鎏在他的《清代科举考试述录》一书里说："文题有大题小题之分，乡会试每出大题，较为整齐，小考则纤佻琐碎居多，谓之小题，更有一种特别之题曰截搭题。"⑤它是在截上题和截下题的基础上再行杂合搭配，出这种试题的目的是避免题目雷同和士子背诵现成八股文应考，"截搭题就是不用现成的句子或章节，把题目出得让你无法蹈袭现成的文章"⑥。如《论语·子罕》开头数句："子罕言利与命与仁。"⑦下面紧接另一章书是"达巷党人曰：大哉孔子，博学

① （战国）孟轲著，杨伯峻译注.孟子[M].长沙：岳麓书社，2000：264.
② （春秋）孔子著，刘兆伟译注.论语[M].北京：人民教育出版社，2015：4.
③ （商）姬昌著，苏勇点校.易经[M].北京：北京大学出版社，1989：83.
④ （春秋）孔子著，刘兆伟译注.论语[M].北京：人民教育出版社，2015：188.
⑤ （清）商衍鎏著，商志𩰚校注.清代科举考试述录及有关著作[M].天津：百花文艺出版社，2004：250.
⑥ 赵志伟.谈截搭题——中国古代考试漫谈[J].中学语文教学，2017（10）：86-88.
⑦ （春秋）孔子著，刘兆伟译注.论语[M].北京：人民教育出版社，2015：179.

而无所成名"①，出题目的人把前面的最后两个字，和后面的第一、二字凑成一题，即《与人达巷》。前述"子曰，我非生而知之者，好古敏以求之者也"，如果题目是"我非生而知之者，好古"，就是截搭题，它截掉了下面"敏以求之者也"那几个字，这是"短搭"；如果截搭题字句长的就叫"长搭"。如果试题的文句虽然是截搭的，但是前后意思能够联系起来的叫作"有情搭"，如题目是"不知老之将至云尔，子曰我非生而知之者"，就是将前面一章句子与后面一章搭起来，这是"隔章截搭题"，但是此二句意义相关，所以可以称为"有情搭"。如果题目是"皆雅言也，叶公问孔子于子路"，这就是"隔章无情搭"，因为这两句话出处不同又互无关联。商衍鎏自述于光绪十六年庚寅（1890）应童子试（考秀才），试题是《巍巍乎其有成功也，焕乎其有文章，舜有臣五人而天下治》，就是将《论语·泰伯》前后两章截搭而成。因为两章里面，前后出现过尧和舜，两者是可以联系起来讲的，所以属于"有情搭"。

　　小题、截搭题的产生并非一夕之间。商衍鎏对这种变异过程所鉴殊深，尝云："文题乃作文之标识，八股初时出题，皆明白正大，或一句或数句或一节或全章，并无偏全、承上、冒下、截上、截下等名目。后以行之既久，题目仅限《论语》《大学》《中庸》《孟子》四书内，几无不为习见之题，其弊至于互相蹈袭，不得不避熟就生，因而割裂变化，繁简纷歧，创为特别殊异之题矣。"②八股文题目须出自四书五经等儒家典籍，不可随意捏造。但四书五经章句毕竟有限，而科举考试历时上千年，所以考题难免重复因袭，考生们十年寒窗，很可能掉入寻章摘句的陷阱，或者背诵现有之文蒙混得官，难识真才。故而延至后期，考官们不得不挖空心思出一些奇形怪状的截搭题，以增加考试难度。

　　大题、小题和截搭题的层级关系应做如下划分：

---

① （春秋）孔子著，刘兆伟译注.论语[M].北京：人民教育出版社，2015：180.

② （清）商衍鎏著，商志馥校注.清代科举考试述录及有关著作[M].天津：百花文艺出版社，2004：251.

表2-2-2　大题、小题、截搭题的层级关系

题目类型	大题	小题	
		截上题、截下题、截上下题	截搭题（有情搭、无情搭）
特征	完整句子或章节	不完整句子、章节，只截不搭	不完整句子、章节，先截后搭

虽然小题的考试规模不大，但其写作难度通常更大，故如果小题做得好，大题自不在话下。因为"大题句子相对完整，文义明白正大，与上下文界限清楚。考生能够正确地理解经文原意，所以在代言的过程中，不容易逾规，但却因为思维的被动性而很难获得文心活跃带来的愉悦。相对于意义完整明白的大题，小题的意义要隐晦费解甚至难以琢磨，意义虽然模糊，却给人们留下想象的空间，这正是八股文文题类型多样化的文学因素的生发之地"①。田子爽此段议论原为推求游戏八股文萌蘖的缘由所在，将开始挣脱经义基本体制束缚的小题作为八股文发生文体变异的起点，或许本来并不为八股文整体发展做断语，却无意中切合了整个八股文体制嬗变的史实，因而具有较大文体形态学意义。

小题在形制上更热闹更自由，但正因其自由，以至于在某些文章中失之轻浮，清代正统学人多不认同它。如王夫之认为："经义之设，本以扬榷大义，剔发微言；且或推广事理，以宣昭实用。小题无当于此数者，斯不足以传世。其有截头缩脚，以善巧脱卸吸引为工，要亦就文句上求语气，于理固无多也。"②他是不太认同割裂经义的小题，认为它"截头缩脚""善巧脱卸""于理无多"，就是表明小题是游戏文字的做派，既不扬榷大义，又不实用，这样的看法实际上反映了王氏对于八股文写作比较保守的文艺观，他遵从传统八股文的做法，反对变革。袁守定之观念与王氏相近，其《时文蠡测》云："古人文成法立，后人法立文成。然选家论法之详昭然可考。……夫士君子既厕大雅之林，当摈小巧之习。……若夫讲求搭截，论说偏全题，既大裂经文，言则无关圣学。骋其所能，只如戏剧，所谓'坐言起行者'果安在乎？未免与设科取士之意相径庭

---

① 田子爽.游戏八股文研究[D].扬州：扬州大学，2012：25.

② （清）王夫之.夕堂永日绪论·姜斋诗话[M].北京：人民文学出版社，1981：234.

矣。"①丘濬也不认可这种以巧求工的方法："近年初场出题，往往强截句读，破碎经义，于所不当连而连，不当断而断，而提学宪臣之小试尤为琐碎。"②认为小题非但不敬经义，甚至有点游戏文字。可以看出，三人在竭力维护传统八股文的理学正统观，反对以巧取胜的新观念。

但我们必须看到硬币的另一面：因为截搭题当连不连，当断不断，甚至前后毫无关联，因此"在作法上与一般八股文相比，需要更高的技巧。这些特殊的出题方式，迫使读书应试者不得不磨砥技艺，更加注重照应之法、吊挽之法、补题之法与虚实正反之法"③。这于八股文而言，是有十分积极的意义的，不得不承认，正是这种正统文章家不太认同的小题，催生了在八股文里最具有文学气质的游戏八股文，也使得八股文钓渡挽和起承转合等法进一步完善和发展，从体制之发展角度而言，它能够使八股文更加圆熟朗润、纡徐有致，这些正统士人因为卫道传道之心较炽或视野有限，对此或无意忽视，或根本不屑将其纳入视野，不得不说这是一种遗憾。

虽然小题有其积极意义，但主流决策层基本都持排斥态度，故清代会试八股文题目以大题为主，小题辅之，极少出现翻新出奇的截搭题。以康雍乾三朝的会试八股文题目为例，可以很清晰地看出清代初期的八股文选题情况。

表2-2-3　康熙会试八股文现存题目情况表（1697康熙丁丑—1718戊戌）

大　题	1. 子曰："参乎！吾道一以贯之。"曾子曰："唯。"子出，门人问曰："何谓也？"曾子曰："夫子之道，忠恕而已矣！"（《论语·里仁》） 2. 天之所覆，地之所载，日月所照，霜露所坠，凡有血气者，莫不尊亲。（《礼记·中庸》） 3. 子曰：不知命，无以为君子也；不知礼，无以立也；不知信，无以知人也。（《论语·尧曰》） 4. 设为庠序学校以教之。庠者，养也；校者，教也；序者，射也；夏曰校，殷曰序，周曰庠；学则三代共之，皆所以明人伦也。人伦明于上，小民亲于下。有王者起，必来取法，是为王者师也。（《孟子·滕文公上）》

---

① （清）袁守定.时文蠡测［M］.北京：北京出版社，2000：572.

② （明）丘濬.大学衍义补［M］.北京：京华出版社，1999：229.

③ 吴承学.中国古代文体学研究［M］.北京：人民出版社，2011：361.

大 题	5. 由尧舜至于汤，五百有余岁；若禹、皋陶，则见而知之；若汤，则闻而知之。由汤至于文王，五百有余岁，若伊尹、莱朱，则见而知之；若文王，则闻而知之。由文王至于孔子，五百有余岁，若太公望、散宜生，则见而知之；若孔子，则闻而知之。（《孟子·尽心下》） 6. 君子无众寡，无小大，无敢慢，斯不亦泰而不骄乎？君子正其衣冠，尊其瞻视，俨然人望而畏之，斯不亦威而不猛乎？（《论语·尧曰》） 7. 昔者子贡问于孔子曰："夫子圣矣乎？"孔子曰："圣则吾不能，我学不厌而教不倦也。"子贡曰："学不厌，智也；教不倦，仁也。仁且智，夫子既圣矣。"（《孟子·公孙丑上》） 8. 唯天下至诚，为能尽其性；能尽其性，则能尽人之性；能尽人之性，则能尽物之性；能尽物之性，则可以赞天地之化育；可以赞天地之化育，则可以与天地参矣。（《礼记·中庸》） 9. 溥博渊泉，而时出之，溥博如天，渊泉如渊。见而民莫不敬，言而民莫不信，行而民莫不说。（上下句皆出自《礼记·中庸》）
小 题	1. 禹闻善言，则拜。大舜有大焉，善与人同，舍己从人，乐取于人以为善。（《孟子·公孙丑上》）（截上下题） 2. 事父母能竭其力，事君能致其身。（《论语·学而》）（截上下题） 3. 必得其位，必得其禄，必得其名，必得其寿。（《礼记·中庸》）（截上题）
截搭题	无

表2-2-4　雍正会试八股文现存题目情况表（1723雍正元年癸卯—1730庚戌）

大 题	1. 齐庄中正，足以有敬也。（《礼记·中庸》） 2. 诚者自成也，而道自道也。（《礼记·中庸》） 3. 子曰：素隐行怪，后世有述焉，吾弗为之矣；君子遵道而行，半途而废，吾弗能已矣。（《礼记·中庸》） 4. 献子之与此五人者友也，无献子之家者也。（《孟子·万章下》） 5. 仲尼祖述尧舜，宪章文武，上律天时，下袭水土。（《礼记·中庸》） 6. 自诚明，谓之性；自明诚，谓之教。诚则明矣，明则诚矣。（《礼记·中庸》） 7. 见其礼而知其政，闻其乐而知其德。由百世之后，等百世之王，莫之能违也。自生民以来，未有夫子也。（《孟子·公孙丑上》）
小 题	1. 道之以德，齐之以礼，有耻且格（《论语·为政》）（截上题2篇） 2. 若禹皋陶，则见而知之（《孟子·尽心下》）（截上下题2篇） 3. 行夏之时（《论语·卫灵公》）（截下题） 4. 志于道，据于德，依于仁（《论语·述而》）（截下题）
截搭题	无

表2-2-5 乾隆会试八股文现存题目情况表（1737年乾隆丁巳—1784甲辰）

大　题	1. 如保赤子。心诚求之，虽不中不远矣。（《大学·康诰》） 2. 子击磬于卫，有荷蒉而过孔氏之门者，曰："有心哉，击磬乎！"（《论语·宪问》） 3. 好人之所恶，恶人之所好，是谓拂人之性，灾必逮夫身。（《礼记·大学》）（2篇） 4. 子曰："呜呼！曾谓泰山不如林放乎？"（《论语·八佾》）（2篇） 5. 鲁君之宋，呼于垤泽之门。（《孟子·尽心上》）（2篇） 6. 子曰："宁武子邦有道则知，邦无道则愚"（《论语·公冶长》） 7. 诐辞知其所蔽，淫辞知其所陷，邪辞知其所离，遁辞知其所穷。《孟子·知言》 8. 孟子曰：人之有德慧术知者，恒存乎疢疾。（《孟子·尽心上》）（2篇） 9. 今曰"性善"，然则彼皆非欤？（《孟子·告子上》） 10. 苟日新，日日新，又日新。（《礼记·大学》） 11. "敢问何谓浩然之气？"曰："难言也。"（《孟子·公孙丑上》） 12. 孟子曰："待文王而后兴者，凡民也。"（《孟子·尽心上》）（2篇） 13. 知止而后有定，定而后能静，静而后能安，安而后能虑，虑而后能得。（《礼记·大学》） 14. 吾为之范我驰驱，终日不获一；为之诡遇，一朝而获十。《孟子·滕文公》 15. "点，尔何如？"鼓瑟希，铿尔，舍瑟而作，对曰："异乎三子者之撰。"（《论语·沂水春风》） 16. 苟为不熟，不如荑稗。《孟子·告子上》） 17. 皆自明也。（《礼记·大学》） 18. 君命召，不俟驾行矣。（《论语·乡党》） 19. 使数人要于路，曰："请必无归，而造于朝！"（《孟子·公孙丑下》） 20. 柴也愚，参也鲁，师也辟，由也喭。（《论语·家语》） 21. 齐人曰："所以为蚳蛙则善矣；所以自为，则吾不知也。"（《孟子·公孙丑下》）
小　题	1. 君子之所 二句（《孟子·尽心上》）（截下题） 2. 生而知之者，上也；学而知之者，次也（《论语·季氏》）（截下题） 3. 舜好问而好察迩言，隐恶而扬善，执其两端，用其中于民。（《礼记·中庸》）（截下题） 4. 君子所性，仁义礼智根于心（《孟子·尽心上》）（截下题） 5. 所过者化，所存者神（《孟子·尽心上》）（截上下题） 6. 大夫曰何以利吾家（《孟子·梁惠王上》）（截上下2篇）

续表

小　题	7. 红紫不以亵服。当暑，袗絺绤。（《论语·乡党》）（截上下题） 8. 旅酬下为上，所以逮贱也；燕毛，所以序齿也（《礼记·中庸》）（截上题） 9. 子曰："宁武子邦有道则知，邦无道则愚。"（《论语·公冶长》）（截下题） 10. 淳于髡曰：先名实者，为人也；后名实者，自为也。夫子在三卿之中，名实未加于上下而去之（《孟子·告子下》）（截下题） 11. 诗云：相在尔室，尚不愧于屋漏。故君子不动而敬（《礼记·中庸》）（截下题） 12. 子在陈曰：归与！归与！吾党之小子狂简（《论语·公冶长》）（截下题2篇） 13. 天地之道，可一言而尽也（《礼记·中庸》）（截下题2篇） 14. 知虞公之不可谏而去之秦，年已七十矣；曾不知以食牛干秦穆公之为污也（《孟子·万章上》）（截下题） 15. 子曰：若臧武仲之知，公绰之不欲，卞庄子之勇，冉求之艺（《论语·宪问》）（截下题） 16. 明乎郊社之礼，禘尝之义（《礼记·中庸》）（截下题） 17. 仲叔圉治宾客，祝鮀治宗庙，王孙贾治军旅（《论语·宪问》）（截下题） 18. 所藏乎身不恕（《礼记·大学》）（截下题2篇） 19. 子曰：女奚不曰（《论语·述而》）（截下题2篇） 20. 溥博如天，渊泉如渊（《礼记·中庸》）（截上下题） 21. 民之所好好之，民之所恶恶之（《礼记·大学》）（截下题） 22. 君子周急不继富。原思为之宰，与之粟九百。（《论语·雍也》）（截上下题）
截搭题	1. 人皆有不，政矣（《孟子·公孙丑上》）（有情搭）

表2-2-6　康雍乾三朝现存会试八股文题目数量汇总表

	大　题	小　题	截搭题
康　熙	9	3	0
雍　正	7	4	0
乾　隆	21	22	1
总　计	37	29	1

从表中可以看出，康雍乾三朝进士现存八股文题目分布是大题最多，共37个；小题居中，29个；截搭题最少，只有1个。这种题目的选择实际上隐晦地反映了清初人们对八股文社会功用的期待，即"扬榷大义""有补于世"，这正是八股文经历清初三大家的努力，以及文人之文、学人之文的拨乱反正，在对晚明八股文进行反思后有所扬弃的典型表现。

（二）冒头：八股文之骨架

题目之外，每篇八股文还可分为三个部分，第一部分是冒头，包含破题、承题、起讲，这一部分用以说明文章主旨。

1.破题之制

破题乃一篇八股文之"文眼"，或曰是"文之魂魄"。可以说，破题做得好，文章就已成功有望，故历代方家对此非常重视。刘熙载的《艺概·经义概》云："昔人论文，谓未作破题，文章由我；既作破题，我由文章。余谓题出于书者，可以斡旋；题出于我者，惟抱定而已。破题者，我所出之题也。"[1]这一论点精到地阐释了破题对于八股文的引领作用，谓破题之前，士子当有成竹在胸，方可纵横睥睨。倪士毅的《作义要诀》亦谓："或曰破题为一篇纲领，至不可苟，句法以体面为贵，而包括欲其尽。题句多，则融化不见其不足；题字少，则敷演不见其有余。命意浑涵而不失于迂，用字亲切而不病于俗，斯得之矣。接题所以承接破题之意，一篇主意要尽见于二三句中，尤不可不用工也。或曰冒头如人头面，著不得十分多肉，肉多则嫌有肥气不雅观也。"[2]此段文字敷衍之义在于：破题既要囊括题意，还要不迂不俗，简括有方，体面有度。唐彪的《读书作文谱》卷九曰："凡作破题，最要扼题之旨，肖题之神，期于浑括淯醒，精确不移。"[3]此论指称曰：破题当扼、肖、括、精。其他诸说，亦大同小异，各尽其妙。

破题通常由简明扼要的两、三个散行的短句构成，却要总领全篇，可称举足轻重。戴名世云："盖其法律极严以密，一毫发之有差，则遂至于

① （清）刘熙载.刘熙载文集[M].南京：江苏古籍出版社，2000：193.
② （清）倪士毅.作义要诀[M].台北：商务印书馆，1986：374.
③ （清）唐彪.读书作文谱[M].台北：伟文图书出版有限公司，1976：125.

猖狂凌犯，断筋绝膑，而其去题远矣。"①既然"毫发不能差"，意味着必须依规而作。商衍鎏总结历代八股文破题之要曰："长题之破贵简括，搭题之破贵浑融，大题之破贵冠冕，小题之破贵灵巧。"②这是一个非常实用的破题法则，总体来看，清代八股文之破题基本是遵此进行的。

如光绪甲午会试文以《道不远人　四节》为长题，其贵当在简括。该科进士龚启芝破曰："中庸无远人之道，治以忠恕而已。"③同科进士陶士风则如此破题："人外无道，治人者宜知忠恕矣。"④二者皆将题目中复杂繁多的议论集中概括为"中庸和忠恕"，化繁为简，功力深厚。乾隆丁巳恩科会试文《人皆有不，政矣》为截答题，其贵在融贯，作者吴培源以"示人以皆有之心，惟先王能不负所有也"⑤巧妙融合，使之毫无琐屑零碎之感。还有大题如光绪壬辰会试文《子曰，君子矜而不争　二节》，题目较长，破题要在冠冕。作者赵銮扬开篇即云："论修己观人之道，惟君子能无偏焉。"⑥又如光绪庚寅会试八股文《知所以修身　三节》，进士章士荃破曰："更推治人之效，而知之尤贵会为之焉。"⑦二者皆贵气端肃，符合大题破解的规则。乾隆丙戌会试文《君子周急不继富。原思为之宰，与之粟九百》为小题（截上下题），题目先截取前一句后半段，又截取后一句前半段，原文意为救助别人要"周急不济富"，凡予取予求应当合乎情理。小题之破，贵在灵巧。作者福保如此破题："引君子以证不与之故，而当与者，不嫌于多焉。"⑧又如光绪乙未会试八股文《主忠信》，作者吴纬炳破题道："礼以忠信为至，君子非徒敬于外也。"⑨再

① （清）戴名世. 戴名世集：卷四［M］. 北京：中华书局，1986：91.

② （清）商衍鎏著，商志 校注. 清代科举考试述录及有关著作［M］. 天津：百花文艺出版社，2004：248.

③ 顾廷龙. 清代硃卷集成：卷八零［M］. 台北：成文出版社，1992：17.

④ 顾廷龙. 清代硃卷集成：卷七九［M］. 台北：成文出版社，1992：51.

⑤ 顾廷龙. 清代硃卷集成：卷三［M］. 台北：成文出版社，1992：157.

⑥ 顾廷龙. 清代硃卷集成：卷七八［M］. 台北：成文出版社，1992：23.

⑦ 顾廷龙. 清代硃卷集成：卷七一［M］. 台北：成文出版社，1992：43.

⑧ 顾廷龙. 清代硃卷集成：卷三［M］. 台北：成文出版社，1992：279.

⑨ 顾廷龙. 清代硃卷集成：卷八三［M］. 台北：成文出版社，1992：29.

如光绪甲午会试吴庭芝《庆以地》，其破题云："以地与诸侯，行庆之典隆矣。"①三篇小题，破题皆十分灵动机巧。

以此可见，破阐各种类型的题目，当有所区分，只有各循其妙，才能学有所得。在这些总的规则引领下，具体行文中，破题又有明破、暗破、正破、反破、顺破、逆破、破意、破字、破句之法。

明破即依照题意直接发挥，乾隆癸未科进士鲁鸿八股文《淳于髡曰三节》破题"即名实而区其先后，反疑大贤之一无所处焉"②、乾隆己丑进士特克慎八股文《子在陈曰 一节》破题"在陈者有念于及门，狂简足系归思矣"③、乾隆辛丑进士汪长龄《所藏乎身不恕》破题"即身以验所藏，而不恕者危矣"④等，作者皆顺题发挥，简明扼要，读来顺畅安详。

暗破即阐发题目而不露题中任何字句，鲁鸿的另一篇八股文《子曰：宁武子邦有道则知 一节》破题"观卫大夫于所处，有相形而益见者焉"⑤、乾隆乙未进士赵钧彤文《仲叔圉治宾客，祝鮀治宗庙，王孙贾治军旅》破题"详卫君之用才，人与事各得其宜焉"⑥等，既简括地申明题意，又不露题目中的任何字眼，皆为暗破之范例。

正破即正面阐解题意，乾隆进士梦吉之文《子在陈曰 两节》之破题"志圣人之思归，于狂士有深念焉"⑦、《天地之道，可一言而尽也》破题"论道于天地，有约举而靡遗者焉"⑧皆为正面发挥题意，前一题以"圣人思归"破"子在陈曰：归与！归与"，以"狂士有深念焉"破"吾党之小子狂简"；后一题以"论道于天地"正面阐解"天地之道"，以"约举而靡遗"正破"一言而尽"。

反破即用题目相反之义切入破题。汪长龄文《孟子曰：待文王而后兴

---

① 顾廷龙. 清代硃卷集成: 卷八一[M]. 台北: 成文出版社, 1992: 25.

② 顾廷龙. 清代硃卷集成: 卷三[M]. 台北: 成文出版社, 1992: 269.

③ 顾廷龙. 清代硃卷集成: 卷三[M]. 台北: 成文出版社, 1992: 295.

④ 顾廷龙. 清代硃卷集成: 卷三[M]. 台北: 成文出版社, 1992: 407.

⑤ 顾廷龙. 清代硃卷集成: 卷三[M]. 台北: 成文出版社, 1992: 261.

⑥ 顾廷龙. 清代硃卷集成: 卷三[M]. 台北: 成文出版社, 1992: 369.

⑦ 顾廷龙. 清代硃卷集成: 卷三[M]. 台北: 成文出版社, 1992: 323.

⑧ 顾廷龙. 清代硃卷集成: 卷三[M]. 台北: 成文出版社, 1992: 327.

者，凡民也》语出《孟子·尽心上》，原意是希望人们奋发向上，不要消极等待。破题反向推理，"使兴而必有所待也，则凡民宜自多矣"①，指出如果自甘平庸不求上进的话，会使"凡民多矣"，正是从题目之反面破解题意，颇有功力。

先破前一句是顺破，先破后一句则为逆破。赵钧彤另一八股文《苟日新，日日新，又日新》破题"新无间于初终，有与日而俱永者矣"②，先破前句"苟日新"，再破后句"又日新"，为顺破；乾隆辛卯进士方昂的八股文《明乎郊社之礼，禘尝之义》破题"礼缘义而后行，是在乎能明者焉"③，先破后句的"义"，再破前句的"明"，为逆破。

此外，破题要注意不能骂题漏题，不能连上，也不能犯下。这有两层意思：

第一，不许骂题漏题。所谓骂题，就是直说题目；不许漏题即要完整阐释题意，不能有所疏漏。

第二，破题不许有"连上、犯下"之误。所谓连上犯下，指破题时不能旁涉他意。比如，"皆古圣人也，吾未能有行焉"④一句，若出题者单出"吾未能有行焉"，破题就不能联系"皆古圣人也"，否则即为连上；如果出题者只出"皆古圣人也"，则作者破题时就不能想到"吾未能有行焉"，否则即为犯下。

这种种法则，可谓各司其职，在清代八股文的体制构成中发挥着至关重要的作用。

2. 承题和起讲之制

承题紧随破题之后，其作用为进一步解释和补充主题，承上启下。

乾隆乙卯进士张大维八股文《柴也愚，参也鲁，师也辟，由也喭》之承题为："夫未有贤如柴、参诸人，而安于愚与鲁、辟与喭者，特患其不

---

① 顾廷龙. 清代硃卷集成: 卷三 [M]. 台北: 成文出版社, 1992: 415.

② 顾廷龙. 清代硃卷集成: 卷三 [M]. 台北: 成文出版社, 1992: 365.

③ 顾廷龙. 清代硃卷集成: 卷三 [M]. 台北: 成文出版社, 1992: 347.

④ （战国）孟轲著，杨伯峻译注. 孟子 [M]. 长沙: 岳麓书社, 2000: 50.

自知耳。夫子语之，而何烦赘一言哉？"①乾隆庚戌进士齐嘉绍之八股文《君命召，不俟驾行矣》承题云："夫君之召、君之命也，行矣，不俟驾矣，子之敬君命也如此。"②嘉庆丙辰进士鹿维基八股文《盖子夏为文学之士　两节》承题曰："盖子夏为文学之士，而学则务乎其实也。舍敦本而言学，夫岂足与言学乎？"③三个例证，尽皆简洁扼要、直中靶心。

据此可见，清代八股文之承题多为散句，常以虚词"夫""盖"发凡，多由两三个分句构成，贵在精练明晰，不能拖泥带水或者以偏概全。

承题结束，随后散体文字即为起讲。起讲一般由虚词"且夫""且""今夫""然""若曰""尝思""意谓""盖"起头。起讲阐释文章之主要内容，大多是骈散相间的一段话，可为文章之起承转合等过程定调，如何正面强调，如何反面对比，如何明暗相间，在起讲几句中皆有线索。

例如，康熙丁丑李继修八股文《子曰：参乎！吾道一以贯之　四节》起讲为："且夫圣人所以为教，贤人所以为学，孰非继斯道之传也哉？然而大道无穷，在而求之，安能体备而无遗乎？抑知道本同源，不外吾心以统之，亦不外吾心以推之。造乎其域者，固能深乎其微；即未至乎其域者，要无不可共勉其途也。"④此段句子有骈有散，以"且夫"开头，以"圣人所以为教""贤人所以为学"承接上文，接着以虚词"然而"转折，以"造乎其域者""即未至其域者"做对比，以"无不可共勉其途"做结收合，一段中逻辑十分明晰，接下来的文章基本以此为线索铺排开来，整个文字水乳交融，贯通一气，脉络分明。

再如，雍正癸卯于沔八股文《道之以德，齐之以礼，有耻且格》之起讲曰："且上之所贵乎下者，惟欲得其翻然勃然之心，以相率于改过迁善之途焉已矣。然必上之自治者，实有以建极于上而锡极于下，则观感之途，将必有潜移默化而不自知者，初不俟令行禁止之术，而其心早自献

---

① 顾廷龙.清代硃卷集成：卷四[M].台北：成文出版社，1992：57.

② 顾廷龙.清代硃卷集成：卷四[M].台北：成文出版社，1992：25.

③ 顾廷龙.清代硃卷集成：卷四[M].台北：成文出版社，1992：129.

④ 顾廷龙.清代硃卷集成：卷三[M].台北：成文出版社，1992：7.

焉。盖其入之者深也，如政刑之免而无耻也。无耻之不可得于民哉？亦所以道齐者非也。"①原文阐释道德和礼仪感化百姓并使他们归附的力量，起讲从正反两面总结这种观点，要么上自治以使民潜移默化；要么领导者不自知，以政令和刑罚治理百姓，百姓就会没有廉耻之心。

又如，雍正癸卯丛洞八股文《齐庄中正，足以有敬也》起讲写道："且临天下者，所以范围乎天下也。虽仁足以育，义足以正，而非有礼以莅乎其上，究无以作天下之肃。惟圣人仁至义尽，而礼亦裕乎其中，则大度而出以小心，果确而行以温恭，仁育义正之内，自有凛乎不可亵者。吾以此知圣人之敬焉，顾临天下尤莫难于敬矣。"②文章要写恭敬、庄重、正直就可以达到颐和天人的状态，起讲写了三层意思：第一层讲"临天下者，必须以身垂范"；第二层说临天下者，虽有仁义，若无礼仪作为其规范，也无法做天下之榜样；第三层意为只有圣人才能仁至义尽且裕乎礼仪，方能达到"敬"的程度。

从以上几例可以窥知，清代八股文起讲部分并不过分追求对偶骈俪的修辞效果，故而以散句为主，句子中套叠个别短的对偶句式，主要起承接上文、开启且总领下文的作用。

从现辑录《清代硃卷集成》会试文及个别乡试文可知，任何八股文，包含破题、承题和起讲三段的冒头部分是不可或缺、十分重要的构件，不能省略或敷衍。

（三）四比八股：八股文之血肉

冒头之后，有的文章或有入题（又叫入手、领上、领题），其作用为再次阐述强调题意，引领下文，继而就是八股或曰四比部分。董友富对此体例的结构及作用论述得比较清晰：

起比与中比、后比、束比合为"四比八股"，每比都是由两股词性、平仄相对的排偶句组成。

起股：是紧承题意的第一个股对，上下两句往往是短句，内容含量不

---

① 顾廷龙.清代硃卷集成：卷三[M].台北：成文出版社，1992：79.

② 顾廷龙.清代硃卷集成：卷三[M].台北：成文出版社，1992：98.

大，为题意之发凡。以下两个股对皆为起股：

1. 因循者，蒙垢之阶，故濡染半在寻常，而皆为终身之患。

精神者，有为之本，故被濯勿忘夙夜，而率有一念之诚。①

2. 涉世皆惬心之处，则安常处顺，而逸每思淫，此际断无杰士矣。惟能于况瘁中深其学问，而少年轻率之情以敛者，老成历练之见以开。

生平无失意之时，则履厚席丰，而豫偏有悔，此中常少完人矣。惟能于幽忧内策其修为，而意外防维之议愈沉者，几先洞澈之神愈显。②

起股往往作为引子开启话题，句子貌似顾左右而言他，但细细品味，某一个或某几个词或者短语正是文章中心词。

中股：是在起股后依序出现的第二个股对，通常内容含量丰富，且长短间行，骈散相接，是文章的中心内容或者重点阐发的段落。例如：

1. 一则为诐辞焉。才识暗而复中异端之惑，则虽未反经背道，而已渐有偏曲之忧。辞之所为诐也，而弊不自诐始也。吾观儒修有格致，邪匿难乱经正之朝；意见本愚蒙，辗转辄有纷歧之误。是非辞之遽诐，而弊者之不能不诐也，乌得而不辨之？

一则为淫辞焉。习术偏而复加积渐之力，则曷尝辗转迁移，而已成为流荡之势。辞之所为淫也，而弊不自淫始也。吾思指迷途于既往，而卓立者物不能摇；极沉痼之方深，而波靡者中难自主。是非辞之遽淫，而陷者之不能不淫也，安得而不究之？③

2. 轻亡人而与块兴戎，未闻以置璧馈飧，炳负羁之先见，其洵武子之愚与？然当楚宫既奠，而后零雨桑田，允臧卜吉，知其际太平而效献替者，必有以也。岂曰用晦而明乎？乃何以襄牛受辱，而天祸不协，独呼斜貙于明神？夫安必邀宗邦之请与天王之仁者，而直甘琐尾以如饴也？盖至敬之终吉，而需穴来不速之客，然后知金石不渝，正不在矜言明哲尔。

盟宛濮而国人不贰，忽复以前驱射杀，速元咺之出奔，其亦武子之

---

① 顾廷龙.清代硃卷集成：卷三［M］.台北：成文出版社，1992：365.

② 顾廷龙.清代硃卷集成：卷三［M］.台北：成文出版社，1992：309.

③ 顾廷龙.清代硃卷集成：卷三［M］.台北：成文出版社，1992：291.

愚与？然当玉帛敦好之年，而后歌诗娴礼，见重邻封，惜其立明廷而展匡弼者，不尽详也。岂曰厚重少文乎？顾何以深室就拘，而职纳橐饘，尚凛在公之夙夜？谁逆料不同庄子之刖与士荣之诛者，而直縻顶踵而无悔也？盖至有孚盈缶，而终来协他吉之占，然后知豚鱼可格，正无容矫语变通尔。①

从容量上看，中股显然比起股大得多，且一般表达文章最重要的内容，是四比八股的关键部分，这一股作者会正说反比、腾挪闪躲，极尽修辞之能事，在相形而言较为厚重的句子里，把能说的、该论述的说透彻，使其足够支撑整个文章的半壁江山。

后股：在中股基础上的补充或者衔接，清代八股文后股或者容量丰富，或者句式简单明了，风致各有不同。为征求其原貌，亦附数例如下：

1. 故犹是向者苟免之民也，而今有耻矣。观上之德，因而自愧其不德；观上之礼，因而自惭其无礼。蒸蒸乎望圣明而矢敬应，惟恐不可以对君子，即不免自流于小人也。而何事象魏之悬于前？而何事名法之绳于后？

抑不仅为有耻之民也，而且格矣。耻己之不德者，进而自迪其德；耻己之无礼者，进而求合乎礼。油油然仰皇极而尊道路，居屋漏不敢为小人，对大廷自不愧为君子也。而奚假令甲之申于朝？而奚假棘木之董于廷？②

2. 尧典虞书，未尝言明正始之文，而日中星鸟，以殷仲春，则寅宾出日，平秩东作，无非建寅以后之耕雨锄云。故按时考纪，由仲春而知孟春，固不能舍人统，而别有命和命义，则其时禾尝，不行于古也。

季氏姬姓，亦既各昭正朔之始，而盛德在木，以迎东郊，则每岁孟春之申戒，三日四日之率作，无非建寅以内之典事克功。故循序考运，由春事而知春日，亦不能外人统，而别起外风月令，则其时禾尝，不可行于今也。③

---

① 顾廷龙.清代硃卷集成：卷三[M].台北：成文出版社,1992：263.
② 顾廷龙.清代硃卷集成：卷三[M].台北：成文出版社,1992：82.
③ 顾廷龙.清代硃卷集成：卷三[M].台北：成文出版社,1992：115.

通常后股比较复杂的文章，其中股内容或者旗鼓相当，或者比较薄弱。旗鼓相当者，多是题目较复杂，中股不足以说透说足，遂以后股承担部分中股的阐释功能；而中股较薄弱的八股文比较少，以后股为文章核心论证环节者，大抵是为了在结构上做别出心裁的跳宕，追求新奇所致。常规而言，后股一般以三言两语绾接上文，若没有束股或大结的八股文，则是对文章做出总结。例如：

1. 道之化，人或以为时数之适然，而自大德者得之，则为其分之固然也；人或以为气运之自然，而自大德者得之，则皆其分之当然也。①

2. 盖较以行之所无，即愚者谁甘于自诎；而动以性之所有，虽懦者亦速于更新。②

3. 偏倚即衺越之渐，而中则克协于矩镬；枉曲实狃昵之因，而正则克纳于轨物。③

束股：八股文中最后一个股对，通常短小精悍，很少长篇大论，基本是对前几股的总结或呼应主题。例如：

1. 盖吾欲有以拨天下之异学而返之正，又欲有以鼓天下之庸弱而使之奋。

2. 涵养裕于平日，静而见天地之心；克复谨于当几，动而得无妄之用。

3. 用可必于期月，成功决于三年，其礼乐之沦浃至速者，即伊、傅、望、散不得而与其谋；质文参三代之治，声振集群圣之成，其德政兼综靡遗者，即禹、汤、文、武不得而出其范。④

其他各文之束股，大抵如此。以此数例可见，清代八股文之束股经常用来总结前文，篇幅短小，言简意深。很多清代八股文无束股。

（四）出题收结：八股文之肤革

出题收结往往言简意赅，以一个散行单句或者一个小型复句结束全文，其作用正如皮肤覆盖骨骼血肉。清代八股文多没有出题，有的连大结

---

① 顾廷龙. 清代硃卷集成：卷三 [M]. 台北：成文出版社，1992：68.

② 顾廷龙. 清代硃卷集成：卷三 [M]. 台北：成文出版社，1992：98.

③ 顾廷龙. 清代硃卷集成：卷三 [M]. 台北：成文出版社，1992：98.

④ 顾廷龙. 清代硃卷集成：卷三 [M]. 台北：成文出版社，1992：134.

也没有，这一功能就为束股所承担了。

出题在束股之后，大结之前，一般为散句单行，其效为跳出四比八股，做更加深入的联想和议论，为下一步结束全文做过渡。例如：

1. 生民未有吾夫子，不诚迈百王而上之乎？是知建极之本，必以绥来动和彰其化，而道统实兼乎治统者，在精神不在运会也。（出题）

继天之功，仍以祖述宪章大其施，而心法即全乎治法者，运其神不必泥其迹也。至哉夫子，不可及矣！[①]（大结）

2. 人所不见为微，人所共见为显。知微之必至于显，其惟此为切要之图。（出题）

此下学为己之功，即君子所由以达天者也，然而更有密焉者矣。（大结）[②]

以上两例为清代承续厘正期的八股文出题与大结部分，此刻八股文，大都格式完满，息深达覃，四比八股齐全。至清中后期，八股文形态变异，本该每文必备的大结在许多文本中消失，出题的短句就更不复存在了。

乾隆后期至嘉庆时，清代八股文体制呈现出多样化特征，出现了许多结构形式与前不同的变式八股文，这种新变无论是对于前朝还是清代当时，皆是一个积极寻求丰富性和多样性的明确信号。

二、变式：形制多样为主流

爬梳文献可知，《清代硃卷集成》所存会试文虽不乏合乎传统的常式八股文，更多见者，乃股对数量增减、股对形制新奇的变式八股文。清代现存变式八股文在体制方面具有两个鲜明的特征。

第一个特征：文中所含股对数量多种多样。有的文本省略了某些股对或大结等结构成分，只有二股、三股、四股、五股、六股、七股。甚至完全散文化，无明显可见的股对。亦有文本增为九股、十股、十一股、十二股，且文章内部的语言组织方式丰富多变，如句式的长短组合、句型的选

---

① 顾廷龙.清代硃卷集成：卷三［M］.台北：成文出版社，1992：134.

② 顾廷龙.清代硃卷集成：卷三［M］.台北：成文出版社，1992：156.

择使用、股对的繁简安排、框架的构变化，篇篇不同，难以一言概之。

第二个特征：变式八股文在现存文本中占比极大。以现辑录《清代硃卷集成》中513篇清代会试八股文为考察范围，经参稽并统计，其中常式八股文为92篇，仅占总辑录八股文的17.9%，而变式八股文则比例极大，且大都集中在乾嘉时期及以后，其状如图2-2-1。

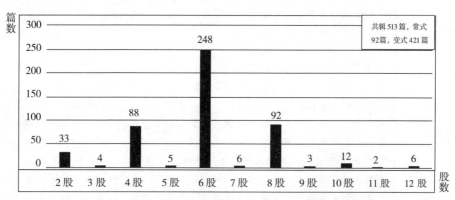

图2-2-1　辑录《清代硃卷集成》会试文常、变情况柱形图

由上可见，《清代硃卷集成》所收文字，常式八股文相对较少，变式八股文却占比较大。此种现象并非仅仅说明清代八股文一直处于文体发展变化过程中，还说明八股文至清代，已经历了明初的体制初定（不一定八股成文）—明中期八股成文的体制确立（一般八股成文）—明后期体制开始寻求变化（在可能僵化的八股体制外寻求变化的可能，如在四股、六股之中用其中一股作为主力，言简意赅阐述观点）—清代集大成，不但有完全承袭前代的雍容典雅的常式八股文，也有矜才使气、翻新出奇的变式制义，是在明代八股文基础上的新变，有的文本又可视为对明代制义的一种隔代呼应，而细究其形式，比明代又精细、繁复和美化了不少，其整体状态呈现出"螺旋式上升"的趋势。

为更清晰地考察其常、变存在状况，兹以《清代硃卷集成》所存康熙时期现存会试八股文作为抽样考证对象，我们可以得出表2-2-7。

表2-2-7　康熙时期会试文常式与变式统计表

常式八股文	1. 子曰：参乎！吾道一以贯之。（李继修） 2. 天之所覆，地之所载，日月所照，霜露所坠，凡有血气者，莫不尊亲。（李继修） 3. 必得其位，必得其禄，必得其名，必得其寿。（谢光纪） 4. 昔者子贡问于孔子曰："夫子圣矣乎？"孔子曰："圣则吾不能，我学不厌而教不倦也。"子贡曰："学不厌，智也；教不倦，仁也。仁且智，夫子既圣矣。"（谢光纪）
变式八股文	1. 禹闻善言，则拜。大舜有大焉，善与人同，舍己从人，乐取于人以为善。（有冒头、起股、中股、后股与大结，无束股）（李继修，6股） 2. 子曰：不知命，无以为君子也；不知礼，无以立也；不知信，无以知人也。（有冒头，只有三三相对偶的一股，以三个"诚知之"对三个"不然者"，之后短句大结）（王克让，6股） 3. 唯天下至诚，为能尽其性；能尽其性，则能尽人之性；能尽人之性，则能尽物之性；能尽物之性，则可以赞天地之化育；可以赞天地之化育，则可以与天地参矣。（有冒头、起股、过接、中股、出题、大结）（王克让，4股） 4. 设为庠序学校以教之；庠者养也，校者教也，序者射也；夏曰校，殷曰序，周曰庠，学则三代共之：皆所以明人伦也。人伦明于上，小民亲于下。（有冒头、入题、起股、中股、过接、后股、大结）（王克让，6股） 5. 事父母能竭其力，事君能致其身。（有冒头、入题、起股三部分构成，起股由"以言事父母、若人忍乎哉""以言事君、若人敢乎哉"两两隔段相对的一大股，无其他构件和大结）（谢济世，4股） 6. 溥博渊泉，而时出之，溥博如天，渊泉如渊，见而民莫不敬，言而民莫不信，行而民莫不说。（有冒头、入题、起股、中股、出题、大结）（谢济世，4股） 7. 由尧舜至于汤，五百有余岁；若禹、皋陶，则见而知之；若汤，则闻而知之。由汤至于文王，五百有余岁，若伊尹、莱朱，则见而知之；若文王，则闻而知之。由文王至于孔子，五百有余岁，若太公望、散宜生，则见而知之；若孔子，则闻而知之。（有冒头、起股、大结三大部分构成，其中起股由三三相对的排比对构成）（谢济世，6股） 8. 君子无众寡，无小大，无敢慢，斯不亦泰而不骄乎？君子正其衣冠，尊其瞻视，俨然人望而畏之，斯不亦威而不猛乎？（有冒头、起股、出题、一个隔段对组成的中股、大结）（谢光纪，4股）

从以上12篇八股文可知，仅就体制相对比较稳定的康熙一朝，现存会试文中变式是常式的2倍，2股、4股、6股八股文皆有所现，可见即使在大体求稳的此期，八股文已在悄然进行体制的变革，而此后一直在有意识地进行文体变革的其他时期文本，更是以变式八股文为寻常情状。

嘉道之后，变式八股文无论从形式还是数量上皆比前朝更甚。以嘉庆时期会试文为例统计，在现辑录121篇嘉庆会试文中，全文无股对的有王茹瑶《百姓足，君孰与不足　一节》1篇；仅2股的有沈巍皆、胡锡麟、赵柄、王贻桂等同题卷《仁，人之安宅也；义，人之正路也》，朱壬林《存其心，养其性，所以事天也》，王会清《如有博施于民而能济众，何如　两节》等5篇；全文有3股的有彭浚《子曰：老者安之，朋友信之，少者怀之》、朱壬林《知斯三者，则知所以修身》2篇；全文有4股的有金光杰、邵日诚同题卷《以善服人者，未有能服人者也　两节》，洪锡光、胡晖吉《诚身有道：不明乎善，不诚乎身矣》，胡晖吉《人之为道而远人，不可以为道》，陶际清《君子而时中》，刘礼奎、张惇训、张梧等同题卷《生之者众，食之者寡，为之者疾，用之者舒》，张惇训《子曰：德之不修　一节》等20篇；全文有5股的有张惇训《行有不得者　一节》1篇；全文有6股的有俞日灯《虽曰未学，吾必谓之学矣》《莫见乎隐，莫显乎微》《不愆不忘，率由旧章》，曹汝渊《曾子曰：慎终追远，民德归厚矣》《孟子曰：尽其心者，知其性也，知其性则知天矣》，俞恒泽、王家景《是故君子有大道，必忠信以得之，骄泰以失之》等57篇；全文有7股的有林芳《行有不得者，皆反求诸己，其身正而天下归之》、阎善庆《知斯三者，则知所以修身》2篇；其他如11股的有刘礼奎《行有不得者　一节》，12股的有赵柄《子曰：为政以德》，共为90篇，常式八股文仅为21篇，常式与变式的比率近乎1：4甚至更小，直观可见变式为清代八股文之主流。

当一种本名"八股"的文体，真正有八股之体的篇章仅为一小部分，而其他股对数量的文本却占比甚众，此显然不合常规。而作为一种称名已定型的文体，似乎也不太可能因其对偶变体甚多而易名为"六股文""十股文"，如此文体称名将发生不必要的混乱。若可忽略这种可能出现的混乱状况，与明代相较，我们甚至可以将这种变式八股文当作清代的"常式"，而真正"八股成文"的正体反而可以被视为"变式"，这实际上是清代八股文特有的"常变倒置"现象。

三、"常变倒置"的实质

（一）常、变之历史演进

清代八股文为何会出现这种现象呢？首先可以从其体制演进之迹窥其根本。

常式八股文和变式八股文的出现和演变并非一蹴而就的过程，其变化轨迹约略如下：八股文初现时，本无"八股文"之称谓，故"八股成文"并非定规，士人是在慢慢摸索其代表性的体制构架模式，由四股、六股到八股逐步增加，其主观意愿上并不知情。至于清代，由于清朝统治和文字狱的压力，加之明代八股文已臻于尽善，无法轻言突破，故而人们虽知应该遵循"八股成文"的基本范式，但为求生新，刻意避免作这种章法完备的八股文，其主观意愿上是知情而求变，此其一；另有一种可能，清代部分士人追慕古贤与古文，继而在学习八股文写作时，亦常贱今向古，其参考文本是明代早期体制尚不完备的八股文，甚至是更早的宋元经义，本欲拟古求变，但拟古过甚或反生龃龉。

如明代首次科举洪武辛亥进士吴伯宗（1334—1384）的八股文《〈大学〉曰：国治而后天下平　四节》，其文结构与后世不同，除了冒头部分，几乎难以找出符合八股文体制的对偶句式：

《大学》言国治而后天下平者，循其序而言也。《孟子》言修身而天下平者，推其本而言也。

曰亲其亲、长其长而天下平者，即修身国治之事；《中庸》之言笃恭而天下平者，则圣人圣德，渊微之应，中庸之极功也。[①]

此处破题承题大致格式似乎有，但破题乃一个简短的对偶句，承题亦为一个具有对称因素的句子，与后期以简短散句破题承题的八股文大相

---

① 田启霖.明清会元状元科举文墨集注：卷一［M］.桂林：广西师范大学出版社，2016：13.

径庭。且后面的部分，其体其气，皆神似先秦政论文，甚至似楚简《恒先》。例如：

> 何以言之？

> 天下之本在国，国之本在家，家之本在身。是故古之欲明明德于天下者，先治其国；欲治其国者，先齐其家；欲齐其家者，先修其身，是修身齐家治国平天下之本，而所施之序不能有先后焉，故循其序而言，则自身而家而国，而后及于天下。《大学》之言国治而后天下平是也。

> 二书之言各有攸当，不可以二观之矣。况《大学》既历言身修、家齐、国治，而下文又总结之曰，自天子至于庶人一是。皆以修身为本，则本曷尝不本于修身也哉？[①]

此几段毫无对偶成分，皆为散体议论，文体之形制完全没有成型的痕迹。

> 若夫《孟子》言亲其亲、长其长而天下平者，盖亲长在人为甚迩，亲之长之为甚易，而道初不外是也。身之所以修者此也，家之所以齐者此也，国之所以治者亦此也。

> 故在己而能亲其亲、长其长，则身修矣；一家而能亲其亲、长其长，则家齐矣；一国而各亲其亲、各长其长，则国治矣。推而达之，则天下莫不皆然。是则亲亲长长，即修身国治之事，而非修身国治之外，别有所谓亲亲长长也，此其为意亦不异矣。

> 至若《中庸》言笃恭而天下平者，盖自学者为己谨独之事。推而言之，以驯致乎圣人不显之盛。所谓君子者，指圣人而言也。笃恭者，圣人至德，渊微不显之妙也。圣人所过者化，所存者神，上下与天地同流，是以绥之来，动之和，有莫知其所以然而然者，人但见其恭己无为，而天下自平矣。此《中庸》之极功。圣人之能事，岂初学之所能及哉？虽然，学者苟能从事于格物致知之功、诚意正身之学，以修其身，以齐其家，则治国平天下之道，不外乎是矣，虽圣人之笃恭亦何以异哉？

> 是故《大学》一书以格物致知、诚意正身为修身之要，而《中庸》复

---

① 田启霖.明清会元状元科举文墨集注：卷一［M］.桂林：广西师范大学出版社，2016：12.

以戒惧谨独为下学立心之始，孟子于尽心知性之语，亦拳拳焉，是或一道也。不然何以曰：曾子传之子思，子思传之孟子？[①]

后面几段也仅能从虚词"若夫""故""至若""是故"勉强找到其可能成股的痕迹，这说明明初期的八股文体制并无一定之规，其体制的生发和成熟是后期才逐步完成的。而清代部分士人追求体制之变的行为，盖为学习明代早期之八股文体制模式，认为它们更有古韵。

发展至明永乐时期，部分八股文仍然没有明晰的四比八股形式，如永乐九年（1411）杨慈的《武王缵大王、王季、文王之绪》一文，虽有相较洪武时期八股文而言基本明确的股对，但文章后半部分仍然显示出散文化的倾向，不过此期部分八股文已经出现比较完整的包含冒头、入题、起股、出题、中股、后股、束股、大结的结构，如永乐十九年于谦（1398—1457）的八股文《不待三然，多矣》、商辂（1414—1486）乙丑会试夺魁之作《德为圣人，其寿》等，显示出追求四比八股的明确文体趋向。此后的发展期和成熟期，大部分八股文表现出成熟工稳的股对模式，四比八股完整曲折，深有趣味。

至明成化弘治时，八股文达到成熟期，常式八股文数量庞大，如弘治九年（1496）丙辰进士朱希周八股文《舜发于畎亩之中　一节》、弘治十一年（1498）唐寅之八股文《古者易子而教之》、弘治十二年（1499）进士王守仁八股文《志士仁人　一节》、弘治十五年（1502）鲁铎八股文《子在齐闻韶》等，皆以对偶精工、体制完整取胜。

明中后期，八股文多见四股、六股之变体，此刻变体与前期体制未成时四、六股文本相比，已经脱离了懵懂和生涩的状态，走向圆熟和新巧，人们是在熟练掌握文体形制特点的情况下寻求变革的，这种新变是具有文体形态自觉意识的，与前期自发状态时的情况是有区别的。

（二）"常变倒置"的实质

清代八股文的变异正是在这种文体背景下承继和发展的，因为经历了明代若干次的起伏，有例可循，清代八股文在体制上更加丰富多变，其变

---

① 田启霖. 明清会元状元科举文墨集注：卷一[M]. 桂林：广西师范大学出版社，2016：13.

化轨迹大略如表2-2-8所示。

表2-2-8　清代八股文体制变化轨迹表

顺治—康熙（清）	承续厘正期	此时八股文本依明制，部分士人承继陈子龙等人衣钵，仍以故国之思、慷慨激昂之文救亡图存，亦有部分续明晚期八股"文体芜秽"之旧风，文章靡丽不纯，以心学、禅学为尚。前者引人深思呼号，后者却使人靡弱不振。后清政府始制定纲维，力主"理法辞气、清真雅正"，晚明余弊很快被清除。另，自尤侗始，游戏八股文产生
康熙—乾隆中叶（清）	中兴期	康熙初年至乾隆中叶，八股文既有承继，又有发展。其时八股，重振程朱理学，且讲究局势法度，传统基本回归，古朴之外又加清醇之气，理清气正，见解独到。自康熙庚戌时起，八股文化杂乱为深醇，变险峻为笃雅。管世铭为乾隆朝最有名的八股文名家，其文在道光、咸丰年间风行南北，其文清真雅正，出于方苞，而方苞又是在继承明代制义的基础上有所开拓、发展的，故亦为明文一脉。另一个突出现象，就是在文字狱之压制下，考据学家的八股文兴盛一时。此时期姚鼐写作多"时文古文一体化"。这类制义，不重注疏，不着眼于细枝末节，专以阐发微言大义
乾隆末—咸丰（清）	衰微期	自乾隆末叶，八股文与明万历间相似，开始追求华艳巧薄，乾隆末叶至道光，尤侗和王广心的"尤王体"流行，游戏八股盛行，而与之相对的正统八股亦开始追逐华辞丽句，义理肤浅，康雍乾时清真之气几乎丧失。至嘉庆中叶，文体变得诡异炫奇，且小题与截搭题盛行，文章流入琐屑恒钉之途，加之国外思潮流入，八股文出现议论时政的苗头
同治末—光绪（清）	消亡期	同治后期，西学进一步传播入中土，士人眼界开阔，在中西方之学问和思想里遨游，知孔孟之外尚有其他思想和学术存在，因而将这些新思潮写入八股文中，龚自珍、魏源等人倡导的今文经学亦被康有为等人引入八股文。表达变革愿望，使其八股文具有鲜明的现实性和针对性，程朱理学几成空壳，语体上不遵守"不得以三代以后事入题"之规，以汉唐以后甚至现代浅近语写八股，甚至将翻译的西学名词都写入文章。体制上不用对偶或对偶较少。知名者如维新人士江标之文，新词纷呈，仍可中式

纵观《清代硃卷集成》所收会试文，常式八股文有之，如康熙时期八股文《天之所覆，地之所载　一节》即可视为典范，全文四比八股完整，

对偶工巧，按脉切理，且用语流美宛转，是一篇从体制而言十分稳妥严密的八股文。

变式八股文不但数量庞大，且形式一再求新图变，这种现象有着深刻的历史原因。而最重要的影响因素，乃在于其"与世沉浮"的文体特性。

清初为巩固新朝计，官方重兴程朱，八股文体制依明成熟期。乾隆末至嘉庆初，一方面统治已基本稳定，社会政治经济诸方面都有长足发展；另一方面由于民族矛盾、阶级矛盾始终存在，且其时社会已经开始由盛转衰，此际具有衡文选士权力的文臣多喜标新立异，故而其文多侈才使气、追新逐异，清代八股文体制的深刻变化，始于此期。此后，体制之变化愈演愈烈，各种新的体制模式不断出现。使有清一代，八股体制异彩纷呈。

有的八股文全篇可视为一个大的结构体，但其形式较为特别，由三三对偶的两个排比对组成，从外形上看，可视为二比六股。如康熙后期八股文《子曰：不知命，无以为君子也　两节》写道：

诚知之，而为顺为逆自行其无事，将所为惠迪则吉，而君子其人者，以此矣。礼非具文之设也，本中正为范围，而肌肤肋骸，悉以昭律度之垂；以典章为法守，而动容周旋，亦以养性情之安。岂非其持而循之，不可或渝者乎？

诚知之，而为进为反适协乎天则，将所为执持有素，而强立不回者，以此矣。言非外著之端也，本道德以为文章，即矢口无多，而可觇积累之素；侈才华而矜论说，虽宏议动众，而已窥涵养之薄。岂非共宣之于口，实体诸其躬者乎？

诚知之，而为是为非洞悉于靡遗，将所为藻鉴不爽，而知人则哲者，以此矣。

不然者，或以命为适然之数也而置之，置之且将与命衡矣。举念而有得失，举足而有较量，岂惟艰难之投，足以败厥行谊哉？即富贵福泽，其以晏溺而堕节者，正不少矣。正谊明道之学，可望诸计功谋利之人乎？无以为君子也，则如之何，其不知命也？

不然者，或以礼为具文之说也而略之，略之行将与礼悖矣。品节莫与定，度数罔所循，微特念虑之微，荡然无所依据哉？即耳目手足，不至仓皇而失措者，亦良寡也。确乎不拔之操，可已诸荡检逾闲之士乎？无以立也，则如之何，其不知礼也？

不然者，或以言为外著之端也而昧之，昧之则将为言淆矣。既无穷理之素，自乏观物之哲，宁第佞谀之流，得以售其华辨哉？即端人正士，其以简默而不彰者，亦已多也。克知灼见之明，可期诸得失莫辨之流乎？无以知人也，则如之何，其不知言也夫！①

文章以三个"诚知之"发端，后接"为顺为逆""为进为反""为是为非"三个短语，这几个语言单元不但互相构成对比，而且词语内部还有"顺逆""进反""是非"两两相对；后三股则以"不然者"开头，旋接而以"命""礼"与"言"、"适然之数""具文之说"与"外著之端"、"置之""略之"与"昧之"三者互相映衬，句式整饬华美，而第三个"诚知之"后面有意识地少了对仗的成分，造成拗断，其他地方整齐对举或以意相对，三对排比式的股对造成气势上的先声夺人，且骈散相间有如珠玉满盘，读来满口生香，余韵悠长。从结构上看，三个"诚知之"与三个"不然者"形成水乳交融的一个整体，故其主体部分可以视为一个三三相向的大型对偶体，这篇变式八股文可谓制义之珠玉。

另有八股文有四股，如谢济世八股文《溥博渊泉，而时出之　一节》，其他构件如冒头、入题、出题、大结都齐全，但主体部分只有起股、中股这两部分：

人惟中之隘而不宏也，则其由中而之外者，遂有不能给之忧。而至圣不然，其仁义礼知之得于生知者，本无所蔽亏，而又未尝不力廓其分。吾见一理不遗，何其溥也；万理之皆备，何其博也。时而并出之，时而递出之，有无往不当者矣。

人惟积之浅而易穷也，则其由积而之发者，遂有不终日之势。而至圣不然，其仁义礼智之得于生知者，本无所汨塞，而又未尝不益澄其源。吾见窥之而莫能测，何其渊也；挹之而莫能竭，何其泉也。时而经以出之，时而权以出之，有无往不宜者矣。（起股）

---

① 顾廷龙.清代硃卷集成：卷三［M］.台北：成文出版社，1992：23–26.

吾就其溥博渊泉者言之。今夫天，怙冒无外，天下之溥博者，莫是过焉；今夫渊，静深有本，天下之渊泉者，莫是过焉。然而天渊有其象，至圣有其理。象之在天渊者，非处于有余；而理之在至圣者，非处于不足。则以为如天如渊已矣。

吾就其时出者言之。今夫至圣之出而见也，只自著其德容，非以作民肃也；今夫至圣之见而言、见而行者，只自谨其号令张弛，非以绝民欺、徇民私也。然而人心有未安者，必已之理有未顺；而已之理无不顺者，必人心无不安。则以为莫不敬、莫不信、莫不说已矣。（中股）[①]

此外，还有嘉庆时期具有镶嵌对的八股文，一般也可以视作二比四股的文章。

亦有八股文为六股，如王克让的《设为庠序学校以教之 四节》一文即乃如是。

起股：

设之者，所为自今日而肇典之也。诗书礼乐之泽，焕然为斯民更始焉。而泮宫芹藻，乃不徒存空名于奕祀。思械朴作人以来，流风至今未邈。

设之者，所为自今日而率由之也。辟雍钟鼓之化，依然存先代遗风焉。而鼓箧祭菜，更可征往迹于当年。

中股：

为之列其名，则乡学处其异，而国学从其同，不啻贡、助、彻之互为同异也。

为之究其大旨所存，则不特俊秀之民，春羽冬干，务使晓然于尊亲之大义。

后股：

盖长上之教不先，则小民之率不谨，此其责端在上矣。师儒以董之，候挞以威之，而劳来匡直辅翼之训，犹亹亹乎？

其未有已也，则其化行于下矣。以礼义为必可循，以诗书为必可事，

---

① 顾廷龙.清代硃卷集成：卷三[M].台北：成文出版社，1992：47-50.

而孝友睦姻任恤之风，遂油油乎？ [①]

这一段文字，乃康雍乾时期制义，表现在文本中的特征是不但股对减少，且股对的对偶方式亦纯然意对，在起股、中股、后股中皆可以看到以意义相对为特征的对偶，可以视作为后来的文体结构变化做了先导的作品。

据上可知，清代八股文的存在状态十分丰富，以此小文，难以包罗尽净。明代八股文的体制是由不完整进化为完整的四比八股，是有意识地使体制发展定型。而清代中后期则在明代常式八股文的基础上渐次加减，试图抛弃或变革一些对偶成分，使自己在体制上取得部分的自由，继而更完满地表达自己的思想，这是一种由社会变化引起的具有文体变革自觉的行为。但其变至极致时，以意气风发的议论文字入八股，褒贬分明，体无对偶，这已经背离了八股文的本质性文体特征，直接成为导致了文体衰亡的原因之一。

当然，我们必须看到，八股文的体制变化既是社会观念嬗变的曲折反映，也是文体自身"由弱而强、盛极而衰"的结果，二者不可偏废。而文体的形制总是在萌发之后逐步走向官方意义上的成熟，又从这种成熟的形式体制中挣脱，企图寻求新变，如果这种变化可以与当时的社会状况和文体发展状态相合，则可以丰富并推进文体的发展；反之，新变就成为文体消亡的催化剂，加速文体的消亡，并催生新的文体形式。

第三节 对偶变体与清代八股文的文学性考辨

纵观古代诸文体之变革历程，无论是诗、词还是曲、剧，皆首先发轫于民间，然后众文人参与，走向庙堂，并逐步由自由抒情的维度切换至规矩条例众多的雅化之境，再臻于至善至美的高峰难以突破，继而式微并逐步化生新的文体，这种历程大体上有着"自由（民间生发）—产生束缚

---

① 顾廷龙.清代硃卷集成：卷三[M].台北：成文出版社，1992：31-34.

（文人参与，极盛）—文体衰落"的行进踪迹；但八股文却是例外于其他文体的，它的参与者与评判者皆有一定的知识储备与文采，且其起始阶段和发展阶段本身就是规矩森严的考试文体，而至发展中后期却始走向追求自由的途径，其轨迹大略为"形成并遵循规则—企图脱离束缚—偏离经义+科举废止—文体衰落"。

追求自由抒写本是文学作品的特征，而解脱束缚的信号往往首先从文本形式上透露出来。作为一种实用的考试文体，八股文有其严格的规定性，本不该内含过多文学因子，但清代八股文企图挣脱束缚追求文体解放，其中、后期文本表现出了形式和内容双重解困的企图，表现于文本中的除了股对数量的增减、对偶技巧的丰富多变，还有文本内容逐步脱离经义趋于实用。追求自由本该使八股文获得更强大的生命力，也的确在短时期内产生了外核为八股、内在为文学的一个文体分支（游戏八股文）。而于正统八股文而言，它毕竟是一种考试文体，并非文学，有一定的严肃性，这种自由化的倾向虽然短时期内能够使八股文获得生命力，但长期看来，对文体的发展却未必尽皆有利。这一方面是由于它所依附的主要社会语境——科举逐年衰落，八股文的存在失去了强大的社会基础（为国选才）；另一方面因这种追逐自由的行为与八股文作为官方文体的本质属性（阐经）相违背，从根本上动摇了文体赖以存在的文化基础，反而加速了它衰亡的脚步。但不可否认的是，在这一过程中，八股文是有意识地追求形式的新颖和多变的。

田启霖说："文学是讲究技巧的，但还没有任何一种文学像八股文这样将技巧运用得登峰造极。"[①]田先生将八股文归为"文学"自然值得商榷，不若郭英德的"泛文学"妥帖，但其所云"讲究技巧"是切中肯綮的，这"技巧"之中，对偶的多样化特征应为极重要的查考点，因为这种特征是清代中后期八股文文学性逐步增强的鲜明标识。

对偶是一个宽泛的概念，单从八股文之对偶对仗体例做一考察，可知它既有字数相等、平仄相对的严式对偶，更不乏新奇多样的对偶变体，即

---

① 田启霖.明清会元状元科举文墨集注：卷一［M］.桂林：广西师范大学出版社，2016：9.

在严式对偶的基础上翻新出奇，追求字句段落的生新巧妙，如意对、隔段对、排比对、长段对、镶嵌对等，这些皆为宽式对偶。为与格律精巧的对偶模式相区别，可将其称为对偶变体。这些对偶变体的出现和流行，显露了士人寻求文体变革的自觉性和主动性，而文人之所以敢于如此，皆因主流社会的评价系统是认可这种新变的，这种认可更进一步促进了对偶变体的生新出奇，使其时八股文摆脱了其固有的刻板印象，自由度增强，抒发情志的空间加大，因而更具文学性。

作为八股文的主流评价者，清初考官们"清真雅正"的美学判断首重义理，继而求其词句、神气之清雅，即作者是否能够在有限的篇幅内完满地表达他的核心理学思想，文章的文体特性是否鲜明，字句是否流畅纡徐、是否含蓄委婉，脉络层次是否清晰，这种判断谨慎且深入，可谓所求良多，其目的在于为国擢才。但对其时及后世的普通读者（不以功利性为目的之八股文阅读者）而言，阅读目的或为消遣鉴赏，浅层的阅读体验即可满足其期待视野，故文章的可读性成为其判断八股文良莠的首要因素，如辞采是否具有鲜明的美学效果、是否能够带给他们愉悦的情感体验等。所处阶层不同，其判断标准亦有所异。

清代中后期，与"经学性下降"的世情相应，上述两个阶层的读者在做出审美判断时所依之则大致趋于同一，即是否具有文学性并使读者产生审美愉悦。此际文本中丰富多变的对偶变体既为文体的显性特征，又是文本耐读的必要条件，因而，对这些对偶变体进行深入考察深具意义。

一、对偶与意对

对偶是八股文一个最鲜明的体制表征，一篇八股文，若是没有几个体式基本整齐的股对支撑，就失去了其体裁的特异性。

有明一代，严式对偶是八股文中主要的股对形式，可谓俯拾皆是，信手拈来，它使文章显得气度谨严、节奏整饬。例如，明成化丙戌进士罗伦《昔者先王以为东蒙主》中，起股"锡土不居于邦域，是争雄之国也，而伐之可以夷后患；名分不通于社稷，是跋扈之臣也，而伐之可以修臣纪"①，中股"以地则在邦域之中焉，密迩公室，必无悖逆之心，所谓不必伐者此也；以分则为社稷之臣焉，听命公朝，又为王家之佐，所谓不当伐者此也"②，后股"不可伐而伐之，上得罪于先王也；不必伐而伐之，下得罪于境内也"③。一篇之中，三股皆为字斟句酌的对偶句式，可见严对使用十分普遍。

清代八股文中，这种严式对偶句也是存在的。例如：

1. 至则一私不存，故能极深研几，以直探乎天命之原，而尚有几微之或蔽者，已寡也。

至则一欲不参，故能践履笃实，以适全乎继善之初，而尚有纤悉之或歉者，又寡也。④

2. 术工会计，则培克必深；才本斗筲，则脂膏日朘。大夫体王心而俨然一德，夫岂有莫肯夙夜之忱。

谈及纵横，则筹为之借；论陈耕战，则席为之前。大夫承王命而不啻同声，自无辞从事独贤之瘁。⑤

这说明八股文体的对偶形式是在继承中缓缓出现新变，旧日之股对特点，并未全部消失。然至清代，其更显著的体制特征是对偶变体大量出现，其中最普遍可见者即为意对，即宽泛意义上的对偶，不追求字句的逐字逐句相对，以意义相互对应为对偶的体制模式。这些意对大部分是大体严整，局部参差，颇具错落之美。

它是清代八股文最常见的对偶变体，笔者所辑录500多篇会试文和泛读之大量文本，几乎每篇皆有意对出现，随手撷拾，即可以斑窥豹。前文胡高望的《大夫曰：何以利吾家》起比两股为严式对偶，可谓字字相对。而其中比、后比共四股，皆为典型意对：

1. 律以永建乃家之义，方且思宗庙为先，府库为次，守箕裘以不坠家

---

① 田启霖.明清会元状元科举文墨集注：卷一[M].桂林：广西师范大学出版社，2016：151.

② 田启霖.明清会元状元科举文墨集注：卷一[M].桂林：广西师范大学出版社，2016：152.

③ 田启霖.明清会元状元科举文墨集注：卷一[M].桂林：广西师范大学出版社，2016：152.

④ 顾廷龙.清代硃卷集成：卷三[M].台北：成文出版社，1992：27.

⑤ 顾廷龙.清代硃卷集成：卷三[M].台北：成文出版社，1992：237.

声可也。乃大夫别精心计，其较量并不在财贿器用之微。若曰宝龟不守，则三兆谁知；藏甲不多，则六关谁启？袭此世家之故智，而贫非可贺，干不独强，怙侈久而贪黩之算弥精，盖大夫之踌躇熟矣。

揆诸服劳王家之分，方且惧位不期骄，禄不期侈，笃忠贞以克守家风可也。乃大夫独有经营，其筹画又不徒争钟釜豆区之细。若曰都荀堕其三，则前勋莫绍；宗祀隆其二，则后嗣渐繁。挟此保家之秘术，而子弟使之为卿，姻娅俾之膴仕，觊觎深而封殖之谋益固，盖大夫之图度勤矣。①

2. 然则簠簋不饬，大夫自无逃责备之词，而其心犹未服也。担爵析圭，原不应总及货宝，特当日之头会而箕敛。既出全力以佐明延，何不可留余力以图私室？迨夫谙练愈深，侈肉食之远谋，无复知计以弊吏之先乎廉？而予取予求，显形之齿频而不为讳。

然则欲壑难盈，大夫亦自知效尤之罪，而其责固有归也。奉令承教，业已知代计乎锱铢，将此日之持筹而握算。问国君之富，既拓地而兼数圻；问大夫之富，讵循分而安贪采？况至侵渔无厌，视茧丝为保障，谁复知贪以败官之名为墨？而得寸得尺，隐袭其意旨而莫之违。②

以上数例，文章之大体，皆以意对为主，前后两联，多有错落不偶处，可见在清代八股文中，严式对偶已经渐次变少，而宽式对偶开始大行其道。更有甚者，清中后期出现几为散体的八股文，仅能依稀根据意义的模糊呼应判断对偶的意对模式。这一类八股文存量不多，但大都序列混乱，话语陌生，几乎无法找到作为八股文显性特征的对偶句。这种严重脱离文体特征的意对，盖因为毫无美感可言，仅嘉庆后期即光绪朝偶可见之，并无太大影响，是意对发展的特例，并不足征。

二、隔段对与长段对

如果说对偶和意对是根据文本中相对仗字句多寡对比来定义的，隔段对和长段对就是依据段落的对偶模式来判断的。

---

① 顾廷龙.清代硃卷集成：卷三[M].台北：成文出版社，1992：238.
② 顾廷龙.清代硃卷集成：卷三[M].台北：成文出版社，1992：239.

（一）隔段对

隔段对是清代八股文里常见的一种表现方式，它由两个隔段相对的大节奏群组成一个四核单位，前呼后应，音韵铿锵，美不胜收。它的内部，往往又包含若干小的对偶体，使其容量和层次更加丰富多彩。

雍正甲辰姜士仑的八股文《献子之与此五人者友也，无献子之家者也》可用以为例：

夫交谊无日而去诸怀者，何也？则孟献子之与五人是也。夫乐正裘、牧仲，与其二人，大约皆英豪者流，而特以献子之贤，用人善而立政宜。孟氏之族，献子为最，彼五人有能过之者乎？不惟不能过之而已，有能及之者乎？吾恐其卑视等伦，而不屑与契孚也；又恐其假意投合，而中无推心之实也。求其如鲍之与管，史之与蕑，文之与僕，难矣。况彼以一人，则情密而近；此以五人，则爱博而不专。然而献子之与此五人者，则所谓友也。

在献子，无日不熟计诸怀，曰："其为吾辩论者若而人，其为吾赞襄者若而人，其为吾弥缝其失、匡救其灾者若而人，其助吾进而补忠、退而补过者若而人。吾友非他，五人也；五人非他，吾友也。"献子何日敢忘诸怀哉。

势位久不入其胸者，何也？则五人之亲献子者是也。夫献子之在公族，固非世禄多骄者比，而特以献子之贵，家伐冰而邑有采。鲁之贵，孟氏居尊，彼五人有能比之者乎？惟不能比之而已，有能及其万一者乎？吾恐其高视乎禄秩，而有觊觎之心也；又恐其外貌虽矫，而中无不屑之意也。求其如管之与鲍，蕑之与史，僕之与文，又难矣。况彼以一人则不嫌其异，而以此五人或相形而屈，然而献子之友此五人，以无其家者也。

在五人，未尝一置诸胸，曰："彼其家之数焉以对者若何，彼其家之有宰食力者若何，彼其家之见宠于君、居要于鲁者若何，彼其家之长其官吏、而世其子孙者若何。彼虽有之，而若无之也；非故轻之，而自无之也。"五人何尝以此入其胸哉。①

---

① 顾廷龙.清代硃卷集成:卷三[M].台北:成文出版社,1992: 121–124.

嘉庆进士阎庆善的八股文亦有如此结构：

惟时穆考，显于西土，而德克明焉。其明也，有所以知之者也。

当日者，学乎宫庙而亦保亦临，行乎康田而至中至昃，耻乎崇密而遹宁遹成。论者谓明夷南狩，不足以晦其天；即小过西郊，不足以回其德。而穆考之所以修身者，其由斯三者之迪知哉。

率时昭考，在兹东土，而光重宣焉。其宣也，有所以知之者也。

当日者，学乎丹书而胜怠胜欲，行乎王道而无党无偏，耻乎商郊而誓泰誓牧。论者谓昭明有融，不至于替厥义；即彝伦攸叙，不至于斁厥躬。而昭考之所以修身者，其由斯三者之克知哉。^①

此种结构，以意义相对独立的四个段落两两隔段相对，其形似阶梯，又如钱塘之潮，层层叠叠，翻波涌浪，席卷狂飙，势不可挡，造成一种整体的或平和纡徐或摧枯拉朽的气势。

隔段对段际套叠和段内套叠交叉融合的类型也是清代八股文里常见的体制模式，谢济世的八股文里有如下隔段对：

以言事父母，则能竭其力焉。夫父母生我以身，我之力即父母之力也。自世之人，一念以为父母之力，又一念以为此我之力也，或吝焉，或矜焉，而不为父母竭。究之父母而外，其竭焉而不知者正多也，其天良亦浅矣。

若人忍乎哉？念人生力可常有，而父母不常有。人方欲竭而无由，我幸有得竭之时；我苟有力而不竭，将并无竭之之日。是故履厚席丰，有可以备物者，固必将其怀也；食贫居贱，不可以为悦者，亦必永其思也。今夫人所爱惜之物，莫不欲留其有余。若无所爱惜于其间，则愈用焉而愈出，亦愈出焉而愈用，而绝不留余矣。不留余者，竭之谓也。且夫事父母亦难耳。古之君子养而能敬，安而能卒，岂徒至性使然？然苟能是，是亦足以教天下之为人子者矣。

以言事君，则能致其身焉。夫世人以身许国，我之身即君之身也。自是之人，一念以为君之身，又一念以为我之身也。或靳焉，或恕焉，而不

---

① 顾廷龙.清代硃卷集成：卷五[M].台北：成文出版社，1992：153.

为吾君致。不知既已事君，此身不致，将留之以何用也？其大节更亏矣。

　　若人敢乎哉？念人生有不得君而事之日，决无事君而可爱其身之理。乘人之车，则当载人之威；而食人之食，则当忠人之事。是故人情莫不好逸而恶劳，有时役极天下之至苦，而有所不辞也；人情莫不贪生恶死，有时义极天下之至烈，而有所不避也。今夫我所自有之物，莫不深其爱惜，若举而委之于他人，则爱惜也听之，不爱惜也亦听之，而我不自有矣。不自有者，致之谓也。且夫事君亦匪易耳，古之君子，先之正心诚意以清其源，极之致命遂志以尽其分，又岂徒至性使然？然苟能是，是亦足愧天下之为人之臣者。①

　　该隔段对以"以言事父母，则能竭其力焉……若人忍乎哉？念人生力可常有，而父母不常有……以言事君，则能致其身焉……若人敢乎哉？念人生有不得君而事之日，决无事君而可爱其身之理"的形式构成两两隔段相对的结构模式。除了段际对偶，还有段内小的对偶句，如："乘人之车，则当载人之威；而食人之食，则当忠人之事。""是故人情莫不好逸而恶劳，有时役极天下之至苦，而有所不辞也；人情莫不贪生恶死，有时义极天下之至烈，而有所不避也。""是故履厚席丰，有可以备物者，固必将其怀也；食贫居贱，不可以为悦者，亦必永其思也。""人方欲竭而无由，我幸有得竭之时；我苟有力而不竭，将并无竭之之日。"

　　这种既隔段相对又涵载若干段内对偶的结构模式，形制恰似繁复华美的交响乐，语言此呼彼应，此起彼伏，构成了韵味无穷的文本世界。

　　此外，清代八股文还有三股蝉联相对的结构，如咸丰丙辰龚嘉俊的八股文对偶结构如下：

　　A冲漠无朕之初，万物浑于无形，而道即寓焉。迨乎艮峙坎流而后，举凡洪纤巨细，莫不挟赋性成形之理，随血气以俱来。洋洋乎，道所以终始万物也。

　　B顾物之数，至难稽矣，使必逐物而经营之，将道为物役，何以觇其用之宏乎？不知道之既发且育者，则因物以付乎物。叙彝伦于洪范，而金

---

① 　顾廷龙.清代硃卷集成:卷三[M].台北:成文出版社,1992:44-46.

木水火，偕土榖以惟修，条达之所以畅其情，揪敛之亦以节其性也。‖纪敬授于尧时，而成易作讹，阅岁功而递嬗，裁制之所以防其过，煦妪之所以养其蒙也。盖覆物者天，而体天者道，极之萌生翔泳，靡不乘以俱行，夫孰非道之所曲成不遗哉。

C斯道之用，其大如此，不直与天崇比乎？今夫百昌畅遂之时，即星云亦焕其华采；而志气清明之极，虽化育可赞以经纶。则试即及物之用，而进观夫合天之体焉。

A1鸿蒙肇判之始，天则成位乎上，而道实承焉。试思阐珍握符而还，举凡日月星辰，果孰即圆规上覆之中，摄纲维于主宰。洋洋乎，道所以上统夫天也。

B1顾天之高，非可阶矣。使日戴天而窥测之，将天与人远，何以验其体之符乎？不知道之能极其峻者，固先天而天不违。莫大乎荡荡之规，而极盛难名，固同符乎帝载。气之积者，轻清而上浮；理之积者，充塞而无际也。‖莫崇于巍巍之宇，而触目即是，实上彻夫辰枢。冒乎物者，瞻仰而弥高；贯乎物者，周遍而无外也。盖物育于道，而道极于天，为之等量齐观，直已周乎其际，夫孰非道之所范围不过哉？

C1道之极于至大而外者如此。[①]

此隔段对分别以"冲漠无朕之初"对"鸿蒙肇判之始"，以"顾物之数，至难稽矣"对"顾天之高，非可阶矣"，以"斯道之用，其大如此"对"道之极于至大而外者如此"，以"A—A1""B—B1""C—C1"三联六句两两隔段相对，而段际对内部又包含若干短对偶句，且在C—C1这一股对中采取了拗式对偶，有意截断了对句中的大量分句，造成一种戛然而止、余音空回的艺术效果。

（二）长段对

嘉庆中后期之八股文，还出现了一种较为特殊的长段对。嘉庆丁丑科进士王贻桂、赵柄、沈巍皆三人皆有八股文《仁，人之安宅也；义，人之正路也》存世，且三人皆采用破、承、起讲之后，以一个容量庞大的长段

---

① 顾廷龙.清代硃卷集成：卷十九［M］.台北：成文出版社，1992：29–31.

对构成文章主体，然后以一个简单句收束全文的结构。这种特殊的变式八股文，因其庞杂，如何成功驾驭，全在一己之心及一己之力。

王贻桂以"安宅维何？""正路维何？"两个设问句完成主体阐释，认为安宅即以仁使人民"寝兴俱适"，正路即以义使百姓"荡平无阻"，节奏跳荡，其风古朴浑成：

安宅维何？则仁是溯。源于皇降，人之名丽于虚，非若竹苞松茂之堪壮厥观也。顾就其外而比之，宅则宫环五亩，而仁则系以寸心；宅则室筑百堵，而仁则存惟片念。以是求安，奚见其必安也？然而克念勿参以妄念，所以奠其基址者，危疑不得而撼之；道心勿间以人心，所以高其闉闍者，邪僻不得而入之。推之和气集门庭之福，而诟谇无闻，安既及于妇子；善良薰不肖之心，而姓名羞告，安且惠及乡闾。恻隐生而一日之宅安，乐育久而百年之宅复安。其安也，其仁也，不亦寝兴俱适也哉！

正路维何？则义是矢。诚信于渊微，义之美主乎利，非必周规折矩之迂其步武也。顾自其粗而观之，路则周行可示，而义必断于临机；路则中道可回，而义必裁于初载。以是求正，奚取乎必正也？然而敬胜上丹书之诏，所以指其迷途者，偏党无从而启之；直方占坤道之成，所以明其砥矢者，歧途不得而惑之。推之壮往必戒，而气严者性不偏，惟正斯贞；夬履必惕，而行方者动必吉，惟正乃亨。裁制精而独行之路正，美利多而众往之路亦正。其正也，其义也，岂非荡平无阻也哉？[1]

赵柄之文阐发了"人们不但应该有宅来安放其体，更应有仁德以使人久安""人们不但应该有路可供驰驱，更应有义开其长路"之主旨，其风清华朗润：

自人身之不能无所蔽，以御风雨也，于是上栋下宇，取诸大壮，而宅以名焉。稽《尔雅》之文，室宫宸序，备载成模。孰是宅而不求夫安者？顾未有宅先有人，未有人先有仁。宅其身于后天者，第为利用之资；宅其性于元善者，实具成能之本。则犹是宅也，而孰如其安矣。吾思润身之拟诸润屋也，不必攸宁攸跻，而帡幪之托，如上春台；不必斯革斯翚，而俛

---

① 顾廷龙. 清代硃卷集成: 卷五 [M]. 台北: 成文出版社, 1992: 369–372.

仰之宽，似登夏屋。而且以道德为藩篱，以诗书为丹膜，就令宙宫环堵，而天君澹定，莫不居之安而资之深焉。礼颂美轮，诗歌乐土，总不若仁之与生俱来，有以位天德而符艮止，吾得为居仁者正告之曰：仁，人之安宅也。

自人身之不能无所循，以范驰驱也，于是荡平正直，衍自箕畴，而路以名焉。纪《大东》之什，祗矢履视，备咏坦夷。孰是路而不求夫正者？顾有是路即有是人，有是人即有是义。路之遵于皇极者，第循彝训之常；路之率于天民者，独协亨衢之历。则犹是路也，而孰如其正矣？吾思履德之无殊履道也，不必七达八达，而偏颇悉化，幽人符素履之占；不必于野于郊，而坦荡毕呈，君子叶周行之示。而且茅塞开夫山径，采齐中于步趋，就令独居深念，而途辙可循，莫不直其正而方其外焉。象占渐陆，笙谱夷庚，总不若义之因心作则者，有以绝旁趋而协康庄。吾得为由义者正告之曰：义，人之正路也。①

沈巍皆以"则吾且即仁思之。夫仁为万善之统宗""则吾更即义按之。夫义为百端之经纬"开头，以"道原于乾辟坤阖，功密于入室升堂，其于人不甚适哉""境通夫圣域贤关，理循夫周规折矩，其于人不甚便哉"结尾，正反相对，百折千回，亦是独辟蹊径，其风刚健名贵，考官评价其有"方望溪（方苞）之风"：

则吾且即仁思之。夫仁为万善之统宗，使必语以天理当纯，人欲当净。则昧昧者，或且等于幽室之有求，而茫无所见，今且不必高言之也。凡人即不欲求仁，未有不欲求安宅以藏身者。曾亦思宇宙内自然之宅，孰有安于仁者乎？立其基于性灵之府，而广大可致，高明可极，内念惺则天君自泰，浑然见安土之敦焉；谨其闲于攻取之场，而客感不侵，朋从不扰，外缘谢则方寸常宁，怡然获安身之利焉。拟之曰人之安宅，信乎君子攸跻、君子攸宁矣。人第见克复之功极其苦，人道之界极其危，几疑仁或有不安。不知择而处焉，既可见三月之不违；据而依焉，并无烦七日之来复。洗心涤虑，则非弗洒之庭也；知命乐天，则非危墙之立也；主

① 顾廷龙.清代硃卷集成：卷五［M］.台北：成文出版社，1992：409-412.

静穷理，则非近市之嚣也。道原于乾辟坤阖，功密于入室升堂，其于人不甚适哉？

则吾更即义按之。夫义为百端之经纬，使必告以集可养气，精可入神。则贸贸者，或且视为畏途之难入，而却而不前，今且无庸深言之也。凡人即不知嚮义，未有不知嚮正路以投足者。曾亦思天壤间共遵之路，孰有正于义者乎？其理严可否是非之辨，而罔有他岐，故范围不过，曲成不遗，肃然昭正直之道焉；其用经权常变之间，而终无险僻，故君子所履，小人所视，浩然见正大之情焉。拟之曰人之正路，洵乎王道平平、王道荡荡矣。人第见杂霸之假涉于谲，咫尺之抱近于偏，几疑义或有不正。不知示以周行，既可引尺步绳趋之士；纳诸执物，亦能范长驱远驾之材。小言难破，则无穷途之伤也；小慧弗行，则无捷经之窘也；小心知畏，则无穿窬之行也。境通夫圣域贤关，理循夫周规折矩，其于人不甚便哉？[①]

以上三篇文章皆含一个长段对，每一对都内包数个段内套叠的短联甚至短的排比对。这种结构方式十分独特，同时也非常考验士子们驾驭文字的功力。其题目虽同，长段对之形式亦同，而其发论者立意有别，故而其行文各个不同。在如此繁复的文字里，要做到字字句句一一对应，虽个别句子成分有意义相对之处，即便抄录者，亦要神思集中不可游移，而况操刀为文者，更是须处处小心，非古文老手，难成此段。从修辞而言，三者皆有明显的用心遣词造句的痕迹，但因为其文法高妙，虽其文繁杂却被安排得井然有序，而各具其妙，确乃天工之合。

公允而论，从阅读习惯而言，这种长段对带给读者的阅读体验比较复杂。初期读者将不免为其风发水生、渺无涯际的敏捷才思和铿金锵玉、跳荡无穷的节奏惊讶赞叹，继而会有压抑不伸之惑——超越常规的段落容量虽然如珠落玉盘，令人目不暇接，但其字句冗长转折颇多，逻辑上未免令读者心累，因之在一定程度上削弱了部分读者的阅读快感，不能不引为憾事。

---

① 顾廷龙.清代硃卷集成：卷六［M］.台北：成文出版社，1992：44—46.

三、排比对与镶嵌对

除了上述对偶变体，清代八股文中还出现了以三个相似句式排比对偶的排比对、四个段落以包饺子形式呈现的镶嵌对。这两种对偶变体本质上也是段落对偶，但其内容含量更加宏大，具有更加明显的修辞自觉性，作者在写作之初就已经在为文本气势或者独特形式做足铺垫。

（一）排比对

排比对由三个排比句并列相对，每个单句之间或以重复出现的短语显示相对偶的特征，或以《诗经·苤苢》式的句子构成整体反复个别层次出现的段落，这种句式节奏在平整严饬中蕴含着诗意之美。它往往重章复沓，形成一种一唱三叹、余音绕梁、回环往复的美学风貌，在个别地方又故意造成字句缺失，类似于律诗里的"拗救"，其目的大约是平衡整个音律，避免因为节奏和音律的单一重复使读者产生审美疲劳。如嘉庆甲戌进士刘礼奎的八股文《行有不得者，皆反求诸己，身正而天下归之》就以"今使煦煦""抑使察察""且使抑抑"为导引，三个排比句的顺序以上中下分别相对偶，可以将之称为"排比对"：

1. 今使煦煦为恩，而徒咎人之不亲，此不得谓之仁也。吾以仁求诸己，则元者善之长，极者福之归。吾之身以仁而正，而天下咸仰其身之仁。

抑使察察为明，而徒咎人之不治，此不得谓之智也。吾以智求诸己，则知周乎万物，明照于四方。吾之身以智而正，而天下咸服其身之智。

且使抑抑为仪，而徒咎人之不答，此不得谓之敬也。吾以敬求诸己，则几康安汝止，缉熙单厥心。吾之心以敬而正，而天下咸知其身之敬。

2. 故即求仁而得仁，而恺恻之心不容懈。

即求智而得智，而清明之德不容淆。

即求敬而得敬，而肃雍之度不容忽。

3. 而得其仁者，亦无不仁，非必其一道同风也。

而得其智者，亦无不智，非必其奉令承教也。

　　<u>而得其敬者，</u>亦无不敬，哲后自盟于幽独，群黎遂溥为大同。^①

　　本文除了破题、承题、起讲外，以三个"使"、三个"即"和三个"而"正反相对，正中寓反，反中藏正，恣意纵横而法度内显，写得淋漓尽致、气势横飞。同时，于主题而言，"即求仁、即求智、即求敬"为顺应主题而写，"使煦煦、使察察、使抑抑"则逆向运思，从主题相反的角度切入论述，从而形成气足言宜的写作效果。又在第三个排比句"而得……"中有意识地添加一些句法成分，造成句式上局部的不对称，为文章增添了一种别致的色彩。从节奏韵律而言，也是如此，平仄严格相对，音韵、音顿几乎相同的句子里出现了平仄律、音韵律和音顿律的不和谐之处，此种节奏技巧恰如中国画皴染之法，反而带给人无限遐想的空间以及音韵上的参差错落之美。

　　（二）镶嵌对

　　所谓镶嵌对即以四个段落形成对偶，其中1、4两段对偶，将2、3两段包含其间，2、3两个段落又相对仗。

　　如光绪丁丑朱锡蕃之八股文《修己以安百姓，修己以安百姓》：

　　1. 其修己以安百姓乎？夫百姓尽乎人，仍准乎己也。君子亦修己而已，修己以敬而已，而乃极之安百姓耶？

　　2. 盖论其安之功，即本此立人达人之念，由渐以充，而民胞物与之怀，至是乃适如其分。

　　3. 而论其安之量，必裕夫正己正物之原，所包无外，斯过化存神之妙，至是而无可复加。

　　4. 至安百姓，而修之功尽矣，安之量亦尽矣，而无不从敬中来也。君子亦修己而已，修己以敬而已，而乃极之安百姓耶？^②

　　光绪己丑科进士孟滢之八股文《取人以身，修身以道》中亦有这样的股对：

　　1. 是赖有以取人矣。搜严采幹，拔擢并及寒儒；弃瑕录瑜，登崇有时破格。为庙堂求俊彦，孰不知汲引宜宏者？顾人思取矣，而弓旌下逮，惟

---

① 顾廷龙.清代硃卷集成：卷五［M］.台北：成文出版社，1992：351–354.

② 顾廷龙.清代硃卷集成：卷四五［M］.台北：成文出版社，1992：13–15.

徒尚夫文仪；币帛遥临，非相推以心腹。自来求贤颁诏，豪杰转裹足不前者，何莫非偶尔之疏虞，职其咎乎？若以身则无虑此，端居垂旒，犷明目达，聪操鉴衡者，位置必无或爽也；式度在玉金，乐和礼节，侍左右者，光仪莫不思亲也。彼渭水浮璜，获吕公于梦卜；殷墟陈范，访箕子以诚求。其取之延揽孔殷，皆身之情文悉至耳。公而抗怀慎简也，负扆垂裳之顷，可勿返而思欤？

2. 夫论秀书升，端由主极，临轩标雅望，固堪罗致夫奇英。

3. 而法宫高拱，宜切纠虔，大德企懋昭，何弗究心于克治？

4. 是贵有以修身矣。御宇斟元，为臣民所仰望；握符主器，乃宗社所凭依。亲大宝以抚临，孰不谓饬躬宜急者？顾身欲修矣，而简出深居，治惟高夫清净；喜功好大，事不免于纷更。自来黼座有经，世主每规为不合者，何莫非当然之准则，动相违乎？若以道则无虑此，左图右史，法物恒陈，以触目者警心，率循可无越也；遗耇老臣，典型俱在，以因人者成己，矩矱有必遵也。彼琴鸣羑里，匪躬益矢艰贞；铭拜丹书，励志弥钦敬义。其修之不遑启处，皆道之无失服膺耳。公而刻意励行也，纲常名教之端，可勿密为体欤？[①]

这种对偶模式，一般是1、4两段较长，包含的2、3两联较短，既可视其为几个大自然段回环的结构体，其形圆转流美如弹丸，外层包裹着的第1、4形成一个对偶的密闭圆环，而内在第2、3联相互对仗，将这个密闭圆环填充起来，其状如图2-3-1所示。

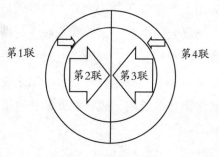

第1联　　　　第4联

第2联　第3联

图2-3-1　镶嵌对示意图

① 顾廷龙.清代硃卷集成：卷六五［M］.台北：成文出版社，1992：18.

又可视为四股语言结构像包饺子一般，前后两段对折为皮，中间两段匀整为馅，形式新奇，此前未有。

这种股对在清光绪癸未科徐贞的《知其说者之于天下也，其如示诸斯乎》、光绪庚辰科于式枚的《柔远人则四方归之，怀诸侯则天下畏之》等八股文中多次出现，并非个例。其作者在求取形式之新奇时大概有一种游戏其间的快乐，而此类八股文深得考官赞赏，也是符合当时的社会政治语境的。但这种镶嵌对乃斯时独创，且因为1、4两段必须遥相呼应，中间包裹2、3两联，无论是整体文意，还是文章节奏都必须达到水乳交融，掌握起来有一定的难度，故而后期并未推广开来。

总体看来，清代八股文中出现的这许多对偶变体，正是清代士子们为求八股文在旧有基础上的突破而做出的在表现方式上的新探索，这种探索更进一步地增加了八股文的艺术因子，使其向着更新颖、更自由的方向迈进。但过度追求自由的结果就使得清末八股文逐步偏离了代圣贤立言的体裁特点，在一部分八股文中，代言几成写意，加之科举取消，八股文遂消失于历史舞台。

小　结

八股文体制之产生，本应追溯其远源和近源。其远源可以上溯至楚简《恒先》及与此相类的政论散文，而其最近之源，则是宋元经义和明代八股文。

清代八股文在体制上有常式和变式之分，以变式居多。常式八股文指那些冒头、八股和大结俱全的文本。而变式八股文的情形则复杂得多，从无股对到二股、三股、四股、五股、六股、七股、十股、十一股、十二股皆有所体现，这种变革并非士人写作中的心血来潮之变，而是文体本身经过漫长的起源期、演化期、生成期、成熟发展期和追求新变期等若干曲折的历程才产生的变革。

除了股对数量的变化，其对偶模式亦多种多样，各种对偶变体如意对、隔段对、排比对、长段对、镶嵌对相继出现于其时文本，极大地提高了清代八股文的文学性和观赏性。

第三章

清代八股文的语体

学界对于语体的研究始自20世纪60年代。迄今为止，关于语体的概念，比较典型的有如下一些界定。王德春认为："由于人类社会生活的复杂性，在不同的社会活动领域内进行交际时，由于不同的交际环境，就形成了系列运用语言材料的特点，这就是言语的功能变体，简称语体。"①胡裕树、宗廷虎认为："语体是适应不同交际功能、不同题旨情境需要而形成的运用语言特点的体系。"②李家耀、李熙宗则认为："语体指的是适应不同交际领域、目的、任务需运用全民语言而形成的语言特点的综合。具体表现为词语、句式、语音手段、辞式、章法和符号、图表等语言和非语言表达手段共同组成的特点系列。"③冯胜利、施春宏认为："语体是人类语言语法中的一个独立体系或层面，在和音系、韵律、词法、句法、语义等不同层面发生界面互动时，可以根据自己体系的语体属性重新赋予语言不同层面以界面的性质，产生出以语体为核心的分支系统——语体语法。"④这些观点虽然各不相同，但其核心意义是：语体与交际功能、语言韵律、修辞运用相联系，语体是具有类型化特点的综合体。

相形之下，丁金国对语体的界定最为明确："语体是人们在长期的语

① 王德春. 语体略论[M]. 福州：福建教育出版社，1987：11.

② 宗廷虎. 宗廷虎修辞论集[M]. 长春：吉林教育出版社，1987：184.

③ 李家耀，李熙宗. 实用语法修辞教程[M]. 上海：复旦大学出版社，1996：162.

④ 冯胜利，施春宏. 汉语语体语法新探[M]. 上海：中西书局，2018：5.

言运用过程中，对语言运用与语境的选择关系类型化的结果。现实生活中交际语境的类型化为语言运用的类型化提供了客观基础。这种类型化不是一时完成的，而是经历了一个由不确定态到范模化的历史沉淀过程，是具体的、个人的话语反复运用所形成的为特定的语言社会单位全体成员共识的约定俗成的语用范式，这种语用范式我们称其为语体。"①丁氏此论，不仅注意到语体和语境的关系，而且关注到了其语用范式的类型化特点，更指出其动态发展过程，较其他静态的界定更为客观和准确。

综上，我们认为，语体是指在特定语境中因既定交际需要而产生的具有类型化特征的文体语言范式。迁延至八股文，这种类型化特征是指八股文中独有的、区别于他类文体的语言特征，它主要包含文本中"四字格"的使用特点、文本语言在节奏韵律方面的美学特征、在八股文文体本质特征影响下的修辞状况等。八股文在语言上的这种选择是作者在规则和活法之间求取平衡的结果，它或者受文体基本特征"对偶对仗"的影响，或者为了消解八股文僵化的倾向而做出形式和情感上的调适，两种都是为了更好地完成士人和考官之间的书面交际有意为之。

第一节　语体视域下的"四字格"考察

关于"四字格"，陆志韦1956年在《汉语的并立四字格》一文中最早提出这一称谓，但他没有对其进行学术上的阐释，只是讨论了"四字格"是否是构词法之一。1963年吕叔湘在《现代汉语单双音节问题初探》中再次提到"四字格"，吕先生依然没有界定其含义，但他将四音节的复合词、熟语和成语以及四字短语都包含进四字格里了，使"四字格"语料范围增大了许多，并初步指出"四字格"可能的来源："最早的诗集《诗经》里的诗以四言为主。启蒙的课本《千字文》《百家姓》《李氏蒙求》《龙文鞭影》等都是四言，亭台楼阁常常有四言的横额。品评诗文或

---

① 丁金国.语体风格问题的思考 [J].烟台大学学报，2000（1）：3.

者人物也多用四个字（或八个字）的评语，流传最广的成语也是四言为多。"①对"四字格"定义最为明确的当属姚殿芳、潘兆明二人，他们在《说"四字格"》一文中，对这一概念做了较为详尽的解析，认为这种结构应该包含"由四个音节组成""概念上和音节上都有其本身的相对独立性""可以独立成句，也可以作句子成分"②这几个义素。

综合以上几种材料可以得出，"四字格"指由四个汉语音节组成的、语法上临时连用或结构固定的一个语言单位，它既有口语体的，又有书面语体的，可以表达相对独立的意义，其内部语素又有若干种结构方式，且往往承担着特定语境的语言交际任务。

清代八股文中"四字格"运用十分频繁，且全部为书面语体形式的语言单位，它在文本中的作用不可小觑，一方面因其外形整饬，可以使文本节奏整齐从而愈显端凝，从而体现出八股文的严整与庄重；另一方面又因其内部的结构丰富多变，使文本显出严肃之中的机趣，又调和了八股文追求形式之美的内部需求。二者相并，使本书不得不将考察视线投入其间。

一、文化观念承续与"四字格"的使用数量

（一）清代八股文"四字格"数量统计

清代八股文中"四字格"非常丰富，仅以乾隆戊辰进士毛绍睿的《好人之所恶　一节》为例统计，该文共699字，其中四字格就有"情违夫性""自贻之戚""不知有性""不知有身""为命为过""为之逆虑""子孙黎民""受其祸者""忠佞易位""患气充盈""旡妄之真""禀于性始""过物而形""有其定数""动而多违""公非公是""匪人之比""习与性成""予智自雄""置之勿恤""专欲难成""往而辄踬""作威作福""性外之人""人外之性""好人所恶""恶人所好""坚僻之念""公溥明通""情伪微暧""党同伐异""好非所好""恶非所恶""睹指知归""陷溺之害""聪明才智""昏椓回遹""府怨市

---

① 吕叔湘. 现代汉语单双音节问题初探[J]. 中国语文, 1963（1）：22.

② 姚殿芳, 潘兆明. 说"四字格"[J]. 新疆大学学报, 1985（4）：86—112.

德""好有余好""恶有余恶""自用自专""睽情度理""类族辩物""好恶所施""离理失实""莫可究诘""事有必至""理有固然""偏颇反侧""缘象定形""缘形定失""轻喜易怒""好恶所成""遁天背情""莫可底止""既乖其方""各从其类""剥床以辨""剥床以肤""跋前踬后""因所终极""溯所从生""好恶之际"[①]等63个，共计252字，占全部篇幅的36%。

为了更进一步深入考察，本书统计了现辑录的513篇《清代硃卷集成》中会试八股文共计448 718字，其中包含"四字格"44 312个，计177 248字，"四字格"占文字总数的39.5%，相较八股文中的其他类型的语言材料，这种比率非常惊人。

（二）八股文缘何多见"四字格"

八股文中大量运用"四字格"的缘由较为复杂，其机要者，盖有如下几点。

首先，中国传统文化观念和文体承续性对这一语用状况影响甚大。先秦诗乐舞合一，其后三者逐步分离，但语言与音感结合的写诗作文传统并未彻底被抛弃，八股文对偶成篇的文体特征，使其语言包含具有规律性的平仄和声韵，而"四字格"这种结构体本身就内蕴音乐之美，二者结合，堪称相得益彰。

其次，从阅读习惯来看，长短参差的语句一般会比较活泼自由，更便于表达外显的情感。而大量运用"四字格"会使文章语言显得庄重典雅——此本是八股文最基本的审美特征之一。究其原因，主要在于这种结构形式外形整齐，节律匀称，直观上容易带给读者以整饬稳固的视觉感受。兹以音乐节奏比附语言之节奏，便可形象感知"四字格"之稳定性。比如，以十六分音符为主的乐曲，因其每一个音符的音长较短，整个曲子就会显得跳跃而急促，可以表达欢快激动的情感；以全音符、二分音符为主的乐曲，由于每个音符音长较长，乐曲速度就较慢，因而可以表达优美舒缓的情感；介于其间的四分音符的乐曲一般不快不慢，可以平衡两种节

---

① 顾廷龙.清代硃卷集成:卷三[M].台北:成文出版社,1992: 211–214.

奏类型的情感基调，使其在听觉上显得更加平和。运用到语言中，这种结构形式就使语言节奏不疾不徐，因而显得端恭整肃，符合儒家之美学观念。

再次，这种语言形式符合汉语文化中"以偶为佳""以四言为正"[①]的审美要求。"以偶为佳"乃古人崇尚对偶的美学观，本质上亦是认识世界的哲学观。古人对客观美的认识，就是对偶成双的："大"对"小"，"长"对"幼"，"高"对"低"，"红"对"白"，等等。反映到文学艺术上，楹联要求上下两联字数、结构相同，平仄相对；诗歌尤其是律诗，必须讲究对仗，四字格亦是这种美学观念的践行者。检视经典文本可知，中国古代典籍中"四字格"出现频率非常高，而古人之所以格外重视四言，是因为"四言"是唯一的字数较少但既能一次四分又能两次偶分的一种形式，最能体现"以偶为佳"的要求。清代八股文对这种审美要求显然是比较认同的，故而文中多用"四字格"。

最后，八股文对他类文体形式的局部吸纳也是其原因之一。这种吸纳表现在两个方面：其一，如前所述，先秦的《诗经》《论语》《孟子》等典籍中四言结构非常丰富，而八股文题目大都出于其中，它在语言风格上更接近先秦典籍，这种现象正是一种语体的继承和发扬。其二，学界已有论说——八股文的对偶骈俪的格式部分化生于骈文。骈文原被称为"四六文"，其文本中所含"四字格"一般数量很大。以王勃的《滕王阁序》为例考察可知，该文凡928字，内含"豫章故郡、洪都新府、星分翼轸、地接衡庐、物华天宝、人杰地灵、雄州雾列、俊采星驰、棨戟遥临、襜帷暂驻、十旬休假、胜友如云、千里逢迎、高朋满座、腾蛟起凤、紫电青霜、家君作宰、路出名区、童子何知、躬逢胜饯、时维九月、序属三秋、飞阁流丹、下临无地、鹤汀凫渚、桂殿兰宫、闾阎扑地、舸舰迷津、云销雨霁、彩彻区明、渔舟唱晚、雁阵惊寒、遥襟甫畅、逸兴遄飞、睢园绿竹、邺水朱华、天高地迥、兴尽悲来、关山难越、萍水相逢、时运不齐、命途多舛、冯唐易老、李广难封、非无圣主、岂乏明时、达人知命、老当益

----

① 杨瑞芳, 鞠岩. 语言·文字·文体研究[M]. 济南: 齐鲁书社, 2018: 184.

壮、穷且益坚、北海虽赊、扶摇可接、东隅已逝、桑榆非晚、孟尝高洁、阮籍猖狂、三尺微命、一介书生、无路请缨、有怀投笔、他日趋庭、叨陪鲤对、今兹捧袂、喜托龙门、杨意不逢、钟期既遇、胜地不常、盛筵难再、兰亭已矣、梓泽丘墟、临别赠言、登高作赋、敢竭鄙怀、恭疏短引、一言均赋、四韵俱成、请洒潘江"①等76个四字格结构，共计304字，占全部文章的33%，可见骈文运用四字格之频率很高。

骈文在魏晋南北朝时期最为兴盛，后因追求形式过甚，其时士人文采风流又难以与王勃相媲，故而体渐式微。明末复社再倡骈文写作，至清骈体中兴，骈文与桐城派古文并驾齐驱，名家辈出，以汪中为其中执牛耳者，其《广陵对》《哀盐船文》皆传诵一时之名篇。八股名家多博学之士，当会欣赏此类骈文巅峰之作，其语言受其济溉，亦可想见。

二、文体特征与"四字格"的对称出现

清代八股文中"四字格"除了数量上占据绝对优势，在大多数文本中，由于对偶相生的文体特征影响，其股对中的"四字格"皆以对称形式出现，即使那些以意对为主的八股文，其中的四字格也依然保持着对称性，这种对称性能够使文章结构更稳定。

清代李光地已注意到对称的节奏对八股文的意义甚大："某少时颇怪守溪（明代王鏊）文无甚拔出者，近乃知其体制朴实，书理纯密，以前人语句多对而不对，参差洒落，虽颇近古，终不如守溪裁对整齐，是制义正法。"②此处裁对整齐，说的即是八股文在对偶对仗上颇见功力。而若论对称工整程度，"四字格"当拔头筹。

例如，乾隆戊辰进士庄采的八股文《好人之所恶 一节》中共有四个"对偶"成分。其起股部分包含上下两句："夫保定而曰孔固，多福而曰诒尔，亦谓皇躬操万化之原，当适如乎所欲与聚、所恶勿施之本。‖中处而合乾坤，民物而宏胞与，亦谓万物联一体之义，总期协乎无有作好、

---

① （清）吴楚材，吴调侯.古文观止：下[M].武汉：崇文书局，2007：113.

② （清）李光地著，陈祖武点校.榕村续语录[M].北京：中华书局，1995：528.

无有作恶之天。"①上句"万化之原"对下句"一体之义"，上句"所欲与聚、所恶勿施"对"无有作好、无有作恶"。中股为两个长对："天下有不言之隐，不与之为迎，而与之为距。但曰吾任吾好，吾任吾恶，惟我在，何必狥于众也。而昏棳者有褒嘉，正直者遭摒斥。试问降衷有恒，而竟如是之乖戾乎？而彼昏不知，且惘惘然不谓其于何而属。‖天下有一定之程，不衷于曲全，而出以颠倒。但曰毋夺吾好，毋夺吾恶，予何乐，唯其莫予违也。而膴仕极于姻娅，一老憖于朝廷。试问几希相近，而竟如是之迳庭乎？而不思其反，且昧昧然不谓其浚尔所生。"②此段以上句"不言之隐"对下句"一定之程"，以"与之为迎、与之为距"与"衷于曲全、出以颠倒"相对举，以"吾任吾好、吾任吾恶"对"毋夺吾好、毋夺吾恶"，以"降衷有恒"对"几希相近"。后股："则毋谓好人之所恶，第拂乎人性之公恶，而于吾身如故也；‖则毋谓恶人之所好，第拂乎人性之公好，而于我身无累也。"③以上句"人之所恶"对下句"人之所好"，以"吾身如故"对"我身无累"等，其对应关系十分明显。束股："理以穷而后变，苟有一二可原，何至不容保其身？惟于人之性不相类，斯与人之党莫能容。未见积怨蓄怒而尚能安处者，于以知祸患之乘，正非同于臆说。‖辱不极则不招，即或成宪乖张，何至不少贷其身？唯绝人之性，离群而立于独；即绝天之命，沦胥而败其基。未见戏豫驰驱而安全无恙者，于以知隐微之地，并不爽于黍铢。"④即便作为意对的束股部分，其四字格依然有两相对应的成分，如上句"一二可原"对下句"成宪乖张"，以"积怨蓄怒"对"戏豫驰驱"，以"祸患之乘"对"隐微之地"等。纵观清代八股文，其中四字格对举出现的情况非常普遍。

　　"四字格"本身结构工整，士人在写作时又很注意它在上下联中的相互照应，这是"四字格"受八股文文体特征影响的结果，同时它也使八股文对偶成文的特征更加鲜明。

①　顾廷龙. 清代硃卷集成：卷三［M］. 台北：成文出版社，1992：225.
②　顾廷龙. 清代硃卷集成：卷三［M］. 台北：成文出版社，1992：226.
③　顾廷龙. 清代硃卷集成：卷三［M］. 台北：成文出版社，1992：227.
④　顾廷龙. 清代硃卷集成：卷三［M］. 台北：成文出版社，1992：228.

三、平衡需要与"四字格"结构类型多样化

"四字格"的这些结构特点使其文本更加整饬典雅，但若所有"四字格"皆为一种构词模式，因其占比极大，文本必会僵化呆板，盖为扬长避短，清代八股文中"四字格"的构词形式又显示出多样化的特点，以此避免同体结构模式不断重复所造成的弊病，使其在庄重中透露出灵动之美。我们可以根据其语法结构将其分为若干种结构类型。

（一）语法结构为"2+2"式

动静作息	经纶参赞	知至行尽	称物平施	类情通欲	荡检逾闲
履厚席丰	践履笃实	区画周详	庠序学校	泮宫芹藻	惇典庸礼
不忠不孝	食贫居贱	大道无穷	一言直示	不留余憾	畏威怀德
舍己从人	清浊纯杂	吉凶悔吝	宏议动众	败厥行谊	计功谋利
礼乐刑政	泽宫茂草	孝友睦姻	贪生恶死	盱衡往古	众寡小大
衣冠瞻视	禄位名寿	元德升闻	天下群仰	息虑凝神	万感杂投
震动恪恭	无偏无颇	东渐西被	得意忘言	纤悉曲折	机缄缜密
尧典虞书	耕雨锄云	循序考运	不明不行	恍惚诞妄	高远未经
维仕维止					

这种结构形式在清代八股文中数量最多，无论其语法关系为并列（泮宫芹藻、食贫居贱、贪生恶死等）、主谓（区画周详、大道无穷、天下群仰等）还是动宾（不留余憾、败厥行谊、震动恪恭等），其成分皆可划分为前后两段，每一段有两个字节，且其意义联系更紧密。其语音节奏形式可以标识为"2+2"式。

（二）语法结构为"2+1+1"式

1. 名词性"2+1+1"四字格

父母之力	性命之本	旦夕之思	本然之量	正始之文	天命之原
行习之地	成周之际	秉彝之良	不踰之矩	弼教之泽	斋慄之念
明允之宏	不拔之操	修道之要	不至之情	外著之端	佹谀之流
为善之路	粹精之域	贞元之会	执一之见	严恪之貌	遵道之迹

2.动词性"2+1+1"四字格

执要以图　斯道之传　恃原以往　闻言则拜　天下之睹

发之于暂　意念或偏　霜露所坠　霜露之润　大道之传

3.形容词性"2+1+1"四字格

察识之精　真积之久　圣德之大　圣心之公　涵养之薄　禄位之盛

行健之精

这种四字格结构形式在清代八股文中亦较多，其内部语法结构有名词性、动词性、形容词性三类，其中以名词为中心语的词语占大多数，且其前两个字节通常是一个双音节词，后两个字节不成词，其语法结构为"2+1+1"，但在朗读过程中人们习惯的音顿节奏形式是"2+2"。

（三）语法结构为"1+3"式

必永其思　必有所照　善与人同　无所依据　体无不具　用无不周

彼有滞穗　忠人之事　食人之食　有所不辞　有所不避　知其可据

积其忧勤　求顺乎亲　观上之德　敬以惇典　不忧其独　以震人情

以殷仲春　以迎东郊　奉其教令　无堕其辙　神不可测　俯察于地

这种四字格在清代八股文中也很普遍，从语法结构上看，后三个字节往往关系更紧密，是一个完整的结构体，第一字节再修饰或者限制后一结构体，其语法结构形式是"1+3"，后三字节与前一字节的语法结构有动宾（有所不辞、忠人之事、求顺乎亲、观上之德等）、状中（必永其思、必有所照、无堕其辙、俯察于地等）、中补（敬以惇典等），但人们在朗读习惯上亦将其中大部分读作"2+2"的音顿模式。以上例词中除了"求顺乎亲""观上之德"因其后三字的意义联系实在太紧密，若以2+2模式朗读恐有不妥之外，余皆可依2+2变读。

（四）语法结构为"1+1+2"式

呼而告之　听诸冥漠　威而莫测　纷而多隘　学之未至

人之瘰疬　同其广运　守之既定　识之克精　渺若山河

此种语法结构的四字格在清代八股文中比较少，一般是后两个字节为一个结构体，前两个字节通常各自单独成词。

（五）语法结构为"1+1+1+1"式

肃义哲谋　孝弟友恭　日月星辰　山川土宇

日月霜露　匏竹金丝　嵩华恒岱　辇毂旌旗

这种四字格在清代八股文中最少，是四个字节皆可单独成词，其语法结构形式为"1+1+1+1"，组合起来往往表示一个类型的概念，其意义范围往往大于字面意义的综合。如"匏竹金丝"一词，匏指以葫芦所制乐器，如笙、竽等；竹，指竹制乐器，如筚篥、箎等；金，指用金属所制乐器，如编钟等；丝，指弦乐器，如琴、瑟、琵琶等，文章用这四个字节组合起来构成的新词指代所有的乐器，甚至指代所有的音乐。朗读时人们亦习惯将前后两个字节连在一起，读作2+2节奏类型，以求节奏之协调和优美。

（六）语法结构为"3+1"式

转念者伪、初念者诚、习坎者亨等，这种结构的四字格比较少，且人们可以将其读作与语法节奏同步的"3+1"音顿节奏。

从以上六类"四字格"可以得知，除了第六类"3+1"式的结构，人们往往会将四字格的语词分解成"2+2"的音顿节奏模式，以符合双音节化的音律发展趋向，从而使音节的听感更加整齐、匀称、稳妥、舒适。而大量"四字格"语料的出现，有效改善了八股文带给读者的滞涩佶屈的印象，充满了灵动跳荡的声情之美，音声之美大大激发了读者的情感愉悦，实践证明这是一种行之有效的声音修辞行为。

综合以上各例可见，清代八股文中四字格的语法结构类型可以使其表现出既严肃端穆又灵动多变的美学效果，这是作者既想摆脱八股文的语体束缚又不得不遵从八股文体制规则的矛盾表现。但它客观上很好地调和了八股文禁锢过甚的缺陷，使其庄重而不滞涩，灵动但不轻浮，相较而言更耐读，更容易激发考官的同理心，从而更好地完成考生与考官的书面交际过程。

第二节　语体视域下清代八股文"声律美"探析

　　迄今为止，虽然学界对八股文客观审视已久，但普通读者仍然对它诟病不止，溯其因果，一是普通读者并未实际接触八股文，对其美学风范缺乏应有的认识和考量；二是中国文学史长久以来的忽略和中国小说经典如《聊斋志异》《儒林外史》《红楼梦》等对这种文体的口诛笔伐，使人们先天对其有成见，这种已定之见要得到扭转并不容易。而事实上，八股文发展到清代，尤其其中后期，其文本除了具有一定程度的文学性，更是具有非常强大的音声之美，这种音声之美既是为特定的书面交际需要而产生的，也是进士的音韵学素养和长期的八股文写作训练结合之后，在写作过程中有意无意显露出的修辞行为，它表现为文本中声音的高低起伏和节奏的疾徐调谐。

　　音乐之美与此相类，它主要通过规律性高低起伏的乐音和快慢不同的节奏表现出来。从音调的高低视之，不同的音列组合传达的情感色彩和带给人的听觉感受是不一样的。大调一般明朗开阔，小调一般柔和暗淡。比如，一首乐曲1=C，则每小节的音符大都会围绕135三个主音创作，这种围绕某几个音符重复出现的旋律结构会比较和谐，令人闻之愉悦。而若是音序混乱，人们听到的就是噪声，会使人感到压抑。从音乐的节奏勘探，一组声音快慢相间堆叠出现，也能给予人类美的享受。如原始社会人们没有成型的乐器，但他们能够"击石拊石，百兽率舞"[1]，此处"击石拊石"是"人们为图腾舞表演所提供的音乐舞伴奏"[2]。与此相比附，语言的"声律美"，主要是针对其节奏与韵律而言。一些有规律的重复出现的停顿和声韵组合，能够使读者和听众感受到情感上的莫名愉悦、愤慨、悲伤等体验，甚至从愤慨、悲伤的情感中达到宣泄自身情绪的目的，这就是音

① 　郭绍虞. 中国历代文论选：一卷本 [M]. 上海：上海古籍出版社, 1979: 2.
② 　李建中. 中国古代文论诗性特征研究 [M]. 武汉：武汉大学出版社, 2007: 25.

律美之本质。

周作人说这种文体"是中国文学的结晶，实在是没有一丝一毫的虚假。中国国民酷好音乐，八股文里含有重量的音乐分子"[①]。八股文作为阐释经典的文本，若仅阐理，难免枯寂，所以更注重声韵之美以愉悦身心，从而使其更加引人注目。时至清代，那些优秀的篇章中，许多语句已然类于白话，但文中又多对偶成分，其音韵洽协怡然，节奏繁复多变，声调和谐如织，语言天真朗润，深具抑扬顿挫的美感，多种艺术元素交相辉映，恰似音乐之交响曲，尤会使阅者、闻者感知到其声情之美。

盖因如此，清代有吟诵制义之习，《制艺丛话》尝载时人诵读八股文情状：

阮云台师最笑近人之读时文者，谓之"唱文"。而福州人尤喜拍案豪吟，几有击碎唾壶之概。……高声大叫，旁若无人，每遇觞正中有罚歌唱者，辄以此代之。[②]

正因其抑扬有致，故而人们"喜拍案豪吟"，若八股文味同嚼蜡，不堪卒读，这些驰名天下的文章圣手怎至于"击碎唾壶"？尤为盛者，唱念八股文成为当时落魄士人的谋生手段：

某生设帐申江，有乞丐年约三十余，至则朗吟八股，声调俱佳。生以其将一篇文博一文钱，殊为可怜可叹，爰诘其姓氏。答曰："客地囊空，中年落魄，我心实耻，君奚问为？如有旧履，乞赐一双，则所感多矣。"生奇其语，苦无旧履，因走笔赋成二绝，以青蚨数十与之。诗云：憔悴青衫泪欲涟，文人落魄最堪怜。未曾学得吹箫技，朗诵名家八股篇。[③]

以此为据，足见八股文在节奏韵律方面必是有所征求的，亦值得深入探析。撮其要者，可厘为三："四字格"的声律美、破题的声律美、股对的声律美。[④]

---

① 周作人. 论八股文[M]. 西安：陕西人民出版社，1991：253.

② （清）梁章钜著，陈居渊校点. 制义丛话[M]. 上海：上海书店出版社，2001：371.

③ （清）程麟. 笔记小说大观·此中人语：卷二[M]. 扬州：江苏广陵古籍刻印社，1984：213.

④ 本书凡涉声母皆以《中原音韵》为准，《中原音韵》不列者，以《分韵撮要》为参考；韵部皆以《平水韵》为准。声母和韵部皆以下标形式列出。

一、清代八股文"四字格"的声律美

从音律上看，"四字格"大多能平仄相间，体现出汉语声调特有的抑扬顿挫，其效果恰似音乐的音符按照一定的音值高低组合和重复，使人体之如逢春水。

（一）"四字格"的平仄

这种体验归功于其平仄互补相契。平仄本是用以表达诗词格律的一个术语，古人将四声分为平、仄两类，平即平声，仄即上去入三声。清人唐彪在《读书作文谱》中说："平仄乃天然之音节，苟一违之，虽至美之词亦不佳矣。作文者苟知其理，凡句调有不顺适者，将上下相连数句，或颠倒其文，或增损其字以调其平仄。平仄一调，而句调无不工矣。"①语言中的平仄变化其实就是汉语声调的变化，用五度标调法可以比较直观地标识其调值高低。兹以部分清代八股文为考察对象，将其中四字格的平仄律分为以下一些类型。

1. 平仄相对型

这种类型的四字格可均分为二，前一部分平仄相同，后一部分平仄相反，又有平平仄仄和仄仄平平两种。例如：

平平仄仄：行年向暮，追维往事，悲其已晚，凄凉就道，天资卓荦，瞻言故里，钩深致远，安常处顺，深其学问，灵机日辟

仄仄平平：屈指生平，大耋之嗟，末路之荣，琐尾流离，敬梓之情，变动无方，宰制之原，宥密之神，太极之精，域外之观，半属庸人，抑塞之途，历验遭逢，困石据蔾，万境皆莹，致福之由，若牖其衷，用晦而明，未展之才，补救弥缝，琐尾流离，小慧相矜

2. 平仄往复型

此种类型的四字格通常平仄相间，如同波浪起伏，又有平仄平仄、仄平仄平两类。例如：

平仄平仄：蝉蜕污秽，千古之思，冲默无朕，天地之道，崇效卑法，

---

① （清）唐彪. 读书作文谱［M］. 台北：伟文图书出版有限公司，1976：75.

沉几观变

仄平仄平：肆其诋诃，穷而益工，故都可怀，一言甚微，确然示人，视为畏途，砥行立名

3. 平仄回环型

此种四字格首尾之平仄相同，又有平仄仄平、仄平平仄两类。例如：

平仄仄平：怀利事君，庸碌自安

仄平平仄：执经之侣，未遑相副，阔疏之致，病而求息，不宣之秘，化醇之妙，气机之表，必归奇士，旷观今古，惬心之处，若开其悟，运当其蹇，未膺之遇

4. 变式平仄型

这类四字格中的平仄状况比较复杂，又包含如下以下小类。例如：

平平平仄：桓庄之偪，斯文将丧，株林之驾，披怀遥寄，高而不隘，江湖寥落，珍兹瑰异，无心之化，精微之宰，圜中之奥，忧虞艰阻，亨嘉之会，英奇之彦，珍为奇遇，销磨豪杰

仄仄仄平：既耄不衰，爱古薄今，局量所涵，思以裁之，实者有形，妙契所涵，执极不迁，履厚席丰，变态迭撄

平仄平平：唇齿之逼，时固宜然，希宠梯荣，凡近无奇，风雨蓬庐，虚者无形，成像成形，无尽之藏，扬厉铺张，无声无臭，轻率之情，时值其屯

仄平仄仄：倍难自弃，罼然远志，降心可就，辙环既遍，矫然杰出，覆无不发，一言所阐，导源以往，老成历炼，几先洞澈，委心任运

平平仄平：隤然示人，生之不辰，斋咨涕洟，良非偶然

仄仄平仄：抑郁谁语，败节之地，一世之略，载道之选，梦想良殷，变者无定，一念不肆

仄平平平：逆鳞之批，大而非夸，广而无拘，斐然成章，契其遥深

平仄仄仄：心思所注，常者有定，天欲玉汝

5. 特殊平仄型

这一类型的平仄或者四字全为平声，如提要钩元、回天之思、忧能伤人等；或者四字全为仄声，如贩竖结主、菲薄自待、委靡弗振、抒其抱

负、抚衷犹歉、结念弥深、仰观俯察、下济上行、共见共闻、饮食晏乐等。

以上基本代表了清代八股文"四字格"的平仄变化情况，这十多种平仄变化的类型说明了清代八股文"四字格"结构大体上是按照平仄律的抑扬变化来安排其文字的。而在上下文语境中，这种平仄交替的现象又基本符合中国古代诗歌平仄相对的规律，使其高下互节、音韵谐洽，能够带给人观感的舒适和情感的愉悦。

（二）"四字格"的韵律

此外，八股文之文体特征还影响四字格的格律情况，主要表现在其声母、韵母有意识地呼应、重叠等方面。

1. 双声呼应

严格意义上的双声是指两个相邻音节的声母完全相同，但因为八股文中的"四字格"各字节之间的距离并不远，无论哪个位置的音节，只要其声母相同或相近，都可以造成声音上此呼彼应的修饰效果，因而本书分析清代八股文时，将这种情况认同为广义上的双声。清代八股文中的双声情况比较复杂，主要有如下一些情形：

前两字节双声的，如"辗转不遑""殷忧如结""善俗有见""馨香之感""共睹共闻""维渊维默""前驱有人""若命若过""股肱惟人"等；后两字节双声的，如"风雨之至""几务之赜""往而辄踬""大顺之徵"等；中间两字节双声的，如"君子之性""以心相保""功叙修和""情伪微暧""俯仰遥瞩""垤泽之门"等；奇字节双声的，如"能中之枢""永朝永夕""无二无三""独知独觉""钟鼓之传""至诚之动""动而多违""公非公是""作福作威""谋菁谋蔡""周室之辅""震叠之权"等；偶字节双声的，如"君子同之""饮之食之""此疆彼界""不言之隐"等；三个音节声母相同的，如"赤子之保""神游盛世"等；首尾字节双声的，如"慈出于诚""欲壑难盈"等。

相较叠韵的情况，双声之"四字格"比叠韵的四字格少一些。汉语的声母一般来说发音比较短促，虽然双声有延长声母的效果，但依然没有韵母相叠加形成的韵律之美来得强烈。

2. 叠韵回环

汉语韵腹是全音节最响亮的部分，也是需要重读和强调的部分，只有叠韵适当，才可使整个文章声调流美。与双声的情况相类，我们把八股文中韵腹相同、相近的音节都视为押韵的字节。以此为基，清代八股文"四字格"叠韵亦有如下一些形式：

有前两字叠韵的，如"渊然而静""敦艮不拔""有求必诚""约略浅尝""元善之仁""鼓舞之用""郊劳赠贿"等；

有后两字叠韵的，如"隔于群伦""恩勤易替""所求自契""厚其鼓铸""精华暗淡"等；有中间两字叠韵的，如"英华发外""舍己之心""会诸无言""陷溺之害""轻喜易怒""百世之鉴"等；有奇字节叠韵的，如"立教之本""书言如保""立命之原""器数之问""史蘧之辈""日暮之悲"等；有偶字节叠韵的，如"委曲自出""不平之鸣""意量之广""存之为倪""类族辩物""戏豫驰驱"等；有首尾字节叠韵的，如"分培其根""蕴含靡尽""必本乎慈""孤踪决去"等；有三个音节叠韵的，如"仁之根深""秩叙之礼""心无不入""相见以天""孝弟慈理""叔季之习""持其异趣""吾不具论""同兹雍容""猥鄙之地"等。

3. 双声叠韵

有的"四字格"里同时出现双声和叠韵的情况，我们称之为"双声叠韵四字格"。这种"四字格"对韵律的要求要比其他类型"四字格"高得多，因而数量特少，但它依然由两种类型，一种是双声叠韵在不同音节或音步内，如"真积之久""莫可究诘""事亦多端""几希相近""不备之理""一庸其衷""忧疑之境""遇主有缘"等；另一种类型是双声叠韵在相同音节或音步内，这种结构形式对音律的要求较高，故而更是十分罕见，如"离理失实"（离为四支韵，平声；理为四纸韵，上声；失、实皆为四质韵，入声）、"导之之资"（之和资声母相同，且韵母皆为四支韵，平声）等。

这种叠韵一方面丰富了八股文的语音系统，另一方面却有负面影响，有时难免因特意安排语音的谐和而影响了文意，故而并不被主流意识所倡，因之数量不多。

4. 重言复沓

清代八股文中多见两个相同音节叠用的"四字格"结构，如"严严之尊""巍巍之上""翼翼之中""明明之用""来而栩栩""有来雝雝""至止肃肃""有客肃肃""旆之淠淠""若网若纲"等。也有前后两音步分别重复使用，如謇謇谔谔、泛泛悠悠等。从声律之美的角度看，这种结构可以造成庄严肃穆、古气斑斓、重章复沓的美学效果。

二、清代八股文破题的声律美

除了在结构齐整的"四字格"中体现声情之美，清代八股文之破题亦深具音声之丽。而这种整饬典丽之美学特色的产生，离不开作者对句中韵、头韵和谐韵尾的着意安排。

（一）句中韵：特殊的叠韵

本书之所以指论破题之音乐美，首先是因为清代八股文破题句中大量使用了句中韵。所谓句中韵，指一个句子中有几个音节的韵腹和韵尾相同或相近，它能使整个句子音韵浑然相连，整体感得以增强，如以下几例：

1. 圣(敬去)人(真平)以(纸上)全(先平)才(灰平)望(漾去)天(先平)下(马上)，而(支平)历(锡入)举(语上)其(支平)人(真平)以(纸上)实(质入)人(真平)之(支平)焉(先平)。①

2. 礼(荠上)缘(先平)义(寘去)而(支平)后(有上)行(庚平)，是(纸上)在(贿上)乎(虞平)能(蒸平)明(庚平)者(马上)焉(先平)。②

3. 惟(支平)有(有上)疑(支平)于(虞平)性(敬去)善(铣去)者(马上)，若(药入)未(未去)敢(敢上)以(纸上)众(众去)说(屑去)为(支平)非(微平)焉(先平)。③

4. 新(真平)无(虞平)间(删平)于(虞平)初(鱼平)终(东平)，有(有上)与(语上)日(质入)而(支平)俱(于平)永(梗上)者(马上)矣(纸上)。④

5. 详(阳平)卫(霁去)君(文平)之(支平)用(宋去)才(灰平)，人(真平)与(语上)事(寘去)各(药入)得(职入)其(支平)宜(支平)

---

① 顾廷龙. 清代硃卷集成：卷三[M]. 台北：成文出版社，1992：341.

② 顾廷龙. 清代硃卷集成：卷三[M]. 台北：成文出版社，1992：347.

③ 顾廷龙. 清代硃卷集成：卷三[M]. 台北：成文出版社，1992：351.

④ 顾廷龙. 清代硃卷集成：卷三[M]. 台北：成文出版社，1992：365.

焉_{先平}。①

第1例句中，共出现先韵平声3个（全、天、焉）、支韵平声3个（而、其、之）、真韵平声2个（人、人）、纸韵上声2个（以、以），加上邻韵通押（支、纸），整个句子共17个音节，一半多是押韵的字节。

第2例句中，出现先韵平声2个（缘、焉）、庚韵平声2个（行、明），支韵平声（疑）和荠韵上声（礼）、真韵去声（义）、纸韵上声（是）等邻韵通押，全句13个音节，共8个字节是押韵的。

第3例句中，共有支韵平声3个（惟、疑、为），支平、微平（非）、纸上（以）邻韵通押，也是韵律整齐和谐的句子。

第4例句中，有虞韵平声2个（无、于），它又与鱼韵平声（初）、于韵平声（俱）通押，真平（新）、支平（而）、纸上（矣）通押，共14个字节，也多为韵腹韵尾相同的音节。

第5例句中，有支韵平声3个（之、其、宜），霁去（卫）、支平（之其宜）、真去（是）邻韵通押，共14个字节，亦有大部分韵腹韵尾相同相近。

各字节韵腹相同，首尾相系，相当于变相使用叠韵，且韵脚之间平仄协和，读起来低昂互节，抑扬呼应，就像一首短而优美的小乐曲。

（二）头韵：特殊的双声

其次，在于破题中使用了"头韵"。所谓"头韵"，指句子中字节的声母大多具有相同或者相近的发音部位，按照王力先生的理论，类似于特殊的双声，这也能使破题部分音节的声母读起来前后连贯交融，具有内在的整饬之美。例如：

1. 即_精气_溪以_影为_影问_微，言_日之_照者_照先_心叹_透其_溪难_泥焉_影。②

2. 所_审藏_清为_影听_透令_来之_照本_帮，不_帮恕_审之_照身_审可_溪惕_透矣_影。③

3. 圣_审人_日以_影言_日昭_穿贤_晓者_照，不_帮欲_影人_日之_照虚_晓所_审问_微也_影。④

---

① 顾廷龙.清代硃卷集成：卷三[M].台北：成文出版社，1992：369.

② 顾廷龙.清代硃卷集成：卷三[M].台北：成文出版社，1992：385.

③ 顾廷龙.清代硃卷集成：卷三[M].台北：成文出版社，1992：389.

④ 顾廷龙.清代硃卷集成：卷三[M].台北：成文出版社，1992：369.

4.民$_{明}$有$_{影}$待$_{端}$而$_{日}$兴$_{晓}$，非$_{非}$大$_{端}$贤$_{晓}$之$_{照}$所$_{审}$望$_{微}$也$_{影}$。①

5.即$_{精}$身$_{审}$以$_{影}$验$_{影}$所$_{审}$藏$_{清}$，而$_{日}$不$_{帮}$恕$_{审}$者$_{照}$危$_{影}$矣$_{影}$。②

第1句13字节中，溪母、影母、照母、日母各有2，精、心、照母为齿音，透、泥为舌音，溪为牙音，微为唇齿音，日为半齿音，其发音部位相同或相近，照、精、影母发音方法相同，皆为全清不送气、不带音、塞音或塞擦音。溪、透皆归属于次清、送气、不带音、塞音或塞擦音，客观上构成声母的相同或相近复沓。

第2句14字节中，审母有3，影母有2，透母亦有2，这本已经构成声母的重复出现，且溪母、透母和清母发音部位接近，发音方法皆为次清、送气、不带音、塞音或塞擦音，再次构成广义上的声母重复。

第3句15字节中，日母有3，审母、照母、晓母、影母各有2，声母在一个句子不同部位重复出现，且穿、照、审母皆为正齿音、舌面前音，其发音部位完全相同，亦构成另一种意义上的双声。

第4句11字节中，晓母、端母、影母各有2，构成双声，且影母和晓母皆属喉音，明、日、微母发音方法相同，皆为次浊、带音、鼻音、边音和半元音，这些共有的声母发音元素，从声音上将整个破题句式牢牢黏合在一起。

第5句11字节中，影母有4，审母有3，已经构成双声，且照、精、影、帮母发音方法相同，精、清、照、审母发音部位相同，皆为齿音。

从以上破题句可以窥知，清代八股文的破题句内部字节声母构成多重意义上的双声复沓，因为这些声母发音部位或发音方法相同、相近，故而连续发音时更具整齐划一的声线美感，这充分说明他们写作时非常注重声音的整体性。

（三）谐韵尾：首尾的呼应

此外，清代八股文在破题过程中的整饬美还表现在"谐韵尾"的使用上。吴安其说："汉语声调的发生应与韵尾有关。"③故而可以说，韵尾

---

①　顾廷龙. 清代硃卷集成: 卷三[M]. 台北: 成文出版社, 1992: 393.

②　顾廷龙. 清代硃卷集成: 卷三[M]. 台北: 成文出版社, 1992: 407.

③　吴安其. 上古汉语的韵尾和声调的起源[J]. 民族语文, 2001(2): 6.

的音声调配十分重要。汉语音节可以按照韵尾的不同，分为阴声韵、阳声韵和入声韵。其中，无韵尾或韵尾为元音的韵叫阴声韵，韵尾为鼻音m、n、ng的韵叫阳声韵，韵尾为塞音p、t、k的韵叫入声韵。入声韵与阳声韵相承，阳声收m尾，入声则为p尾；阳声收n尾，入声则为t；阳声收ng尾，入声则为k尾，对应得非常规律。清代八股文在破题句中就十分注意韵尾部分的呼应和协调。如以下几例：

1. 以畏人者畏天，敬之学全矣。①

2. 人与言交畏，犹是畏天命之心焉。②

3. 谓誉可幸致也，难为不骄之君子，信矣。③

4. 功迈二帝，贤者论圣，有特识焉。④

5. 立言行交际之准，谨始也。⑤

第1例中，句首的"以"和句尾的"矣"皆为阴声韵，第一分句句尾的"天"为阳声韵，与句首阴声韵相对；第二分句句首的"敬"为阳声韵，与句尾的"矣"相对。

第2例中，处于句首的"人"为阳声韵，处于句尾的"焉"亦为阳声韵。第一分句末尾的"畏"为阴声韵，与句首阳声韵相对；第二分句句首的"犹"为阴声韵，与句末的阳声韵相对。

第3例中，处于句首的"谓"为阴声韵，其句末的"矣"即相呼应，同为阴声韵。

第4例中，句首的"功"和句末的"焉"皆为阴声韵。

第5例中，句首的"立"和句末的"也"皆为阴声韵，且第一分句末尾之"准"为阳声韵，第二分句首字之"谨"亦为阳声韵。

清代八股文中此类韵尾相呼应的现象不胜枚举，以此可知，士子写作八股文时不但会注意句中之双声叠韵，还十分注意其句末韵律的相互联

---

① 顾廷龙.清代硃卷集成：卷三十[M].台北：成文出版社，1992：283.

② 顾廷龙.清代硃卷集成：卷三十[M].台北：成文出版社，1992：353.

③ 顾廷龙.清代硃卷集成：卷三一[M].台北：成文出版社，1992：357.

④ 顾廷龙.清代硃卷集成：卷三一[M].台北：成文出版社，1992：361.

⑤ 顾廷龙.清代硃卷集成：卷三二[M].台北：成文出版社，1992：111.

系。这使得其破题句虽为散句、短句，但其声韵浑然一体，使人读之欣悦，不得不说，从散句单行中的整饬美反映出了士子有意识修炼语音的匠心。

三、清代八股文股对的声律美

除了四字格和破题的节奏韵律，清代八股文的韵律考察，还必须关注其股对的节奏分布情况和平仄对应情况。

检索已辑录文献可知，清代八股文即使在容量偏大的语言单位——股对的写作过程中，也十分注意其中出句和对句字、词和短语所含字节数量保持对称相生（意对的差异暂且忽略），使其具有对称美；并特别注意声音的抑扬顿挫，使我们能够在朗读过程中感受到文本内在的抑扬美；与此同时，他们也会有意在对偶句中重复运用一些短语、句子，造成声音上重章复沓的回环美。

（一）字步节奏的对称美

解玉峰在《中国韵文之结构与演进》一文中提出了"字步"这一概念，他认为律诗中的每两个字可以组成一个字步，最后一字独立成步。在论及关汉卿【南吕·一枝花】《不伏老》套曲时，进一步提出了"三字步"，如"蒸不烂""煮不熟""炒不爆""响当当"等，他说：元曲一方面是继承"律诗""律词"的"律句"（也由"二字步"构成），另一方面则是尝试"三字步"。①解玉峰还以韵文发展史为基础，推论出中国韵文是由字—步—句—联—篇的顺序逐步成形的，这是中国古代对汉字有意识排列组合的结果。基于此理论，结合清代八股文之文本实况，本书提出了"意义字步"的概念。

所谓"意义字步"即在类似韵文的语言单位品读中，将意义联系较紧密的两个或两个以上音节列为一个字步，如此即可根据汉字数量的多寡将八股文中的字步分为双音节字步、三音节字步、四音节字步（即"四字格"）和五音节字步等。

---

① 解玉峰. 中国韵文之结构与演进［J］. 扬州大学学报，2020（3）：108.

　　清代八股文股对内部的字步往往是对称分布，就连意义相对的意对也往往大范围合乎其字步对称的节奏特点，只在个别拗救部分有出句和对句字步不一致的情况，这种整体对称、局部参差的结构模式极大地增强了清代八股文严谨而不乏机巧的节奏美。

　　兹以雍正元年进士于汧八股文《若禹皋陶，则见而知之》为例进行分析。这篇八股文结构体系非常细密，故读来有流水行云之趣，音韵和谐工整，引人入胜。为使读者更明晰地看到其字步结构之对称性，本篇采用表格（表3-2-1）形式呈现其字步数量和组合模式。

表3-2-1　于汧八股文字步模式举隅

股对名称	若禹皋陶，则见而知之（《孟子·尽心下》）（截上下题）各部分内容	分句所含字步数量	分句每字步所含音节数量
起股	尧舜//即欲//以危微之绪//，遥寄之//大德懋昭//之圣//，而//寥寥//数百年间//，前人//既往//，后人//未来//，仅存//什一//于千百//，亦//虑其//旷渺//而难亚//。	3+3+3+2+2+3+4；	225+342+124+22+22+223+1223；
	汤//即欲//以建中之学//，上承乎//钦明浚哲//之传//，而//遥遥//数百余载//，前//不能待//，后//不能承//，仅寻//坠绪//于茫茫//，更//忧其//殷遥//而莫稽//。	3+3+3+2+2+3+4；	125+342+124+13+13+223+1223
中股	今夫//见知之人//，固//前古后今//之所亟相需也//，而//在尧、舜之时//，所任//非轻//；	2+3+2+2；	24+146+15+22；
	见知//之人//，又//守先待后//之所不可少也//，而//在尧、舜之时//，所关//独大//。	2+3+2+2；	22+146+15+22；
	盖//尧、舜之道//，千古递传//之道也//，而//尧、舜//独开于前//，天//固不欲//以二帝之孤立//坠其统宗//，而//必//笃生圣人//，使之//蔚起于一堂//。	2+2+3+4+3+2；	14+43+124+1364+114+25；
	抑//尧、舜之道//，又//历圣相接//之道也//，而//尧、舜//特为//肇其绪//，天//更不欲//以二帝之心源//湮没不传//，而//尤特//生两圣//，相与比肩//而共事//。	2+3+4+4+3+2；	14+143+1223+1364+123+43；
	拜手//而陈谟者//，则//有若禹焉//；	2+2；	24+14；
	赓歌//而飏言者//，则//有若皋陶焉//。	2+2	24+15

股对名称	若禹皋陶，则见而知之（《孟子·尽心下》）（截上下题）各部分内容	分句所含字步数量	分句每字步所含音节数量
后股	无论//人心道心之旨//，固//共接于//二帝授受之日也//。即//都俞吁咈//，而//允恭克让//之心//，温恭允塞//之美//，禹与皋陶//无不//亲承其光辉//。盖//在廷诸臣//所//交让//而不遑者//，赖//有//禹、皋之见//，而//尧、舜之道//始可//相沿于不衰也//。则//禹、皋//之所任者//，固//如此之重也//。 　　无论//惟精惟一之蕴//，固//躬承于//同堂告语之际也//。即//拜稽交赞//，而//神圣文武//扬其盛//，知人安民//广其谟//，禹与皋//亦//无不//共尽其对扬//。故//夔龙诸人//所//不能//一一尽识者//，自//有禹、皋之见//，而//尧、舜之道//始可//相传于不朽也//。则//禹皋//之所系者//，更//若是之大也//。	2+3； 2+3+2+3； 5+3+4； 3+2； 2+3； 2+3+2+4； 5+3+4； 3+2	26+137； 14+142+42+425； 14124+114+1426； 124+15； 26+137； 14+143+43+31； 2514125+114+1； 426124+15
束股	然后//知//尧、舜//固不可//无禹皋也//，尧、舜//无禹、皋//，则//尧、舜之道//，何以//远传于//五百年之后//； 　　而//又知//汤//愈不可//无禹、皋也//，汤//无禹、皋//，则//尧、舜之道//，何以//上承//五百年之前//。	5+2+2+3； 5+2+2+3	21234+23+14+235； 12134+13+14+225

　　从表3-2-1可知，八股文大部分股对中所含单句之字步数量和结构是对称的，比如起股上下联各包含7个分句，上联第一分句包含3个意义独立的字步，第二分句包含3个意义相对独立的字步，对比上下联，七个分句所含的字步数量几乎完全一致，且对仗部分字步所含字节数量亦基本一致。而在整体对称的股对情态下，亦有部分股对的字步结构不完全一致的情况，造成这种不一致的原因，是因为虚词"又""更"的运用，或者人名地名的字节数有差异。比如"然后//知//尧舜//固不可//无禹皋也//"与"而//又知//汤//愈不可//无禹皋也//"两句，其字步差异很小，仅仅在于上句用了虚词"然后"，而下句对应的是"而"；上句用"知"，而下句用"又知"；上句用"尧舜"，而下句用"汤"。

这些细微的差异并非八股文节奏上的缺陷，而是作者的有意识安排和写作激情喷发时未免"以古文为时文"，写作中嵌入了古代散文的节奏方法。但无论是有意组织还是无意呈现，这种节奏方式在整体的同一中出现了局部的拗变，却事实上避免了节奏过于单调，反使得八股文有一种错落有致的美感，这正是对称之中的零落，也即骈中寓散，其实别具一格。

（二）平仄相对的抑扬美

字步对称和平仄相对相粘是密不可分的一体，只有二者结合，才能表现出完美的艺术效果。杨古楼说唐顺之《禹稷躬稼而有天下》一文乃"古文气脉，时文声调，读之铿然，令人快意"①。对这一评价，吴承学进一步解释说："所谓'古文气息、时文声调'也就是在行文上运用古文的散句，而整体上则保留了整饬的布局，同时注重字句平仄的协调，使读起来朗朗上口。"②此处所谓"字句平仄"正与声音的抑扬高下相关。正因为字步对称，平仄相间，八股文的声色之美才得以凸显。

我们可以把八股文的"八股"视为四副对联，在此基础上对文本进行详审细查。兹以雍正元年癸卯恩科进士丛洞现存部分八股文为例进行剖析。

第一篇《道之以德，齐之以礼，有耻且格》以独立成句为标准，共包含5个对仗的语言单位。本书用一个表格（表3-2-2）来呈现此篇八股文的股对平仄情况（注：每一组语言单位出句和对句的下划线处代表上下句平仄相对的地方）。

表3-2-2　丛洞八股文《道之以德，齐之以礼，有耻且格》平仄情况例示

语言单位	平仄情况
1.盖治天下有本，身立其型也；治天下有则，身端其范也。	例：本，13阮上声；则，13职入声，平仄相对；立，14缉入声；端，14寒平声，平仄相对；型，9青平声；范，29豏上声，平仄相对。

① （清）俞长城.一百二十名家全稿：卷三［M］.清光绪癸巳上海鸿宝斋石印本.

② 吴承学.中国古代文体学研究［M］.北京：人民出版社，2011：356.

续表

语言单位	平仄情况
2. 自秉彝遍于蒸民，伦常往来，因有秩然不紊之序。是天所以公其理于斯人，而上下原无彼此之殊； 顾愚氓何知学问，族类周旋，讵能明于秩叙之宜？是又天所以付其权于君长，而圣明遂有教育之责。	仄仄平仄平平平，平平仄平，平仄仄平仄仄平仄。平平仄仄平平仄平平平，平仄仄仄平平仄仄平平； 仄平平平平平仄，仄仄平平，平平平平仄仄平？仄平仄仄平平平仄，平仄平仄仄仄仄平仄。
3. 极之象魏所悬，实求之而皆见体备之勤，大君所以系下土之望也； 极之象典所垂，深求之而皆寓防维之意，天子所以立四方之准也。	仄平仄仄仄平，仄平平平平仄仄平平，仄平仄仄仄仄平仄仄； 仄平仄仄仄平，平平平平仄平平仄，仄仄平平仄平平仄。
4. 励精图治之余，方且罪己责躬之不暇，而宁遽期颛蒙之革心。 愧悔交集之下，自觉鼓舞奋兴之弗倦，而何至安于顽梗而不化。	仄平平平平，平仄仄仄平平仄仄，平仄仄平仄平平。 仄仄平平仄，仄仄仄仄平平仄仄，平平平平平仄平仄。
5. 盖较以行之所无，即愚者谁甘于自诎； 而动以性之所有，虽懦者亦速于更新。	仄仄仄平平平，仄平仄平平仄仄； 平仄仄仄平仄，平仄仄仄平平平。

从表3-2-2中可知，本书股对的平仄情况与律句的平仄情况是大致相符的。如，第2语言单位中，"自秉彝遍于蒸民"与"顾愚氓何知学问"两个对仗的分句之第2、第4、第6字平仄相对，而且上联第二分句和下联第一分句平仄相粘；第3语言单位中，出句和对句各29字，有5个平仄相对的分支单位，为文中平仄相对最少的语言单位；第5语言单位中，出句和对句各17字，有6个平仄相对的分支单位。

以此为范，来审视雍正元年丛洞的另一篇八股文《若禹皋陶，则见而知之》，可知其文不但对偶对仗处工稳妥帖，其平仄也是颇有规律的，它们与句子的押韵一起构成整篇文字的声情之乐与音韵之洽，见表3-2-3。

表3-2-3　丛洞八股文《若禹皋陶，则见而知之》平仄情况例示

语言单位	平仄规律
则吾得以二帝不坠之绪，而遐想其寄托之人；则吾得于在廷交赞之余，而约略其绍承之统。	仄平仄仄仄仄仄平仄，平平仄平仄仄平平；仄平仄平仄平仄平平，平仄平仄平平仄。
世无尧、舜，即禹、皋未必不高出千古，而作睹度越乎百王，则两人屈在赞扬之列。	仄平平仄，仄仄平仄仄仄平仄平仄，平仄仄平仄平平，仄平仄仄仄仄平平仄；
世无禹、皋，即尧、舜（亦）未必不远垂后代，而薪传幸托于亲炙，则两谟益成首出之尊。	仄平平平，仄仄平仄仄仄平平仄，平平仄平平仄仄，仄平仄平仄仄平平。
有禹之知，（而）皋陶不患其孤；有皋陶之知，禹亦不忧其独。①	仄仄平平，平平仄仄平平；仄平平平平，仄仄仄平平仄。

　　由以上平仄表可见，一般情况下，律诗"一三五不论，二四六分明"和相对相粘的规则在清代八股文中可做如此延展：凡偶数字节处，大都是平仄相对的（偶有例外），而上下联句之间平仄基本是相粘的。它使八股文在声音上如高山流水随物赋形，嘈嘈切切低徊高扬，形成其文本的抑扬之美。

（三）声韵和谐的回环美

　　除此之外，声母、韵母的有意重复也使其在朗读时具有回环往复的复调式音乐美感。嘉庆进士朱壬林之八股文总评曰："元解之宰，寻声律而定墨……抑亦升平之雅韵也。"②这里"寻声律而定墨"，是说作者写作八股文时会注重调谐音韵。故清代八股文股对之所以具有声音的美感，主要是因其中部分字节的声母多次重复出现，或者其韵部要么相同，要么邻韵通押，使其股对从音韵上来看首尾相连，且出句与对句声韵规律相似，由此产生《蒹葭》《茉莒》一般一唱三叹的声情之美。

　　具体而言，从股对的声母考察，一股之中，往往具有特殊形式的联体双声之现象。所谓联体双声，就是指一联之内，同一声母出现两次及以

---

① 顾廷龙.清代硃卷集成:卷三[M].台北:成文出版社,1992:103–106.

② 顾廷龙.清代硃卷集成:卷五[M].台北:成文出版社,1992:116.

上，且有若干个重复出现的声母交替穿插，使整个复句声母具有连贯性，构成特殊格式的双声联用形式。例如：

1. 一(影)人(日)而(日)树(审)天(透)下(晓)之(照)型(晓)，事(审)烦(非)则(精)精诚(穿)易(影)涣(晓)，而(日)体(透)尊(精)则(精)暴(帮)慢(明)易(影)生(审)，将(精)恃(审)捡(见)摄(审)以(影)副(非)物(微)望(微)，而(日)旦(端)明(明)之(照)临(来)保(帮)已(影)疏(审)；一(影)身(审)而(日)作(精)天(透)下(晓)之(照)睹(端)，任己(见)则(精)意(影)见(见)必(帮)偏(滂)，而(日)徇(心)物则(精)心(心)境(见)更(见)曲(溪)，将(精)挟(晓)权(溪)数(审)以(影)震(照)人(日)愤(清)，而(日)夙(心)夜(影)之(照)纵(精)逸(影)益(影)甚(审)。①

2. 以(影)兴(晓)厥(困)志(照)，惟(微)《诗(审)》有(影)焉(影)。咏(影)古(见)烈(来)而(日)勤(溪)窭(影)寐(明)，讽(非)往(影)事而动(端)流(来)连(来)，不(帮)自(精)知(照)其(溪)可(溪)歌(见)可(溪)泣(溪)也(影)，岂(溪)仅(见)读(端)忠(照)孝(晓)之(照)篇(滂)，始(审)知(照)激(见)厉(来)哉(精)？②

以(影)观(见)厥(困)行(晓)，惟(微)《诗(审)》有(影)焉(影)。察(穿)贞(照)淫(影)而(日)知(照)风(非)教(见)，宽(溪)理(来)乱(来)而(日)识(审)废(非)兴(晓)，自(精)兴(晓)我(疑)以(影)可(溪)师(审)而(日)可(溪)戒(见)也(影)，岂(溪)徒(透)取(清)美(明)刺(清)之(照)辞(清)，广(见)我(疑)睹(端)记(见)哉(精)？②

3. 至(照)于(影)进(见)德(端)而(日)有(影)同(透)人(日)之(照)乐(来)，协(晓)天(透)而(日)无(微)比(帮)匪(非)之伤(照)，惟(微)《诗》又(影)可(溪)以(影)群(溪)也(溪)。其(溪)动(端)人(日)以(影)饮(影)食(审)之(日)怀(晓)者(照)，固(见)不(帮)仅(见)《缁(精)衣(影)》《林(照)杜(端)》之(照)间(见)矣(影)；至(照)于(影)处(穿)变(帮)而(日)诽(非)乱(来)不(帮)生(审)，畏(影)难(泥)而(日)忧(影)思(心)弥(明)切(清)，惟(微)《诗(审)》又(影)可(溪)以(影)怨(影)也(溪)。其(溪)感(见)人(日)以(影)悔(晓)慕(明)之(照)诚(穿)者(照)，固(见)不(帮)止(照)思(心)妇(非)劳(来)人(日)之(照)什(审)矣(影)。③

从以上几例可知，清代八股文股对在同股之中有颇多联体双声，出句和对句之间则多有相同或相似的声母联用情况。这种情况非常普遍，并非个案，可见从声母出发，清代八股文是刻意追求双声的，即便非有意为之，文本也客观上完成了这种语音上的修辞任务。

另外，我们可以从股对的韵母出发考察其韵律情况。与四字格的韵母情况相类似，清代八股文中亦颇多叠韵现象。此处依然以其中的股对为例来阐释其状：

① 顾廷龙. 清代硃卷集成: 卷三 [M]. 台北: 成文出版社, 1992: 100.

② 田启霖. 明清会元状元文墨集注: 卷三 [M]. 桂林: 广西师范大学出版社, 2016: 942.

③ 田启霖. 明清会元状元文墨集注: 卷三 [M]. 桂林: 广西师范大学出版社, 2016: 942.

1. 坚僻之念一开，则举我生之公溥明通，悉委而绝之情伪微微暖，而党同伐异，偏有是不情之位置以相加，则好非所好恶非所恶，不难颠倒其定理以伸一己之独断独行，而睹指知归之下，识者已卜其降割之难回。

陷溺之害已深，则举我生之聪明才智，习反而用之昏椓回通之中，而府怨市德，偏有是不尽之恩威以相属，则好又有余好恶有余恶，不难灭绝其天常以快一日之自用自专，而睽情度理之时，智者已知其颠隮之莫救有。①

2. 统岳渎而首出，自具严严之尊，乃以非微分之告虔，而曰享我将，是以王章衡之失其半，以神理衡之亦失其半矣。吾不与问一日而与问千秋，则淫祀无福，悬其理于亘古亘今。

冠望秩而称尊，宁忝俭明明之用，乃以无端之殷荐，漫曰饮之食之，则揆以神道而失者十二三，揆以人道而失者十八九矣。吾不与论冥漠而与论人情，则有赫难诬，操厥券于谋著谋蔡。②

3. 夫俗情多鄙，识远者有殊趋；神聪维听，临下者操特鉴。③

从以上三个段对来看，清代八股文的股对之韵律特征类同于其破题句，二者之区别只在于：股对是由骈散相间的句式构成的，而破题句子往往是散句。但无论是骈散相杂还是纯为散句，其用韵规律是一致的，即存在许多叠韵的字词和短语，这些重复出现的韵语使句子的韵律非常和谐悦耳。且一联之中，韵部多重复或邻韵通押，构成一个语言单位之内的回环

---

① 顾廷龙.清代硃卷集成：卷三[M].台北：成文出版社，1992：208.

② 顾廷龙.清代硃卷集成：卷三[M].台北：成文出版社，1992：213.

③ 顾廷龙.清代硃卷集成：卷三[M].台北：成文出版社，1992：211.

往复之美，而出句和对句之间的韵部则常有同有异，错落有致。

综合清代八股文之破题、四字格、股对的节奏和韵律之美学表现可知，清代八股文在修辞方面不仅仅是依靠字词的选择和句子的组织求胜，其实从声音的对称、抑扬、回环上，士人已经有意无意地开始他们说服考官的进程了，这是因为八股文本身的语体特征对其写作过程施加了积极的影响。

第三节 语体视域下清代八股文的辞格特征

《礼记·乐记》云："乐者，心之动也；声者，乐之象也；文采节奏，声之饰也。"[1]意思是说，心动情来，情起而后音乐生发，仅仅表现出声情之丽还远远不够，需要文采和节奏为其润饰打磨，方可使人手之舞之足之蹈之。这里将文采和节奏并列，说明文采打磨和节奏安排具同等重要性。清代八股文大量运用合乎中庸之道的辞格，比较妥帖地体现了其文质黼黻的美学风貌。

与同时代其他文本相较，清代八股文在辞格运用上的个性特点有三：第一，情感上大都体现出温柔敦厚的风致；第二，受对偶成篇的文体特色之影响，清代八股文在辞格运用上常呈对举状态；第三，清代八股文出现一些针对前朝八股文而言的"新"辞格，其"新"或者表现为辞格形式上的变化，或者表现为加大了情感投入力度。

一、基本辞格：温柔敦厚的情感特征

因为其内容本质在于阐释经典，除了明末部分文本阐释禅道、清末部分文本议论世情，大部分八股文文本是以温柔敦厚的面目出现的，这种符合儒家思想的文本面貌使其中的辞格也必须保持端肃严谨的态度，因而内蕴强烈情感特色的夸张、通感、比喻、拟人等辞格也就不能出现在八股文

---

① （元）陈澔注. 礼记［M］. 上海：上海古籍出版社，2016：424.

中，相应地，其中辞格与其文体本质特征保持高度一致，主要有以下几种。

（一）委婉抽象的借代辞格

借代是指"不直说某人或某事物的名称，借同它密切相关的名称去代替。这种辞格叫借代，也叫换名"[①]。借代的方式有以特征、标志代替本体的方式，即用借体（人或事）的特征、标志去代替本体名称，把抽象的概念具体化。

例如，雍正癸卯进士于汧《道之以德 一节》中："而奚假令甲之申于朝？而奚假棘木之董于廷？"[②]令甲，第一道诏令，法令的第一篇，后用为法令的通称。棘木，古代听讼的地方，代指听讼。前一个词是以特征代本体，后一个词是把抽象的概念具体化。又如："知耻之民，不必求免，而鞭朴不加。"[③]鞭朴指行刑时用的刑具，鞭子和棍棒，代指行刑，也代指一切刑具，此处是将抽象的事物具体化。再如，雍正癸卯丛洞的《道之以德 一节》有："自秉彝遍于蒸民，伦常往来，因有秩然不紊之序。是天所以公其理于斯人，而上下原无彼此之殊。"[④]秉彝，执持常理。这里"彝"原指国家祭祀用的器具，代指法理、常理，是将抽象的事物具体化。另有："励精图治之余，方且罪己责躬之不暇，而宁遽期颛蒙之革心？"[⑤]颛蒙本义是愚昧，在这里代指愚昧之人，是以特征代本体。再如："极之象魏所悬，实求之而皆见体备之勤，大君所以系下土之望也。"[⑥]象魏原指古代天子、诸侯宫门外的一对很高的台式建筑，亦称"阙"和"观"，是悬示教令的地方，这里用以借指宫室、朝廷。

这类辞格，本是文学作品常见的修辞方法，其作用盖为丰富文章词汇，用同一个语义场的词语散置于文本中，使其文意汇通而不假重复；或使文章委婉曲折，不至直白露怯，近现代文学多用此法，其作用更多是一

---

① 黄伯荣，廖序东. 现代汉语：下[M]. 北京：高等教育出版社，2002：248.
② 顾廷龙. 清代硃卷集成：卷三[M]. 台北：成文出版社，1992：81.
③ 顾廷龙. 清代硃卷集成：卷三[M]. 台北：成文出版社，1992：82.
④ 顾廷龙. 清代硃卷集成：卷三[M]. 台北：成文出版社，1992：95.
⑤ 顾廷龙. 清代硃卷集成：卷三[M]. 台北：成文出版社，1992：97.
⑥ 顾廷龙. 清代硃卷集成：卷三[M]. 台北：成文出版社，1992：96.

种形象化的调侃或替代。但它在八股文中频现，且借代之词博雅典赡，其最主要的作用为：使文句更加含蓄委婉，使其文体的书面语言特性得以彰显。

（二）声调流美的重叠辞格

重叠就是一个词素重复出现在相邻或相隔位置的辞格，这种辞格是基于词语的语音而生发的，其修辞效果一是增加其感情色彩，二是夹杂于其他词语中间，使文本诵读起来如切如磋、声调流美，更有韵味。例如：

1. 当至圣既临天下，则其身托之<u>巍巍</u>之上，其心运之<u>翼翼</u>之中。①

2. 汤即欲以建中之学，上承乎钦明浚哲之传，而<u>遥遥</u>数百余载，前不能待，后不能承，仅寻坠绪于<u>茫茫</u>，更忧其殷遥而莫稽。②

3. 大圣人渊然自处，而<u>雍雍肃肃</u>，自足以摄天下之气。③

4. 无敢慢者，如<u>凛凛</u>于大廷，则明之至，而有严有翼，无时不有以自求。④

5. 稽古训而绎微言，天怀之<u>肫肫</u>，固游于人心之所不得遁而皆存也。⑤

6. 则所为有客<u>肃肃</u>、有客<u>信信</u>者，亦等其义所见异辞、所闻异辞之列，而不必深求。⑥

上述例1中，若将叠音词"巍巍""翼翼"换成同义、近义的"巍峨""谨慎"，其修辞效果和阅读感受就大相径庭了。同样，将例2中的"遥遥""茫茫"更为"遥远""苍茫"，亦难以准确描述真切的情境和传达作者内心微妙的感受。例3中的"雍雍肃肃"重复叠用，将圣人之从容气度表述得非常形象。其他几例，各传其神，概莫能外。

（三）节制醇厚的感叹辞格

感叹句用以表达比较强烈的情感，是八股文中经常出现的句式，通常

① 顾廷龙.清代硃卷集成:卷三[M].台北:成文出版社,1992:86.
② 顾廷龙.清代硃卷集成:卷三[M].台北:成文出版社,1992:88.
③ 顾廷龙.清代硃卷集成:卷三[M].台北:成文出版社,1992:102.
④ 顾廷龙.清代硃卷集成:卷三[M].台北:成文出版社,1992:138.
⑤ 顾廷龙.清代硃卷集成:卷三[M].台北:成文出版社,1992:188.
⑥ 顾廷龙.清代硃卷集成:卷三[M].台北:成文出版社,1992:218.

出现在起讲部分或者大结部分。较之普通散文，八股文的感叹较为节制，通常跟句首、句尾语气词一起现身。例如：

1. 以此临天下，又宁有不足者哉？而况不止此也！①

2. 甚矣，见知之所系者重也！②

3. 予故上念往古，下念今兹，而不禁情深于见知之人也！③

4. 以视政刑之所为，孰得孰失哉！④

5. 吾以此知圣人之敬焉，顾临天下尤莫难于敬矣！⑤

6. 此行夏之时，而凡政无不可举也，为邦有先于此者哉！⑥

7. 嗟乎！包羞含垢，既险阻之备尝，则由苦得甘，试一破因材之局；蒙难艰贞，见经纶之素裕，则先否后喜，转曲成降任之天。⑦

例1以语气词"哉""也"构成感叹语气；例2以"甚矣"和句末语气词"也"共同构成感叹句式；例3、5以"予""吾"开头，赋予句子以强烈的主观色彩，加之句末语气词"也""矣"一起现身，构成比较明显的感叹语气；例4、6以感叹语气词"哉"置于句末表达感叹语气；例7则以表达强烈情感的叹词"嗟乎"开头，感情色彩几类于先秦散文。

此外，清代八股文的反问句一般都寄寓着相对而言比较强烈的感情色彩，故而也算得是隐含的感叹句式。但这种感情仍然是节制而醇厚的，并没有肆意铺张，它们很好地调和了八股文本身严肃、刻板的固有印象，将情感作为中和程式化的情媒介质，在传播经学的过程中植入了人文情怀，从而能够更有效地打动人心，故其修辞实践无疑是成功的。

（四）汹涌如潮的层递辞格

根据事物间的逻辑关系，将语句由浅入深层层递进，这种辞格叫层

---

① 顾廷龙. 清代硃卷集成：卷三[M]. 台北：成文出版社，1992：86.

② 顾廷龙. 清代硃卷集成：卷三[M]. 台北：成文出版社，1992：87.

③ 顾廷龙. 清代硃卷集成：卷三[M]. 台北：成文出版社，1992：91.

④ 顾廷龙. 清代硃卷集成：卷三[M]. 台北：成文出版社，1992：98.

⑤ 顾廷龙. 清代硃卷集成：卷三[M]. 台北：成文出版社，1992：99.

⑥ 顾廷龙. 清代硃卷集成：卷三[M]. 台北：成文出版社，1992：102.

⑦ 顾廷龙. 清代硃卷集成：卷三[M]. 台北：成文出版社，1992：334.

递。它往往能使人对所表述的内容产生深刻的印象，并使文势显著增强。

1. 然则咸正无缺，为文王显其谟者，早为文王昌其运。夫徽音克嗣，妃匹冠于隆古，琴瑟鼓钟，遂以集麟趾、驺虞之庆，不可谓非天之宠绥也。①

2. 欲知天地者，不可知其要乎？且以造化之难知也，不晦于无言，而晦于有言，尤晦于多言。②

3. 论事决疑之士，必先洞悉其大旨之所存，而后反覆万端，无过推衍以曲明其说，谓所恃以并包无外者，道本然矣。况乎俯察仰观，将以范围天地而究乎其实。③

另如"间尝执斯意已衡人，不特求一事之全乎仁而不可得也，即求一言之几乎仁而亦未敢必矣"④"如不有德以贯乎道，而道难虚行；况不有德以淑其身，而身为虚器"⑤"自反其身而未能皆实，则贵有力以复之，尤贵有识以充之"⑥"听笙簧之奏，孰敢肆其参商；行道之人，或亦倾闻而生羡。而况乎亲炙一堂也"⑦等句亦用是法修辞。

这一类辞格或者在其意义上递减，或者在逻辑上递增，层层推进，文意充足，具有无可辩驳的说服力。

以上数种辞格虽也有情感内蕴其中，但其表达情感的方式仍然被控制在理性界域内，这是由八股文阐释经典的本质特征决定的。《四书》《五经》之中被选作八股文题的章、节、句子本来就符合儒家文化之中庸的美学精神，用以阐解它们的文本当然应该以温柔敦厚的美学面貌出现。

二、文体特征与辞格的对举模式

除了在情感表达上遵从"温柔敦厚"的风致，因为八股文对偶对仗的

① 顾廷龙. 清代硃卷集成: 卷三 [M]. 台北: 成文出版社, 1992: 267.
② 顾廷龙. 清代硃卷集成: 卷三 [M]. 台北: 成文出版社, 1992: 299.
③ 顾廷龙. 清代硃卷集成: 卷三 [M]. 台北: 成文出版社, 1992: 300.
④ 顾廷龙. 清代硃卷集成: 卷五 [M]. 台北: 成文出版社, 1992: 17.
⑤ 顾廷龙. 清代硃卷集成: 卷五 [M]. 台北: 成文出版社, 1992: 172.
⑥ 顾廷龙. 清代硃卷集成: 卷五 [M]. 台北: 成文出版社, 1992: 125.
⑦ 顾廷龙. 清代硃卷集成: 卷十四 [M]. 台北: 成文出版社, 1992: 21.

文体特征，某些辞格还表现出对举使用的语体特性，且清代八股文辞格的对举更表现为意义上的相对。

这种对举首先表现在使事用典方面。使事用典的根本目的在于使文意曲折，不至于太过直白，且可以极大扩充文章的内容含量，使文本词约义丰，文气更加雄健稳妥。刘勰在《文心雕龙》里诠释"用典"，说是"据事以类义，援古以证今"①。郭锡良认为："引用古人的历史事迹或古代典籍中的言语词句，来证明自己的论点或表达自己的思想感情，这就叫用典。"②即是用来以古比今，以古证今，借古抒怀。用典既要师其意，尚须能于故中求新，更须能令如己出，而不露痕迹，所谓"水中着盐，饮水乃知盐味"③，方为佳作。

用典之种类有明典、暗典、翻典等。明典指让人一望而知此处运用典故，暗典指字面上看不出用典痕迹，须仔细玩味方可体会其中况味。暗典之使用，只师取前人典故之意，而不用其辞，即《文心雕龙》所谓"虽引古事，莫取旧辞"是也。翻典者，即反用以前之典故，使其产生意外之效，《艺苑雌黄》云："文人用故事，有直用其事者，有反其意而用之者，李义山诗：'可怜夜半虚前席，不问苍生问鬼神'。……直用其事者，人皆能之；反其意而用之者，非学业高人，超越寻常拘挛之见，不规规然蹈袭前人陈迹者，何以臻此。"④翻典相较明、暗二典操作起来更难，故而泛泛之人难以把握。

清代八股文在这方面做得颇有分寸。他们不像宋代部分散文家因称引过度而致贻"掉书袋"之讥，其使事用典并不求常，意在求对称与契合，即：这些文本在使事用典时，往往表现为结构上两两相对，意义上深度契合主题，很好地深化和雅化了文章题旨，并无突兀和执拗之嫌。

比如"尧、舜帅以仁而从，桀、纣帅以暴而亦从"⑤，以尧舜和桀纣

---

① 陈钟凡. 第一种中国文学批评史 [M]. 上海：中华书局，1929：39.

② 郭锡良. 古代汉语：下 [M]. 北京：语文出版社，1992：825.

③ 陈钟凡. 第一种中国文学批评史 [M]. 上海：中华书局，1929：46.

④ 郭绍虞. 宋诗话辑佚：下 [M]. 北京：中华书局，1980：535.

⑤ 顾廷龙. 清代硃卷集成：卷三 [M]. 台北：成文出版社，1992：415–418.

相对，虽用典而无斧凿痕迹，与文章主题"夫兴固足多，而有待而兴，则民固囿于凡也。安必世有文王，以振此凡民哉"深度相合，极大增强了文章的说服力。又如"谈经启笥，群推叔重无双；射策升堂，不让郄诜第一"①，此处说世上对于五经的认识，再也没有比许慎（字叔重）更厉害的了；射策，没有比晋朝郄诜更拔尖的了。以叔重和郄诜之故事两两相对，四六之比，用典深隐。再如：

1. 开道之统者，尧舜也。若禹若皋，非亲承精一之训，而见而知之者乎？若夫闻而知之，则不迩不殖之汤是矣。

继尧舜之传者，汤也。若尹若朱，非亲承圣敬之修，而见而知之者乎？若夫闻而知之，则道岸诞登之文王是矣。

继汤之传者，文王也。若望若散，非亲承缉熙之学，而见而知之者乎？若夫闻而知之，则删诗赞易之孔子是矣。②

2. 吾闻长国家者，非无赇之患，而无令名之难。国侨寓书，范宣轻币。昔日之大夫也，宁不闻焉，而奈何惟利是视也。③

3. 盖谓用行之岁月不可期，而计沮君臣，空悲文马；政成兄弟，漫视蜚鸿。至于击鼓击缶，转伤心而吊宛土之风，此固人事之难究言者也。

历聘之心，期不终悔。而临河率野，吾道难容；厄宋围匡，斯文将丧。至于乘马乘驹，徒蒿目而税株林之驾，此又天心之可逆睹者也。④

4. 东周之梦想良殷，而师弟追随，未获抒其抱负，所为病而求息也。世风日下，难回已定之天；道脉堪维，倍切方赊之愿。而半生游历，仅得与吾党之英姿杰士，共从容于函丈之旁，则长此安穷，而抚衷犹歉。

名教之仔肩非易，而江湖寥落，无端剩此闲身，庶几塞而来硕也。慨彼狂澜，谁作滔滔之砥柱；瞻言故里，尚留浩浩之襟期。而风雨蓬庐，常得与吾党之大略雄才，同聚首于杏坛之上，则珍兹瑰异，而结念弥深。⑤

---

① 顾廷龙.清代硃卷集成：卷一〇一[M].台北：成文出版社，1992：368.

② 顾廷龙.清代硃卷集成：卷三[M].台北：成文出版社，1992：51–54.

③ 顾廷龙.清代硃卷集成：卷三[M].台北：成文出版社，1992：237–240.

④ 顾廷龙.清代硃卷集成：卷三[M].台北：成文出版社，1992：324.

⑤ 顾廷龙.清代硃卷集成：卷三[M].台北：成文出版社，1992：326.

5. 斩鹿门而纳大蔡……当滕薛而忧丛脞。①

在这里，舜、汤和文王相对，禹和皋陶、伊尹和莱朱、太公望和散宜生三组人物两两相对，"击鼓击缶"与"乘马乘驹"两两相对，"宛土之风"与"株林之驾"两两相对，"函丈之旁"与"杏坛之上"两两相对，"斩鹿门纳蔡"与"当滕薛忧业"两相对照，天然如一地嵌入若干典故，极大地扩充了内容含量，为有限的内容空间注入无限的内涵，欲言且止，余音不散，为文章增加了意在言外的美学价值，是这里使事用典最大的成功之处。

康熙壬辰进士谢济世八股文"当时则有亲炙之者，后世则有私淑之者"②里"亲炙"出自《论衡·知实》："非圣而若是乎？而况亲炙之乎？"③意为亲受到教益。"私淑"出自《孟子》："予未得为孔子徒也，予私淑诸人也。"④意为未能亲自受业但敬仰并承传其学术而尊之为师之意。"亲炙之者"与"私淑之者"两相对称。同样，嘉庆李如兰八股文中之"彼勾践之载稻也，泽及数人；郑罕之饩粟也，恩及一国。彼陈氏之贷家量也，衡本权谋；子产之惠溱洧也，事乖政体"⑤"夫谷风微终身之仁，丰芭为数世之仁，仁固有分数"⑥，嘉庆阎善庆之八股文中之"论者谓明夷南狩，不足以晦其天；即小过西郊，不足以回其德"⑦，咸丰潘祖荫之八股文中之"铸郑伯之三钟，君也，赐金而悔；献蔡侯之两佩，臣也，纳赂而贪"⑧"顾何以宪典空悬，路鲜下车之泣；乡闾不扰，衢传击壤之歌"⑨等句也是两两对照中使事用典。

典故运用十分注意对称之美，这又是八股文本身多见对仗的文体特点

---

① 顾廷龙. 清代硃卷集成: 卷三[M]. 台北: 成文出版社, 1992: 343.

② 顾廷龙. 清代硃卷集成: 卷三[M]. 台北: 成文出版社, 1992: 51-54.

③ (东汉)王充著, 陈蒲清点校. 论衡[M]. 长沙: 岳麓书社, 2006: 338.

④ (战国)孟轲著, 杨伯峻译注. 孟子[M]. 长沙: 岳麓书社, 2000: 143.

⑤ 顾廷龙. 清代硃卷集成: 卷五[M]. 台北: 成文出版社, 1992: 18-20.

⑥ 顾廷龙. 清代硃卷集成: 卷五[M]. 台北: 成文出版社, 1992: 18-20.

⑦ 顾廷龙. 清代硃卷集成: 卷五[M]. 台北: 成文出版社, 1992: 151.

⑧ 顾廷龙. 清代硃卷集成: 卷十八[M]. 台北: 成文出版社, 1992: 163.

⑨ 顾廷龙. 清代硃卷集成: 卷十八[M]. 台北: 成文出版社, 1992: 164.

延伸出的一种美学特色。

另外，清代八股文中的反复辞格也往往以对举的形式出现在文本中。为了突出某些内容或者强调某种感情，许多文本会重复使用某些字词，在语言上形成类于《诗经》某些篇章的一唱三叹之感，虽然这些反复的词句并没有如《唐风·采苓》《小雅·鱼丽》一般具有形象的诗意，但在音律或情感上带给读者的美感差别并不很大。例如：

1. 论人爵之尊，原不若天爵之贵，而第以位既处于所尊，则当其有来雞雞，而已令人有尔公尔侯之想。

论世分之乐，原不若性分之安，而第以分既处于莫并，则方其至止肃肃，而已令人有此疆彼界之思。①

2. 一则作王家之宾，一则为周室之辅，建国不必同时，而之屏之翰之思，彼此若无异辙。

一则因叔父而启两疆，一则绍殷王而垂厥统，分封不必同地，而之纲之纪之义，彼此若有同符。②

3. 忽焉焉而及，忽焉焉而未及，及未及只争于一刻之微。③

需要注意的是，清代八股文里这些对举出现的反复辞格大多是间隔反复，而非连续反复。也就是相同的词语或句子间隔出现，中间由别的词语和句子隔开。这些句子里使用反复辞格的修辞功效是突出思想，强调感情，加强节奏感，从而增强议论性文章的说服力。

三、"新"辞格的情感调适

当然，八股文的辞格也不是完全以四平八稳的面目出现，为避免文本僵化滞涩，也因为后期的清代八股文吸纳了日渐渗入的西方文化元素，其文本的情感基调也做了相应的调适。这种调适在辞格运用上主要表现为错综、节缩、对偶、排比对、顶针、回环等形式在八股文中的出现和穿插，

---

① 顾廷龙.清代硃卷集成：卷三[M].台北：成文出版社，1992：216.

② 顾廷龙.清代硃卷集成：卷三[M].台北：成文出版社，1992：217.

③ 顾廷龙.清代硃卷集成：卷二九九[M].台北：成文出版社，1992：429-432.

它或者追求形式上的新异，或者追求情感表达上的适度加强，以尽量使其在严肃中呈现出多样性和特异性，使八股文的情感书写既合乎文体需求，又能在规则范围内力求变化，这种多样性和特异性亦正是清代八股文平衡文体的表现之一，也是其文学性增强的表征之一。

（一）新奇延宕的错综辞格

错综是作者有意颠倒语言顺序的一种修辞手段，其目的是追求语言的奇崛生新，这种辞格一般可以造成读者在阅读情感上的有意延宕，士人们在八股文中运用此格，盖为有意对庄严肃穆的美学品格做出的调节行为，防止其文太过正统难以入心。其例颇多：

1. 故入学之初，当必有据依之端，而后恍兮惚兮，足以阅众甫之状也。①

2. 然而君子弗尚者，捐顶踵而孤行一意。②

3. 天心正难问矣，平陂往复之数迭出，其局以相尝而错节盘根，正上帝宠锡英豪之具。③

4. 操左右厥辟之权，纲纪之弛张，视乎所学，必确见其学术正大，然后玉帛降于朝。④

另如"时论以出处卜兴衰，要难素昧生平，仓猝而为席珍之聘"⑤"文章道德之规，古人不苟从同，古人究何尝立异？乃守缺抱残，诮为琐屑；穷理尽性，目以迂疏。不为之徵实探原，则特立独行，能遽索解人于局外乎"⑥"麦禾擅取，郑肆凭陵；包茅不供，楚生玩褻。甚至隧可请，鼎可问，谁其降心抑志，无敢戏渝，如是则畏难"⑦"夫可泣可歌之事，在古人随时因应，抑或俟异日之鉴原，而尚论者奚可拘墟也"⑧"后之人

① 顾廷龙.清代硃卷集成：卷八四[M].台北：成文出版社.1992：15.

② 顾廷龙.清代硃卷集成：卷三五[M].台北：成文出版社.1992：87.

③ 顾廷龙.清代硃卷集成：卷三八[M].台北：成文出版社，1992：382.

④ 顾廷龙.清代硃卷集成：卷四三[M].台北：成文出版社，1992：24.

⑤ 顾廷龙.清代硃卷集成：卷四四[M].台北：成文出版社，1992：35.

⑥ 顾廷龙.清代硃卷集成：卷四七[M].台北：成文出版社，1992：24.

⑦ 顾廷龙.清代硃卷集成：卷四七[M].台北：成文出版社，1992：213.

⑧ 顾廷龙.清代硃卷集成：卷五一[M].台北：成文出版社，1992：24.

思义顾名，想象殊堪满志，吾诚虑知之者之难其人也"①"无粉饰，亦无纠纷，成章因以顺理；不补苴，亦不刻敷，藏往遂以知来"②等皆如上例。

清代八股文还有许多地方使用错综这种辞格，以故为新，其修辞意义和美学追求不难见出。

（二）言简意赅的节缩辞格

节缩辞格相当于现代汉语的缩略语，就是简缩了部分语言成分的句子，其修辞功能主要在于使文字简练、音韵协和以及润饰文采。例如，诗曰："学有缉熙于光明，能得之义也。"③"缉熙"出自《诗·大雅·文王》："穆穆文王，于缉熙敬止。"④南朝梁刘勰《文心雕龙·时序》："并文明自天，缉熙景祚。"⑤唐李邕《赠安州都督王仁忠神道碑》："缉熙远略，绳准嘉言。"⑥此处为缩略用法。又如："君子百体从令，尝以简默自将，徵不言而自喻，而非声灵赫濯者所得同。"⑦"赫濯"出自《诗经·商颂·殷武》："赫赫厥声，濯濯厥灵。"⑧此处亦为缩略辞格。

节缩这种辞格本就不好把握，即使现代汉语，在使用节缩辞格时也得十分注意节缩不当等问题，文言文本就言简意赅，在此基础上再行压缩，就更加困难。使用这种修辞手段必须十分熟悉古诗文典故，且对作者和读者的要求是一致的，作者不晓，文难成行；而读者不明，则以为晦涩无用，故而写作、阅读时难度皆大。盖为语用之方便易晓，这种书面语体的修辞手段在清后期的八股文中渐渐被弃用了。

①　顾廷龙.清代硃卷集成:卷五一[M].台北:成文出版社,1992:33.

②　顾廷龙.清代硃卷集成:卷五二[M].台北:成文出版社,1992:18.

③　顾廷龙.清代硃卷集成:卷三[M].台北:成文出版社,1992:424.

④　韩伦译注.诗经[M].南昌:江西人民出版社,2017:237.

⑤　(南朝·梁)刘勰著,韩泉欣校注.文心雕龙[M].杭州:浙江古籍出版社,2001:233.

⑥　(唐)李邕.李北海集[M].上海:上海古籍出版社,1992:40.

⑦　顾廷龙.清代硃卷集成:卷三[M].台北:成文出版社,1992:235.

⑧　韩伦译注.诗经[M].南昌:江西人民出版社,2017:340.

（三）逻辑严密的流水对辞格

八股文里最突出的辞格就是对偶，它可以使句子节奏鲜明、声韵铿锵，读起来朗朗上口。对偶又分为正对、反对、串对三种形式。

正对表示意义相关、相似的内容，反对表示意义相对、相反的内容，这部分内容在对偶变体时已经详细阐释，此处重点考察其中的串对。串对的上联与下联构成复句或句群，句群里的上下两句之间具有并列、因果、假设、条件或转折等关系，可称作八股文中的"流水对"。例如："暗则机动于思，‖（因果）理必导其所易；∣（并列）明则悔生于悟，‖（因果）盖惟分有以相临。"①上下两联以"明""暗"相对，是反对，二者为并列关系；同联两分句之间前为因，后述果，又是因果关系。"则毋谓好人之所恶，‖（因果）第拂乎人性之公恶，‖‖（转折）而于吾身如故也；∣（并列）则毋谓恶人之所好，（因果）‖第拂乎人性之公好，‖‖（转折）而于我身无累也。"②"好人之所恶"与"恶人之所好"两联相对，是一个反对，二者具并列关系；第一联内部三分句之间又分别有因果和转折关系。

"凡事之从乎同者，非博以徵之，弗畅也；∣（并列）凡尊之得所耦者，非参以考之不出也。"③此处上下联意义相关，是一个正对；其上下联之间构成并列关系。"谈及纵横，‖（条件）则筹为之借；∣（并列）论陈耕战，‖（条件）则席为之前。"④此上下联意义相近，字数相等，为一个正对；同样，上下联之间构成并列，同联前后两分句构成条件关系。

另如："然而修途之方长也，讵一日而已毕其数，试思吾人共有百年，析之皆旦暮之所渐，则已至之日有可计，而未至之日正未可计焉。积月积岁之多，皆递加焉而不可止，以斯知玩愒之不独目前也；‖（并列·表因）然则功候之不假也，岂一新而已竭其才，试思吾学原无尽境，久之亦深浅之所形，则新之端可以于此引，而新之量要未可于此竟焉。愈涉愈精之域，将迭出焉而靡所穷，以斯知愉快之时之不能长留也。∣（因

---

① 顾廷龙.清代硃卷集成：卷三[M].台北：成文出版社，1992：229.
② 顾廷龙.清代硃卷集成：卷三[M].台北：成文出版社，1992：227.
③ 顾廷龙.清代硃卷集成：卷三[M].台北：成文出版社，1992：234.
④ 顾廷龙.清代硃卷集成：卷三[M].台北：成文出版社，1992：238.

果）是故新之奋于始者，吾窃为之虑其继矣，其志气足以固其操，其精力之所及，足以持夫绝续之交，而胥泯其闲旷，其新乃可据。|||（转折）而不然者，则所忧正在半途也，不可不日日新也；||（并列·表果）而此新之慎于中者，吾转为之计其后矣，其强固有以定其神，其余勇之所存，有以济夫震动之隐，而克肖其初心，其新乃可久。|||（转折）而不然者，则所忧更在末路也，不可不又日新也。"①此语法单位由四段构成，第一、二段为一股，共同表原因；第三段表结果，第四段与第三段宽对，第一、二与三、四两段构成因果关系，第三、四两段内部又构成转折关系，其余分句皆可细分，逻辑十分严密。结尾处一个"又"字，完美呼应上句，对仗工稳，行文宛如流水，高低起伏自成波澜，这是一个典型的流水对。

（四）气势强劲的排比辞格

把结构相同或相似、语气一致、意思密切关联的句子或句子成分排列起来，使内容和语势得以增强，这种辞格叫排比，它更适合表达强烈的情感，但是因为八股文阐释经典，故而即使这种情感喷发的辞格，在八股文中也依然表现出其应有的矜持和理性。

清代八股文里排比句式非常普遍。例如："今夫人明不足以察几，静不足以镇猝，精干不足以肩重大之任，而才华不足以应分给之烦，其人不足指数也久矣。故知尚焉，不欲尚焉，勇与艺又尚焉。"②此段四句，"不足以"反复出现四次，"尚焉"出现三次，一气而下，气势顿显，说理透辟，不言而喻。再如："盖天下无烛照之哲者，而后以小察自矜；无宁静之操者，而后以小廉自饰；无果毅之资者，而后恃血气以为能；无兼综之长者，而后侈心计以为巧。"③此四句以四个"无……而后……"一气贯通，如群山连绵，并以"烛照之哲、宁静之操、果毅之资、兼综之长"呼应，以"以小察自矜、以小廉自饰；恃血气以为能、侈心计以为巧"相对，颇有战国纵横家遗风。

①　顾廷龙. 清代硃卷集成: 卷三[M]. 台北: 成文出版社, 1992: 366–367.

②　顾廷龙. 清代硃卷集成: 卷三[M]. 台北: 成文出版社, 1992: 342.

③　顾廷龙. 清代硃卷集成: 卷三[M]. 台北: 成文出版社, 1992: 342.

另如："则夫备牢礼之数，修赠答之词，信非空疏浅陋者流之所可胜任而愉快者矣。而当其时，则唯仲叔圉庙祧坛禅之名，备著飨亲之典，凡后人之对越者，皆将邀数世福也。独是祭祧宫而亲失，跻逆祀而礼亡，宗庙之不治，在宗邦且因以贻羞，而况其为卫也乎？夫皋鼬争长，小侯贤祖考之风施，岂其犹存后代？乃一旦入庙告虔，而馨香不荐，其戚我先人者岂浅哉？||则夫陈备脤之咸有，告民力之普存，更非朴讷迟钝之才之所克骏奔而襄赞者矣。而当其时，则唯祝鮀伍两卒旅之繁，用备戎行之整，尔众士之勠力者，皆以防四境忧也。独是习超乘而秦败，贾余勇而齐衰，军旅之不治，在盛时且忽以不竞，而况其为卫也乎！夫鹤轩之乘，遂至失守，二三子之贪乱，亦既误我前人，乃一旦诘尔戎兵，而威严不著，其遗忧社稷者安穷哉！||则夫考搜狩之法，遵简阅之时，又非儒臣学士之伦之所能训练而镇抚者矣，而当其时，则唯王孙贾。"①此排比段原本三联相同，颇具宏大气势，若一意联下，虽然其气更丰沛，其情态却难免拘泥，故而作者在第三联处戛然，颇有高楼颙望突然人去楼空之妙。

还有："反而求其爱甘棠美荫也，胡不为封殖而为翦伐？反而求其治水监民镜也，胡不为澄清而为涸浊？反而求其礼威仪德隅也，胡不为谦吉而为倨傲？"②"臣为勋旧之臣，思何以宠异之？臣为棐笃之臣，思何以优渥之？臣为强支弱干之臣，思何以始终成全之？堂阶之上，皆肃然有师保疑丞之意，以之者知非徒晋接之虚文已。||臣为奔走之臣，思何以周恤之？臣为勤劳之臣，思何以加任之？臣为忧谗畏讥之臣，思何以维持调护之？朝宁之上，皆肫然有家人一体之情，以之者知非徒衣食之小惠已。"③这两个排比句结构更是独特，每一联都是由135三个分句和246三个分句排比，12、34、56两句又两两相对，给阅读者带来非常愉悦的阅读体验，足见作者之匠心独具。

散文可以出现整句的反复排比，清代八股文虽然不能等同于散文，但

① 顾廷龙.清代硃卷集成:卷三[M].台北:成文出版社,1992:370–372.

② 顾廷龙.清代硃卷集成:卷五[M].台北:成文出版社,1992:293.

③ 顾廷龙.清代硃卷集成:卷八[M].台北:成文出版社,1992:224.

其最基本的文体特点之一即为对仗，为求其气醇，必要气足，若要气沛，必要层层铺排。这一点，其实可以看出清代八股文对汉赋的借鉴和吸纳。盖亦因乎此，游国恩说："赋之祖为骚体之楚辞，一变而为汉赋，再变而为六朝之俳赋及骈俪文，三变而为唐宋之律赋及四六文，四变而为明清之八比。"①如此看来，其时八股文本中大量出现排比对就不足为奇了。且或为防止排比句中字对句酌，使考官产生审美疲劳，其排比大部分为句法成分排比，即句子的部分词、短语反复出现，而其他句子成分则变化多端，这是追求一种整饬中蕴含零落的美感。

其他如："君子者，有不为君子之惧，有妄托于君子之惧，又有天下遽信吾君子之惧。"②"为经世之言，为论道之言，为质疑辩难之言。言根于心，而适见其心之不存。以不言守其缄默，以不言安其简重，以不言防其招尤致悔，慎言亦有时，不言而亦非，匿而不宣。"③"中庸则赅乎正德之用休，敏德之惟义，衣德之绍闻；中庸则贯乎九德之知人，六德之祗敬，三德之日宣。"④"知本无尽也。圣天子聪明独禀，而犹切敏求；懋敬缉熙，而犹陈无逸；俯仰无怍，而犹畏天威。知有宜先也。古圣王学古训以期有获，监成宪以冀无愆，戒屋漏以云不愧。"⑤"而外乃不入，而内乃不出，而仁乃不远。"⑥"仰之如父母，瞻之如日月，奉之如神明，各动潜孚默契之机，得之斯归之矣。"⑦"不可以情喻，不可以理遣，不可以貌饰，要自尽其曲畅旁通之理。"⑧"君子之精神，有以周宇宙之大，冒天下之道，定天下之赜，成天下之务；君子之智虑，有以出万物之先，化裁存乎变，推行存乎通，神明存乎人。"⑨"以正朝廷，

① 游国恩. 游国恩中国文学史讲义 [M]. 天津: 天津古籍出版社, 2005: 10.
② 顾廷龙. 清代硃卷集成: 卷一三零 [M]. 台北: 成文出版社, 1992: 172.
③ 顾廷龙. 清代硃卷集成: 卷二九九 [M]. 台北: 成文出版社, 1992: 429-432.
④ 顾廷龙. 清代硃卷集成: 卷五 [M]. 台北: 成文出版社, 1992: 170.
⑤ 顾廷龙. 清代硃卷集成: 卷五 [M]. 台北: 成文出版社, 1992: 173.
⑥ 顾廷龙. 清代硃卷集成: 卷五 [M]. 台北: 成文出版社, 1992: 269.
⑦ 顾廷龙. 清代硃卷集成: 卷五 [M]. 台北: 成文出版社, 1992: 291.
⑧ 顾廷龙. 清代硃卷集成: 卷五 [M]. 台北: 成文出版社, 1992: 292.
⑨ 顾廷龙. 清代硃卷集成: 卷五 [M]. 台北: 成文出版社, 1992: 425.

以正百官，以正万民，而必端本于一心者；施典邦国，施则都鄙，施法官府，而必推原于为极者。"① "政在礼，而以中德制之；政在乐，而以和德播之；政在兵刑，而以德、威德明布之。所以政在亮天功，以作命之德持之；政在理地职，以载物之德运之；政在饬人，纪以肇修之德宣之。"② "夫为臣则止于敬，为友则止于信，为子则止于孝，易一端复有一端之未惬矣。"③ "如是则义行，如是则心慊，如是则义行心慊而气亦不馁。"④ "由是卤莽偾事，不达于始；仓皇塞责，不达于继；进锐退速，不达于终。由是意安苟且，大法不昭；功在补苴，大化不洽；心存要结，大猷不升。"⑤ "今夫天地，一礼之所弥纶也；万物，一礼之所范围也；上下，一礼之所周浃也。君人者，将纳身轨物以临照百官。"⑥ "且夫君公至贵也，臣下至贱也，天泽至严也，堂陛又至远也。"⑦ "将见始则愧其不善，继则悔其不善，终且改其不善；将见始则渐以引起善，继则复以全其善，终且恒以固其善。"⑧ "予岂好为纵横之辩哉？予岂好为捭阖之辩哉？予岂好为谈天雕龙之辩哉？予岂好为炙毂滑稽之辩哉？"⑨这些例子皆若此，以此可见，排比句在清代会试文中可谓俯拾可见，它是一种非常重要的加强文势的修辞格。

除此而外，清代八股文里还有"顶真""回环"辞格出现，其文如下：

1. "然则今之天下，何其不知有政也？不知有政，由其不知有心也；不知有心，由其不知人之所以为人也。"⑩（顶真）

---

① 顾廷龙.清代硃卷集成:卷五[M].台北:成文出版社,1992:36.

② 顾廷龙.清代硃卷集成:卷五[M].台北:成文出版社,1992:37.

③ 顾廷龙.清代硃卷集成:卷六[M].台北:成文出版社,1992:126.

④ 顾廷龙.清代硃卷集成:卷六[M].台北:成文出版社,1992:240.

⑤ 顾廷龙.清代硃卷集成:卷六[M].台北:成文出版社,1992:329.

⑥ 顾廷龙.清代硃卷集成:卷八[M].台北:成文出版社,1992:220.

⑦ 顾廷龙.清代硃卷集成:卷八[M].台北:成文出版社,1992:224.

⑧ 顾廷龙.清代硃卷集成:卷十[M].台北:成文出版社,1992:13.

⑨ 顾廷龙.清代硃卷集成:卷十四[M].台北:成文出版社,1992:374.

⑩ 顾廷龙.清代硃卷集成:卷三[M].台北:成文出版社,1992:157.

2. "有心必有性，有性即有天，天在于赋性之初，性禀于受生之时。"①（顶真）

3. "诚以君子不可以不修身，而修身必以达道，达道源于达德。"②（顶真）

4. "运以思，而官骸虚器无不载于精心，则思虽幻，而用之于诚则真。真故不杂，不杂故取乎性分所固有者。

慎以思，而方寸灵明无不全其物则，则思虽虚，而丽之于诚则实。实故不欺，不欺故举夫日用所行习者。"③（顶真）

5. "今夫性贵乎存，而所以存之者其心也；心贵乎养，而所以养之者其性也。"④（回环）

此几联气势雄沛，尤其第5联，首谈"性"，以性之存，在乎心，心贵乎养，养之在性，在一个链环的叙述中，又回归本初之"性"，首尾相接，浑然一体，颇具战国纵横遗风，因之说服力极强。其他如"古帝王正一己以正朝廷，正朝廷以正百官，正百官以正万民。所由申命用休，而膺受多福者，用是道耳"⑤"有人居德之末，有土居人之末，有财居土之末"⑥"非有德而何由众人咸归，非有人而何由任土作贡，非有土而何由随地出财"⑦亦为顶真。

事实证明，上述修辞手段的使用的确使八股文本身如金线串珠，更其洵美，这都需要在长期大量修辞练习的基础上才能得以成其自然，达到圆熟纯美的境界。总体而言，丰富多姿的辞格运用充分表明此时期八股文较前朝八股文更具明确的修辞自觉意识，这是八股文文学性增强的鲜明表征。同时我们也须认识到，说八股文文学性增强，只是针对其文本内部的

---

① 顾廷龙. 清代硃卷集成: 卷四[M]. 台北: 成文出版社, 1992: 153.

② 顾廷龙. 清代硃卷集成: 卷五[M]. 台北: 成文出版社, 1992: 151.

③ 顾廷龙. 清代硃卷集成: 卷六[M]. 台北: 成文出版社, 1992: 184.

④ 顾廷龙. 清代硃卷集成: 卷五[M]. 台北: 成文出版社, 1992: 156.

⑤ 顾廷龙. 清代硃卷集成: 卷五[M]. 台北: 成文出版社, 1992: 352.

⑥ 顾廷龙. 清代硃卷集成: 卷五[M]. 台北: 成文出版社, 1992: 56.

⑦ 顾廷龙. 清代硃卷集成: 卷五[M]. 台北: 成文出版社, 1992: 56.

文学特色而言，正统八股文本身并非文学作品，这种认知不能混淆。

八股文重在说理，因此拟人、夸张、反语、通感、双关、比喻、仿词、反语等描述性的辞格不适宜出现其中，而反语则因其违反"中庸""温柔敦厚"的美学原则而不为八股文所采用，由此可见，八股文的严肃书面语语体特征以及特殊的书面交际行为对其辞格运用施加了一定的影响，使其具有了自己的语言特色。

小　结

八股文能够中式，除了遵循当时语境下的程式，除了反映和传播理学，最关键的一个因素应当是其文本在修辞方面的花样翻新，这是它保持旺盛生命力的前提之一，毕竟任何读者都不愿身为瞽者，一直摸索真正千篇一律、毫无趣味的文字。

对清代八股文语体的考察，首先应当着眼于它的"类型化"特征，这种特征是附属于其文体特征而存在的、区别于他类文体的个性特征。通过对大量的清代八股文本的考察，我们发现，清代八股文与同时期他类文体相较，有一些比较突出的个性特征，如大量的"四字格"结构出现，且其结构类型、韵律节奏类型皆表现出前所未有的丰富性。与此同时，清代八股文在文本声律之美上较前亦更协调。此外，在修辞运用上，清代八股文也比明代有了一些新变。

正是通过对这些特定语言现象进行剖解分析，我们才可以清晰地看到为了达到与考官和其他读者有效沟通的目的，清代士人主观上是做了艰苦卓绝的努力的，清代八股文并非"千篇一律"的无用空文，至少在文章的修辞上，它为后世之人提供了可资借鉴的大量文本，这些文本的文学性较前朝更强，这是值得肯定的。

第四章

清代八股文的体法

　　"体法"原指书画的格局和法式，如张怀瓘《书断》说蔡邕："工书，篆隶绝世，尤得八分之精微，体法百变，穷灵尽妙。"①贾耽《赋虞书歌》："众书之中虞书巧，体法自然归大道。"②此之所谓体法，就是指书体的写作格局和方法，上文所述"体法百变"及"虞书巧"其实指其书写方法"百变"与"机巧"。张氏《书断》另有论曰："或体殊而势接，若双树之交叶；或区分而气运，似两井之通泉……矩折规转，却密就疏，有似夫孝子承顺，慎终思远之心也……耀质含章，或柔或刚，有似夫哲人行藏，知进知退之行也。"③此处"体殊而势接、矩折规转、却密就疏、知进知退"云云原指书画运锋之"法"，如何相辅相成，如何布局成书，引申至八股文，恰可类比其正反、顺逆、钩渡挽、起承转合、"倚峰成文"等文章矩矱。

　　无独有偶，龚笃清在综述明清八股文时说：成、弘的八股文特别讲究写作方法与文章的气脉，制格、炼局法已具备，各体文章的起伏开合等基本写作方法至此已经齐全。后人称此时的名家名作为'无一字一句不是法度'。形成了为后人所遵从的'成弘法脉'，开了后世不断探求八股文作

---

①　（唐）张怀瓘撰，邵军校注. 书断·神品［M］. 太原：山西教育出版社，2018：58.

②　王仲镛. 唐诗纪事校笺：下［M］. 成都：巴蜀书社，1989：1341.

③　（唐）张怀瓘撰，邵军校注. 书断·序［M］. 太原：山西教育出版社，2018：2-3.

法之先河。"①这里明言"制格炼局和起伏开合"为基本的写作方法。二者相合，即可将文体的"体法"作为文体形态的一个板块单列论述。

第一节　与世沉浮："议论体"的特征与嬗变

体法指统摄于体裁下的某文体的主要文法。故若论体法，先知体裁，清代八股文属于"议论体"的文章，此说实有据可查。刘勰《文心雕龙·论说》云："圣哲彝训曰经，述经叙理曰论。论者，伦也，伦理无爽，则圣意不坠。昔仲尼微言，门人追记，故抑其经目，称为《论语》。盖群伦立名，始于兹矣。自《论语》已前，经无'论'字；《六韬》二论，后人追题乎？详观论体，条流多品：陈政则与议说合契，释经则与传注参体，辨史则与赞评齐行，铨文则与叙引共纪。"②徐师曾更进一步将"论"分为八类："理论、政论、经论、史论、文论、讽论、寓论、设论。"③嘉庆戴殿泗之八股文《虽曰为学，吾必谓之学矣》眉批曰"推波助澜，议论喜不着迹"④，就非常显明地标识了该文本的体裁属性。其他的所有使文章更引人注目的文体特征都是在"议论体"这个标识领属下的作文法式。

清代八股文跟其他"议论体"文最本质的区别，是别的议论文可以为天下所有事体、人物发论，清代八股文却是"代圣人立言"，即该类文本的议论乃为圣人贤者描画心声，这种代言并非简单地解释和输出，而是打着每一个作者自身社会基础、人生阅历、文化水平、情感认知烙印的半虚构性写作，其中凸显的圣贤模样，亦是摹写原始形象基础上超越经典、再创造之后的新形象。

以此为基考察，因不同时期的士人受其时社会意识形态、文化情态之

---

① 龚笃清. 八股文汇编：上 [G]. 长沙：岳麓书社，2014：8

② （南朝·梁）刘勰著，韩泉欣校注. 文心雕龙·论说 [M]. 杭州：浙江古籍出版社，2001：96.

③ 徐师曾. 文体明辨序说 [M]. 北京：人民文学出版社，1962：131.

④ 顾廷龙. 清代硃卷集成：卷四 [M]. 台北：成文出版社，1992：51–54.

影响甚大，故清代八股文议论的模式，亦表现为一个从清初的理性充溢至清末的感性浸染的动态嬗递的进程，士人笔下千人千面的圣贤形象，就在这种浸润着作者社会观念和情感色彩的议论中悄然站立起来了。

一、与世沉浮的圣贤形象

从主观角度观察，八股文作者论述的方式与他种文体不同，士人须以对偶对仗的句子为主，散句为辅，把附身于"圣人"之后作者自身的观点说透、说圆。人随世迁，故而其所书之圣贤亦可"与世沉浮"。

（一）代圣贤立言的模式

八股文自古以来就是以"代圣贤立言"为其书写模式的，这种结构模式，规定了八股文必须模拟圣贤的口吻、心思发言立意，拟人声口虽有限制发挥的弊端，却也有其不可否认的长处。正因为文本须代圣人立言，所以写作者必得熟读经典，且要准确揣摩圣贤心意，这就使得写作过程具有了发扬经义、心有灵犀的动态捕捉过程，这种动态捕捉过程又以静态的八股文呈现于读者的视野，构成了一个完整的语言交际过程。跟任何一个成型文本的出炉过程相似，这一进程既有形象思维的运作，也有理性思维的管控，既有世界、作者，也有作品、读者。

康熙壬辰谢济世之八股文《由尧舜至于汤　一章》，题目出自《孟子·尽心下》，孟子认为：社会治乱之循环周期为五百年一次，每有乱世必有明君贤臣出现。而孟子所处时代战乱频仍，民不聊生，他切盼明君以实现自己的政治抱负。但其理想，终至破灭。作者谢生破题曰："历叙道统之传，见与闻常常相望也。"[①]要代孟子立言，必先精准定位这一段话的中心，即"道统之传"与"见闻相望"。这是作者代言立意的起始点。文章接下来继续揣摩孟子处于斯时斯地的心态，以孟子口吻发表意见，说："道统之在天下也，其递相传者，人之力耳。然而非一人之力也，当时则有亲炙之者，后世则有私淑之者，两相待焉，两相需焉，而道始昭然于天地之间。盖尝盱衡往古，而知其可据也。贞元之会，大率以五百岁为

---

① 顾廷龙.清代硃卷集成：卷三［M］.台北：成文出版社，1992：51–54.

断。而此五百岁之中，有见知之人，有闻知之人，夫固历历不爽者。"①作者深刻理解孟子之苦，故而代孟子言曰：明君贤臣代有相传，必会出现。掩卷闭目，一个积极探索并力图摆脱痛苦的孟子形象跃然而生。嘉庆甲戌刘礼奎之八股文《子曰：德之不修，学之不讲　一节》，此题出自《论语·述而》，孔子在此章阐论学习的本质是不断修正错误，达到思想上的超越，他为世人不秉持道德、不传播正确的学习理念、不履行义理、不善改过而担忧。作者在冒头部分写道："圣人历言为学之弊，而自明其所忧焉（破题）。夫不修不讲，不徙不改，则无以日新也。圣人犹以为忧，学者可不勉哉（承题）！今夫人日从事于道，而渐以居德，赍以观文，益以迁善，损以窒欲，则名教中有乐地矣。（起讲）"②破题即已阐明"为学之弊"乃圣人所言，承题部分进一步推进，认为要每日精进，必须要"修讲徙改"，这是"圣人犹以为忧"之事体，并非作者之自创，斯"代圣人言"之显著表现。

《清代硃卷集成》其他诸篇，率皆如是。可见八股文旨在发扬经典，篇篇"代圣贤立言"，这已经成为不争的事实。

（二）代言与述怀的和谐统一

八股文"代圣贤立言"，是否意味着文中毫无作者一己之见，完全类于"帖括"的背诵默写，或者如宋元经义的简单解经，只能照猫画虎，不能翻新出奇、独抒胸臆？本书通过对清代八股文的精读，得出此结论：其实不然，八股文尤其是清代会试文是有着作者自身情感显示的文本，即"名代实述"。其关注点有二：

一是要关注"代圣贤立言"的"代"字。刘咸炘论及八股文时尝云："论其源流，大抵化、治、正、嘉为正，而隆、万、启、祯为变，正者不过注疏讲义之支流，变者乃知源论世之渊海。"③刘氏博洽淹贯，对八股文正、变之根基认识十分精准，其言论很明确地指出了八股文由起始时期

---

① 顾廷龙.清代硃卷集成：卷三［M］.台北：成文出版社，1992：51.

② 顾廷龙.清代硃卷集成：卷五［M］.台北：成文出版社，1992：345.

③ 刘咸炘.文学述林·四书文论［M］.桂林：广西师范大学出版社，2007：69.

的"注疏讲义"到后期"代言论世"之嬗变过程。

既然是"代"言，并非圣贤本人现身说法，作者固然要遵循经典发声蓄势，但是如何去"代"却是有足够的转圜空间的，这个看似有限实则无限的填充空间就给予了作者以"代言"找"同知"、以"代言"抒"块垒"的可能性。钱基博论曰："世论多以八股文代古人语气，未易见抱负，然非所论于豪杰。而明贤借题发挥，往往独抒伟抱，无依阿澳涩之态。"①这里所谓"借题发挥"，正是以别人酒杯浇自己块磊，这是将代言之"代"作为此词之意义中心阐释的。章学诚在《与朱沧湄中翰论学书》中云："举业虽代圣贤立言，亦自抒其中之所见，诚能从于学问而以明道为指归，则本深而末愈茂，形大而声自宏。……制举之初意，本欲即文之一端以觇其人之本质。"②既能"自抒其中之所见"，自然就可以此"觇其人之本质"。无论是"独抒伟抱"还是"觇其本质"，都是说八股文作者能够在遵循经典前提下独辟蹊径、自成天地。

二是要关注独有的圣贤形象。既然"代言"重在"代"字，如何代就因人而异了。换言之，这样的代言过程，作者完全可以虚构出千万个不同版本的圣人，其思想内核是神似的、集中的，但是其外形气质及言语动作却各个不同，是模糊的。因而，千人所书圣贤，各述其怀，各有其味，此即"摹神"。

明嘉靖后，八股文创作较注重"摹神"③，这种摹写实际上是一种建立在虚构情境下的再创造。清江国霖《制义丛话·序》曰："要其取于心而注于手，出奇翻新，境最无穷，心之所造有浅深，故言之所指有远近；心之所蓄有多寡，故言之所含有广狭，皆各如其所读之书之分而止。吾故曰：制义虽代圣贤立言，实各言其心之所得者也。"④作者代圣贤立言时，已与圣贤相隔几千年，并未亲见亲历圣贤之人之事，何以摹神象形？沈位云："作文须设以身处其地，目击其事，体贴一段精神出来……人能

---

① 钱基博. 中国文学史 [M]. 北京: 中华书局, 1993: 931.

② 章学诚. 章学诚遗书: 卷九 [M]. 北京: 文物出版社, 1985: 84.

③ 龚笃清. 八股文汇编: 上 [G]. 长沙: 岳麓书社, 2014: 12.

④ (清)梁章钜著, 陈居渊校点. 制义丛话 [M]. 上海: 上海书店, 2001: 5.

摹写得出，即为好文矣。"①周延儒亦云："举业不可只作一场说话，性灵中具有圣贤，切莫轻易放过……今日举业，正是圣贤化身，盲人看作八股耳。"②沈位云"设以身处其地、目击其事"的过程，正是八股文虚构性的体现，其内核类于小说人物之虚构，如司马迁《史记》在史实里虚构李斯的仓鼠厕鼠之叹、张良纳履之举，李斯入厕何人得知，张良纳履又何人见得，但司马迁写起那个场景来仿佛身临其境，此非虚构而何？而周延儒所谓"圣贤化身"，恰恰也是点明了八股文代言体的"虚构性"，因是化身，宛如千手千眼观音，可以化身为千千万万种姿态，这全靠作者创作时的学养、心态、神识等来掌控，这种掌控也是有艺术性的。

代圣贤立言，首要须得肖题。刘熙载云："肖题者，无所不肖也：肖其神，肖其气，肖其声，肖其貌，有题字处，切以肖之，无题字处，补以肖之。"③这里的"肖神肖气"正类于戏剧舞台之模拟他人声气、语态、动作，演员不同，理解不同，演绎自然各有特色。比如乾隆己丑三十四年进士特克慎之八股文《天地之道，可一言而尽也》，题目出自《礼记·中庸》，原文"天地之道，可一言而尽也：其为物不贰，则其生物不测"④。它表明了道法自然的本质，作者要代言此理，必须由此生发开来。但关于如何生发，作者是自由的。进士特克慎、梦吉同年中式，故有同名八股文，其构思命意完全不同，可见此"代言"之举是同归而殊途，其发言立意的本质和散文之"形散而神不散"一致。试以表格（表4-1-1）列举二人同年同题八股文，以对比二者圣贤形象之异同。

表4-1-1　特克慎与梦吉同题八股文比较表

	特克慎《天地之道，可一言而尽也》 （中式第六十五名）	梦吉《天地之道，可一言而尽也》 （中式第八十七名）
破题	即天地以观，有可约言者焉。	论道于天地，有约举而靡遗者焉。

---

① （明）袁黄辑. 游艺塾续文规［M］. 上海：上海古籍出版社，1995：179.

② 王水照. 历代文话［M］. 上海：复旦大学出版社，2007：3159.

③ （清）刘熙载. 艺概·经义概［M］. 上海：上海古籍出版社，1978：172.

④ （元）陈澔注. 礼记［M］. 上海：上海古籍出版社，2016：598.

续表

	特克慎《天地之道，可一言而尽也》（中式第六十五名）	梦吉《天地之道，可一言而尽也》（中式第八十七名）
承题	夫天地之道，固人所目为难言者也，而可以一言尽之。欲知天地者，不可知其要乎？	夫一言甚微，而天地之道可以尽之，固不在于多言也。观于此，而至诚不可知乎？
起讲	且以造化之难知也，不晦于无言，而晦于有言，尤晦于多言。不审其指归所属，则徒见支离；既得其体要之存，则无烦词费。试为之约指焉，而知造化之功能，固无庸妄参一解，而亦无事乎索解之纷也。	今夫参两间之消息，而不叩其真宰之所存，则形而上者谓之道，有言不尽意者矣。抑知元气之充周，固纷然其莫纪；而真精之妙合，实显然其易明。试从仰观俯察之余，一默窥夫全体，觉化流终古，而理具目前，正无事于繁称博引为也。
起股	帝载妙元功之运，而清宁奠位，遂为浅见者之所震而警。顾分阴分阳，而有非阴阳所能统者，试为之钩元提要，而大造无可秘其藏。 鸿钧有至化之数，而健顺呈能，一任寡识者之窥而度。顾示易示简，而有非易简所及赅者，试为之探本穷源，而两仪不能留其蕴。	溯乾坤之橐籥，静专动直，每难索本始于阴阳，而冲默无朕之中，端倪其可露也。则欲究大旨，以推寻而提要钩元，片语已足契形声之始。 探大造之机缄，下济上行，谁克辨升沉于清浊，而变动无方之体，真意其可窥也。则欲得旨归，以静按而穷幽鉴引，单词不难揭意蕴之微。
中股	将欲阐元黄之秘，而以一言者易之，亦似浅之乎视天地，而不知非也。论事决疑之士，必先洞悉其大旨之所存，而后反覆万端，无过推衍以曲明其说，谓所恃以并包无外者，道本然矣。况乎俯察仰观，将以范围天地而究乎其实。乾坤自有端倪，固无庸见天下之颐而拟诸形容也。道之所为，一而神也。 将欲推赜确之能，而以一言者赅之，亦似小之乎测天地，而不知非也。著书立说之子，必确守其命意之所在，极之由折三致，相与阐发而不离其宗，谓所凭以浑括靡遗者，道固尔矣。况乎上际下蟠，将以弥纶天地而执乎其枢。阖辟自涵真宰，更无俟见天下之动而观其会通也。道之所为，一以贯也。	天下实者有形，而虚者无形，天地之道，其虚而实者也。苟不能默操其简要，而徒以成像成形，推测不宣之秘，则其道且窒焉而愈封矣。惟一求夫宰制之原，而以辞简者寻其闻奥，斯审端溯本，见道者已通诸意象之先。其无蕴之弗宣也，蕴固有其至精者也。 天下常者有定，而变者无定，天地之道，其变而常者也。苟不能详究其由来，而仅以崇效卑法，侈谈无尽之藏，则其道遁焉而莫献矣。惟一求夫化醇之妙，而以词寡者契其遥深，斯睹指知归，明道者已得诸气机之表。其无旨之弗赅也，旨自有其最微者也。

续表

	特克慎《天地之道，可一言而尽也》（中式第六十五名）	梦吉《天地之道，可一言而尽也》（中式第八十七名）
后股	苟为不可名言之数，则附会穿凿，而恒苦于无据，有一词莫赞已耳。若天地则发微充周之蕴，日昭垂于两间，而愚者游其宇而不知，智者测其几而转遁，而惟此片言居要，独灼然于帝则之渊微，原可索之无声无臭。 苟属无从拟议之事，则张皇幽渺，而又病其多浮，有不解解之已耳。若天地则氤氲化醇之机，日灿陈于六宇，而滞于实者难参消息，沦于虚者未剖真精，而惟此要言不烦，能悠然于化工之主宰，无事求之成象成形。	帝载著无心之化，指似奇而至庸。扬厉铺张，泛言之而反邻于晦也。无声无臭之区，孰主宰是？孰纲维是？真原所在，自悉数之无烦。而仰体其宥密之神，直揭焉而覆无不发，岂徒易简而得天地之理乎？则惟此一言所阐，而导源以往，可以明覆载之全功。 两仪分太极之精，义虽微而实显。钩深致远，艰言之而终其蒙也。共见共闻之故，确然示人，赜然示人，妙契所涵，自深思之即得，而默识其精微之宰，明示焉而量已全收，讵止正大而见天地之情乎？则惟此一言之所包，而执极不迁，可以括清宁之总祕。
束股		是故位虽别于尊卑，道可通于健顺。有一言而明本系末，不必驰域外之观；户纵殊夫合辟，道不判夫刚柔。执一言而若网若纲，已足揭圜中之奥。
大结	为物不贰，故生物不测，则一言而天地之道尽之矣，而何疑于诚乎？[①]	进观生物由于不贰，则天地非一出于诚者乎？[②]

文题的意思是："天地的道理，可以用一个'诚'字来概括。因为诚本身专一不二，所以生育万物，深奥难测。"[③]细较二文本，两者皆将天地之大归为"诚"，但阐释的过程各有千秋。特克慎笔下之圣贤，高蹈独立，清冷温润，孑孑茕茕于旷野之中，其声清透辽远，以平和之气运寂寥之思，开篇即言"造化之难知也，不晦于无言，而晦于有言，尤晦于多言"，继而历数"约言"之因，以主题"诚"字为摄，以"要言不烦"为主线，娓娓道来，层层深入，此中圣贤，飘飘若有仙人肌骨；而梦吉之圣贤形象，气宇轩昂，开篇走来，爽朗大气，充满包孕天地、昂扬向上的豪

---

① 顾廷龙.清代硃卷集成：卷三[M].台北：成文出版社，1992：299–302.

② 顾廷龙.清代硃卷集成：卷三[M].台北：成文出版社，1992：327–330.

③ 樊东.大学中庸译注[M].上海：上海三联书店，2013：106.

健气魄，下笔如从天上掷下，侃侃而谈，谈笑风生，读之令人不禁闭目倾慕，仿若与其心田相接，振臂把酒，邀月共饮黄河边。

特克慎本篇总批为："切理餍心，醰醰有味，妙只从题四面烘托，而顶光愈见圆满，蹈虚摭实两家俱当，望而却步。"[①]梦吉此篇总批则曰："极张皇幽渺之致，而如题浑括仍复恰在个中，可谓胸有独照，笔无点尘。"[②]前文妙在四面烘托醇厚有味，后文却极尽幽渺恣肆，说明二者在构思命意上有虚有实，虚实相生，这里的"虚"即虚构场景、虚构思维、虚构人物面貌、虚构言意之辨，构成整个篇章的"醰醰有味"或"幽渺之至"的风格特点。

再以嘉庆庚辰会试文四篇同题卷相较（表4-1-2），更可知其所写圣贤形象各有其貌。

表4-1-2　嘉庆庚辰科四份同题卷（《仁者先难后获》）比较

	邵日诚（顺天府）第5名	徐汝銮（安徽徽州府）第18名	张祥河（江苏松江府）第123名	吴光镐（浙江金华府）第142名
破题	仁者无侥心，惟先其所难而已。	极拟仁者之心，一于难而已。	专务者不急其效，仁者有所后焉。	心纯乎仁者，有所后以直所先也。
承题	夫难与获，不可并念而营者也。务其所当先，而获不已后哉？	夫为其难，则必有所获矣。乃仁者只知有难也，先难后获，岂两用其心哉？	夫不有难，安有获？究非因难以求获也，盖即先后以拟仁者之心乎？	夫获即以难致，而难不与获期也。仁者有所先后，故不以获间其难乎？
起讲	且全乎天德者曰仁，必至德无不全，始为逸获之时焉，则仁者何一非难之境哉？故未致力而求效者，畏难之见也。即致力之时，而隐挟一求效之见，心以骛而分力，即以分而绌，是欲谢其难，乃不专于难，而仁者并心一志之神，或几乎隐矣。迟问仁，迟亦求夫仁而已。	且苟难之心，仁者不敢有也；知难之心，仁者又不可无也。第知其难，而或弗专其责于难，则一仁也，而两意营之；两营也，而必不能以一心制之。斯其心不能以无贰者，其心即不能以无息。吾且与子言仁者，子问仁，亦知仁者所以用心哉？	且吾人有畏难之一境，以得失之见扰之也；有知难之一心，并得失之见忘之也。天下事无不计之功效，独不可计之学问之地与心性之闲。惟知其难而不畏其难，天下亦竟无难事矣。而日有孳孳之念，固未尝少自宽慰焉。	子问仁。夫仁者，固未有为其事而无其功者也，亦未有为其事而预计其功者也。则欲知仁者之事，盍观仁者之心？

---

①　顾廷龙.清代硃卷集成：卷三[M].台北：成文出版社，1992：302.

②　顾廷龙.清代硃卷集成：卷三[M].台北：成文出版社，1992：330.

续表

	邵日诚（顺天府）第5名	徐汝銮（安徽徽州府）第18名	张祥河（江苏松江府）第123名	吴光镐（浙江金华府）第142名
起股	仁者初无自为仁人之意，当其黾皇以赴，见夫仁之谊至密，仁之道至醇，不得不全心以持之也，则仁者惟知有难也。 仁者亦只自矢为仁之常，当其竭蹶以图，见夫纷吾仁者多歧，敌吾仁者迭起，不得不全力以争之夜，则仁者惟先其难也。	以不仁之伏于仁也，为仁者必严以防其出。顾防其出，而仁之外不敢佚，仁之中多所歧，则欲动于私，而私固为欲；欲动于理，则理且为私也。 以仁之累于不仁也，为仁者必力以拒其入。顾拒其入，而不仁之念不敢萌，成仁之念有所迫，则缓其所急，而缓固害心；急其所缓，而急且害事也。	须问仁乎？今夫约而能博者，仁之事；纯而不杂者，仁之心。仁之器重道远也，以言其难；仁之安危著微也，以言其获。而求仁者，辄易言获也。未审乎层累曲折之数，而遽企高深，仁固拒以所难也，若是者，不知所先。 且易言获，必轻言难也，不致其凝静专一之功，而徒存希冀，仁亦绝以所获也。若是者，不知所先，并不知所后。夫仁者，赋畀既全，复完之以学业，其于甘苦阅历之际，境已与之俱深；志气既定，更淬之以神明，其于畔援歆羡之缘，意早有以相泯。	性分之精微，不矜捷径，浅以尝之，将有望而中阻者矣。故殚一心之勌惢，而实课之日难，知任不易胜，而修凝之力必奋焉。 精神之强毅，要在专营，分以应之，必有杂而不纯者矣。故极万理之会，归而兼储之日获，知效有徐臻，而希冀之心务绝焉。
原题		何也？难与获之辨不明，而先与后之几不审也。且夫仁者之难，非以获为偿；而仁者之获，亦非以难为券。		且夫有难即有获者，仁者所以成其德也；见难不见获者，仁者所以纯其心也。而世之求仁者，遇难而畏心生，计获而倖情起，则先后未明也。

续表

	邵日诚（顺天府）第5名	徐汝銮（安徽徽州府）第18名	张祥河（江苏松江府）第123名	吴光镐（浙江金华府）第142名
中股	夫有难即有获，持其难而获自相因至也。 有先即有后，争其先而后自不待言也。	万物未交之始，而吾仁之操舍系焉。其舍而豫操之，难也；及其舍而始操，愈难也。夫竭虑殚精，岂无左右逢源之乐，而要其遑然如不及者，不以难为苦，而转恐以获为甘。纵难之数尽变而为获之数，而所为先者如故也。仁者所为，静以存也。 万感咸集之时，而吾仁之绝续关焉。不待绝而先有以续之，难也；逮既绝而始有以续之，益难也。夫艰苦卓绝，岂无从容涵泳之机？而要其退然如不胜者，不以难为歉，而转恐以获为盈。纵获之程克尽副乎难之程，而所以为先者愈奋也。仁者所为，动有察也。	不敢以轻心掉，不敢以躁心尝，不敢以慢心乘，图其所难，难之外更无苾务也，先之而已。 无轻心，故持重以要其久；无躁心，故从容以俟其成；无慢心，故敬慎以卒其业。观其所获难之事，又非罔效也，后焉而已。	亦知重远之程，非可期诸旦暮，而歆羡已萦于寤寐，遂纷专一之神，迫于获，斯转懈乎难矣。此怠弃夫仁者也，怠弃者怯。 亦知纯全之诣，不易得诸心身，而因循已中于隐微，适以滋朋从之扰，昧于难，斯只望其获矣。此袭取夫仁者也，袭取者躁。
后股	盖难原无止境，设以难之日出而不穷，而悬一获之途以为的，讵不可以自励。然假获以励难，而难已处于后矣，有先知者矣。仁者以难之递进，即为先所见加，凡难之驯至于高深，无非先之益深其策励也。 先亦无有穷期，设以先之日进而不已，而拟一后之说以为偿，讵不可以自慰。然据后以慰先，而先已在于获矣，无所为难矣。仁者以先为功之所施，即以难为行之所实，凡先之愈涉愈危，无非难之益求益精也。	然则先后者，第自旁观言之，而当局未尝设是心也。使明知先与后为对待，则当其先，早以后为息肩之地，而难之志已纷；见其后，亦第以难为尝试之端，而获之私转甚。仁者惟一以赴之，谓为先固见难不见获也，谓为后虽见获犹见难也，而岂稍有所骛歆？ 抑先后者，亦正惟当境喻之，而局外不能悉此情也。使不知先与后为分途，则祈获者，将谬附于所先之列，而难之力已亏；所难者，将误并于所获之□，而□之情倍炽。仁者惟精以辨之，以为先获固不在难外也，以□□难，实不与获期也，而岂妄有所合欤？	人惟震乎难之名，而因难生惧，因惧生弃。逐逐者，不求所获也。不求所获，非遂忘情于获也，其先固已忘情于难。 亦惟昧乎难之实，而积难生息，积息生肆。役役者，妄思有获也。妄思有获，并非致力于获也，其先已未尝致力于难。	唯仁者震动恪恭之意，致功弥切于当几；而淡泊宁静之怀，成效悉听之异日。

续表

	邵日诚（顺天府）第5名	徐汝銮（安徽徽州府）第18名	张祥河（江苏松江府）第123名	吴光镐（浙江金华府）第142名
出题	即不言后，而犹恐非所先也已。		惟仁者心纯而欲净，欲净而谊专。	则以为先难后获焉已矣。
束股	故无论获之不可倖也，即获之念亦不可存。存一获之念，即少一难之念也。学问得失之机，其倚伏也无定。无定者，思其难以贞夫一焉，复所以责乎敦也。艰辛所不辞，奋勉所必矢，难无尽，先亦无尽。虽至从容中道，憧扰胥捐，而仁者懋勉之怀，益皇然其不敢贰。抑不独后之不可期也，即后之心亦不可恃。恃乎后之心，即加乎先之心也，存亡操舍之数，其出入也相胜。相胜者，主乎先而无以尚之，善所以称为元也。精神所必注，歆美所不蒙，先所在即难所在。虽至左右逢源，万缘退听，而仁者刚强之慨，仍勉焉其不敢安。		难在一端者，亦难在万殊。仁者以心贯之，有静识乃有固志，责其所难而初无冀倖者，遂其所获而只益思艰也。人见其既获非难，仁者见为非难不获也。难在一时者，亦难在毕生。仁者以心持之，无兼营故无旁贷，急其所先而后可弗计者，勉其所难而获自相偿也。人见其非难不获，仁者见为虽获犹难也。	一念难而即为理之复，一念获而即为欲之乘，虽于获微欲，从欲亦从理之端，而密于存理者，要不容稍参以欲也。天下之归良可券，而情殷克复，务返诸视听言动而胥诚，迨至因难而获，亦此理之自为感通，而要诸惕厉之初衷，固不藉功能以生其鼓舞。专于难而未必天之克全，稍求获而已觉人之未净。虽以获言人，见人即见天之事，而精于合天者，要不敢或间以人也。惬心之境，岂终违而念切？危微务极之造次，颠沛而罔间。就令难无所获，亦我功之犹有未尽，而诸持循之内念，更不以中道而疲其迂疏。
大结	无纷志也，无旁骛也，无退诿也，无作辍也，此仁者之全量也。	仁者之心如此。	是则正其谊不谋其利，仁者有果力，断不分其念于获之时；即使为其事而无其功，仁者无闷心，固将终其身于难之日。其斯之谓仁乎！	子欲求仁，亦勿以获间其难而已。
考官评价	新体善变，雍容庄雅，馥采以健。淡如洞泉，藻新理笃。[1]	安闲精确，制局正，用笔灵，能与前人名作外，另树一帜。[2]	直刺题局，鞭辟入里，忽纵忽擒，丝丝入扣，非才人莫办。[3]	笔老语妙，气味清疏，笔情圆净。[4]

---

[1] 顾廷龙.清代硃卷集成：卷六[M].台北：成文出版社，1992：157-160.

[2] 顾廷龙.清代硃卷集成：卷六[M].台北：成文出版社，1992：195-198

[3] 顾廷龙.清代硃卷集成：卷六[M].台北：成文出版社，1992：251-254.

[4] 顾廷龙.清代硃卷集成：卷六[M].台北：成文出版社，1992：281-284.

邵日诚之破题曰"仁者无幸心"，"幸心"就是侥幸之心，非分之想。破题说"先其所难"，承题应答曰"获已后哉"。其后则围绕仁者为何不存非分之想设论，以起、中各二股，分别阐释仁者不存非分之想的表现和原因，语言淡雅而雍容，其圣人形象坚韧不拔。徐汝銮则以"仁者之心一以难"破题，文章围绕"一以难为先"做文章，表明人不能三心二意，起股以"不仁伏于仁，仁累于不仁"说明如果体认不清，仁与不仁会互相转化，中股后股从正反两面充分论述"难之先后"以及从"旁观者""当局者"角色如何看待仁之用，从而悟出仁者之心为"一心于难"，其文若散步水边，纡徐从容，侃侃而谈，其风闲逸，与邵氏之文相较，又多出人意料之笔。其中所蕴圣人之像，则又豁达从容。张祥河与吴光镐之文皆八股俱全，细细品来，一个胜在布局奇妙，其中圣人谨慎克制；一个美于气味净朗清远，其中圣人若有仙姿。

题目相同，出处一致，原文所写圣贤之姿本是明确的，但士人所"立"圣贤之精神风貌、言谈旨趣却截然不同，这种不同，实因作者自身情趣、思想、审美理念有异。以此可见，发论之前，圣贤如何作者亦未必自知；发论之后，每人笔下之圣贤却是绝无仅有，这独具特色的"圣贤"形象，就在作者自抒其怀的过程中立体和生动起来了。

二、议论中内蕴的情感嬗变

由作者主观视角转向文本的客观视角，值得关注的还有清代八股文情感基调的鲜明变化。八股文阐释理学的本质特征决定了它的议论节奏必须是节制内敛的，但清代八股文处于西方思潮不断冲击和国内士人思想巨变的双重文化背景下，这种语境促使其不断地尝试变革，企图冲破这种桎梏重重的美学藩篱，这就使清代八股文的议论表现出节制中的狂野，而这种思想表达的自由趋向，正是文本文学性的深层体现。

毫无疑问，这种情感变化亦有着鲜明的"与世沉浮"的时代特性。龚笃清已经认识到这种变化的实质：

八股文是一种极具功利性的文体。统治者以之为工具来传输程朱理学，统一士人思想，培养、选拔合乎封建统治需要的人才。因此，统治者以种种功令保证程朱理学对八股文话语权的独霸，阻止任何其他思想的进入。而士人也以它为获取功名利禄的唯一手段。这样，就造成了八股文不可根治的内外矛盾：一是八股文的经学性与其体内逐渐增长的文学性的矛盾；一是统治者欲不断强化其经学性来控制士人思想与士人反抗这种控制而产生的外部矛盾。两种矛盾的冲突，形成了八股文与时俱变的特性即趋时性。综观八股文的发展、演变史，就是一部经学化与文学化此消彼长，控制与反控制不断斗争对抗的历史。①

但因为种种原因，他并没有具体追踪各时期经学消长的阶段性特征。其实，八股文创作的这种矛盾状态与其文体本质密切相关，八股文诞降之初即担负着传承经典、育化社会、选取人才的重要使命，官方是这种文体的始倡者，也是其引导者和践行者，它自然希望经学始终在八股文中占据主导地位，但这一愿景显然难以始终。八股文在发展中既受经学的束缚和牵引，又因为士人思想不断变迁而始终企图挣脱经学的桎梏，这就使八股文写作由初创期的质木无文的宗经之篇发展到后期的追求辞藻、解释经典并再创造圣贤形象之文，这是一个漫长的过程。

最初的科举并没有以议论为主的考试，而是把以诵记为主的"帖经"作为考试内容，其目的是考察士子对儒家典籍的熟悉程度；渐变而至阐释经典的解经，其目的是考量士人对经典的理解；再变而至"代圣人立言"，缘经发论，这是一个梯级渐进的过程。尤其是"代言"之后，八股文的写作完成了由"述他"到"述心"的转变，这种转变更多地体现出个性因素，从而内蕴着自由和文学的因子。而八股文写作和中式两个环节，其实就是发生与士人和考官之间的双向沟通过程。

这种链环状的双向沟通过程始终与社会的主流价值观、社会现实、人文情怀等复杂交织，构成不断变化的选择标准——"士人所代之言，考官是否承认"，这背后承载的是社会主流文化心态，故表现于议论中的情感也并非一成不变的，它随社会情态之变迁发生着或隐或显的变化。

就清代八股文而言，它的议论由清初的发论多中正和平至嘉庆的言辞

---

① 龚笃清. 八股文汇编：上 [G]. 长沙：岳麓书社，2014：1–2.

与主流社会多有抵牾、愤怒内蕴，其情感上的背离已经初步显示出来。到光绪时期，颇有一些八股文大肆抨击腐朽衰落的政局，以图推翻旧制建立新政，可知，清后期的八股文已经脱离了"载道尊经"的路途，个人之进步思想已经大幅度覆盖了所"代"之言。

（一）开国重振：中正和平

清初开科，士人们刚刚从晚明流离失所和清初少数民族统治的迷茫痛苦中跋涉而来，他们不得不正视社会已然山河易主的事实，也不得不面对残酷的文字狱和清政府的扶绥政策，且清初三大家和文人之文、学人之文相继出现，荡涤和因革同在，这种种因素复杂交织，士人们又意图重振儒学，以赈济时弊，立言发论三思乃行，必然吐辞端方有度，设论态度审慎。此时八股文，金声玉振，雍容典雅，少见诐辞嚣声，一派谨慎祥和之气。如康熙谢光纪之八股文《君子无众寡 二节》即是此期文章代表作之一。

其冒头部分文意雍容华贵，气度端肃高远，绝无紧促之状："究言泰与威之美，而见君子之无不敬焉。（破题）盖君子之心，主于敬者也，无敢慢而泰矣，俨然而威矣，此其所以不骄不猛者乎？（承题）且君子者，天下之所待治，亿兆之所观型也。（起讲）"[①]

起股和原题部分承袭冒头以来的纡徐有致，不慌不忙，意态从容，议论宛如诗、书，有理有节，令人不由臣服其中："天下之所待治，则不可不密其应酬之原；亿兆之所观型，则不可不端其临御之体。（起股）故必合身心内外之间，悉归于敬慎之中，不敢有稍自宽假之处，则天下所以胥理，而亿兆所以咸服也。是可以观君子泰与威之美矣。（原题）"[②]

中股以一个隔段对展开充分论述，全文之核心，乃在于此。作者之心念却未稍见紧张，化为文章，其状自然清远："从来能享天下之至治者，必其无所忽于天下者也。以一人而综事务之繁，积其忧勤，既劳瘁而无暇，而有意以著其愉快，则又出于任放之私，而非得于天机之畅矣。‖若君子则小心敬畏之意，常存于事务未接之先，而众寡小大，一皆兢惕之

---

① 顾廷龙.清代硃卷集成：卷三[M].台北：成文出版社，1992：61.

② 顾廷龙.清代硃卷集成：卷三[M].台北：成文出版社，1992：62.

默运。以无慢之心而处众寡，而众寡之迹悉泯；以无慢之心而处小大，而小大之形皆忘。方惟恐天下有不易处之人，有不易处之事，岂曰吾心之愉快，遂自是而生哉？然而事物之至于其前者，既书其道以相处，未尝稍疏于当境，自与吾心以可安，而不至于遗悔于事后。吾见其寅畏中存，而措置以精，体自形其从容也；严密无斁，而愧怍悉化，度自形其安舒也。斯不亦泰而不骄乎？‖抑从来能摄天下之心志者，又必其无所轻于吾身者也。以一身而临亿兆之众，安于坦易，既情亵而易玩，而有意震人之耳目，则又出于权势之为，而非得于仪型之感矣。‖若君子则敬谨自持之意，时凛于见闻不及之地，而衣冠瞻视，一皆规矩之范围。念被服为道德之章，而衣冠有所必正；思威仪为道德之符，而瞻视有所必尊。方惟恐吾身有不及省之时，有不及检之处，而岂曰四海之耳目，遂自是而肃哉？然而远近之接乎其修者，仰其圭璧之范，既有以动其则象之念；观其端庄之度，更有以动其钦翌之心。若是乎敬修之密，自饬一己之容色，而初非有心以加人也；严恪之貌，自生兆人之敬恭，而初非有心以震物也。斯不亦威而不猛乎（中股）？"①细察其文，议论用词率皆正道直行，如"天下待治""亿兆观型""稍自宽暇""敬慎之中""衣冠瞻视，一皆规矩之范围。念被服为道德之章，而衣冠有所必正"等，绝无嘈杂喧哗之辞。

　　康熙壬辰谢济世之文《事父母能竭其力，事君能致其身》亦可为其代表，文章写道："是故履厚席丰，有可以备物者，固必将其怀也；食贫居贱，不可以为悦者，亦必永其思也。今夫人所爱惜之物，莫不欲留其有余。若无所爱惜于其间，则愈用焉而愈出，亦愈出焉而愈用，而绝不留余矣。不留余者，竭之谓也。且夫事父母亦难耳。古之君子，养而能敬，安而能卒，岂徒至性使然？然苟能是，是亦足以教天下之为人子者矣。"②文章写忠君孝亲之理，其中"履厚席丰""养而能敬""足以教天下之为人子者"等语皆褒义词，透过文辞可以感知作者情感的基调是中正平和的，没有一丝一毫对世情的怨怼和愤怒。

---

① 顾廷龙.清代硃卷集成：卷三［M］.台北：成文出版社，1992：63-64.

② 顾廷龙.清代硃卷集成：卷三［M］.台北：成文出版社，1992：44.

另如康熙丁丑李继修《禹闻善言，则拜　一节》《天之所覆，地之所载　一节》、康熙丙戌王克让《设为庠序学校以教之　一节》《唯天下至诚，为能尽其性》《子曰：不知命，无以为君子也　一节》等81篇现存会试文大抵如此，绝少例外。

这种议论而不口吐厥辞的表现方式背后，是开国之初的清正气象在八股文上的投射，具有深刻的时代精神烙印，也正是清初八股文取法明代盛时风貌的直接佐证。

（二）嘉道积弊：背离初现

至嘉庆一朝，八股文的议论方式悄然发生变易，其表现在于文本中开始出现超越儒家温柔敦厚审美理想的愤激之辞，但这种愤怒尚且被理性压制着，因而大体而言尚未完全与经学分离，只是初露苗头。究其原因，是嘉庆时的社会已然显露衰朽之气，其时吏治，多有腐坏，士人毕竟手无缚鸡之力，从政治上寻求变化，是软弱的知识分子难以达到的。在自己的笔下千秋里，他们尚可以做一些暂时慰藉心灵的挣扎，这种挣扎和求变的心态也难免影响到决定他们命运的八股文。

嘉庆丙辰进士俞日炬之《不愆不忘，率由旧章》中即有议论曰："常见好大喜功之主，菲薄前人，妄事纷更，而本根已坏，弊有不可胜言者。即或尺寸自守，而拘牵物议，苟且偷安，典型于是乎废隳，几务于是乎丛脞。"[1]嘉庆开篇，八股文已有此言，文中虽乃"代言"，但此言何尝不为作者心声投射于他所描述的圣人之口呢？

此后文字，虽大旨并未脱离理法，但这种显属微词的议论不时出现，只其情态仍有几分克制，如嘉庆己未进士廉能《是故君子有大道，必忠信以得之，骄泰以失之》一文曰："是知君子之道，必有以查其机也。凝丞失位，震矜之气已生；盘几无铭，侈汰之萌已启。苟纵其欲以行之，文过饰非，示高深之莫测；玩物丧志，鄙撙节为过迂。则福善祸淫，天理难以或易；满损谦益，典谟更有明徵。流弊无穷，所由伤丛脞而堕万事者，骄泰故也。是以君子观此，当决计矣。存亡之迹，即敬忽之所由开。至性已

---

① 顾廷龙.清代硃卷集成：卷四[M].台北：成文出版社，1992：94.

通，必纳天下于在宥；眷顾已去，必致亿兆之离心。理有定然，如衡诚悬，如量诚设也。"①

观其议论词句，多有不满，"凝丞失位""震矜之气""佟汰之萌""文过饰非""玩物丧志""亿兆之离心"，虽整篇文字未必颓丧，但此文批评，与康雍乾时批评的含而不露相较，已经初步背离经典行文温柔敦厚的儒家情态，显露出其时士人纠结迷茫的精神之伤和极力压制的内心愤怒。

嘉道之际八股文，多与俞、廉二人之文相类。如嘉庆丁丑胡锡麟《仁，人之安宅也；义，人之正路也》、陶际清《君子而时中》等文，嘉庆己卯沈福清《曰：修己以安百姓》等文，道光癸巳安诗《古之愚也直，今之愚也诈而已矣》，道光乙丑姜申璠《大德不逾闲》《夫孝者善继人之志，善述人之事者也》二文，道光丙戌蔡振武《小人闲居为不善　一节》，道光戊戌徐相《言必信，行必果》，道光庚子吴荦元《赐也达，于从政乎何有》、冯桂芬《盖均无贫，和无寡》，道光辛丑刘廷榆《约我以礼》、夔达《诗云：王赫斯怒，爰整其旅　一节》，道光甲辰魏源《以为未尝有材焉，此岂山之性也哉》、蒋大镛《有所不足，不敢不勉》、恩霖《下学而上达，知我者其天乎》，道光癸卯徐时梁《人焉廋哉，人焉廋哉》《诗曰：妻子好合，如鼓瑟琴　二节》等文皆为如此之作，可见此时八股文之感情基调已然普遍发生变化。

（三）光绪变局：激烈抨击

蕲至后期，其时士人已接受了较先进的西土思想熏陶，面对落后腐坏、僵化不前的统治，他们中的先锋人士不但开始积极跻身于政治舞台，力求政局之新变，在其八股文之议论中，亦显露出激进和急于变革的心态。

如光绪丙戌进士吴鸿甲之八股文《子张问行　四节》写道："且吾推中庸为至德，而叹其鲜能，迟之久而卒，无以易吾说也。盖以日用之理为易知，别求深入；以恒常之事为易行，好为苟难。于是举天下可喜可警之故，竭其智，勉其仁，奋其勇，以求胜于人，而不顾大违于道，而贤智

———————
① 顾廷龙. 清代硃卷集成：卷四［M］. 台北：成文出版社，1992：147.

之过遂兴，愚不肖者等，则甚矣至德之鲜能也。"①同一文中，另有议论如此发抒："有假讬乎中庸者，无经济，无操持，无气节，立朝既依违而保富贵，居乡亦近似而弋声名，则流俗与之，识者终必斥之，以其能人所不屑能，而徒思假托也。若夫尽伦尽制，措诸用而咸宜，而天理人情，卒莫外焉。是二帝三王所择执以裁成一世者也，不可能也。"②这些文字，"无经济，无操持，无气节"之批评，对那些沽名钓誉之徒的抨击，已经毫不留情，深入骨髓，比之前朝之八股文，显然气血更盛。

又如光绪乙未进士胡同颖之八股文《居天下之广居　二节》，破题承题外，一气直下，快意恩仇，读之令人热血沸腾："且士大夫与人家国，坐使皇舆败绩，神州陆沉，君统几赘若旒，圣学不绝如线，此有心人所引为大耻也。若豪杰不虚生人世，抱综博乾坤之才力，举数百万之人心，平时不死于其心者，临事必尽苏于其手。是故豪杰枋国，士气奋，国耻洒，皇纲整，军统立，异教黜，圣学昌，而人心乃复大快。此身为不虚出。‖吾以仪衍③为妾妇。夫妾妇之道属乎阴教，其人必且阴贼险狠，惟知自私自利，安知天下有所谓广居正位大道，为生民之要术哉！‖政猛于虎哉！峻法而猝绳之，亦足戢其变幻。然我欲约束斯民，而操之过蹙，反以速天下之乱，非计也。故以义制天下，必得天下之大道而行之。‖学校榛莽，经籍灰烬，民智日塞哉！彼异端之訾毁我孔教者，又复肆其簧鼓之谈，谓孔子之教迂疏寡效，实于救世而无权，务使我民信其瞽谈，轻弃其学，而廉耻不恤，冥顽不灵。彼乃斥为野蛮，谓不可与邻，于是以教民为名，而挟以国力，必至逼改其祖制，驱受其宗教，使孔教为之渐灭而后快，岂不惧哉！我则是用大戚，急取此三者而与民开导之，或者先圣有灵，而民日开其知识。其知孔子之教，教人为人，我也束发读书，即为圣人之徒，岂若异端禽兽之行，绝无人理，而敢于非圣无王乎！痛大地之烟尘，群焉进其血诚，导扬圣教，使外教不敢侵凌，而正气塞于天地矣。"④文章正气

①　顾廷龙. 清代硃卷集成：卷五九［M］. 台北：成文出版社，1992：94.

②　顾廷龙. 清代硃卷集成：卷五九［M］. 台北：成文出版社，1992：95.

③　战国时期纵横家张仪与公孙衍的并称。参明徐声远诗："仪衍从来是妾妇，须眉空自称男儿。"

④　顾廷龙. 清代硃卷集成：卷八四［M］. 台北：成文出版社，1992：23–26.

昂扬，对士大夫麻木不仁充满担忧，谓其"坐使皇舆败绩，神州陆沉"；对列强瓜分中国、迫使其割地赔款之强盗行径破口怒斥，谓"寇盗充斥，其暴横恣"；对学校失职、经籍被毁十分失望，曰"学校榛莽，经籍灰烬，民智日塞哉"；对恢复儒教充满期待，乃云"痛大地之烟尘，群焉迸其血诚，导扬圣教，使外教不敢侵凌，而正气塞于天地矣"，可谓字字血泪，激情澎湃，兴会淋漓。

此等发论，在清朝晚期八股文中比比皆是，多见血荐轩辕、意气干云之情状。借八股文抨击时政，已属大胆，而这种倾向鲜明的文字能被选中式，可见官方亦颇具勇气，亦知当时朝廷之选材标准，已不仅是徒然知经解经而已，其中所"代"之圣贤形象，自然早非经典之中所述之温柔敦厚的圣贤。

从文体发展而言，一方面这种奋不顾身的议论脱离了早期统治阶级以理学治理天下的初衷，且与八股文企图为天下人正心的愿望背道而驰，这种反叛是有一定的积极意义的；另一方面，大量此类句子出现在文本中，说明此时的八股文已经脱离了其最根本的思想根基，呈现出文体本质的理性之美被严重削弱而情感表达大幅上升的态势，从思想内容上与其文体特征发生悖拗，这是当时的社会状况在八股文中曲折的体现，也是八股文文学性达到顶峰的表现。随着经学和圣贤与八股文的逐步分离以及科举考试退出历史舞台，其文体走向式微是必然结局。

以此可知，清代八股文中之圣贤形象并非千篇一律，它随着社会背景的不断变化呈现出与世沉浮的个性特征，这种个性特征其实是时代、个人、文体三者交互影响的结果。

第二节　清代八股文的篇章建构之法及其功用考论

千古文章意最高，传达圣贤之旨除了精准用词造句，还必须有一定的技法将这些零散的片段组合起来，这就是篇章构建之法。郑板桥云："明清两朝，以制义取士，虽有奇才异能，必从此出，乃为正途。其理愈求而愈精，其法愈研而愈密。鞭心入微，才力学力俱无可恃，庶几弹丸脱手时乎？"①

郑氏所谓"弹丸脱手"，本吕本中之活法说。清代八股文有着处于常态和活态的文法，其主要表现形式为：在修辞过程中使用正反对比、顺逆相接、隐显互衬以及钓渡挽的写作手法，其目的仍在于更好地突出主题、说服读者，它往往体现着写作主体理性思维灵活机变的能力；同时，它在组合过程中惯于运用起承转合之法，以此体现作者把控文本的组织之才；在行文过程中，它偶尔又以特殊的结构法则让文章显得波澜老成或内涵深远，这又会考验作者对古代议论体散文技法的熟练程度。

这些文法使清代八股文具有一种桎梏中的机趣，饶有风味。它是八股文在与古代诗文复杂的交互影响中，以复古的面目出现，以集大成的视野统率文体，在反思古代散文和八股文利弊的基础上做出的一个自然而然的选择，这种选择既是文学史的也是文体的自然传承。

一、正反、顺逆和钓渡挽的机变之功

（一）正反顺逆巧罗列

写作八股文，必须处理好若干对关系。如章法间的关系有"反正、深浅、虚实、顺逆"等，句法间的关系有"明暗、长短、单双、婉峭"等。对这些关系，"善作文者，惟能暗使而巧用之，若离此而欲求奇，未见其有成文矣"②。清代八股文在写作过程中非常注重灵活运用这几对相互对立的文法范畴，以达到增加说服力的目的。不得不说，这些文法是否使用、使用时是否得体巧妙，是八股文写作成功与否的判断标准之一。在行文过程中，这三对范畴并非孤立存在，常常是相互渗透、水乳交融的。

所谓正反，就是在写作中用正面和反面相互映衬，以更明确地表达主题的一种文法。《尧舜帅天下以仁，而民从之》一文云："本天地之生曰仁，胥天下而出于太和之保合也。元者善之长，亨者诚之通，仁所以保天

---

① （清）郑板桥著，童小畅译注.郑板桥家书［M］.北京：中国书籍出版社，2004：3.

② （清）魏祥.魏伯子文集·与从弟［M］.北京：北京出版社，2000：77.

下于各足。建中和之德曰仁，胥天下而归于王道之荡平也。建极者锡福之原，通德者类情之本，仁所以范天下于大同（起股）。此其故不在民也，亦在有以帅之而已矣（过接）。帅不徒于仁声也，尤不徒以仁言。试观诰作而疑，誓作而畔，古圣人惟恃有潜移默化之权。帅不徒以仁政也，亦不徒以仁心。逮至不介以孚，不速而成，古圣人并不自知草偃风行之用（中股）。"①文章先从正面阐释，"仁保天下于各足、仁范天下于大同"，说要以"诚善"为本，赐福类情，才可以使百姓心服口服；又从反面写"帅不徒以仁声仁言、不徒以仁政仁心"，即不能口是心非，要以实际行动感化引领天下臣民。因为正反相对、两极相生则无所不包，很好地突出了"以仁政治国，民率可从"的主题思想。

同样，姜坚的八股文《诚身有道：不明乎善，不诚其身矣也》将"明善""不然者"相对，以两个对偶平仄颇为工整的隔段对互相映衬："善有毂于五事者，一身之貌言视听，息息与帝载相感通，而惟洞悉其渊源，则作哲作谋作肃作乂之机，皆默识焉，而能研诸虑，诚之量其犹有歉欤？||而不然者，尧德克明，逊其钦安；文德克明，异其宣哲。挟真然阒觉之衷，而赋畀所存，不识消归于何有，则小之无以见善端之布濩，即大之曰以慨诚意之沦亡，而道有攸归，知圣学不矜言逸获。||善有著于四端者，一身之礼义智仁，在在与乾行相印证，而惟深探其端委，则为元为亨为利为贞之故，胥静观焉，而有会于心，诚之理其庸有斁欤？||而不然者，丽明为晋，弗逮其自昭；继明为离，弗如其两作。肆悍然无知之隐，而秉彝攸好，已觉大昧其本来，则善之蕴日习而日忘，即诚之功日漓而日远，而道有专主，知正学不崇尚虚无。"②很好地呼应了主题之"诚身之道，首在明善"。在这个隔段对里，作者极尽铺陈，将善则如何、不善则如何铺叙得一气呵成，且理正辞工，读者阅来心胸不禁一变而为阔达，不知不觉已被其文字感染。

所谓顺逆，则指在行文中句子或者紧承题意，顺流而下；或者从题意

---

① 顾廷龙.清代硃卷集成：卷四［M］.台北：成文出版社，1992：268.

② 顾廷龙.清代硃卷集成：卷六［M］.台北：成文出版社，1992：109-112.

反面入手，以反驳或倒推的方式突出主题。顺是常态，逆则是推陈出新的一种手段。

八股文在写作过程中经常使用这种手法凸显题意，显示出高超的组句调配功力。廉能八股文《是故君子有大道，必忠信以得之，骄泰以失之》之语句，既有顺承题意以立者，又有反驳题意以破者：

1. 是知君子之道，必有以清其源也。要结之术，掩袭者无以立其基；强制之功，矫操者无以持其末。惟实其心以出之。宵衣旰食，而相见以天；开诚布公，而不愚以术。则性情心术，隐隐有以相通；长养生成，息息皆关至念。海隅从欲，所由昭迥酌而格豚鱼者，忠信故也。

2. 是知君子之道，必有以查其机也。凝丞失位，震矜之气已生；盤几无铭，侈汰之萌已启。苟纵其欲以行之。文过饰非，示高深之莫测；玩物丧志，鄙撙节为过迁。则福善祸淫，天理难以或易；满损谦益，典谟更有明徵。流弊无穷，所由伤丛脞而堕万事者，骄泰故也。

3. 是以君子观此，当决计矣。存亡之迹，即敬忽之所由开。至性已通，必纳天下于在宥；眷顾已去，必致亿兆之离心。理有定然，如衡诚悬，如量诚设也。

4. 抑君子观此，当知所挟持矣。安危之机，即圣狂所自握。袯濯有具，可以挽已涣之人心；警戒无虞，可以祈永年于宝命。权有攸归，实能左右之，能操纵之也。[①]

此文题意说"忠信可得道，骄泰可失心"，前后两大股皆以顺题写意和逆题反驳掺杂对照。第1、2句先逆后顺，逆题驳辨者有"要结之术，掩袭者无以立其基；强制之功，矫操者无以持其末"，顺题写意者有"君子清源、实心以出、宵衣旰食、开诚布公"等分句。第3、4句先顺后逆又顺结，顺承题旨者为"存亡之迹，即敬忽之所由开。至性已通，必纳天下于在宥""安危之机，即圣狂所自握。袯濯有具，可以挽已涣之人心"，逆向思维者有"眷顾已去，必致亿兆之离心"，后几句皆顺题而下，如同流水，纡徐周旋，虚实相生，颇得机趣。

---

① 顾廷龙.清代硃卷集成：卷四[M].台北：成文出版社，1992：145–147.

嘉庆李如兰八股文《如有博施于民而能济众，何如？可谓仁乎》一文也为逆入，文章写道："于不易有者而设言有，贤者尚未深信其仁焉。‖夫施博而济众，不恒有也，而子贡设言以为问，殆疑其尚未尽仁欤？尝思事为世所未有之事，则其能为世所罕能之人。然岂轻许以长善为元乎？‖盖一室各私其父母，而万族不异此乾坤，惟推恩者地无可圃，斯戴德者人靡所遗。试于绝无之中而设一或有之想。"①文章题目是在问"博施而济众算不算仁"，按照题意，破题应当是肯定这种行为，但该文从反面切入，说"博施而济众"并不容易做到，"于不易者言之"，然后反说"贤者尚未深信"。承题部分说"博施而济众"世所罕有，甚至绝无仅有，既然如此难以达到，这种行为就肯定是"仁"无疑了。这种从反面烘托之手法，说服力强，其语言形式也更新奇有趣。

道光朱学澜的八股文《溥博渊泉　一句》，题目出自《礼记·中庸》，意谓圣人的德行如同清冽的泉水和无边的深渊，又像广博的蓝天那样，使百姓能够心服口服，所到之处，人人敬仰。破题即用逆入手法，"由所存以推其所发，而至圣难量矣"②。其眉批曰"逆入好"③，是评价这一文章以逆入方式破解题目，达到了饶有英悍之气的写作效果。类似的还有嘉庆己巳孔传伦《得天下有道　一节》之破题："得天下无他道也，期无失乎民心而已。"④题目说"得天下""得民心"，破题逆向阐发，从"无失乎民心"入手。

所谓隐显就是隐晦婉转地表达主题或者开门见山地推出主题。这种文法在清代八股文里随处可见，主要是针对八股文破题而言。

王克让八股文《不知命，无以为君子也　三节》之破题即为"显破"，也即"明破"，"学贵知要，圣人历为不知者儆焉"⑤。破题直述题意，毫不拖泥带水，显得干净利落。文中三个"诚知之"、三个"不然

---

① 顾廷龙.清代硃卷集成：卷五[M].台北：成文出版社，1992：59.
② 顾廷龙.清代硃卷集成：卷三[M].台北：成文出版社，1992：47.
③ 顾廷龙.清代硃卷集成：卷三[M].台北：成文出版社，1992：47.
④ 顾廷龙.清代硃卷集成：卷三[M].台北：成文出版社，1992：79.
⑤ 顾廷龙.清代硃卷集成：卷三[M].台北：成文出版社，1992：23–26.

者"皆为显述之法，直截了当地论述"君子""立""知人"之智慧。

王氏另一八股文《唯天下至诚　五节》同为明破，题目以"至诚"起首，以顶针格一气顺联而下，以"与天地同参"结尾。文章破题云："推尽性之功于至诚，而量同乎天地矣。"[①]题目追本溯源，将"至诚"与"天地赞化"组成因果关系，破题则简括题意，不扭捏，不迁回，让读者一目了然，便于下文展开论述。

谢济世《事父母能竭其力，事君能致其身》一文破题为"暗破"，即并不直言其事，另辟蹊径以通幽。文章破曰："能人之所不能，立诚于君父者然也。"[②]破题并未直言事父母、事君若何，却以"能人之所不能"来概括"竭其力、致其身"，题目破得含蓄婉曲，自有意在言外之韵致。

（二）跌宕徐行钓渡挽

如果说"正反、顺逆、隐显"是针对八股文局部结构所采用的一种文法，那么钓渡挽就是针对文章整体皴染呼应、穿插布局的法则。钓渡挽最早是用于八股文截搭题的文法，后一般八股文亦采用此法，以求使文章波澜起伏、首尾浑然。

商衍鎏曰："截搭题则无论长短搭、有情无情搭、隔章搭，其法皆用钓、渡、挽。'钓'者由题首直钓题尾，而仍还到题首，用于小讲后领题处。'渡'者扼住题首题尾驾驭中间，然后从题首渡到题尾，用于提比后之出题处。'挽'者循题尾以倒卷题首，用于后比落下处。钓、渡、挽，俱要掩映收纵，绾合自然，裁剪消纳，并带中间，方得埋伏稳渡反照之妙。"[③]这里所谓"领题"即为入题，提比即为起股，后比即为后股，所称不同，其实一也。截搭题一般分为上下两截。从上截的上文，钓出下截；下截收处，仍落到上截，这就叫作钓。扼住上截下截，驾驭中间，然后从上截过渡到下截，这就叫作渡。从下截挽到上截，然后再落下文，这就叫作挽。这三种笔法，都是暗含变化相互依存的手段，因此可谓之"钓

---

①　顾廷龙.清代硃卷集成：卷三[M].台北：成文出版社，1992：27-30.

②　顾廷龙.清代硃卷集成：卷三[M].台北：成文出版社，1992：27-30.

③　（清）商衍鎏著，商志馥校注.清代科举考试述录及有关著作[M].天津：百花文艺出版社，2004：251.

伏渡挽"。

小题难作，因其割裂经义，还要做到天衣无缝，故此更考验士子的制义功力。康有为在《请废八股试帖楷法试士改用策论折》中批评道："若夫童试，恶习尤苛：断剪经文，割截圣语，其小题有枯困缩脚之异，其搭题有截上截下之奇，其行文有钓伏渡挽之法。"①康氏原意是反对这种出题和作文的方式，但恰可反证钓渡挽之文法在清代八股文中常见常用。且从此端看，它增加了题目难度，防止士人因袭抄袭；从彼处省，它也的确成为士子翻新逞才的一种手段。

笔者所辑仅有的十几篇小题作文，尽皆深得"钓渡挽"之妙。如乾隆吴培源之八股文《人皆有不，政矣》，题目出自《孟子·公孙丑》，原文为："人皆有不忍人之心。先王有不忍人之心，斯有不忍人之政矣。"②文章写道："世人以皆有之心，惟先王能不负所有也。（破题）盖有是心，即有是政，乃不忍人之心，人所皆有，何先王独有其政也。（承题）孟子慨当时多忍人之政也，曰：人道之所以不绝于古今者，赖此生生之理，具于同然之心。而大法之昭垂，因以历千古而不敝。然而法垂于古，心与法而俱传；法废于今，法遂若与心而俱泯。然则今之天下，何其不知有政也？不知有政，由其不知有心也；不知有心，由其不知人之所以为人也，而亦思人固何如者。（起讲）"③题目截去上句后半句，中间一个分句，又截去下句前半句，是清代会试八股文里少见的有情截搭题，作者破题云："世人以皆有之心，惟先王能不负所有也。"④以"皆有"钓出下截"先王不负所有"，此为钓。

其后作者又说："人与人同生于天地，而太和所保合，其各正性命者，人与人相合，而同类则相亲，同气则相感，合以成太和之宇宙焉。‖人与人托命于乾坤，而资始，而资生，以大生广生者，人与人相同，而形骸非隔膜，性情可相通，合以徵生始之同源焉。（起股）未有人之于人而

---

① 康有为. 康有为散文 [M]. 上海：上海科学技术文献出版社，2013：155.

② （战国）孟轲著，杨伯峻译注. 孟子 [M]. 长沙：岳麓书社，2000：56.

③ 顾廷龙. 清代硃卷集成：卷三 [M]. 台北：成文出版社，1992：157.

④ 顾廷龙. 清代硃卷集成：卷三 [M]. 台北：成文出版社，1992：157.

忍焉者。（过渡）物类忍于相残，犹恶其为不祥之物，而何况于人？人苟忍于戕物，犹恶其伤天地之和，而况人之于人？（中股）则不忍人之心，其皆有之固也。夫惟皆有是心，而上鲜循良之治，下少亲逊之风，胥虐胥戕，且见残忍之日甚，此天理之所以销于人欲也。吾于是因政事之日非，而忧然有念于先王矣。（过渡）"①此处上下截之间有桥梁，以中间一段"先王有不忍之心"，此为钓之所伏"渡"。

继而有："先王不忍乎天下之人，而因以其心，遍洽乎千万人之心，而不虞其给之不足，盖心有以裕乎其政也。与生俱来之理，浑然具足而流于即溢，顺以出之，一有而无不有焉。人第见其政之所布者，若是其周详也，而只以全吾心本然之量。||先王并不忍乎后世之人，而因以其心，远孚乎千百世之心，而不虞其道之或睽，盖政有以协乎人心也。粹然无私之体，生意常流而感而遂通，顺以应之，有其所自有者焉。人第见其政之所本者，若是其宏深也，而只以合人心大共之原。（后股）有不忍人之心，斯有不忍人之政，先王之不负其所有如此，而奈何不知人之所以为人，因不知人之所以为心，并不知心之可以行政也。（出题）吾故为行政者正告之曰：人皆有不忍之心。（大结）"②从下截"不忍之政"挽到上截"皆有之心"，再落到下文"先王不负"，此为挽。全文钓渡挽紧密结合，使得文气圆润如珠，毫无纰漏，自有其强大的说服力，是截搭题中之佼佼者。

清代八股文现存卷目中小题颇少，但此法颇有机巧，故而延及后期，此文法亦被广泛用于一般八股文中，悟其妙谛，自有法门。

如何之妙？试再以长题《子曰：参乎！吾道一以贯之　一章》为例阐释之，文题出自孔子与弟子曾参以及其他弟子三个人的对话。其文如下："圣人以一传道，大贤示学者以修道之要焉。（破题）夫本一以为贯，即由忠以行恕也。曾子有悟于圣人之言，门人其亦思夫圣人之言欤？（承题）"③此篇题目是一个大题，内容包含孔子与学生曾参的对话，以及曾

① 顾廷龙.清代硃卷集成：卷三［M］.台北：成文出版社，1992：158.

② 顾廷龙.清代硃卷集成：卷三［M］.台北：成文出版社，1992：159–160.

③ 顾廷龙.清代硃卷集成：卷三［M］.台北：成文出版社，1992：7.

参对于夫子忠恕之道的理解，篇幅虽短，情节历历，因而破题做到简洁并非易事。此文采用明破和正破，开宗明义，正面点出夫子传道的核心"一以贯之"，继而将诸学者的对话以"大贤示学者以修道之要焉"包含殆尽，要言不烦，毫无拖泥带水之感。破题部分作者以上截"以一传道"钓出"修道之要"，承题起讲部分又以"曾子有悟，门人其亦思"[①]进一步阐发题意，呼应主题，且导引下文"门人之思"，下文开始详尽阐解。承题、起讲、入题三者为此文之"渡"，指出"道本同源，惟心求之，不能体备无遗"，这部分内容吊住上截"修道之要"，又引出下截"曾子之求道、门人之求道"并相互比较。

此文起股短小精悍："然而曾子之求道也，察识之精，较之门人为倍详。曾子之题道也，真积之久，较之门人为独至。"[②]此股将曾子与门人对于道之体解两相对照，指出曾子查识备详、体道独至，较门人更胜一筹，是先连接承题和起讲部分的比较，又抛出中股"夫子呼而告之"部分，此为挽。

其中股为隔段对：

故夫子呼而告之曰：参以天下万有之端，皆道之所灿著也，然非能自为灿著也。试思天地古今之大，寒燠之推迁，运数之递更，孰非阖辟之流行而各正乎？况于动静作息之常，宁无所以宰乎此者？

吾第特原以往，自极之万变而不穷也，夫亦何容泛物也！

抑以天下不齐之务，皆道之所散殊也，然非能自为散殊也。试思经纶参赞之业，曲成而不遗，范围而不过，孰非性命之本敷施而无外乎？况于经权常变之分，宁无所以统乎此者？

吾第执要以图，自措诸身世而咸宜也，夫亦何事他求欤？[③]

这两比文体特征比较独特，由两大扇对仗工稳的句子两两隔段相对。在八股文里，这种句式本也常见，但是将长对句罗列于前，而短对句措置

---

① 顾廷龙.清代硃卷集成：卷三[M].台北：成文出版社，1992：7.

② 顾廷龙.清代硃卷集成：卷三[M].台北：成文出版社，1992：7.

③ 顾廷龙.清代硃卷集成：卷三[M].台北：成文出版社，1992：8.

于后，两两隔句成对的结构方式还是新奇可异的。相较于常规的短—长—短—长结构所形成的平稳端庄，此长—短—长—短两两相对的结构有头重脚轻之感，但这也正是文章以两个短句罗列于两个长句之后，双双对偶所企图达到的突破常规的美感，此或作者有意为之。

其过接"道一以贯之，彼曾子者，积学有得，早默喻于知至行尽之余。而一言直示，遂不禁其声，人心通之，速应之曰：'唯斯时之曾子悟矣，而斯时之门人疑矣。'以为天下之道，至不一也。即曾子平日犹且一一求之，而忽以一贯之，旨相得于忘言之表，不几于威而莫测，虚而难凭乎，此子出而有何谓之问也？曾子曰：夫子之道，即人人共有之心也"[①]则以几个单行散句阐明人们对于夫子之道的普遍认知，转而推出曾子之理解，即夫子之道，乃人人共有之心也。以此理解引出下文，顺理成章，一气呵成。

后股两大对："心无不备之理，特恐继起多私，则纷而多隘矣。惟能尽己之心，充其本然之量，廓然而无我，则称物平施，天下之心，皆可以吾心推之而不失，是即万物一体之义矣，亦人人共具之性也。||性无不至之情，特恐人事或伪，则漓而日薄矣。惟能尽己之性，全其在天之纯，殷然而冏间，则类情通欲，天下之情，皆可以吾情顺之而各得，是即至诚无息之用矣。"[②]以"心""性"为两个核心，出句和对句对仗非常齐整，字数相等，平仄相对，读起来朗朗上口，而语意简明，不言而喻。

束股："忠恕而已矣，又何疑于一贯之说也？是知道无二道，一以为贯，固可于功之既至者示之；忠以行恕，亦无不可于学之未至者共勉之也。"[③]先呼应题目，继而以意思相对而字数不等的一对句子总结作者之意旨所归，指出道无二道，一以为贯。大结以"则大道之传，其流衍于人心者，诚无时而或息也夫"[④]跳转开来，以道之传承为意，与文之悟道传道之意暗中相吻合，独辟蹊径，自成一统。

---

① 顾廷龙. 清代硃卷集成：卷三[M]. 台北：成文出版社，1992: 8.

② 顾廷龙. 清代硃卷集成：卷三[M]. 台北：成文出版社，1992: 9.

③ 顾廷龙. 清代硃卷集成：卷三[M]. 台北：成文出版社，1992: 10.

④ 顾廷龙. 清代硃卷集成：卷三[M]. 台北：成文出版社，1992: 7-10.

总体看来，首先将题目《①子曰："参乎！吾道一以贯之。"②曾子曰："唯。"子出文，门人问曰："何谓也？"③曾子曰："夫子之道，忠恕而已矣！"》三分，其钓渡挽之迹就清晰可见。

在承题部分，由题首①"一以为贯"，直钓题尾③"修道之要"，指出其要为"由忠以行恕"，继而回到题首①"圣人传道"，以曾子及其门人之举示"传道"之实，是为钓；起股后有一入题处，文章曰"如曾子之与门人，皆学夫子之道者也"，此正乃对题目掐头去尾后阐释中间一段②，起到引领中股、后股之作用，是为渡；后股落下之处曰"是即至诚无息之用矣"，与题尾"则大道之传，其流衍于人心者，诚无时而或息也夫"倒卷题首"圣人以一传道，大贤示学者以修道之要焉"，是为挽。

全文首尾照应，气机流畅，观其落笔、命意不屑纤尘，独标清新。如春山秀濯，晴霞郁蒸，钓渡挽安排得自然无隙，犹如东坡竹杖芒鞋之态，淡然出尘。比之古文，结构更严谨，其内容虽集中在经典阐释上，而作者之情感气血、人生之至理妙道蕴含其中，精心谋篇而状似无痕，实机变之上佳境界。

二、起承转合之法的整合之功

若言钓渡挽之机变偏重细部皴染之举，起承转合则为穿针走线之法。起承转合之法最初是八股文独有的文法，后世为散文、戏剧和小说所吸纳，又反过来影响了八股文的创作。至清代，这一文法在八股文中运用得更加娴熟，王凯符《八股文概说》云：

综观八股文各部分之间的内在联系，所谓"起承转合"，破题是解释题意的，这是八股文章的"起"。承题、起讲进一步阐发题意，从而引出"入题"的文字，"承题""起讲""入题"即是八股文的"承"。用排比、对偶写的八个段落八股，阐述发挥作者的认识，这是八股文的"转"。文章末了的"收结"或落下，收束全文，这是八股文的"合"与"收"。①

---

① 王凯符. 八股文概说［M］. 北京: 中华书局, 2002: 13.

王夫之亦论曰：

起承转收以论诗，用教幕客作应酬则可。其或可者，八句自为一首尾也。塾师乃以此作经义法，一篇之中，四起四收，非蠹虫相衔成青竹蛇而何。①

八股文反正、深浅、虚实、顺逆、明暗、长短、单双、婉峭等文法，皆在字里行间，而由起承转合之轴穿针引线，将这些零散的"蠹虫"紧密连接在一起，才可使文章浑然一体，成"青竹蛇"之态。

起承转合之法使用得当，整篇文章就会文从字顺，毫无穿凿痕迹，自然圆润。若使用不当，就有可能使文意断裂、穿凿或者脉络混乱，使读者如坠云里雾里，茫然不知所措，削弱八股文本身的感染力和表现力。

试以乾隆进士王鸿中及汪长龄二人的同题八股文为例，以觇八股文起承转合之法在文本中的使用情况。

王鸿中的《子曰：女奚不曰》，此题目出自《论语·述而》，是一道截下题。作者写道："圣人以言昭贤者，不欲人之虚所问也。（破题）甚矣，夫子之圣，不必与叶公言，而正不必不言也。故因子路之不对而异之。（承题）"②此文以虚笔入题，巧为周折，破题之中心意旨是说子路不回答叶公之问使得孔子很惊讶。承题部分紧承题旨，解释题目意思。这是全文之"起"。

此后是起讲和入题两段文字："今夫春秋有圣人，其德之至隆者，有忧乎莫及之规，而无秘而不宣之隐。盖惟不与人以易及，而圣学以尊；惟不示人难宣，而圣教以广。吾尝情殷卫道，而转至缄口而不传焉，要与圣人之意无当也。说在叶公有问，而子路不对是己。夫子之诏叶公者亦多矣，与之论政，又与之论直，意叶公非不可与言之人，而夫子之诲人不倦者，殆将尽人而偕之于道也。况乎向慕方殷，所谓谒吾徒而来请者哉（起讲）！子因由之不对而进之曰：女将以予为未易言耶？女将以叶公为未足与言耶？夫不自有可言者在哉？且夫吾人之立言也，有不必言而言，反觉

---

① 王夫之著, 戴鸿森注. 姜斋诗话笺注: 卷二 [M]. 北京: 人民文学出版社, 1981: 81.

② 顾廷龙. 清代硃卷集成: 卷三 [M]. 台北: 成文出版社, 1992: 389.

其贤者；有可言而不言，适形其误者（入题）。"①详细解释了为什么孔子会感到惊异的原因，是全文之"承"。承处稳妥，为下文展开议论做了充分的铺垫和启发。

随后四股，一正一反，虚实相生，摇曳多姿，以"有问有答者"和"欲辨已忘者"、"事非生平所素悉"和"学非凤昔所亲承"两相对照，转折跌宕，奇峰另起。此为全文之"转"：

有问必答者，吾徒无隐之心。然使以无容轻议之端，而谆复以相示，则此际解人易索，殊觉强聒之徒劳；而赠答之常，初无当于新奇之获也，亦何轻言者之不惮烦也？

欲辨已忘者，儒者潜修之学。然苟以无容深讳之事，而简默以相高，则在人望道无从，且觉景行之徒切；而回疑之见，乃益增于想象之余也，是又不言者之益之惑也。

事非生平所素悉，或拟议焉而患其不详。若我与女讲习有年，我之授业于女，与女之请益于我者，同堂可以共订，即局外可以深窥也。而隐而不彰，岂其行诣之真，止堪独喻乎？而奚弗津津而道与？

学非凤昔所亲承，或指陈焉而虞其失实。若女与我考业已久，我之自信于素，与女之窥我于微者，居恒可以共参，即当境无难历述也。苟置之弗论，岂真谓门墙以外，绝少知音乎？而奚不娓娓致词与？（转）

此子所以为子路进也。迫示以愤乐相循之实，当益恍然于子之为人，无不可言矣。②（合）

大结以实笔点题，淡然出之而神味已在，是为全文之"合"。

整篇八股文一气喷薄，文思泉涌，起承转合毫无痕迹，宛若天工，被评为"出入两汉、追琢三唐、洵为大雅"③。这个评价对于清代的任何文本而言，都是极高的嘉奖，说明此文在穿凿之技上手法不俗，获得了主考官的高度认可。

---

① 顾廷龙.清代硃卷集成：卷三［M］.台北：成文出版社,1992：389.

② 顾廷龙.清代硃卷集成：卷三［M］.台北：成文出版社,1992：391–392.

③ 顾廷龙.清代硃卷集成：卷三［M］.台北：成文出版社,1992：384.

汪长龄《子曰：女奚不曰》亦可为例，为明确梳理其起承转合之脉络，此篇以表格（表4-2-1）示例。

表4-2-1　汪长龄《子曰：女奚不曰》之起承转合例示

起	为贤者权所封，若无解于其不对也。
承	甚矣！子之自知者审，无不可白诸叶公也。斯于子路之不对，而代为权之乎？ 今夫所贵乎师弟之相知，惟其可以共白者，审于己之自白也，乃可以共白。而若故斯之势，必犹待己之自白焉，则相视过高，而所存转晦，而默尔息者，诚不能自解于其间已。 叶公问孔子，而子路不对，意亦有所以不对者在乎？惟夫子闻之，若深惜也。
转	曰：夫必处乎虚无惝恍之域，而莫得形容，斯不可名者难强名，未易曲肇以相示。 抑或极乎高深忧绝之规，而莫能窥测，斯不可度者难臆度，岂容漫揭以相宣。（起） 以叶公之问，吾与汝也，谅以授受之亲。知师莫若弟，夙倾心于儒素，意或谓别有神奇，而叩厥生平，庶亲切而悉东家之实。 以女之日侍于吾也，岂果性天之秘，不可得而闻？幸接膝于名卿，何不可引为同调？则承兹询访，宜谆详而酬南国之英。（中） 且夫斯文在兹，天下之公器也，无行不与同人之素心也。千载而上，千载而下，俟圣人而不惑也；千里而近，千里而遥，得一人知己可不恨也。则今者叶公之问，彼固众望于女，亦吾所众望于女也，而女顾不对，何哉？（原题） 必以宫墙美富之观，而为之津津，执途人而告，是强聒也。夫强聒，不入耳也，而问女者，则须之殷矣。须之殷，偏过之疏，岂此中或不可告人，而隐而勿宣，转托于一词之莫替。谓名言有莫罄，而秘惜亦未免太深也，则曷勿约略言之矣。 苟非入室升堂之彦，而漫于泛泛，核儒行之真，是外人也。夫外人，不得与也，而如女者，则知之审矣。知之审，自语之详，乃漠然若渺不相悉，而藏而弗露，几等于欲辨而忘言。谓师道所宜尊，而崖岸亦殊为过峻也，则曷勿明切陈之矣。（后） 圣不可知，则吾岂敢？吾曾无隐于女，女复何秘于人？女自狭焉耳。 女知我者，有言不雠，彼既憾于无闻，吾亦嫌于自晦。女何为也哉？（束）
合	夫子于是自白其为人，则为不对者权所对，而子路无能自解矣。[①]（大结）

---

① 顾廷龙.清代硃卷集成：卷三［M］.台北：成文出版社，1992：411–414.

此文破题亦为虚笔，但总结题旨成竹在胸。其后承题以骈散相间的字句表达孔子为何因"子路不对"而深为惋惜，文章取法先秦，层层铺叙，"笔曲而达，反摄下意，拍落本题，机法圆妙"[1]，转笔处奇耸而幽折，合笔处则举重若轻，纡徐婉曲，亦为八股佳篇。

两者相较，前文起承转合如行云流水，自然无际；而后文则笔触略有拖沓之嫌，转折处奇虽奇矣，毕竟留下刻意行文的影子，因此稍逊一筹。

由此可见，一篇八股文的优劣，除了修炼语词，在很大程度上要取决于起承转合之法运用得是否圆熟。圆熟则文如空山清云，莲出尘外，格调自高；不熟则布局修辞失之滞涩，读来常有拗折不畅之感，令读者如鲠在喉，吞吐不得。

乾隆李骥元《知至而后有定》一文后加批语曰："鹿门论文题目须逐个字想出精义，况理题尤不宜鹘突，此乃洗眉刷目，篇法一气钩贯，可云昭晰者无疑，优游者有余。"[2]此处云"逐个字想出精义"是说作者破题非常谨慎，而后有云"篇法一气钩贯"则指作者在篇章布局方面自然连贯，无迹可寻。而其《我为之范，我驱驰终日》眉批亦云："篇法、股法、章法、句法浑灏流转，洗尽时下拖泥带水之习。"[3]此云篇章句法皆流转自如，又说"洗尽时下拖泥带水之习"，说明当时士人作八股文容易布局冗余，而作者在谋篇布局方面干净利落，不落言筌。

以此观照，《清代硃卷集成》中大部分八股文在布局之法方面皆堪称圣手，既要照顾文体本身的严格限定，还要使整个文本文从字顺各相宜，的确需要对各种文法了然于胸，并对整体的书写对象有非常敏锐的感触和完整贴切的把握，才能做到构房建屋一丝不乱，长短骈散如大珠小珠，使整篇文章貌似寻常模样，深究却独具个性色彩，令考官和读者阅之忘怀，不觉吟诵，这才是文法运用熨帖妥当的八股文范式。

---

① 顾廷龙.清代硃卷集成：卷三 [M].台北：成文出版社，1992：411.

② 顾廷龙.清代硃卷集成：卷三 [M].台北：成文出版社，1992：424.

③ 顾廷龙.清代硃卷集成：卷三 [M].台北：成文出版社，1992：427.

第三节　清代八股文"倚峰成文"之法考略

表现于《清代硃卷集成》八股文中之文法，除了常见的正反、顺逆、隐显和起承转合，还有一些特殊的文体法则，最鲜明者乃"倚峰成文"之法，这是清代八股文构建文章主体框架时常用的法式。此处所谓"峰"即文章纲目，文本之血肉皆依附于此"峰"生成。有的文章只有一条主线，别无枝节，谓之"一峰独秀"；有的文章有两条主线并行铺下，则称之为"双峰并峙"；而有的文章则分三线、四线铺开，脉络清晰者可称"重峦叠嶂"，脉络有意钓伏渡挽者，则为"峰回路转"之局。

"倚峰成文"之法，与长短句之"倚声填词"在某种视角上或可相类比，皆有因袭前人框架之处，不过"倚声填词"所"倚"者乃词牌之字数声律节奏，而"倚峰成文"则主要学习前人作文构架之法为己所用。

一、从"以峰论文"到"倚峰成文"

清代会试文破题处眉批多见"一峰独秀""双峰并峙"等语词，爬梳文献可知，这是对八股文篇章纲目的形象摹写。这种"以峰论文"现象的出现和风行并非偶然，其既与中国文学批评传统相依相存，也与此时人们对于八股文文法的认知密切相关，这种认知也成为清代士人写作八股文时遵循的结构文章的法则之一，多体现在其时文本中。

中国文学批评史向来有以天地、日月、山川之态论文章美媸之传统。"以峰论文"指用山峰的形态来譬喻文章的结构、文法或气韵，这种论文传统反映的正是艺术创作和形象思维的关系问题。

最早有文献可征者为《文心雕龙·原道》篇"文之为德也大矣，与天地并生者，何哉？夫玄黄色杂，方圆体分，日月叠璧，以垂丽天之象；山川焕绮，以铺理地之形：此盖道之文也"[①]，《征圣》篇"鉴悬日月，

---

① （南朝·梁）刘勰著，韩泉欣校注. 文心雕龙［M］. 杭州：浙江古籍出版社，2001：1.

辞富山海"①,《辨骚》篇"山川无极,情理实劳"②,《诠赋》篇"原夫登高之旨,盖睹物兴情"③等若干处。陆机《文赋》云:"块孤立而特峙,非常音之所纬。心牢落而无偶,意徘徊而不能揥。石韫玉而山辉,水怀珠而川媚。"④清人姚鼐《复鲁絜非书》亦云:"其得于阳与刚之美者,则其文如霆,如电,如长风之出谷,如崇山峻崖,如决大川,如奔骐骥。"⑤这些地方出现的"山峰"多比喻文章之内蕴、辞章、创作缘起等,与后世其他文体批评与八股文之"以峰论文",实出一脉。

清王万里的《晴竹轩文法》中有事议夹叙、烘云托月、草蛇灰线、以放为收、实笔倒插、横云断山、侧锋入妙、双管齐下、侧势陡落、山外浮春、水光射峡、临深为高、两意双敲、劈空奇想、隔山取势等45种文法,其中寓含"山峰"者,就有"横云断山""侧峰入妙""侧势陡落""山外浮春""水光射峡""临深为高""隔山取势"等7种,此处王万里将古文与时文的文法同置一书之中,可见二者本为同宗,其法大部分可以共通。

这45种文法,在清代八股文评语中皆有体现,无一例外。如嘉庆丁丑沈巍皆文有"珠圆玉润,岳峙渊渟"⑥,言其词纡徐,其势浑厚;又有"树义必双,得大营包小营之法"⑦,言其结构层层包裹;嘉庆丁丑陶际清文有"收处屹立如山"⑧,言其文大结强劲有力;嘉庆己卯沈福清文有"西山来气,扑人眉宇"⑨,言其文气清爽高远;嘉庆庚辰邵日诚文有"转笔刺入,题肩一气抟捖"⑩,言其文开门见山直刺题旨;道光丙申徐

---

① (南朝·梁)刘勰著,韩泉欣校注.文心雕龙[M].杭州:浙江古籍出版社,2001:9.

② (南朝·梁)刘勰著,韩泉欣校注.文心雕龙[M].杭州:浙江古籍出版社,2001:24.

③ (南朝·梁)刘勰著;韩泉欣校注.文心雕龙[M].杭州:浙江古籍出版社,2001:41.

④ (晋)陆机著,张怀瑾注.文赋译注[M].北京:北京出版社,1984:18.

⑤ (清)姚鼐著,王镇远注.姚鼐文选[M].合肥:黄山书社,1986:94.

⑥ 顾廷龙.清代硃卷集成:卷六[M].台北:成文出版社,1992:33.

⑦ 顾廷龙.清代硃卷集成:卷六[M].台北:成文出版社,1992:40.

⑧ 顾廷龙.清代硃卷集成:卷六[M].台北:成文出版社,1992:75.

⑨ 顾廷龙.清代硃卷集成:卷六[M].台北:成文出版社,1992:87.

⑩ 顾廷龙.清代硃卷集成:卷六[M].台北:成文出版社,1992:195.

文藻文有"劈开双玉峡，飞出两条龙；张璪画松，双管齐下，倒戟而入，自成一队"①，言其文两条线索并驾齐驱；道光戊戌延恒八股文有"认题则探源宿海，用笔则削玉昆山"②，言其用笔矜贵；等等。如此评判，比比皆是，可见清代会试文中出现这种类型的批评是对传统文学批评之法的承上启下之举，并非其独创。不过《清代硃卷集成》中之"以峰论文"，大都表示行文构架之法，并非皆如《文心雕龙》等著作借此探论散文之风格或者气韵，这又是清代会试文法的特殊之处了。

从早期文学批评史上的"以峰论文"到此期八股文本的"倚峰成文"，其间衍生之脉不言自明。盖因山峰多姿，挺秀高耸，气势伟岸，且意象巨大，士人学习观摩前辈之文甚细，遂体悟到文章之框架，或单目成文，或双线成篇，或多线并进，或曲径通幽，恰可比附山川之自然状态，故以此为象描摹文章，后发展为"以峰论文"之习。八股文解经，其气本已醇厚清高，其品又恰与山之姿态相若，此法又被引来品鉴八股文。后期学者盖因"峰"之艺术形象最简单明了，可十分直观地类比文章之脉络构架，并可清晰地被读者思维理解和接受，因此渐成习用之构建文章整体框架的文法，即"倚峰成文"。

二、清代八股文"倚峰成文"释证

这种"倚峰成文"之法，在清代八股文本中多有机变，最可注目者，当为一峰独秀、双峰并峙、重峦叠嶂、空谷回音与峰回路转等法度。前三种框架的主要优势在于条理清晰，毫无枝蔓，因而为井然有序的框架模式；后两种模式则在于跌宕起伏，引人入胜，又形成曲折有度的框架模式。

（一）一峰独秀、双峰并峙与重峦叠嶂

1.一峰独秀

所谓"一峰独秀"，在清代八股文中主要指其文章中心脉络只有一

---

① 顾廷龙.清代硃卷集成：卷十[M].台北：成文出版社，1992：125-127.

② 顾廷龙.清代硃卷集成：卷十[M].台北：成文出版社，1992：370.377.

股，主线突出，一气直下，没有旁支斜逸。

如道光壬午姚廷清之会试文《子曰：学如不及，犹恐失之》就是如此。题目意思是人不但要发奋学习，在学有所得之后还应多次温习以防得而复失。

文章破题曰："君子为学之心，交迫以坚其力也。"[①]其意为：君子在求学时往往十分用心，他们会一直敦促自己保持努力的状态。之后的承题和起讲，作者始一力阐述君子如何"促使自己努力学习"，并未做任何的延宕和曲折。其承题曰："如不及者，心迫于力之不先；恐失之者，心迫于力之或后也。两相迫而为学之功以勤。"[②]承题紧扣题旨提出"勤"才是努力学习的唯一途径。起讲则曰："尝思学问之途无止境，所恃为学之心，足以鼓其力而已。力未前而心策之使前，一息无可宽之候；力未后而心怵其或后，毕生无自慰之时。斯心与力相引于无穷，而逊志时敏之功懋焉。"[③]起讲承上启下，先言学无止境，后言如何才能使自己一直勤奋，点明只有终身不倦学习，才可学有所得。

其起股如下：

造就浅深之故，每缘精神之所到为程。一念奋，而造诣已深；一念驰，而功修顿减。消长为甚微也，故不可以力余而始前，亦不可以力不足而稍却。

修能作辍之端，每随倦意之偶萌而起。操之终身，未臻其密；纵之俄顷，已觉其疏。出入为甚危也，故以争先者鼓其气，更以防后者悚其神。[④]

中股又如下：

力不能无所形而奋，当其纵心孤往，几有一蹴而至之思，而时悬一不及之程，以相形于寤寐，则瞬息不容稍贷，而惰气胥除。如不及者，乃求其及之心所凝也。

---

① 顾廷龙. 清代硃卷集成：卷七［M］. 台北：成文出版社，1992：5.

② 顾廷龙. 清代硃卷集成：卷七［M］. 台北：成文出版社，1992：5.

③ 顾廷龙. 清代硃卷集成：卷七［M］. 台北：成文出版社，1992：5.

④ 顾廷龙. 清代硃卷集成：卷七［M］. 台北：成文出版社，1992：6.

功不能无所凛而增，当其锐意研求，已无半途而废之虑，而密持一失之之象，以日凛于隐微，则修为皆属危途，而倖情顿转。恐失之者，又不使稍失之心所结也。[①]

这两大股集中精力阐释"勤可修能"之主旨，不偏不倚，可谓一线贯穿，全神贯注。

回视全文，其脉络顺流而下，一气呵成，端是"一峰独秀"，并无它求。现辑录清代会试文中，以此法行文者有谢光纪《必得其位，必得其禄，必得其名，必得其寿》、特克慎《子在陈曰：归与！归与！吾党之小子狂简》、阎善庆《子曰：中庸之为德也，其至矣乎？》、黄杨镳《子曰：中庸之为德也，其至矣乎》等30多篇，可见其为常用之文法。

2. 双峰并峙

另有一些文章，开篇即兵分两路，各表一枝，这种结构之法称为"双峰并峙"。如乾隆丙戌进士福保之文《诗云：相在尔室 两节》即为如此，题目主要是在传达"君子慎独"之意。文章破题写道：

观尔室之不可亵，知君子之敬难间矣。[②]

从此破题之句可鉴，文章中心词当为"尔室"与"敬"。

文章承题又云：

夫既曰尔室，复曰相在，诗之言屋漏者，何凛凛也！君子之敬，敢至动而始有哉？[③]

承题是简要解释题意，故而其文中心亦上接破题，开局即见"尔室"与"君子之敬"两扇题旨。

起讲总承全文，点明主旨所在。其后两股，一说"尔室"，一说"君子之敬"，分别阐释两个关键词，对应关系十分明显。

尔室之为地至幽，纵令偶有越思，谁为纠察其咎？乃诗若恐人之有越思，而明予以纠察之准也。凭虚而有迹象，直显愚为昭布森列之形。

---

① 顾廷龙. 清代硃卷集成：卷七[M]. 台北：成文出版社，1992：6.

② 顾廷龙. 清代硃卷集成：卷三[M]. 台北：成文出版社，1992：283.

③ 顾廷龙. 清代硃卷集成：卷三[M]. 台北：成文出版社，1992：283.

尔室之为象至静，即令稍不及检，谁与窥探其微？乃诗若恐人之不及检，而曲绘其窥探之缘也。触处咸有纠绳，且隐摄夫戒慎恐惧之念。[①]（起股）

起股两联显而易见，为写"尔室"之句，其文皆在写尔室之幽与静，远离人群，所以无人看见君子之行。

今夫讽咏不关慎修之故，无由寓目而悚怠慢之神。彼歌威仪之德隅，谨洒扫于庭内。凡酬酢之顷，罔弗致其寅恭；而事物未交之余，无片语以警夫游惰。上帝临汝谓何矣？乃读诗言，而举庙廷之临上质旁，交并焉而迫集于寤寐。则前训若垂后学之戒，而箴规所及，已在闲居。

讴歌苟遇咨警之情，何难披牍而深纵恣之惧。彼传维谨于侯度，歌质尔于人民。凡措置之时，何一不昭慎重？而淡泊寡营之日，无一语以表其严威。日鉴在兹谓何矣？乃读诗言，而聚无形之天视天听，业集焉而不见于潜修。则无为皆成有为之区，而流览之余，难宽惕厉。[②]（中股）

中股两联合"尔室"与"敬"为一体，阐释君子即使什么话也不说，人们依然相信他的诚实，此实写以"尔室"铺垫转折至"君子之敬"。

必待事物之纷投，而始摄其心以为之检，则敬者暂，而不敬者常矣。君子之敬，因动始也，而不自动始有也。凡人偃息之时，君子皆视为忧危之境，觉稍纵即逝，遂不能告无罪于幽深。由诗言而微勘之，知君子之忱悃，端有所藉以提撕矣。

必待万感之俱寂，而始提其志以摄吾躬，则时乎敬，而时又不敬矣。君子之敬，则即其不动也，而可以该夫动也。凡人宽假之地，君子动若有监史之临，则敛于无形，尚何至集怨尤于素履。由诗言而互证之，知君子之衷怀，要有所凭为劫毖也。[③]（后股）

后股两联再次专写"君子之敬"，笔墨沉实，论理透辟，令人心服口服。总体看来，文章结构始终围绕两大关键词腾挪闪转，可见此种写法可

---

① 顾廷龙.清代硃卷集成：卷三[M].台北：成文出版社，1992：284.

② 顾廷龙.清代硃卷集成：卷三[M].台北：成文出版社，1992：285.

③ 顾廷龙.清代硃卷集成：卷三[M].台北：成文出版社，1992：286.

以令文章脉络清晰、浑然有度，读起来思维亦毫无滞涩之感，可谓"文成法立"。

清代八股文中，以此种文法结构篇章者亦很常见，多见题目为两句或三句者。为集中阐发题意，多捕捉两个关键词，通篇以此关键词为纲目敷衍，秩序井然，不枝不蔓，读起来自然爽利明朗，不至迷惑不解。

3. 重峦叠嶂

还有一些文章，则为三分甚至四分写法，这种文章多因题目有四个关键词，因而敷衍起来就不得不多方延展，遂成"重峦叠嶂"之势，使得文气清朗而从容。

如康熙丁丑李继修《天之所覆，地之所载，日月所照，霜露所坠，凡有血气者，莫不尊亲》一文，因文题所含主题词为"天""地""日月""霜露"四则，文章主题框架就按此顺序蝉联而下，因之纹丝不乱，秩序井然。

文章起股曰：

吾尝仰观于天矣，惟天高远，职乎覆也。物之统于天也，亦有能覆物者。一言乎天，则皆在其所覆之中，诚以天之无乎不覆也。无乎不覆，则至圣之声名，或将穷于天之所覆。

尝俯察于地矣，惟地博厚，职乎载也。物之产于地也，亦有能载物者。一言乎地，则皆在其所载之内，诚以地之无乎不载也。无乎不载，则至圣之声名，或将阻于地之多载。①

此股中涉"观天察地"，其中上句言天，下句述地，脉络十分清楚。

中股则云：

至于日月之明，犹以步天地之所不能显。盖物之明者，必有所照，而有所照即有所不照，以其明之未至也。而日月之焜耀，能周乎天地之昼夜，夫孰得而量其照也？则至圣之声名，不穷于天地者，或穷于天地间之日月。

若夫霜露之润，犹以补日月之所不能入，盖物之所润者，必有所坠，

---

① 顾廷龙. 清代硃卷集成：卷三 [M]. 台北：成文出版社，1992：12.

而有所坠即有所不坠，以其人之未深也。而霜露之厌浥，无间于日月之显晦，夫孰得而测其坠也？则至圣之声名，不阻于日月者，或阻于日月间之霜露。①

整个文章主体部分以天、地、日月、霜露形成框架，不偏不倚，无一遗漏。而后作者又以"覆、载、照、坠"一段涵括"天、地、日月、霜露"，可谓字字有照应，句句有回响。这种结构文章之法既符合八股文端严肃穆之气质，又将文脉组织得各司其职却浑然一体，斯深得文章构建之真味。

乾隆丙戌福保《诐辞知其所蔽，淫辞知其所陷，邪辞知其所离，遁辞知其所穷》、乾隆己丑特克慎《孟子曰，人之有德慧术知者，恒存乎疢疾》、乾隆乙卯张大维《柴也愚，参也鲁，师也辟，由也喭》等文亦可作如是观。

（二）空谷回音与山回路转

除了井然有序型，清代八股文还有曲折有度型的文本。与前不同，这类文章架构之法的要义在于多方婉曲，盖为求其生新，但依然可比拟为"倚峰敷文"。

1. 空谷回音

所谓"空谷回音"，指八股文立意较高，文章貌似并未句句围绕题意阐发，但细品其字里行间之意，又犹如千里传音，缭绕不绝，如钱骎八股文《其为气也，至大至刚 一节》就是如此。文题出自《孟子》，本为阐释孟子对浩然之气的理解。浩然之气，可以意会而难以言传，文章对此处理比较精妙，先从虚处落笔：

刚大之气在直养，人可与天地准矣。②

其后三股，貌似有迹而实则无涯，惝恍游移而句句气韵丰厚，实八股神来之笔：

天积气之高而成其大，地积气之厚而亦成其大。人之积气，有与高厚

① 顾廷龙.清代硃卷集成:卷三[M].台北:成文出版社,1992:13.

② 顾廷龙.清代硃卷集成:卷五[M].台北:成文出版社,1992:191.

同其量者，则大之至也。苟稍亏其量，而何以云大也？

天秉阳气而行健者刚，地秉阴气而坚凝者亦刚。人之秉气，有与阴阳同其纯者，则刚之至也。苟未极其纯，而何以能刚也？[①]（起股）

天积气之高如何，地积气之厚如何，天如何秉阳气，地如何秉阴气，在其时皆为无法查考的事情，作者在起股以此述写浩然之气，貌似无涯无际，实则骨子里暗有分数。

气以扬诩呈其象，作而致焉，其象亦虚。我确然于守约之中，气之扩充者，奚啻火之然，泉之达也，而遂觉下蟠上际之无垠。

气以摩荡神其几，曲而挠焉，其几或息。我毅然于自反之际，气之震动者，时见长之继，高之增也，而不觉俯察仰观之皆是。[②]（中股）

中股作者专叙"气"之象，仍然无法落到实处，但读者读来却能心领神会，貌似笔藏锋芒，实则高远飘逸。

盖两大絪缊，惟气之运，而乾之动也以直，坤之方也以直。清宁合气，本周浃旁皇，而复以人之气应之，恢之弥大，撼之弥刚，寥廓不到之区，皆有气以相摄。天地终古而不变，至人历世而长存，恃此为三两而已。

一身涵育，得气之灵，而人之生也以直，道之行也以直。私曲不留，气自充满而洋溢，而复以天地之气济之，无疆者大，不息者刚，冲漠无涯之表，悉是气之所通。天地为人植不朽之精神，人即为天地补无穷之造化，斯何如功用也哉！[③]

后股又写"天地终古""得气之灵""天地为人植不朽之精神""人即为天地补无穷之造化"，遣词为文，率皆虚灵，读毕掩卷，怅然若有所得又若有所失，这就是文章的高妙之处。

与此相类者还有道光乙未姜申璠《大德不逾闲》、道光庚子吴莆元《赐也达，于从政乎何有》、道光庚子冯桂芳《如琢如磨者，自修也》等文。

---

①　顾廷龙.清代硃卷集成：卷五[M].台北：成文出版社，1992：192.

②　顾廷龙.清代硃卷集成：卷五[M].台北：成文出版社，1992：193.

③　顾廷龙.清代硃卷集成：卷五[M].台北：成文出版社，1992：194.

2.峰回路转

再谓"峰回路转",则指文章不停转折盘曲,九转之下,看似渺无归处,却又突显题意,其文多回旋暗喻,可令人有如入深山,柳暗花明之感。

陶世凤八股文《庆以地》当为"峰回路转"之代表文本。作者陶世凤乃光绪甲午状元,其文已臻八股文发展末期,文体特征已然不合常规,以古文之法入时文,文章破题并未写"庆"字,而是暗破曰:"王者无私地,封国家之余意也。"①文章承题和起讲以迄大结大多为散句,介绍"庆以地"之传统、"庆以地"之条件等,议论中多有腾挪跌宕,使读者如入千里峡谷,但见小道蜿蜒,四通八达,令人眼花缭乱,正自无暇分身时,一个对偶整齐的股对出现了:"一曰军古者,百里之地具三军,地增者军亦增。用是捍卫天家,凡边隅之窥伺者,皆摄服于封建之强盛而不敢动;一曰赋古者,百里之地悉千乘,地广者赋亦广。用是上供天庾,凡国家之待用者,皆收效于采地之世增而无有穷。"②此举犹如置身迷宫之中的旅人,突见一条通途直达天际,不由大喜过望。此股之后,作者却又故设迷途,以大段散体的议论接应前面大道,使读者再次陷入迷茫之中,这种腾挪躲闪的写法,自然有"峰回路转"之效,令人欲罢不能。

康熙丙戌王克让之文《子曰:不知命,无以为君子也 三节》、康熙壬辰谢济世之文《溥博渊泉,而时出之 一节》、乾隆癸未鲁鸿之文《子曰:无忧者,其惟文王乎》、嘉庆丙辰俞日灯之文《虽曰未学,吾必谓之学矣》等多篇八股文亦为如此。

当然,清代八股文之文法,深具特色可供关注者,并非仅仅此类可"倚峰成文"的篇章,其他各类行文之法亦时见闪现。不过,可"倚峰成文"的篇章,从脉络而言,或清晰,或跌宕,各取其宜;从气度而言,或醇厚端肃,或典赡高远。这是因为其文法本身就是依照自然界事物的艺术形象来安排篇章之表现方式,作者写作之前,盖胸中早有丘壑,方能运笔

---

① 顾廷龙.清代硃卷集成:卷七九[M].台北:成文出版社,1992:55.

② 顾廷龙.清代硃卷集成:卷七九[M].台北:成文出版社,1992:57.

入神、水到渠成，将自然的景物以结构的方式再现于文本中，使文章自然摇荡、动人心魄。

小　结

清代八股文作为"代圣人立言"的"议论体"文本，其传统囿限是必须将议论圈定于四书、五经等经典著作之中，规步矩行而不能越雷池半步，谓之文成法立。但所有文体都是处于动态发展过程中的，清代八股文亦然，它在其漫长的发展过程中出现个别不和谐的杂音，甚至激烈抨击现实或者评议新生事物的文字，也是符合文体发展规律的创造性行为，须得一分为二看待。

在议论体的前提之下，各种文法纷纷现身，其中正反、顺逆、钓渡挽、起承转合以及框架搭建之法"倚峰成文"，将脉络或者二分，或者三分，甚或四分、多分，使其文结构篇篇皆有异响而绝少雷同。

综合看来，清代八股文在文法使用上较前更加成熟和老练，充分表现出了集大成的文本应该具有的广阔视野和高超笔力。

第五章

清代八股文的风格

　　语境对文本的体制、语体、体法都有着或大或小的影响，其最彰著者，当为对文本审美风格的影响和制约。在中国文学史上，风格并不是一个陌生的词语。如上文所述，许多文论、诗论都有对风格进行甄别分类的章节内容。何谓风格？吴承学说，风格是"人们在长期的创作过程中所形成的相对稳定的独特风貌，是一种逐渐积淀的带有共性的审美倾向"[①]。

　　那么，风格源自什么呢？一言以蔽之，源自审美活动。审美活动又如何理解？针对读者而言，就是面对一个艺术作品时，人们凭借直觉或本能得出观感，这种观感往往只能意会，不可言传。这种活动能使我们不经任何功利预设地产生愉悦、悲伤、振奋或者茫然等的情绪、情感，这些情感体验可以借助一些概括性的词语、句子相对准确地传输于他人，这就是审美活动。我们知道，八股文写作本身是功利性的行为，但读者对其风格的体验和概括却可源自无利害的审美活动，它同样可由读者通过字里行间表达的气度精神来揣摩体味，却不能由作者直观示现。所以，清代八股文风格主要指在理学语境、文化语境、清真雅正这种审美评价引领下八股文各自独有的审美格调或者美学特征。

　　吴承学将审美风格分为六个子项："某一类文体的风格、具体作家的风格、具体作品的体貌特征、某一历史时期文章的总体风貌特色、体貌类

[①]　吴承学. 中国古代文体学研究［M］. 北京：人民出版社，2010：99.

型或风格类型、流派风貌特征。"①这种定义方法基本囊括了文体风格应当承载的内容疆域，故而可以被借用来纲领本节文字。

第一节　清代八股文的个体风格分类释例

凡有文字，必具其格。《文心雕龙·体性》以"八体"论文之风格曰：

若总其归途，则数穷八体：一曰典雅，二曰远奥，三曰精约，四曰显附，五曰繁缛，六曰壮丽，七曰新奇，八曰轻靡。②

而论及清代八股文风格，首先必须明确的一点是：与一般散文相较而言，八股文的风格一般不会有凄婉、凄怆、谲狂、悲慨、疏野、旷达等偏离中国儒家文化中庸敦厚之美的范式存在，而"温润""清壮""朗畅""精微""闲雅"这些审美语词则在清代八股文评价体系里屡屡出现，这是由八股文的文体本质决定的。

龚笃清考察明朝成化弘治时期八股文时，对其时士人个体风格的描摹十分清晰，足以为本节研究提供模板：

钱福与王鏊并称，其文发明义理，敷扬正道，正大淳确，典则深严，考据颇详，摹画刻肖，颇见才情。究其实，则不能与王鏊匹敌。其他如吴宽文的春容大雅，不动声色；邵宝文之游扬静致；董玘文之神骨绝似韩愈，游行理窟；顾清文之高洁；顾鼎臣文之豪迈；王守仁之谨遵朱注，句醇字核，法律细密，原本韩愈、欧阳修，而有豪杰气象；唐寅恃才任达，而其文皆根于学问。③

其中提到"大雅""高洁""豪迈"等风格，此处实可借鉴以考清代八股文之风格。

---

① 吴承学. 中国古代文体学研究 [M]. 北京：人民出版社，2010：19.
② （南朝·梁）刘勰著，韩泉欣校注. 文心雕龙 [M]. 杭州：浙江古籍出版社，2001：156.
③ 龚笃清. 八股文汇编：上 [G]. 长沙：岳麓书社，2014：11.

此外，知人可以论世，而大抵文如其人。士人阅历及个性特征也是影响八股文风格形成的重要因素，应当作为八股文风格考察的参照物。刘勰列举名家之"体"剖析作者性格和作品风格之关系曰：

是以贾生俊发，故文洁而体清；长卿傲诞，故理侈而辞溢；子云沈寂，故志隐而味深；子政简易，故趣昭而事博；孟坚雅懿，故裁密而思靡；平子淹通，故虑周而藻密；仲宣躁锐，故颖出而才果；公干气褊，故言壮而情骇；嗣宗倜傥，故响逸而调远；叔夜俊侠，故兴高而采烈；安仁轻敏，故锋发而韵流；士衡矜重，故情繁而辞隐。①

又周吉《冒辟疆文序》亦云：

文神骨棱层者，其人必脂韦不入；文丰致高洁者，其人必风尘不染；文规矩自绳者，其人必波流不迁。②

据此，我们可以结合两个方面来审视清代八股文个体风格：第一，从文本之用辞来考量其风貌，以考察其文本的客观状态；第二，从作者之履历及其他史料记载来查考其性格特征，以与其八股文风格相互印证。大致而言，清代八股文表现出如下一些相对独立的美学风格。

一、豪放、豪迈、豪健

豪放、豪迈、豪健因皆有"豪气"寄寓其中，词根意义相近，"放""迈""健"略有差异。"豪"指气魄大，不拘小节。本书所论，以"豪放"为主导风格。

"豪放"一词最早见于北齐《魏书·张彝传》："彝少而豪放，出入殿庭，步眄高上，无所顾忌。"③此处之豪放主要指人个性洒脱豪迈。至唐司空图《二十四诗品·豪放》首次将该词条引入文学批评曰："观花匪禁，吞吐大荒。由道返气，处得以狂。天风浪浪，海风苍苍。真力弥满，万象在旁。前招三辰，后引凤凰。晓策六鳌，濯足扶桑。"④司空图以形

---

① （南朝·梁）刘勰著，韩泉欣校注. 文心雕龙［M］. 杭州：浙江古籍出版社，2001：159.

② （清）冒辟疆. 同人集：卷一［M］. 道光年间冒氏水绘园刊本.

③ （北齐）魏收. 魏书：卷六四［M］. 北京：中华书局，1974：1428.

④ （唐）司空图著，闵泽平注评. 二十四诗品［M］. 武汉：崇文书局，2018：84.

象的四言句式阐释"豪放"之意义图谱，其中既蕴主体的情态，又含客体的状态，对"豪放"风格的阐解极具表现力。清王士祺论及清词中兴时亦云："词家绮丽、豪放二派，往往分左右祖。予谓第当分正变，不当分优劣。"①认为绮丽、豪放二派应当勿论优劣，一视同仁。以此可见，"豪放"之风由来已久，由最初的表示人之性格发展至表示诗之风格，再发展到用以表述词和文章之风貌，十分清晰地描画了一道风格发展的红线，令人不自觉推想二者之间相辅相成的逻辑关系。《朱子语类》认为陶渊明《咏荆轲》为豪放之诗②，当可与清代八股文类比体悟。

乾隆己丑会试梦吉评语："本房总批：沉着之思涵圣涯而独溯；豪迈之气追天步而遐寻；本房加批：紧叙首句，情韵缠绵。重发下截，波澜壮阔。"③其八股文《子在陈曰：归与！归与！吾党之小子狂简》辞曰："圣人为百世之师，而丈夫有四方之志。""天子抱上下千古之思，怀转移一世之略，盖将务其远者大者。""惟平生之志不可负，庶天下之事犹可为，讵忍作还辕计乎。"其中，"百世之师""四方之志""千古之思""一世之略"等辞句皆气象远大，从辞中可见作者阔大雄豪的心胸气度。而读"长怀夫故土而岂徒归与，籍开来以继往"则又仿佛见屈子挥袖长吟，悲壮慷慨。再如文章束股：

东周之梦想良殷，而师弟追随，未获抒其抱负，所为病而求息也。世风日下，难回已定之天；道脉堪维，倍切方赊之愿。而半生游历，仅得与吾党之英姿杰士，共从容于函丈之旁，则长此安穷，而抚衷犹歉。

名教之仔肩非易，而江湖寥落，无端剩此闲身，庶几蹇而来硕也。慨彼狂澜，谁作滔滔之砥柱；瞻言故里，尚留浩浩之襟期。而风雨蓬庐，常得与吾党之大略雄才，同聚首于杏坛之上，则珍兹瑰异，而结念弥深。④

辞句既是光昌，字里行间透露出的作者之胸襟亦是昂扬积极、英气勃发。梦吉为满洲正蓝旗六格佐领下廪膳生，目前无法查考其生平资料。

① （清）王士祺.香祖笔记：卷九[M].上海：文明书局，2b.
② （宋）朱熹著，（宋）黎靖德编.朱子语类：卷七[M].武汉：崇文书局，2018：2526.
③ 顾廷龙.清代硃卷集成：卷三[M].台北：成文出版社，1992：322–326.
④ 顾廷龙.清代硃卷集成：卷三[M].台北：成文出版社，1992：326.

仅从《清代硃卷集成》履历可见，其始祖讳穆都巴颜，世居吉林鄂谟和所罗；其高祖讳天寿，隶籍满洲正黄旗，顺治元年来京；其胞伯、堂兄皆位列朝堂；其父讳明福，原任江西道盐察御史，母何氏，诰封恭人。梦吉原本满洲士子，骨血里天然就有豪放不羁的因子，且其家族、业师尽皆堂陛之臣，从幼至长，备受恩护，可以想见其天性并未受到过多压抑，故而其文不羁，实属本然。

再如嘉庆丙辰会试戴殿泗八股文《不愆不忘，率由旧章》评语："光昌豪健，从沉刻中透出精彩，所谓不苟为炳炳烺烺者。"①其文曰："尝思一代之治，百代之治也；一王之政，百王之政也。""审天人，察运会，亦即贯通古今而立之为章""旧章而进求之，缉熙以著敬，执竞以著烈，是为心法之源。我先王基命有大本，实推极于钦明浚哲之体，而无有二心者也。旧章而广言之，徽柔以丕冒，耆定以清明，是为治法之效。我先王立国有良模，实仰承乎时雍风动之休，而无有二政者也。"②其辞阔大，其气豪健，从兹可见。

戴殿泗为浙江浦江人氏，自幼好学，博通今古；性外和内刚，襟怀豁达，曾辑《金华理学粹编》，又有《风希堂集》；常与胞兄弟戴殿江、戴殿海竹杖芒鞋从游山中，煎茶论道，孜孜不倦，后期致力于理学，兄弟皆有著述存世。有博厚之学养为基，有优游之性情为怀，戴殿泗之文若此，当为"文如其人"者。

又道光戊戌会试尹辉宗《言必信，行必果》评语："气象万千，高视阔步。"③（参司空图"豪放"条）其辞曰："矜博辨者，言虚而莫践；逞高论者，言大而易夸。"④"故有时言关乎军国，而时势已更，何妨或爽其约；有时言系乎身家，而权宜未协，何妨偶改其盟。"⑤

尹辉宗自祖父始封文林郎，祖母孙氏、母亲邬氏、继母杨氏皆获封

---

① 顾廷龙.清代硃卷集成：卷四[M].台北：成文出版社，1992：113.
② 顾廷龙.清代硃卷集成：卷四[M].台北：成文出版社，1992：112.
③ 顾廷龙.清代硃卷集成：卷十[M].台北：成文出版社，1992：433.
④ 顾廷龙.清代硃卷集成：卷十[M].台北：成文出版社，1992：433.
⑤ 顾廷龙.清代硃卷集成：卷十[M].台北：成文出版社，1992：434.

孺人，外祖父为宿松县知县，妻弟为按察司。家族并无太大势力，但他所居之地为寇准、范仲淹、欧阳修知任之所，南燕之都，文风丕显，书院遍地，交通便利，自古为军事要塞，如此灵地，当有人杰，进士层出，尹辉宗在此地受江山之气，其文若是，亦为必然。

此三子者，虽其所处时代和自身阅历不同，然皆有文被直接或间接地评议为"豪放、豪迈"者，因其文辞实能反映其个性特征，诚如刘勰所言"辞为肌肤，志实骨髓"[①]也。

二、雄浑、浑括、浑成

雄浑作为审美术语，亦为渊源有自。韩愈的《上襄阳于相公书》云："阁下负超卓之奇材，蓄雄刚之俊德，浑然天成，无有畔岸。"[②]韩愈此句，意在褒奖于頔德、才、文皆具雄浑之气，然"雄浑"一词尚未出现。韩愈弟子沈亚之《为韩尹祭韩令公文》首出"雄浑"一词曰："泽梁宋之戎郊，涵雄浑于云水。"[③]司空图《二十四诗品》首次将"雄浑"一词视为艺术概念："大用外腓，真体内充，反虚入浑，积健为雄。备具万物，横绝太空，荒荒油云，寥寥长风。超以象外，得其环中，持之匪强，来之无穷。"[④]可当得雄浑之气的诗有《大风歌》《敕勒歌》《使至塞上》等。与豪放相较，豪放更加外向，雄浑更为内敛。闵泽平评曰："雄浑的核心不在于余味无穷，还是在于气势。韩愈的诗有雄伟之风，而不能称之为雄浑主要还是气势不够，缺乏这里所说的'具备万物，横绝太空'的睥睨天下之气。雄浑的诗篇，必须气势非凡，境界阔大。最简单或最直接的检验标准就是诗歌中经常出现那些'天地''古今''万物''星野''大江'等词语。"[⑤]其实各方家所论或尚有遗漏，雄浑不但要气势雄大，而且要不能说尽说透，有言外之意，方为上品。浑括、浑成与之大

---

① （南朝·梁）刘勰著，韩泉欣校注.文心雕龙[M].杭州：浙江古籍出版社，2001：159.

② 郭预衡.唐宋八大家文集[M].北京：人民日报出版社，1997：115.

③ （唐）沈亚之.沈下贤集[M].上海：上海古籍出版社，1994：75.

④ （唐）司空图著，闵泽平注评.二十四诗品[M].武汉：崇文书局，2018：1.

⑤ （唐）司空图著，闵泽平注评.二十四诗品[M].武汉：崇文书局，2018：3.

略相若而稍有区别，兹不展开论述。

如雍正庚戌会试林令旭评语为："雄深雅健，笼盖一切。"①林令旭系江苏娄县人，字豫仲，一字晴江。雍正八年进士。官至太常寺卿，敦气谊，工诗文，写花鸟如生，尤工墨梅。有《墨花楼集》《锦城记》等。梅兰竹菊乃中国文人气节之所钟，故善画梅者，心内须应有浩大乾坤。视其文，则雄豪之气外溢，昂扬之志内充，豪而不倨，放而有节。文辞可徵者有：

何则？人生有日开之神智，而千古无因任之圣贤，造诣之浅深，宜先有以定其则也。顾贤者在彝伦之际，微者在心性之初，必能通乎从出之大原，而后念典始终，可以积累而造粹精之域；天下无可安之行习，而吾人有足恃之功修，迈征之次第，宜早有以立其程也。顾有渐者日跻之诣，不已者行健之精，惟能契乎于穆之至理，而后亶皇夙夜，可以懋勉而全诞异之原。②

从容于顺应之常，而心与理日相容依之之功，所为以一念而统乎万境者也。③

夫五帝殊时，不相沿乐；三王异世，不相袭礼。凡化民成俗之大，敷政宁人之本，所以垂德业于两间，著谟烈于千古者，百世之王，不皆蔓乎其莫尚者哉？积宇宙精英之气，而各萃于一身；灵秀之独钟，天亦不遗余力。擅狗齐敦敏之才，而时乘乎六位。圣人继作，物亦睹其光华。其不可见者，当年抚治之深心。而宗伯之所掌，凡垂之一时者，无偏、无颇、无在，非经曲之所昭也。作万民之志气，而一朝之纲纪，即于是而存。鸿猷伟绩，夫有不灿著于百年者乎？④

短短三段，"千古"出现两次，"天下""一念而统乎万境""百世之王""宇宙精英""万民之志气""灿著百年""鸿猷伟绩"等词尽皆气势宏大而圆润，归属"雄浑"一格，的确是实至名归。

---

① 顾廷龙.清代硃卷集成：卷三[M].台北：成文出版社，1992：135.
② 顾廷龙.清代硃卷集成：卷三[M].台北：成文出版社，1992：141.
③ 顾廷龙.清代硃卷集成：卷三[M].台北：成文出版社，1992：144.
④ 顾廷龙.清代硃卷集成：卷三[M].台北：成文出版社，1992：148.

其他类似者有乾隆辛丑会试王鸿中评语："返虚入浑，积健为雄，元精炯炯，元箸超超。"[1]道光辛丑会试（恩科）麟庆（正白旗，恩科158名）评语："真体内充，符采外朗。"[2]道光辛丑夔达（镶黄旗，恩科167名）评语："返虚入浑，积健为雄；精气内含，宝光外铄。"[3]道光甲辰会试恩霖（正白旗，第8名）评语："入深出显，积健为雄。"[4]道光丙申会试徐文藻评语："大用外腓，真气内充。"[5]（参司空图"雄浑"一条）光绪丙子会试周盛典评语："宏深肃括，神游象外。"[6]细观其文，则皆以雄浑为胜，内中蕴含着睥睨天下的气概。

三、高古、高朗、古致

"高古"二字，作为美学品格，此处可望文生义，高曰高洁、高尚，古曰古劲、古雅。朱立元在《美学大辞典》中如此阐解：

高古指高尚古朴、意境深远的艺术风格。唐司空图《二十四诗品》列高古一品……后南宋严羽《沧浪诗话》也以为：阮籍咏怀之作，极为高古。[7]

以此可见，"高古"实指自然浑成之美，不事雕琢，有超尘拔俗之风姿。又司空图品"高古"一条曰：

畸人乘真，手把芙蓉，泛彼浩劫，窅然空纵。月出东斗，好风相从，太华夜碧，人闻清钟。虚伫神素，脱然畦封，黄唐在独，落落元宗。[8]

祖保泉译注曰：

畸人，你驾着仙气，手拿着莲花，远离苦难的人世，升入邈远的天庭。月亮从东方出来迎接你，好风在背后吹送你；你伫立在碧玉似的华山

---

① 顾廷龙. 清代硃卷集成：卷三[M]. 台北：成文出版社，1992：384.

② 顾廷龙. 清代硃卷集成：卷十二[M]. 台北：成文出版社，1992：283.

③ 顾廷龙. 清代硃卷集成：卷十二[M]. 台北：成文出版社，1992：305.

④ 顾廷龙. 清代硃卷集成：卷十二[M]. 台北：成文出版社，1992：381.

⑤ 顾廷龙. 清代硃卷集成：卷十[M]. 台北：成文出版社，1992：125.

⑥ 顾廷龙. 清代硃卷集成：卷三八[M]. 台北：成文出版社，1992：455.

⑦ 朱立元. 美学大辞典[M]. 上海：上海辞书出版社，2014：204.

⑧ （唐）司空图著，闵泽平注评. 二十四诗品[M]. 武汉：崇文书局，2018：33.

之巅，倾听着悠悠的钟声。你的心灵多么虚静，早超脱于是是非非的世尘。你寄心于纯朴的太古时代，你简直是玄妙的化身。①

而"高朗"最早出自《诗经·大雅·既醉》："昭明有融，高朗令终。"②楚辞《九思·哀岁》："旻天兮清凉，玄气兮高朗。"③明方孝孺诗《上巳约友登南楼》："迢迢城上楼，高朗宜远临。"④皆为高洁、明朗之意。

此三者或通于"高"，或近于"古"，故归为一类。就清代八股文视之，则有以下为例。

嘉庆乙丑会试彭浚《子曰：老者安之，朋友信之，少者怀之》被评为："风神高朗。"⑤仅其起股三段排比句，即可觇其高古之志：

一在老者，周人养因食礼，燕兼修而飨兼修；太学制备隆仪，爵则执而酱则执。高年之精力，不可过劳，非安无以适其体也，而吾则愿有以安之。

一在朋友，金石之心与共，勿贰二而参三；车笠之萌毋寒，岂我虞而尔诈。皦日之惆恨，依然永矢，信无以践其实也，而吾则愿有以信之。

一在少者，知保抱提携之意，歌恩斯与勤斯；同出入顾复之情，念长我而育我。髫龄之依恋，倍觉情亲，非怀无以被其恩也，而吾则愿有以怀之。⑥

其高者，对老者愿有以安之，对朋友愿有以信之，对少者则愿有以怀之。其古者，若"周人养因食礼，燕兼修而飨兼修""金石之心与共""车笠之萌毋寒""髫龄之依恋，倍觉情亲"等词句，古气斑斓而意态高远。且其中蕴含之礼，直追上古先贤。

彭浚，字映旟，号宝臣。行三。生于乾隆癸巳七月十九日吉时，湖

---

① 祖保泉.二十四诗品校注译评[M].芜湖：安徽师范大学出版社，2018：63.

② 崔富章编，周明初注.诗经[M].杭州：浙江古籍出版社，1998：207.

③ （汉）刘向辑，王逸注.楚辞[M].上海：上海古籍出版社，2015：436.

④ （清）沈德潜编.明诗别裁集[M].上海：上海古籍出版社，2013：57.

⑤ 顾廷龙.清代硃卷集成：卷四[M].台北：成文出版社，1992：421.

⑥ 顾廷龙.清代硃卷集成：卷四[M].台北：成文出版社，1992：416.

南衡州府衡山县优贡生，民籍，镶黄旗官学教习。乡、会、殿试皆成绩优异。道光为太子时帝师，疾恶如仇，又天性温厚，多行扶贫济弱、惩恶除奸之事，善画梅，有著作《赐砚堂诗文集》《赐砚堂进呈录》《赐砚堂今古文》《闽轺吟集》等存世。透视其文，恤老爱幼、信友爱亲之心，拳拳可见。其行其性，恍如上古之贤，其思其想，流于笔端，故有高古之文。

其他如嘉庆戊辰会试王会清评语："至文至情，古音古节。"①道光辛丑会试夔达（镶黄旗，恩科167名）评语："振笔直书，倾神曲赴，不必规规绳墨，殊觉落落大方。"②咸丰壬子会试俞奎垣评语："波澜老成，英华发越。"③皆与彭浚之情状相类。

四、风雅、高雅、雅炼

"风雅"之说，出自《诗经》，徐建融阐曰："在下为风，野也；居中为雅，正也；在上为颂，尊也。三位一体，社会和谐。"④徐建融所言，固有其理，亦有偏颇。风雅本是先秦士大夫所追求的一种生活态度，是脱离了世俗的高雅趣味，并无高下。论其高下者，不过世人之审美标准。无论是风雅、高雅，还是雅炼，皆以雅为中心，雅与俗相对，故而就八股文而言，当指文辞雅观不俗。

南朝萧统《文选·序》云："故风雅之道，粲然可观。"⑤晋陆机《辩亡论》亦曰："风雅则诸葛瑾、张承、步骘，以名声光国。"⑥司空图评语无此三类，然有"典雅"可资借鉴：

玉壶买春，赏雨茆屋，坐中佳士，左右修竹。白云初晴，幽鸟相逐，眠琴绿阴，上有飞瀑。落花无言，人淡如菊，书之岁华，其曰可读。⑦

---

① 顾廷龙. 清代硃卷集成：卷五［M］. 台北：成文出版社，1992：23.

② 顾廷龙. 清代硃卷集成：卷十二［M］. 台北：成文出版社，1992：314.

③ 顾廷龙. 清代硃卷集成：卷十八［M］. 台北：成文出版社，1992：131.

④ 徐建融. 国学艺术札记［M］. 上海：上海大学出版社，2018：379.

⑤ （南朝·梁）萧统辑，（唐）李善注. 文选［M］. 上海：国学整理社，1935：2.

⑥ （清）曾国藩编，熊宪光注. 经史百家杂钞今注［M］. 上海：上海书店出版社，2015：38.

⑦ （唐）司空图著，闵泽平注评. 二十四诗品［M］. 武汉：崇文书局，2018：40.

乾隆乙未会试赵钧彤《苟日新，日日新，又日新》评语："其品格之孤清，气体之高雅，则真如王谢诸公，纯以度胜者也。"①其起股、中股如下：

然而修途之方长也，讵一日而已毕其数？试思吾人共有百年，析之皆旦暮之所渐，则已至之日有可计，而未至之日正未可计焉。积月积岁之多，皆递加焉而不可止，以斯知玩愒之忧之不独目前也。

然则功候之不假也，岂一新而已竭其才？试思吾学原无尽境，久之亦深浅之所形，则新之端可以于此引，而新之量要未可于此竟焉。愈涉愈精之域，将迭出焉而靡所穷，以斯知愉快之时之不能长留也。

是故新之奋于始者，吾窃为之虑其继矣。其志气足以固其操，其精力之所及，足以持夫绝续之交。而胥泯其闲旷，其新乃可据。而不然者，则所忧正在半途也，不可不日日新也。

而此新之慎于中者，吾转为之计其后矣。其强固有以定其神，其余勇之所存，有以济夫震动之隐。而克肖其初心，其新乃可久。而不然者，则所忧更在末路也，不可不又日新也。②

文章主题胜在自然风流，雅致可亲，且用词多儒雅高贵，其风可见。联系赵钧彤其人，五世皆仕，曾官莱阳，因祖母丁忧改派直隶，后被诬入狱，出狱时母死兄亡，年届五十，经历可谓坎坷矣。然其学识博雅，素有官声，资性超迈，恃其才学，睥睨一世，所交皆才学之士，文章绝伦于世者。他所居澹园人才云集，往来皆风雅之人，据《赵澹园居士钧彤传》载："国朝康熙、乾隆间海内晏然，天子右文学士大夫风雅辈出澹园，自里闬而京师，涉黔江、戍伊江，足迹所之，文人宿儒莫不与之倡和。"③若非高风亮节，一介闲儒，何来如此雅量，能使大儒云集门下。

其他如道光戊戌会试沈祖懋评语："吐属风雅，词旨雅炼。"④无论风雅还是雅炼，旨皆归雅。清代八股文中，旨趣风雅者比比皆是，不胜枚举。

---

① 顾廷龙.清代硃卷集成：卷三[M].台北：成文出版社，1992：368.
② 顾廷龙.清代硃卷集成：卷三[M].台北：成文出版社，1992：365-368.
③ 王丕煦.莱阳县志[M].台北：成文出版社，1968：50.
④ 顾廷龙.清代硃卷集成：卷十[M].台北：成文出版社，1992：396.

五、遒劲、遒上

遒劲一般指书、画之线条刚劲有力。司空图《送草书僧归越》曰："僧生于东越，虽幼落于佛，而学无不至，故逸迹遒劲之外，亦恣为歌诗，以导江湖沉郁之气，是佛首而儒其业者也。"①又清代龚贤《龚半千课徒画稿》释云："遒者柔而不弱，劲者刚而不脆。一笔是则千笔万笔皆是，一笔不是则千笔万笔皆不是。满纸草梗无益也。草，言太弱；梗，言太硬。寓刚于柔之中谓之遒劲。遒劲之法不独画树，画山石皆用之。"②此处可用以代指清代八股文之词句刚柔并济，发人深省，具有强大的精神力量。

如乾隆辛丑会试王鸿中八股文《待文王而后兴者，凡民也》评语曰："风骨遒上，模范先民。"③文章只有以下数句为股对，余皆散句：

草野之归仁既切，初何烦刻以相绳？苟令从善甚轻，其必不以庸碌自甘也审矣。然第以为不甘于庸碌，而其作新之有籍，不已与庸碌同观乎？刻责自在渊微，偏欲借雝宫肃庙之神，以隐为策励。是其仰沐夫德化者，不过与中林野人、汉南游女，同觇夫风行草偃之休矣。

群黎之为德既殷，又岂得轻以相量？苟令率履不越，其不肯以恒流自囿也明矣。然第以为不囿于恒流，而其观感之有因，宁遂与庸流迥异乎？造诣何关时数，偏欲俟械朴菁莪之世，以受其裁成。是其有赖乎熏陶者，恐并难与多士秉德、俊髦奉璋，远轶于负气含生之众矣。④

文章意谓凡人亦当自奋其身，无须有待而兴。只有人人自立自强，才能共同创造和谐社会。其文脉络明晰，其辞外柔而内刚，确乃遒劲典范。王鸿中乃黄县（今山东龙口）王祯之后，其族自明以来官宦辈出，尚逊让，绝无争讼。乃祖王嗣周授业乡里，门徒成名者众，而鸿中本人为嘉庆武进士，授御前侍卫，文武炳耀，家学传承，使其个性柔中有刚，化于文

① （唐）司空图著，祖保泉注.司空表圣诗文集笺校［M］.合肥：安徽大学出版社，2002：222.
② 周积寅.中国画论大辞典［M］.南京：东南大学出版社，2011：220.
③ 顾廷龙.清代硃卷集成：卷三［M］.台北：成文出版社，1992：384.
④ 顾廷龙.清代硃卷集成：卷三［M］.台北：成文出版社，1992：393-396.

字，自呈遒劲之态。

又如嘉庆戊辰会试王会清评语："理解洞然，笔力遒劲。"①其文《如有博施于民而能济众，何如？可谓仁乎》，其中股曰：

赐于此，不禁穆然于仁矣，疲癃残疾之相告以情也。痌瘝在抱之怀，所贵解衣衣我，推食食我，以全其博爱之衷。而既以老有终，壮有用，幼有养，人人各如吾意所欲出，则为群黎立命，即与天地见心也。夫谷风微终身之仁，丰芑为数世之仁，仁固有分数悬殊者，而即此承汝，俾汝以喜康，庶几近不遗而远不御乎。

然赐于此，犹不敢以言仁矣，秀顽良楛之与我并生也。廓然大公之志，或不仅春风风人，夏雨雨人，为足充其本然之善。而第以能为君，能为师，能为长，一一各如其愿以相偿，与帝王同忧，尚未与覆载同量也。夫从容中道为安仁，率法而强为资仁，仁固有安勉殊途者，而既已鞠人，谋人之保居，其可以守之贵而行之利乎。②

全文以辞气刚健形于外，以情韵优美贯于内，相辅相成，相得益彰，线条刚劲，气势丰沛，因被谓之"遒劲"，的为确评。

遒上则指刚健优美，清代八股文亦多有此格者。如嘉庆甲戌会试张翱文"元精贯中，丰格遒上"③；道光戊戌会试延恒文"气体清华，风格遒上"④；道光丙戌乡试郑汝楫文"切响坚光，风骨遒上"⑤；道光己丑会试傅绎文"风格遒上，陈言务去"⑥；皆为此类之风。

可见"遒劲""遒上"乃清代八股文中常见之审美情态。

六、清刚、清和

清刚、清和亦为清代八股文常用的一对评价范式，清刚指清正刚直，

① 顾廷龙. 清代硃卷集成: 卷五[M]. 台北: 成文出版社, 1992: 15.
② 顾廷龙. 清代硃卷集成: 卷五[M]. 台北: 成文出版社, 1992: 18-20.
③ 顾廷龙. 清代硃卷集成: 卷五[M]. 台北: 成文出版社, 1992: 233.
④ 顾廷龙. 清代硃卷集成: 卷十[M]. 台北: 成文出版社, 1992: 370.
⑤ 顾廷龙. 清代硃卷集成: 卷七[M]. 台北: 成文出版社, 1992: 229.
⑥ 顾廷龙. 清代硃卷集成: 卷七[M]. 台北: 成文出版社, 1992: 395.

原用以指人品，后代指书法作品之气度，又指代诗歌之美学特征。清和，原指天气清明和暖，引申指人的性格清净和平，又引申为诗文气质清新和顺。以此相较，清刚、清和，一刚正一和顺，恰成相对立的气质特征。清代八股文中，被评价为"清刚""清和"之文颇多，如同治甲戌会试胡廷玉评语曰："清刚隽上，俊伟光明。"①嘉庆壬戌会试章道鸿评语为："一气浑成，清刚之笔。"②嘉庆己未会试曹汝渊评语云："奏刀砉然，笔力清刚。"③嘉庆己未会试俞恒泽评道："抒子云深湛之思，振越石清刚之气。"④其他如道光己丑会试何朝恩、道光壬辰会试马学易、同治甲戌会试李宗莲等诸多八股文皆蕴此评。兹以胡廷玉《自诚明谓之性》一文为例一觇其旨。

起股：

气质者，生人所听命也。圣则有以清其气质，而本体常莹。附乎气，独昭然于气先；丽乎质，仍超然于质外。实也，而虚以运之，愈笃实，愈光辉也。谁其有此光辉者？

物欲者，群伦所受役也。圣则有以空夫物欲，而志气常惺。非必屏乎物，而物莫之撄；非必绝乎欲，而欲莫之蔽。虚也，而实以致之，亦广大，亦精微也。谁其有此精微者？

中股：

盖尝验絪缊之理，大造不言造，化工不言工。而日月星辰，恒依乎不贰之真精，以相为流贯。游其宇者，究莫穷天道之高。

因而思浚哲之资，知曰生知，行曰安行。而心思耳目，悉本无息之功用，以显其灵奇。溯其源者，乃愈叹天蘥之异。

后股：

参赞化育之功，在旁观徒深拟议，而圣人之尽乎当然之分，若于性无所加。用有其至明，体先有其至诚。达道为天下所共由，圣人不自归

---

① 顾廷龙.清代硃卷集成：卷三八[M].台北：成文出版社，1992：377.

② 顾廷龙.清代硃卷集成：卷四[M].台北：成文出版社，1992：401.

③ 顾廷龙.清代硃卷集成：卷四[M].台北：成文出版社，1992：164.

④ 顾廷龙.清代硃卷集成：卷四[M].台北：成文出版社，1992：258.

忧绝。

沉潜高明之质，在斯人各有所优，而圣人独率其浑然之真，而于性无不备。诚由性而存，明即由性而发。达德实古今所罕觏，圣人要无可攀跻。

束股：

夫赋畀之良，均此物，则降衷有定理，愚与智初无异同；而神化之妙，不藉人功，坐照本自然，圣与贤且分安勉。①

此文阐述人如何从物欲中解放自己从而体天达道，认为圣人对"物"的态度是不迎不将，泰然处之，方可不为物役。对照作者生平，胡廷玉性本刚直不阿，为人清和磊落，以此可见。此文辞藻清刚，其气清冽，其魂刚毅，与其人之个性相符。

除以上所析六组审美风格外，清代八股文尚有与《二十四诗品》相关的风格特征，如"冲淡（素处以默，妙机其微）""纤秾（乘之愈往，识之愈真。如将不尽，与古为新）""洗练（犹矿出金，如铅出银，超心炼冶，绝爱缁磷。空潭泻春，古镜照神，体素储洁，乘月反真）""劲健（行神如空，行气如虹）""自然（俯拾即是，不取诸邻，与道俱往，著手成春）""含蓄（不著一字，尽得风流）""形容（海之波澜，山之嶙峋；俱似大道，妙契同尘。离形得似，庶几斯人）""流动（若纳水輨，如转丸珠；超超明神，反反冥无）""飘逸（落落欲往，矫矫不群）"等风格。

如道光甲辰会试恩霖文"淡而有味，曲而能遒"②，咸丰己未乡试钟斯盛文"清微淡远，耐人咀味"③，皆为冲淡之篇；又如乾隆己酉会试徐堂文"落落词高，飘飘意远"④，康熙丙戌乡试邹奕凤文"精华凝聚，出笔超然，总发高脱；慧眼注定及泉，动中窾要"⑤，皆是"飘逸"风格之

① 顾廷龙. 清代硃卷集成：卷三八 [M]. 台北：成文出版社, 1992：383–386.
② 顾廷龙. 清代硃卷集成：卷十二 [M]. 台北：成文出版社, 1992：385.
③ 顾廷龙. 清代硃卷集成：卷一四三 [M]. 台北：成文出版社, 1992：235.
④ 顾廷龙. 清代硃卷集成：卷九二 [M]. 台北：成文出版社, 1992：391.
⑤ 顾廷龙. 清代硃卷集成：卷一三零 [M]. 台北：成文出版社, 1992：170.

典型评价。以上是针对个别进士单篇创作风格而言。

与个体风格的特异性并存的，还有个体的多样性。正如苏轼词具有豪放、冲淡、绮丽、绵邈、悲怆等多种风格，八股文也是因人而异，风格多变。有时候可能一个人的三篇八股文会呈现几种风格，或一篇之内有山有水，多样风格特征熔铸一体，这又是一个人复杂多面的个性特征在其作品中的体现。

嘉庆庚申恩科乡试张兴镛评语："首艺锻炼精纯，名贵之气溢于笔墨，二、三艺典雅协鬯；沉郁顿挫；兴酣落笔，光彩烂然；气息入古；几社风流，于兹未坠；婉而多风，丽而有则；笔意明快。"[①]同治甲戌会试胡庭玉的本房总批说："首艺文有内心，笔亦矜贵；次峻洁；三轩轩霞举，英采射人。"[②]这是说，胡廷玉的三场八股文，首篇矜贵，第二篇峻洁，第三篇清刚，其风格各不相同。再如道光乙酉乡试沈锡庆八股文的评语为："首篇，简括浑融，笔酣墨饱；第二篇，着墨无多，自然高浑，有书有笔，亦雅亦庄；第三篇，风神遒宕，笔歌墨舞，水到渠成，极顿挫抑扬之趣。"[③]这里评价沈锡庆的八股文第一篇简括浑融，第二篇自然高浑，第三篇遒宕顿挫，三篇八股文风格各异。嘉庆邹稼燮之八股文，几个大总裁的批语分别为，左侍郎蒋："纡徐卓荦，沉实高华。"[④]右侍郎平批曰："龙文百斛，奕奕熊熊。"[⑤]经筵讲官彭批曰："补天之石，掷地之金。"[⑥]第一个评语"纡徐"是说其文风从容委婉；第二个评语"龙文百斛"是说其辞采丰茂，奕奕熊熊，是说其文气势丰沛，壮大生动；第三个评语"掷地之金"喻其文辞铿锵有力。三篇文章各有其风，充分说明邹稼燮文章风格之多样性。这种多样性的个体风格，盖是由人性的多样化而致。

---

① 顾廷龙. 清代硃卷集成: 卷一三一[M]. 台北: 成文出版社, 1992: 184–187.

② 顾廷龙. 清代硃卷集成: 卷三八[M]. 台北: 成文出版社, 1992: 378.

③ 顾廷龙. 清代硃卷集成: 卷一三四[M]. 台北: 成文出版社, 1992: 95–109.

④ 顾廷龙. 清代硃卷集成: 卷四[M]. 台北: 成文出版社, 1992: 265.

⑤ 顾廷龙. 清代硃卷集成: 卷四[M]. 台北: 成文出版社, 1992: 265.

⑥ 顾廷龙. 清代硃卷集成: 卷四[M]. 台北: 成文出版社, 1992: 265.

而这种多样化类型的评语在八股文里很常见，说明八股文严肃庄重的外形下，包裹着多姿多彩的内在风致。究其根底，八股文虽"代圣人立言"，但写作者所代之言因其阅历、偏好、能力而相异，且不少士人一生中会有阶段性的个性、文风等变化，其风格往往因时而异。但无论如何变化，凡符合传统儒家正统审美理念的风格类型，在清代八股文审美评价体系里都有反映，而感情色彩超越中庸界限的审美范式，则很少出现在已入选的八股文里，这种隐含的审美评判恰恰体现出清代八股文的审美追求。

第二节　清代八股文阶段性美学特征演变论骘

清代八股文的主题皆在于阐释经典，故而其体貌始终存在着古奥精微的一面，且个性特征多种多样。但在某特定时期，因社会、文化环境是基本保持稳定的，其时代特征大致相似，故可以相对精准地判定其阶段性风格特点。

试将清代康雍乾三朝现存八股文和嘉道、咸同、光绪时期八股文相较可以得知：清代前期八股文更接近明盛时风格，其节奏形式严谨齐整，用词较为古奥典雅；而嘉庆丙辰以迄己巳恩科前期，八股文的股对不再孜孜于字数相对等，而是更追求意义上的相对，即散体化的对偶大量出现，这种意对虽然是对八股文严整的节奏形式的一种自我变革，但它的泛滥不但没有起到积极的作用，反而破坏了八股文音律之美，且语言多孤僻乖离之词，所以很快就被统治阶层及考官们发现，并以文告形式提出警示；其后十年，八股文短暂回归节奏之整饬华丽；至道光中期，八股文渐次恢复其形式之美，文风也进一步走向简洁；咸同时期个别八股文一度出现类于嘉庆八股文的支离诡谲，但总体语言美学特征已表现出平易畅达的个性特征；而光绪八股文在内容上求新求异，在节奏上刻意追求与众不同，一些八股文企图追踪康雍乾前贤，而识力不足，常导致不知所云之弊端。

这些阶段性的风格变化从何而来？从文章节奏而言，言为心声，创作者心乱则心律紊，心律紊则文章节奏韵律就会随之变动。故每当社会状态比较稳定祥和的时期，八股文的节奏韵律一般会表现出匀整和谐的整体状态；而在社会状态混乱无序的时期，八股文的节奏韵律就会表现出支离散乱的异状；从语言风格来看，清代八股文始终在从古奥向平易转变。以此为基底，我们可以在清代八股文节奏、语言和时代语境关联的山谷中，找到它在不同时期总体美学特征产生之症结所在：与世浮沉。

一、康雍乾八股文：雍容典雅

从文本自身来看，康雍乾时期八股文的对偶大都齐整工巧，节奏稳而不紊，加之其选词通常古奥雅洁，使其时八股文之整体呈现出雍容典雅的美学风貌，仍以意义字步划分节奏可见：

1. 至则//一私不存//，故能//极深研几//，以直探乎//天命之原//，而//尚有//几微之或蔽者//，已寡也//。

至则//一欲不参//，故能//践履笃实//，以适全乎//继善之初//，而//尚有//纤悉之或歉者//，又寡也//。[①]

2. 而//吾于此//，知有见知//，不可//无闻知也//。设//有见知//而无闻知//，则//莫为之后//，虽美弗传//，将//授受者//，仅及同堂//而即止//，而//道之绝而不续//久矣//。天//盖甚惧其绝焉//而不续也//，故//笃生一人//，于言远风微之际//，寻//坠绪之茫然//，以见//宇宙精微之理//，原//不息于人心//；而//千古之君相师儒//，隔世//犹如觌面//。

而//吾于此//，知有闻知//，不可//无见知也//。设//有闻知//而无见知//，则//莫为之前//，虽盛弗彰//，将//后起者//，即欲仰止//而无从//，求//道之传而未艾也//难矣//。天//盖甚望其传焉//而未艾也//，故//生一二人//，/于穆明交赞之中//，衍//微言之欲启//，以见//匡扶禅继之英//，皆//足常留其学问//；而//一代之典谟誓诰//，师友//即在君臣//。[②]

3. 夫子之智//，非//不厌//之所能尽//，而//非智//何以不厌//。

---

① 顾廷龙.清代硃卷集成：卷三[M].台北：成文出版社,1992：28.

② 顾廷龙.清代硃卷集成：卷三[M].台北：成文出版社,1992：54.

夫子之仁//，非//不倦//之所能尽//，而//非仁//何以不倦//。①

此三联，出、对句十分精巧，系字斟句酌的严对，几乎代表了此期八股文的普遍面貌。当然，康雍乾也不是没有意对，但其意对数量极少，且只表现为一个股对的上下联中个别地方字数不对等。例如：

当历山号泣之际，舜之心惟日求得乎亲，求顺乎亲。而图维于中者，无可自解之时，此时无所为尊，<u>而小心以致其尊</u>；无所为养，<u>而竭力以供其养。</u>怨慕之怀，每有难为人子之虑；而斋慄之念，又有难宽旦夕之思。而至于禄位之盛，名寿之微，夫固非舜意中事也。

迨元德升闻之余，舜之心仍日求得乎亲，求顺乎亲。而固结于中者，无可自慰之时，此时自致其尊，<u>而即率四海之臣民以为尊</u>；自隆其养，<u>而即合率土之欢心以为养。</u>以重华之圣，而黾勉于庭帏之职；以壮盛之年，而温恭于二人之前。则所谓禄位之盛，名寿之微，夫固皆舜德中事也。②

此两段文字，惟划线处乃宽对，字数和词性略不对等，但求意义相对。其他康雍乾八股文之意对节奏，大略若此。

此时期八股文之语言更不必说，因帝王重倡程朱理学，权臣引导士子学习"成弘法式"，上行下效，故其风大都雍容典雅，体现出重振后的大一统气象。在词语、句子表述方面，较其他时期更为庄重肃穆，语词如"寒燠之推迁""日月之焜耀""溥博渊泉之德""拜手而陈谟"等，句子如"造化流行，同其广运而怙旱冒也""善与人同，岂仅嘉言之冈伏欤""猗欤舜乎，不诚大哉""即富贵福泽，其以晏溺而堕节者，正不少矣""而奚假令甲之申于朝，而奚假棘木之董于廷""严栗者其志而一息稍戢则不肃，此齐与庄之难也"等，如此语词、句子比比皆是，即令寻常词句，也因其排列层次更符合古汉语特征而呈现出古气斑斓的语言效果。

这种气象，既是清初士人学习前朝之结果，也是其时社会各方势力博弈之结果。故王国维说清代学术历三变："国初一变也，乾嘉一变也，道

---

① 顾廷龙. 清代硃卷集成：卷三[M]. 台北：成文出版社，1992：54.

② 顾廷龙. 清代硃卷集成：卷三[M]. 台北：成文出版社，1992：67.

咸以降一变也。"①这里所言三变，一为自晚明空疏心学变而为清初经世致用之学，其实质为陆王程朱之争；一为清初汉学转变为乾嘉考据之学，其实质为汉学宋学之争；一为乾嘉考据之学变而为道光之接受西学，其实质为古文、今文经学之争。纵观有清一代学风，虽屡有变易，然"趋于实用"始终为一红线隐伏其中。

开国之初，士人们经历丧乱，痛定思痛，决心从自身寻找救世之良策，加之帝王亦欲安邦定国，故效汉制。顺治十二年三月壬子，顺治始倡实学：

服惟帝王敷治，文教是先；臣子致君，经术为本。自明季扰乱，日寻干戈，学问之道，阙焉未讲。今天下渐定，朕将兴文教，崇经术，以开太平。尔部即传谕直省学臣，训督士子，凡经学、道德、经济、典故诸书，务须研求淹贯，博古通今。明体则为真儒，达用则为良吏，果有此等实学，朕当不次简拔，重加任用。②

此谕将"明体达用"作为考验士子才学之标准。康熙四十一年六月戊午，圣祖作《御制训饬士子文》颁发礼部：

比来士习末端，儒教罕著。虽国内外臣工奉行，未能尽善，亦由尔诸生积锢已久，猝难改易之故也……必也躬修实践，砥砺廉隅，敦孝顺以事亲；秉忠贞，以立志穷经考义，勿杂荒诞之谈。取友亲师，悉化骄盈之气，文章归于醇雅，毋事浮华。轨度式于规绳，最防荡轶，子衿佻达，自昔所讥，苟行止有亏，虽读书何益……士子果有真才实学，何患困不逢年。顾乃标榜虚名，暗通声气，夤缘诡遇，罔顾身家；又或改窜乡贯，希图进取，嚣凌腾沸，网利营私，种种弊情深可痛恨！③

下有革弊之心，上有求实之意，故其时以"四书""五经"为导向的理学占据主位，天下翕然宗之，其时文风，渐归雍容肃穆。

---

① 王国维.王国维遗书：卷四［M］.上海：上海古籍书店,1983:23.

② 清实录.世祖章皇帝实录：卷九十［M］.北京：中华书局,1985:712.

③ 清圣祖实录：卷二零八［M］.北京：中华书局,1985:116.

二、嘉庆八股文：诡谲怪奇

康雍乾八股文对偶精工，气象雍容，是清代其他各朝都无可比拟的，此种状况一直延续至嘉庆前期。可以说嘉庆前期是酝酿变化的时段，而其真正的节奏和语言变化始自嘉庆丙辰（1796）恩科，于时开始出现散体式意对苗头，但其对偶还是大部分比较工稳的，个别地方的对偶甚至精切逾康雍乾几朝。例如：

1. 有//居敬穷理之功//，而后//聪明//不至于//锢弊//。如谓//秉资独厚//，全与//人事无权//，何以//解夫//挟质以游//，而//有愧于//躬修之醇备者也//？

有//明善复初之力//，而后//物欲//不汩//其性灵//。倘谓//悃愊无华//，未免//贻讥固陋//，何以//解夫//读书自好//，而//偏歉于//内行之纯全者也//？①

2. 儒者//笃志矜修//，原//不求//见谅于当世//，然而//至性至情之际//，品诣昭焉//。知之明者//处之当//，言行//不邻于伪//，忠孝//不病其愚//，敦固之忱//，胥归陶冶//，微夫人//不及此也//。三代下//多虚声//，吾将//进斯人//以实之//。

君子//穷神知化//，且//进而//直造于精微//，然而//大本大原之地//，责备深焉//。研其理者//尽其事//，爱敬//矢于尊亲//，懿好//取诸师友//，庸常之行//，无间始终//，知//所养//非一日也//。名教中//有完人//，吾其//于若人乎//遇之//。②

以例一觇探，出句之字步数量为2+4+2+2+3+3，对句之字步数量亦为2+4+2+2+3+3，完全相同，其节奏类型出句为16+2232+24+24+224+137，对句为16+2223+24+24+224+137，只在第二个节奏群处，出句为2232，对句为2223，且以严格的对偶形式判断，上下两句里除极个别地方不对外，其词性、意义几乎完全对仗。因此份八股文作者乃嘉庆丙辰（1796）恩科

---

① 顾廷龙.清代硃卷集成：卷四[M].台北：成文出版社，1992：88.

② 顾廷龙.清代硃卷集成：卷四[M].台北：成文出版社，1992：89.

进士俞日灯，新朝甫开，其文之节奏方式尚可与乾隆末期相媲。

例2同为俞氏之作，其节奏类型依然变化不大，出句和对句除了第二节奏群中"微夫人//不及此也//"与"知//所养//非一日也//"，第三节奏群"吾将//进斯人//以实之//"与"吾其//于若人乎//遇之//"节奏类型有些微变化，其他节奏类型完全一致。

至己未（1799）科以后，这种意对散化之状态逐步加剧，历辛酉（1801）恩科、壬戌（1802）科、乙丑（1805）科，至戊辰（1808）科、己巳（1809）恩科已经非常明显，其显著特征就是意对大量出现，文章散胜于骈，表现出古文化的倾向。嘉庆戊辰、己巳进士吴恩韶、赵家震、余源、孔传伦、赵光瀛、钱燮等人，其八股文意对散体化明显，几乎找不到工炼的对偶句，如赵家震《如有博施于民而能济众者，何如？可谓仁乎》一文：

侈言施济之功，而因为拟其诣焉。（破题）

夫欲求所谓仁，而举博施济众而侈言之，其于仁果何如耶？子贡之意，毋尚有不足于心乎？（承题）

且自煦煦者，鲜克有当也，殆必举天下而覆之，而后其勋烂焉。夫术每患其迂疏，业必期于广远，窃为想夫丰功骏烈之盛，而未知品量之居何等也。则一按诸胞与之全模，庶几拟议焉，而得其概尔。（起讲）

今夫统亿兆而曰民，积伦类以成众。望恩佽泽，非必有殊于形骸；养欲给求，自宜无间于远迩。士君子仁心为质，将举斯人之徒，而生息焉，修养焉，以登诸衽席之上。此非施之于民，而俾之实克有济也，势必不能。独是民之待乎施者无穷，而膏或虞其未遍，则好施之为何矣？众之需乎济者甚切，而德或不克有终。则普济之谓又何矣？夫以天地之大，万物之纷，而其施未光，而其济转隘，所谓仁无不爱者，固如是乎？是不必质之夫子，而可决然定论者也。

且夫人亦顾所自树，何如耳？其规模小者，限于一方一隅，而不免自隘其局；其愿力宏者，极之匹夫匹妇，而必为曲慰其衰。今如有人焉，体生成之意，挟子惠之怀，于以广敷施而宏利济，光天下之至于海隅，苍生罔有不被其泽。此其人之自视，吾诚不知何如。而保义之念，充周而无涯；怙冒之休，光远而有耀。赐且虚而期之，实而按之，将欲总其量以定其名，而不克以自决也，且还进而仪度之。今夫为器重，为道远，而取数多者，莫如仁。人之所贵于仁者，宁惟是小惠私恩，区区补救云尔哉？必将含宏光大，德合无疆，人各自遂其生，物靡不得其所，是故言乎所施，而湛恩极于阃外；问其所济，而美利溥于不言。（起股）

生平独居窃念，日求所谓仁而不可得。若而人者，虽极之德盛化神之诣，未敢遽信其必然。而蒙其休者，共游和平之宇；享其利者，欲上康乐之书，赐于此，不禁穆然深思焉，不禁睪然高望而远志焉。固不敢谓仁之量遽全于斯，亦不敢谓仁之名转靳于斯。易曰：安土敦仁，殆庶几有合乎！

世诚有博施于民而能济众者，愿夫子一衡之仁，而为赐定其可与不可之疑也。[①]（大结）

全文800字，其股对痕迹虽然尚可寻觅，却完全只能凭借意义之相对来断其上下联，几乎难以找到任一精巧的对偶。从起二股来看，只能从出句开头虚词"今夫"与对句虚词"且夫"的意义层次及勉强对应的节奏类型判断此为一个股对，但其整个上联和下联无任何字步数量和节奏类型相同的地方，与清代前、中期会试八股文节奏对称、整饬之美相去甚远。

表现在八股文的评语方面，康雍乾时期八股文眉批、本房加批经常会出现"对偶精工""属对工切"之评价，而至嘉庆时期则更多的诸如"一片神行却自具往复回环之妙，此彦和所称烟霭天成，不劳装点者"[②]。这里的"不劳装点"实际上是含蓄暗示此文本求其质实，不求外在形式之美，或曰根本没有形式之美。

嘉庆时期受乾嘉考据学风之影响，学术更趋于理性，考官求实，固然无可厚非，但士人写作八股文之实践，却已经迈入歧途，走向诡谲怪奇、支离饾饤之隘巷。出现这种变化的原因，主要在于语境之制约和影响，大略说来，可归结为两点：

---

① 顾廷龙.清代硃卷集成：卷五[M].台北：成文出版社，1992：41-44.

② 顾廷龙.清代硃卷集成：卷五[M].台北：成文出版社，1992：44.

首先，在于其文体自身向近代过渡。八股文至清嘉庆时期，已历数百年之久，无论是其体制的进化、对偶对仗的精工还是体法、语体特征皆已臻于极致，且拟题所用文献率皆出乎"四书""五经"等典籍，出题范围既狭窄，前人又已达化境，若想推陈出新，如同站在峰顶寻章摘句，实属不易，其状类同唐诗达到顶峰后，其辉煌已无法复制，文体遂转向宋词。八股文于其时亦然，文体内部的写作境遇使其不得不寻求变化的途径，散体式的意对可能就是士子们一种意图变革的尝试。

其次，外部语境对八股文之冲击亦至关重要——嘉道时期社会已然衰落，文气遂随移易，考据之学盛行，学风最终走向寻砖觅缝的琐碎之境。时清政府内有白莲教之乱、漕运弊事；外面临西学始近、思想体系发生深刻变革的情势。国政积弊已久，士人中的激进分子未免开始怀疑程朱理学，继而在旁门左道寻求精神寄托，其思想的转变亦鲜明地反映于八股文中。

但是这种转变显然是违背文体根本特点的，因此它并未被官方认可。嘉庆帝曾屡次下诏，意欲改变这种迈入歧途的颓势，最为著者，乃嘉庆戊辰（1808）十一月所发诏书：

> 据御史黄任万奏，请续选《钦定四书文》，以正文体一折。制义一道，代圣贤立言，本当根柢经史，阐发义蕴，不得涉于浮华诡僻，致文体驳而不醇。……自炫新奇，而于经史有用之书，转未能潜心研讨，揆之经义，渐失真源。……未必能轶过前人，即广征博采，亦恐有名无实。是惟在典司文衡之臣悉心甄别，一以清真雅正为宗，而于引用艰僻以文其固陋、专尚机巧以流入浅浮者概屏置弗录，则海内士子自各知所趋向，力崇实学，风会日见转移，用副国家振兴文教至意。①

士子们追求新奇而失去经义本色，其文艰深僻陋，以诡谲怪奇为尚，帝深恶之，御史黄万有奏请厘正文体，并请编纂《钦定四书文》续集，皇帝重申清真雅正之标准，并希望天下士人力崇实学，但未批准续编之请，因为他觉得近来文字，实无可超越前贤者。此诏下发第二年，为贺嘉庆帝

---

① 王炜编校.《清实录》科举史料汇编[M].武汉：武汉大学出版社，2009：638.

五十大寿，举己巳恩科，从现存八股文可见，文风尚无明显改观。

《清史稿》载曰：

嘉庆中，士子捋扯僻书字句，为文竞炫新奇，御史辛从益论其失。诏曰："近日士子猎取诡异之词，以艰深文其浅陋，大乖文体。考官务各别裁伪体。支离怪诞之文，不得录取。"历代辄以厘正文体责考官，而迄无实效。……雍乾间作者辈出，律日精而法益备。陵夷至嘉道而后，国运渐替，士习日漓，而文体益衰薄。至末世而剿袭庸烂，制义遂为人诟病矣。[①]

《清代硃卷集成》所收嘉庆时一则八股文评语亦云："独照之匠，窥意象而运斤。充然有得于心，粹然无疑于理，始知缒幽凿险者，失之艰，驰飚逞锋者，失之诡。去之两失，乃兼众长，斯为先正之遗规。"[②]此处"缒幽凿险""驰飚逞锋""艰、诡"皆言嘉庆时文之弊，至帝王下诏、考官批判之地步，这是八股文试图从内部找到变革之法而反弄巧成拙的显证。

在官方和权臣全力肃清后，至嘉庆辛未（1811）科八股文有明显改观，其文渐次恢复传统，节奏整饬，语言大有乃祖时八股文之高华清空，辛未进士朱壬林、阎善庆、黄杨镳、钱骏、杨思敬、倪彤书、张昶诸人，其八股文皆可上追康乾，下启道咸，节奏鸣金铿石，颇有文体重兴之意味。如辛未进士黄杨镳之八股文《子曰：中庸之为德也，其至矣乎》：

起股：

负阴抱阳以来，通直专翕辟之原，得易简清宁之理，德性中自有不倚而不偏者，上契夫人生而静之始，而中道立焉。

形生神发以后，全日用饮食之质，秉貌言视听之经心，德内自有不习无不利者，大畅其豫顺以动之天，而庸理著焉。

中股：

浚哲钦明，德莫隆于古帝，而时雍必始于平章，风动第由于从欲。约

① 赵尔巽.清史稿·选举：卷一零八[M].北京：中华书局，1976：3153.
② 顾廷龙.清代硃卷集成：卷五[M].台北：成文出版社，1992：116.

其旨，俱不外乎执中协中，则知亮采惠畴，德至纷者，至中足以驭之也。

柔恭执竞，德莫盛于古王，而懋昭肇修夫人纪，迪教惟叙乎彝伦。究其归，要不越乎庸言庸行，则知处变达权，德至奇者，至庸足以宰之也。

后股：

德非统古今而不变者，不足以言至，中庸则赅乎。正德之用休，敏德之惟义，衣德之绍闻，而为运会升降之所莫能移者也。生安与执复，均视此得主有常者，以洽乎时措之宜，施之一世而同遵，俟之百世而不惑。推斯德也，用极者曰至善，不息者曰至诚，非共臻于无上也哉！

德非合遐迩而皆行者，不足以言至，中庸则贯乎。九德之知人，六德之祗敬，三德之日宣，而为朝野中外之所莫能更者也。敛福与绥猷，胥本此一成不易者，以大其范围之化，发于寸衷而相协，放之四海而諴和。推斯德也，微妙不测曰至神，溥博时出曰至圣，孰能名其忧绝也在哉！

束股：

是故伪学之执一，托夫中而已失其真；乡愿之同流，貌为庸而转邻于妄。[1]

此文中"伪学之执一""已失其真""乡愿""妄"，托名夫子，对当时的学术风气是有隐含的批判意味的。因有清醒的认识，故而文章必是在这种道德根基之上生发，力求矫正时人之弊。全文风卷云舒，自然飘逸，读之抑扬顿挫，音节金清玉和，如沐春风，并无偏僻乖离之词，而文从字顺，可见文气至此已有所恢复。再如辛未钱棨之八股文《其为气也，至大至刚》一文，脉络清晰，文辞古雅，扬之高华，按之沉实，非学养兼到未易臻斯境界，窥其文字，直追盛世篇幅，其清真雅正之风，无一或缺。

此时期部分士人虽应帝王所昭，极力挽回颓乱的文风，奈何积重难返，吏治昏昧，仅凭几人显然回天无力。总体而言，嘉庆朝文字正如前述"支离怪诞、艰深晦涩"，社会已然混乱，节奏犹如心之锣鼓，其时之文，作如是之转变，实乃寻常之事。

---

① 顾廷龙. 清代硃卷集成: 卷五 [M]. 台北: 成文出版社, 1992: 167–170.

嘉庆在位二十五年，八股文风凡三变，而近乎十五年之文风是散乱乖僻的，其八股文节奏犹如风卷杨柳，语言浮华无定，这既因文体内部自我变革的需求导致，又显示着社会时代的发展变化对文体之渗透和影响。

三、同治八股文：平易畅达

同治时期因中西方的接触交流愈加频繁，其词汇和语句的选择使用虽偶有古奥佶屈之处，然大部分已经迈往近代汉语的方向去了。许多词语、句子几同白话，即便一个毫无古文基础的读者也可毫不费力地读懂它，如"大莫大于四海永清，而皆为君子所造就也，取其善而式以典型"[1]"取诸人以为善，是与人为善者也，而知其故者为君子"[2]"春秋者，纪事之文也，虽然事必有足纪，文乃有足徵，春秋之事之文，果何如者"[3]等。

现存同治八股文大都平易畅达，当时考官们亦认定此美学特点，如同治辛未陈秉和之八股文评语云："首艺理明辞达，不蔓不枝。次三充畅，诗稳，二场畅适。"[4]短短20字评价，出现"辞达"一次，"畅"字两次，约略而言，此时期大部分八股文评语皆类于此。

从节奏形式而言，文章多在束股采用大容量意对，反复皴染，节奏群形式多样。有以短节奏为主，跳跃干练的类型；亦有以长节奏为主，舒缓平稳的类型，其节奏在重重叠叠中笔走龙蛇，充满变化和灵活感，这实际也是昭示着八股文向近代革新的一种迹象。

在辑录的几十篇同治时期八股文中，至少有三分之二的文章以140字以上的意对为后股或者束股，长段对偶，本就不易，难能可贵的是，这部分八股文大都文气通达，势如破竹，读起来令人击节称赏，非思维极其缜密连贯者，难达此境。

例如，同治甲戌科詹鸿谟虽排名为341名，其履历中却记载他被钦点为内阁中书，其中关节，尚未查考。然阅其三篇八股文，直如鱼得水，辞

---

① 顾廷龙.清代硃卷集成：卷五十八［M］.台北：成文出版社，1992：30.
② 顾廷龙.清代硃卷集成：卷五十七［M］.台北：成文出版社，1992：24.
③ 顾廷龙.清代硃卷集成：卷五十六［M］.台北：成文出版社，1992：70.
④ 顾廷龙.清代硃卷集成：卷三十五［M］.台北：成文出版社，1992：372.

采缛脂星绸，却毫无滞涩之嫌，兹录其《自诚明谓之性》一文如下：

起股：

惟诚无欲，无欲者乃能通天下之欲；惟诚无私，无私者乃能烛天下之私。诚在是，明即在是也。而察物之源，有裕乎生初者焉。

惟诚不纷，不纷者乃能见万事之纷；惟诚不惑，不惑者乃能祛万事之惑。诚无心，明亦无心也。而观变之妙，有储乎本原者焉。[1]

中股：

有如不思而得，固诚之一事也，而得则已进于明。夫明本自待思耳，而自有圣人。不待思而若无求于明者，实则不待思而已至于明。知曰良知，此其故也，夫良知之谓性矣。

有如不勉而中，又诚一事也，而中则已极于明。夫明本自待勉耳，而自有圣人。不待勉而若无意于明者，实则不待勉而已进于明。能曰良能，此其说也，夫良能之谓性矣。[2]

后股：

万物诞降之初，具此性者，无不受成于造物圣功也。而谓之性，似其迹涉于统同矣。抑知诚蕴于中，常寂然而不动；明应于外，遂触焉而相通。至理虽各具生初，惟圣人无歉于诚，亦无歉于明，而返躬不负其赋畀。故彼之所谓性者，常人之所同具；而此之所谓性者，圣人之所独殊也。天壤间自此而入者，曾有几人哉？

大道当前之会，率其性者，奚难有合于秉彝圣德也。而谓之性，似其事并无异名矣。抑知诚以植其体，畴不劳于执择；明以彰其用，畴能出以从容。皇降虽尽属有恒，惟圣人自底于诚，亦自底于明，而懿德独葆其最初。故彼之所谓性者，率循必尽人之功；而此之所谓性者，纯全为天所授也。吾道中自此而成者，讵非绝诣哉？[3]

文中出现三对六股对偶段。起二股字字句句对接得严丝合缝，无懈

---

[1]　顾廷龙. 清代硃卷集成: 卷三八[M]. 台北: 成文出版社, 1992: 407.

[2]　顾廷龙. 清代硃卷集成: 卷三八[M]. 台北: 成文出版社, 1992: 408.

[3]　顾廷龙. 清代硃卷集成: 卷三八[M]. 台北: 成文出版社, 1992: 409.

可击。中二股亦字斟句酌，对仗协洽。文章总共761字，其后二股就有282字，占全篇容量的37.1%，其文意有条不紊，从容纡徐，畅达流丽，以今视之，犹不觉丝毫滞涩扭曲之处，实其时文章之冠冕也。无怪乎一般进士不过授知县之类官职，而詹氏可被直授中书，直理内阁，若仅以其文觇视，思清理明，胸有成竹，他确堪担当此任。

另如文本《子曰：君子坦荡荡》中"君子峻宥密之防，物之交相引者，理更足以闲之，戒谨戒惧，胥绝朋从，惟心广故体胖也，而何虞世路之屯邅"①，亦与上文同调，尤其"惟心广故体胖也"纯然白话，毫无藻饰，却似质实绮，似淡实腴。此时期高岳崧气盛言宜有战国辩士之风，楼杏春藻采纷披，绝无八股陋息，其他诸士人亦各具风致，要之其节奏皆合乎音律，文气皆平易近人，很能引人入胜。

当然，其时也有很小一部分八股文继续沿袭嘉庆时期的游离无骨，貌似仿古，且很努力地憋着追求古意的劲头，奈何气量狭隘且思路不畅，故而一变为佶屈聱牙，滞涩处臭朽不可卒读，如同治乙丑张清华《必得其寿》即为一例：

寿以德大，寿以孝大也。

夫得其寿，斯位禄名可永矣。德弥大，孝不弥大欤？

今以扁善之度，修身则配尧禹，养生则逊彭祖，有是理乎？故一朝之日也，一日之人也，然而断焉信其有千岁之固，何也？曰：授千岁之法以自持也，是乃有千岁之固矣。

舜起布衣，积德函和而终以帝，其声名之吟口也，传而不息焉。夫既有令名，复求寿考，可兼得乎？而抑知不然。

闻之，节遇谓之命，性伤谓之病，夸诞者逐魂，美意者延年。其惟愚人，耳目之欲接，则败其思；蚊虻之声闻，则措其精。斯亦譬诸蠡蠡者之善壮拙老，屡化不寿已耳。上中之人，隆性葆真，勉之强之，其福必长，矧大德之恢恢广广乎！夫积土成山，磐石安焉；积水成渊，渟蓄深焉；积善成德而神明不衰，强固微焉。舜尝以其自得者语尧矣。日行微如日月，

---

① 顾廷龙. 清代硃卷集成: 卷三七[M]. 台北: 成文出版社, 1992: 248.

执一如天地，与天地同理而不与天地同久，当不其然。

然而难言之矣。水火有气而无生，草木有生而无知，故寿莫坚于金石，莫固于乔松。其在庶人，蔬菜可以养口，粗䊏可以养体，庐庾可以养形，其寿犹易得耳。若夫天子，昧爽而栉冠，平明而听朝，一物不应，政之弛也，万几不匮，能勿备乎？今且为之说曰：风雷于大麓，不能摇其精也；龙蛇于下士，不能劳其形也。而及其盛也，驾五龙，乘鋈路，不能饵以晏安也；朱凤至，金车见，不能溃以满假也；山渊平，情欲寡，安燕而神气不惰，劳倦而容貌不枯，人亦孰从而信之？

虽然，奚不可信者？粤稽大舜，处一之危，其荣满侧；处一之微，荣矣未知。其尊生也，宝之珍之，贵之神之；其事亲也，服勤尽道，跬步不忘。龙衣乌衣，美于黼黻文章焉；大杖小杖，安于钟鼓琴瑟焉。况乎绩奏谟盖，辟之犹以锥刀堕泰山耳。寿之必得，不若合符节、握券契欤？

且夫欲知亿万，则审一二；欲知千岁，则数今日。舜之寿，不待凤凰喈喈之导其和也，不待卿云业业之助顺也，皆前行素修也。与木石俱而光曜都显，则虚一而静矣。烛息火食，亡入而不自适，则善藏其余矣。夔夔斋栗，五十而婴儿慕，则加日悬久矣。大德之微，岂倚魁之行哉？[1]

此文节奏凌乱，全篇仅有几句内部对偶，无任何大的股对，以八股文而言，此种节奏形式严重偏离了其最基本的文体特点，从语辞而言，冒头部分尚且平易，之后文字似欲追求古致，因而用了诸如"蚊虻""蠡蠡者""善壮拙老""粗䊏""夔夔斋栗"之类的古语词以矜其广博，但整体文意并无典雅舒畅之意，反而显得暗昧踯躅，令读者心闭气结。此文名列同治乙丑现存硃卷之末，与詹鸿谟之低位高中相联系，信可征科考之相对公平。

从句型而言，此期句子既有如"愈敏皇，愈宽广；弥敛抑，弥安舒"[2]"寸心不易，岂虑困穷；全体能充，自徵纯化"[3]这样铿锵跳跃的短

---

① 顾廷龙.清代硃卷集成:卷二七[M].台北:成文出版社,1992: 455-458.
② 顾廷龙.清代硃卷集成:卷三六[M].台北:成文出版社,1992: 247.
③ 顾廷龙.清代硃卷集成:卷三六[M].台北:成文出版社,1992: 410.

句，也有如"爱育群伦，将佐治者宣上德而抒情，沾化者听矢言而忘戚。问：畴非受恩泽而戴生成者，而敢不归忠厚乎？盖至停浇激薄，而后知仁之含濡者深矣"①这样婉转深勉的长句。无论长句短句，皆胜在流丽朗畅。

同治时期八股文多平易畅达之风，当与其时西方文化进一步传布入清有关，与道光末年开始并贯穿咸丰一朝的太平天国起义有关，更与"同治中兴"之政治环境不无关系。

自外而言，道光年间林则徐、魏源等知识分子由于受鸦片战争的影响，提出了一系列主动学习西方知识的主张；曾国藩、左宗棠、李鸿章等大臣既是剿灭太平天国起义的朝臣，又是洋务运动的领导者，他们引入西方的军事、邮政、外交等技术手段，派遣留学生出洋学习先进文化，同时设立福州船政局、江南制造总局、开平煤矿等一系列企业刺激带动国民经济，为行将就木的清政府注入了一股新鲜活力。方俊瑞在其《文化延续下的"师夷长技以制夷"》一文中描述这种社会状态："晚清之际，面对西方文明的冲击，中国的开明士大夫开始觉醒。他们一方面固守传统文化，一方面主张学习西方先进技术，试图在中西文明中找到契合点，以延续几千年来的传统社会秩序。从'经世致用'到'师夷长技以制夷'，既是受外部环境刺激的结果，更多地体现的是一种本位文化的延续。"②西方文化入主中国，利弊皆有，但它在客观上对咸同八股文平易风气的形成起到了推动作用。

自内审视，道光三十年（1851年）1月，洪秀全发动金田起义；咸丰二年（1853年）3月，太平天国据南京，建"天京"，以农民政权对峙清廷。战火绵延十多年，至同治三年（1864年）才基本熄灭。其间生灵涂炭，百姓沦亡，不胜可悯。1860年清政府与英法议合，1864年太平天国运动失败，且洋务运动也在有序开展，政府降赋励耕，为农民发放良种，同时大幅度增加儒生进士名额，以笼络士人，防止太平天国运动复现。较之

---

① 顾廷龙.清代硃卷集成:卷三六[M].台北:成文出版社,1992:60.

② 方俊瑞.文化延续下的"师夷长技以制夷"[J].黑河学刊,2016(5):53–54.

道咸，政治上出现了一个短暂的和平时期，经历战乱的士人们格外珍惜来之不易的和谐。受此影响，其文化暗归于温煦，投射于八股文中，显见士人心态较前稳定祥和，因而其创作状态亦比较轻快明朗。

总体而言，同治时期八股文呈现出平而不滞、美而不乱的格调，与其社会历史语境影响下的语言和节奏不无关联。

四、光绪八股文：生新廉悍

道咸以来，八股文追随学术变革的脚步，已经呈现出求新求变的势头。王国维论曰："国初之学大，乾嘉之学精，而道咸以来之学新。"①至光绪时期，这种新变的节奏进一步加速了。此时期因为社会政治之衰微，而帝王又力求革变其弊，士人多迎合其趋，故而在八股文中多见新式之词语，甚至表现出一些合乎当时情势的激进思想。这种狂飙激荡的声音和此时出现的新对偶形式"镶嵌对"相结合，使其时之文"制求生新"而"质颇廉悍"。

光绪朝早期八股文节奏上有追慕前贤的痕迹，故而不乏对偶十分工巧的篇章。如光绪癸未进士第2名张预之八股文《文理密察，足以有别也》股对如下：

起股：

暗汶非智，凌杂非智，忽略非智，茫昧非智，赋畀不灵而见闻多蔽，至圣悯其愚矣。

浮华非智，琐屑非智，曲谨非智，苛细非智，神明无主而因应何宜，至圣惜其误矣。

中股：

而谁如其文也，无本之文，文则益伪；有本之文，文则日章。盖无文不明也，而明则能烛已。

而谁如其理也，泥理之理，理涉于拘；穷理之理，理无或窣。盖无理不通也，而通则能断已。

---

① 王国维. 王国维遗书：卷四 [M]. 上海：上海古籍书店，1983: 23.

而谁如其密也，以补苴为密，密犹或疏；以退藏为密，密无稍开。盖无密不慎也，而慎则必详已。

而谁能如其察也，以刻敷为察，察失于苛；以好恶而察，察归于正。盖无察不精也，而精则能择已。

后股：

惟至圣浚哲之资，禀于皇降，而智德之虚灵不昧者，乃循生于仁义礼之后，而各擅精能。

惟至圣精神之用，异于群伦，而智德之得主有常者，乃交著于容执敬之余，而遂完体量。

束股：

以万事万物之纷纭，方杂投而待治也。别之于文，而条理或虞未晰；别之于密，而检查或虑难周。智之德未全，即别之能未裕耳。乃英华之发炳其文，脉络之发著其理，而密则无绝续之迹，察则无疑似之端。在至圣动于自然，本不稍留缺憾，而恃原以往，乃殊觉其区别者之绝少遁形也，谓非上智之操之各足哉？

以邪正是非之交错，每迭起而相蒙也。别非以文，理虽明而或邻浅鄙；别非以密，察虽用而或近张皇。智之德未备，即别之能犹歉耳。乃文以辉光而益显，理以错综而不淆，而密更不露其机械，察且无伤于忠厚。在至圣行所无事，初不自诩功能，而即事相观，乃弥信其旌别者之一无歧误也，谓非神智之全其固有哉。[①]

文章内部排比对联翩而至，简直如鱼游鹰起，美不胜收。全文主体恍如江上峰峦，乘舟而去，江山层层鱼贯而来，令人目不暇接，却又丝丝入扣，不见些许慌张。对偶精工者，实乃胸有成竹者。惟胸中丘壑历历分明，才能前呼后应丝毫不乱。好的八股文真可以文从字顺，以平淡见真醇，未刻意追求古雅之表，而反得其颢气之真。此文就属于前者，每一联都条理通联，纹丝不乱，确是八股文精品。

但总体来说，因为渴望寻找光明，光绪朝大部分八股文在精神上皆体

---

① 顾廷龙.清代硃卷集成：卷五一［M］.台北：成文出版社,1992:37-40.

现出打破旧制的激昂情志，反映到八股文中，首先是体制上出现了一种全新的镶嵌对：

吾于是益叹禘说之难知，而穆然于知其说者。

昔先王孝行有独隆，而一本绵延，直极之肇迹发祥之始。秋霜春露，千百圣如在一堂；即木本水源，亿万姓初无二致。其精忱固结不解者，早隐然有天下一体之思。

昔先王孝思有不匮，而一诚贯注，直推诸山谿海甸而遥。在远不忘，上以致一人之雅慕；即群生在宥，下以联万国之欢心。其仁爱推暨无穷者，更廓然具天下一家之量。

此禘说之通于天下也，而知之者果何如乎？①

再如光绪庚辰科于式枚《柔远人则四方归之，怀诸侯则天下畏之》中亦有此类股对：

故未极天下之畏，而先言四方之归。或谓皇王无荒远之图，仍以域中当四方者，非也。据侯国而言，同为天子臣，而欲夺其邻之人以来归，迹已疑于专帝制；就王朝而论，忝为天下主，而更夺其臣之人以归我，事又近于侵吏权。王者有道，验诸四夷，非妄说也。欲归极于四方，在柔远人而已。

毡庭被冠带之风，且自附天子舅甥之谊，则和亲既久，而控弦之长，有入为环卫之藩臣者矣。

盟府剖丹青之誓，不尽拘中国文法之常，则简易可从，而互市之商，有长其子孙而编籍者矣。

故欲致四方之归，必先在天下之畏。或谓封建非治安之策，欲以侵削威天下者，误也。天既全付以国家，不众见侯甸男卫，以振其纲维，植根已疑于不厚；人谁不私其孙子，使世擅财富甲兵，而宽其文纲，捍患安得而不坚？四征不庭，责在方伯，良有以也。欲畏及于天下，惟怀诸侯而已。②

---

① 顾廷龙.清代硃卷集成：卷五五[M].台北：成文出版社，1992：12.

② 顾廷龙.清代硃卷集成：卷四六[M].台北：成文出版社，1992：18-19.

如"体法"章所述，这种股对此前未有，此后亦不多见，故亦以昙花之态偶尔出现，随着清代科举考试结束，它也应时而逝了。然体制之"新"，可窥一斑。

此期八股文还有另外一个非常鲜明的特征：在内容上出现颇多指摘旧制度和社会现象的章句，有的颇为激烈，充满了昂扬的斗志。其情虽廉悍，依然可以脱颖而出高中科场，其原因，盖是光绪支持变法以图存，且为摆脱慈禧对朝政的控制，故而士人敢于在这样的文本中发抒如此强烈的情感。如光绪戊戌进士陆增炜八股文《子曰：放于利而行，多怨 一节》：

斯人怨毒已业，欲藉小惠私恩以自解；世主道心未复，惟求繁文末节之是修。心欲利而口不言利，名为让而实不能让，其事又不可伪为也。物欲之偏，胜以学问；仪文之细，蕴以精诚。直可以括一十章治平之要。噫！霸君智取术驭，实有与民争利之私，故富强虽著有成书，其弊即在于言利异学，和光同尘；亦有使民不争之道，而清净不足以治国，其说实误于无为。①

"心欲利而口不言利，名为让而实不能让""噫！霸君智取术驭，实有与民争利之私"等数句大胆将矛头指向最高统治者，将他们假言不争而实剥夺民力以自肥的虚伪面孔暴于笔端，更以叹词"噫"起势，大有怒其不争的愤慨，廉悍之笔力透纸背。

如此旗帜鲜明之篇章，在光绪时期存文中颇多，可见其时制义，已然部分地成为政治之匕首投枪，充满了反叛的气概，与清早期八股文，全不可同日而语。值得注意的是，正是这种强烈的情感喷发，使其在精神上几乎完全脱离了儒家文化温柔敦厚的内敛和含蓄，具备了文学作品的某些特征。

历览以上四个阶段的总体风格特征演变体系可知，清代八股文本的风格嬗变与社会文化语境关联甚大，同样文体在不同语言环境下可能因社会、文化语境的变革而表现出符合当时语境的风格变化，这是从文本本身

---

① 顾廷龙.清代硃卷集成：卷八五[M].台北：成文出版社，1992：302.

可以找到依据的，其演变表现出明显的经学性下降、文学性上升的趋势，这也是毋庸置疑的。

第三节　清代八股文流派风格比较研究

如前所述，八股文是一种应试文体，既为应试之文，其写作目的自然非仅为文学鉴赏，故其写作必须围绕一定的价值评判核心运转和存在。而这些评判者本身多为肩负国家重任之股肱，本身具有相近或相反、相悦或相恶的政治、文化观点分野，在前朝流派延续嬗变中，在现世评价团体的价值引领下，八股文有不同的流派特色是必然的。

一、清代八股文流派之源

这种流派之分并非无根之水，其最近之源当溯至明。八股文至明中期臻于成熟，与前朝有明显区别的地方是这种文体的实践者在创作思想、写作过程中出现了分化，如同诗和散文一样，出现了多个具有流派意义的集团。但与诗歌和散文的流派有所不同的是，这些八股文流派并无明确的纲领，亦无固定的组织机构，或只是同好集结，或仅仅以地域相生相伴，迁延成习，其流派之分，是由后世学者界定的。它们的出现和成形对清代文章尤其是八股文有着千丝万缕错综复杂的影响，是清代八股文流派的直接源头。

学界近几年研究表明，明代八股文有唐宋派、东林派、奇矫派、机法派、江西派、云间派、娄东派，还有以汤显祖和"江西四隽"为代表的骈采派，以王鏊、钱福为代表的复古派。[①]这些流派或出于时代和政治断限，或出于风格特征，或出于地域界线，其判断标准并不一致。娄东派以娄东（今江苏太仓）吴伟业为代表，号称宗唐，主要效仿白居易；而云间派则以松江府（别称云间，今上海松江区）为地理核心，主要效仿前后

---

① 孔庆茂.八股文史［M］.南京:凤凰出版社,2008:2–3.

七子，此派以陆机陆云为起点，延续几千年，至晚明已非常活跃，人物众多，有"云间三子"陈子龙、李雯和宋征舆，还有夏完淳、夏允彝、钱芳彪、宋存标、周茂源等人，且松江府书香传家，科举为重，望族云集，据叶梦珠《阅世编》卷五《门祚》记载，明末清初松江一郡单名门望族就达67家之多，而一般望族则数不胜数，寒门出身者少之又少。

孔庆茂对明代八股文流派的总结较为全面：

自洪武迄天顺百年间，主要名家有黄子澄、刘三吾、姚广孝、于谦、杨慈、薛瑄、邱濬、商辂、丘正、李东阳等人，虽有八股传文，但皆属注疏体，疏通经义，无意为文。至成化、弘治以后，以王鏊、钱福为代表的八股文家出，八股文才趋于成熟。这是明代文的第一个时期。正德、嘉靖年间，是八股文的第二个阶段，以唐顺之、茅坤、归有光、胡友信为代表，学唐宋古文家的文章手法，以古文为时文，成为这一阶段的主流。翟景淳在前科会元文的基础上，总结历科会元文章的机调手法，从形式上着眼，创机法派，在后来演变成一个声势很大的流派。隆庆、万历间是八股文的第三阶段，主要的代表有汤显祖及江西四隽，陶望龄、吴默、王思任等上承王世贞、王锡爵文章风格而成为奇矫派。以顾宪成、赵南星为代表的以八股文议政、讽世的东林派。由正嘉时翟景淳所创的机法派，在万历时经董其昌的总结发展，到万历后期汤宾尹和许獬时极盛，成为纯熟圆通的所谓"元脉派"，产生很不好的影响。天启、崇祯间是八股文的第四阶段，也可以说是最鼎盛时期，这个时期江西派的章世纯、陈际泰、罗万藻、艾南英，云间派的陈子龙、夏允彝，娄东复社派的张溥、张采，以及金声、黄淳耀等大家，构成了晚明八股文的繁盛局面。①

孔庆茂此论既点出了明代八股文的几个主要流派，又大致呈现出各派的代表人物和主要特点，如以翟景纯为代表的机法派主要修习历代会元八股文，十分注重形式；以汤显祖和江西四隽为代表的奇矫派以王世贞文章风格为宗；顾宪成等人领导的东林派则以议论时政为特点等。同时可见，明代八股文的确渐臻盛景，且其流派并非独立存在，它往往依附于一定的

---

① 孔庆茂. 八股文史 [M]. 南京: 凤凰出版社, 2008: 72-73.

社会团体，且流派内部如同某些诗派、词派出现分支，是有其发展变化的，如正嘉翟景淳"机法派"经万历董其昌总结和汤宾尹、许獬传承而变化为"元脉派"，其特点是其技法愈发圆通纯熟。

孔先生对明代八股流派的鉴定是符合历史真实的。泛观历代文学史，凡某文体繁荣，必有派别分野，且这种派别一般不会在短时期内突然消失，它在文学史上一般会延续数百年而后式微，或者演变为具有新观点的学术流派。八股文流派发展脉络也大略若此。很明显的如明末东林派，此派当时蔚然大观，他们以无锡东林书院为中心，散射至周边各地文人，如左都御史高攀龙、大学士叶向高、吏部尚书赵南星、安徽桐城左佥都御史左光斗、浙江余姚山东御史黄尊素、江苏苏州礼部员外郎周顺昌、礼部尚书钱谦益、左都御史邹元标、礼部尚书孙慎行等300多人。从时间轴上看，其后期代表人物钱谦益等人并未随明朝灭亡而殉身，且在清代出仕为官，他们所领导的学派在清代自然不可能陡然消亡，反映到八股文史中就是清初尤王派、桐城派、考据派、辞采派、性灵派、奇崛派、晚清新学派[①]等先后发展或出现，其中尤王派是晚明云间派之接续，且尤王派之名士多有参加清代科考中式为官者，内中勾连不言而喻。梁章钜的《制艺丛话》云：

唐、宋以诗赋取士，似专尚浮藻，然名卿往往出其中。有明改用制义，则托体甚高，盛衰升降，前人已言之。逮本朝初，屏除天崇险诡之习，而出以浑雄博大，蔚然见开国规模，如熊次侯、刘克猷、张素存其最著也。康熙后益轨于正，而李厚庵、韩慕庐为之宗，寻桐城二方相与辅翊，以古文为时文，允称极则，外若金坛王氏、宜兴储氏，并堪骖靳焉。雍正、乾隆间，墨艺喜排偶，而魄力芒厚颇难猝辨，择其醇者即独出冠时。至嘉庆，当路诸臣研覃典籍，士子竞援僻简以希弋获。近稍厌弃，又未免渐趋萎弱。盖二百年来文之迁变大概在斯。天下必能自竖立卓尔不磨者，乃不受转移于风气，否则，骛乎此，复艳乎彼，驰逐东西，迄无一效。[②]

①　龚笃清. 中国八股文史: 清代卷 [M]. 长沙: 岳麓书社, 2017: 1-5.

②　（清）梁章钜著, 陈居渊校点. 制义丛话·序 [M]. 上海: 上海书店出版社, 2001: 3.

梁氏之论，说明在某特定时间段内，因观点相近而成一派者众，且制艺之流派变迁，自明便有。以此前溯，明之前虽系八股文形成之萌芽和发展期，流派一定也在形成演化之中；迄此后观，清代八股文之流派，不但存在，且当较前朝复杂和多变。这种流派变迁情况，蒋寅先生在其《中国古代文学通论》（清代卷）中也约略提过，但他对于流派的划分与孔氏不同。

二、清代八股文主要流派风格比较

清代会试文作为其时该文体的一个分支，其流派分布范围较八股文或更为狭小。它的存在状态与明朝类似，或者附着在以散文流派为核心的团体上，或者隐藏在文学观、政治观点相近的各种群体中，或者以地域、业师为半径辐射周边领域。因为古代交通不便，跨地域信息沟通亦不十分顺畅，士人的学习和交流必然受到一定的限制，故而，以地域、业师为半径的流派存在的可能性最大。而以此为脉络的流派分野，又与清代几次学术思潮相互影响，这其中有着错综复杂的纠葛与勾连，因此将其文本做非常明确的流派解析是不科学的，只能根据《清代硃卷集成》现存文字，撮其要者，根据其风格特点、地域范围等将其做一个粗略的流派分野。

大致而言，清代八股文的流派风格主要体现于下列三个相互映照的团体中。

（一）云间派与性灵派

云间派为清初最大的八股文流派，此派主要以地域作为派别标识。很多举子居住地为松江西门外秀野桥、聚奎里或南门同仁里。道光己丑进士朱逢年硃卷本房总批云"揭晓后知生云间望族，谷水名流"[①]，如道光辛巳松江府举人沈琬硃卷试帖诗左侧有载"云间西门外寺基衕门郑南万镌刻"[②]，道光己丑进士何朝恩八股文试帖诗左侧小字记录"松江西门秀野

---

① 顾廷龙.清代硃卷集成：卷七[M].台北：成文出版社，1992：36.
② 顾廷龙.清代硃卷集成：卷一三三[M].台北：成文出版社，1992：326.

桥会文斋刘轶山刻刷"①，既有举子聚居，又有专门印刷八股文的商家，且考官和印刷商都称为"云间"，足可见云间派地域传承之风甚浓。

云间派和性灵派之间的差异，主要在于其所遵循的文艺思想不同。晚明云间（今上海松江区，别称云间）派模拟前后七子而成因袭，公安派主张独抒性灵而流于轻浮俚俗，竟陵派钟惺和谭元春出而纠正二者流弊，提出"约为古学，冥心放怀，期在必厚"②，肯定古学，追求温柔敦厚的风格，但是也不反对性灵派之主张，因为此派主张更接地气，故而一时风行，时人以"不谈竟陵为俗"③。

明清易代后，云间派陈子龙、夏完淳被杀，夏允彝殉国，李雯因被迫在清廷为官郁郁而亡，宋征舆与周茂源分别在顺治四年（1647年）和顺治六年（1649）考中进士，在清廷入仕。二人在当时虽为云间派诸人诟病，但他们诗歌、八股文皆自成一家，主张复古，提倡"审情""美刺"之说。周茂源后因江南奏销案去官归田，读书终老，著有《鹤静堂集》，且扶持后生，造福当地，在清代也颇有影响力。王士禛在《池北偶谈》中称周茂源"一时推为长者"④，邓之诚在《清诗纪事初编》中记载："（周茂源）晚岁葬夏允彝，存古父子之丧，厚恤其女及嗣孙，尤为人所称，存古（夏完淳）其门人也。"⑤

宋征舆和周茂源去后，后世诸学子得其余风，风格典赡，古风苍然。他们以江南松江府为中心，表现出复古宗经、厚朴大气的风格特征。嘉庆、道光、同治、光绪朝松江府士子皆颇有规模，且大部分士人世代为官，居住地相近，又多见互相联姻，士人群体内部呈现出错综复杂的社会关系图谱，因之亦表现出很强的群体特性。现以部分松江府学子的八股文评语来示现，见表5-3-1。

---

①　顾廷龙.清代硃卷集成：卷七[M].台北：成文出版社，1992：363.

②　（明）钟惺，谭元春选评.诗归[M].武汉：湖北人民出版社，1985.

③　（清）邹漪.启祯野乘：卷七[M].清康熙十八年金闾存仁堂素政堂刻本.

④　（清）王士禛.池北偶谈[M].北京：中华书局，1982：100.

⑤　邓之诚.清诗纪事初编[M].上海：上海古籍出版社，1984：464.

表5-3-1 康雍乾乡试江南松江府举人八股文评价情况抽样表

名字	科年	名次	评语
许宝善	乾隆丙子二十一年（1756）	55	金和玉节，体大思精；浑含大意，风度端凝；玉润珠圆，丰美流发①
冯孝寿	乾隆庚寅三十五年（1770恩）	15	醇粹和平，饶有元度；格老法密，骨峻神清；说理清超，肤词利落，描情深婉，俗艳扫除，杂流丽于端庄，官止神行，金和玉节②
李深源	乾隆丁酉四十二年（1777）	17	深醇渊雅，足式浮嚣；气局从容，吐词恬雅；清雅绝俗，迈往凌云道，劲中饶有静穆气象，经义纯正，骈体精工，五策出入经史，追踪贾董，接迹韩苏，取冠本房，庶不负稽古之力③
杨怿鼚	乾隆己亥四十四年（1779恩）	46	玮质含文，风格道上；符采外炳，渊懿内涵；气势则海涵地负，神情则雨骤风驰，其音节宏壮，则又少陵所云黄钟大镛在东序也④
雷莹	乾隆戊申五十三年（1788）	79	铸史熔经，光焰万丈；宏深萧括，稳健为雄；骨重神寒，兴高采烈，由其气盛故声之高下咸宜⑤
许嗣茅	乾隆己酉五十四年（1789恩）	71	削去肤词，独标精义；雅正清真，扶质立杆；意必称物，文必逮意⑥
吴敬权	乾隆己酉五十四年（1789恩）	76	局正理醇，辞无枝叶；有书有笔，气味渊深，本理以为质，宗经以为文，高把群言，精研六籍⑦

　　从表5-3-1可以看出，仅乾隆一朝，几乎每一次科考都有松江府士子中式，且其文风大都宗经崇理，端庄渊雅，评委们的评价既有外在的相似，

---

① 顾廷龙. 清代硃卷集成: 卷一三零[M]. 台北: 成文出版社, 1992: 429–432.
② 顾廷龙. 清代硃卷集成: 卷一三零[M]. 台北: 成文出版社, 1992: 339–340.
③ 顾廷龙. 清代硃卷集成: 卷一三零[M]. 台北: 成文出版社, 1992: 369–370.
④ 顾廷龙. 清代硃卷集成: 卷一三零[M]. 台北: 成文出版社, 1992: 418.
⑤ 顾廷龙. 清代硃卷集成: 卷一三一[M]. 台北: 成文出版社, 1992: 20.
⑥ 顾廷龙. 清代硃卷集成: 卷一三一[M]. 台北: 成文出版社, 1992: 28.
⑦ 顾廷龙. 清代硃卷集成: 卷一三一[M]. 台北: 成文出版社, 1992: 36.

也有内涵的趋同，他们注重复古和精研六籍，铸史熔经，学养贯通，清真雅正。

而根据现存硃卷履历，从数量上看，康雍乾现存硃卷者共有25名举人，康熙、雍正时期没有存卷，仅乾隆一朝就有8名举人来自松江府。爬梳文献可知，嘉庆一朝现存硃卷者有52名举子，共33名来自松江府。道光一朝现存八股文或履历的227名举人，其中，除己亥孙懋本、庚子郭兆奎、癸卯恽世临无履历外，58名举子来自松江府。这些举子履历一般都超过6页，其上详尽介绍祖辈亲眷之情况，从履历可见，松江籍的学子大都出身世家，家学渊源博厚，且祖上大部分历代为官；每人都有至少6名以上的老师，这些受业师和问业师很大一部分是举人或进士出身。其中又有多名士子师从同一导师，如倪皋、蔡自申、戴师洵三人皆为石琢堂夫子的学生。

表5-3-2　嘉庆松江府举人名录

李谨 （15）	马德溥 （61）	徐振声 （69）	朱霞 （94）	张兴镛 （57）	马棠 （66）
吴持衡 （102）	王舒华 （48）	王廷谟 （57）	梅春 （25）	殷瑞 （11）	姚伯骧 （49）
王庆麟 （会试第1，殿试一甲第一）		周莲 （3）	赵棠 （19）	周行 （90）	张惇训 （94）
张克俭 （107）	刘枢 （11）	李钟潢 （20）	顾恒 （32）	杨兰芳 （64）	陆旦华 （74）
赵谦吉 （82）	闵骧 （无名次页）	马益 （无名次页）	朱逢辛 （70）	施宜福 （97）	沈景祁 （108）
叶恭 （88）	朱大韶 （17）	唐鼎高 （100）	秦大治 （无名次页）		

注：作者名后括号数字为中式名次。

表5-3-3　道光松江府进士名录

曹棨 （29）	沈琔 （53）	许曾望 （66）	何享衡 （85）	金树涛 （111）	唐家楩 （125）
黄绶 （51）	倪皋 （58）	陈鳞 （14）	朱南枝 （97）	胡家锟 （7）	莫亦昌 （68）
沈锡庆 （68）	何朝恩 （94）	潘宗秀 （61）	曹树奎 （64）	黄时溥 （109）	姚光发 （111）
朱恒 （24）	杨裕仁 （111）	翁尊三 （112）	蔡自申① （5）	陈渊泰 （22）	谢曦 （105）
林曜 （7）	张云望 （15）	张祥沄 （39）	庄埥 （113）	诸桓 （47）	程开基 （61）
赵曾显 （109）	许辰珠 （50）	戴师洵② （88）	许耀 （43）	潘镛权 （63）	盛枢 （89）
钟声 （115）	吴三锡 （13）	吴淮 （19）	秦士淳 （40）	陈垚圭 （42）	金曾枚 （47）
陈钺 （71）	朱应阳 （77）	曹骅 （88）	倪士恩 （43）	雷尌 （70）	冯景澄 （111）
严宗价 （115）	韩应陞 （3）	徐良钰 （5）	徐继达 （14）	贾荣怀 （99）	蔡昌 （50）
熊其光 （72）	张元鼎 （81）	祝椿年 （1）	蔡炳 （114）		

注：作者名后括号数字为中式名次。

　　纵观康雍乾嘉道五朝乡试卷，松江府学子数量占绝大多数，次之为江南太仓和江南江宁府，再次为江南直隶及安徽诸府。松江府举人潘宗秀八股文批语云：“一片相生悉从古文得来，世间浮艳殆尽；思清笔锐，理实气空。”③而同时期中式第30名的江苏太仓娄东派举子朱右曾评语曰：

① 师从石琢堂，乾隆甲戌一甲一名进士，前山东按察使司。
② 师从石琢堂，乾隆甲戌一甲一名进士，前山东按察使司。
③ 顾廷龙.清代硃卷集成：卷一三四[M].台北：成文出版社，1992：256.

"韵语三唐嗣响，腾李杜之光芒；经义两汉折衷，步匡刘之遐轨。"①一个复古，一个宗唐，其审美倾向立地可见。

正因为云间派更注重熔经炼古，因而其风格一般华赡典重，无过多可以抒发我心的空间。

与重视融裁经义的云间派不同，袁枚之性灵派源出于明公安三袁，为文一贯主张直抒胸臆，追求性灵，其子弟姚长彦《晋圻西阿校室学事记》云："文字之业，首须引发性灵，再求宁固根柢。引性灵在于自达其意，固根柢在于以古为师。无性灵则根柢无所附而不能入，无根柢则性灵无所范而不能成。"②显见此派以"我"为文之重心，并不厚古薄今，加之晚明袁中道曾以性灵论制义曰："时义虽云小技，要亦有抒自性灵不由闻见者。"③他们试图把自己的文学主张渗透入制义写作，并且做了比较成功的尝试，因之当时制义，有此风者自成一系。

这一派自晚明公安三袁后虽大势已去，但余风尚在，在清代也颇有一些追随者，尤其在清代中晚期，伴随着社会之风云多变，八股文本也出现了一些显而易见的特点，其中之一即为其时断续出现抒写性灵的士子，且考官允许并欣赏这种不超限的书写性灵之文存在。如嘉庆廉能之八股文《孟子曰：尽其心者，知其性也，知其性则知天矣》：

尽心由于知性，理穷者天即可知也。

盖心性与天，皆一理所贯也。尽心者必由于知性，知性而天何不可知哉？

孟子虑夫人不知理之所在，而徒误用其心，则心转驰于外，而复托诸不可知之天，岂不失之远哉？盖昧于理者失其本，而无以满其量；穷夫理者，充其体而有以达其原。慨然曰：人之生也，有心必有性，有性即有天。天在于赋性之初，性禀于受生之时，而心具于初生之日，何非一理之条贯哉？

---

① 顾廷龙.清代硃卷集成：卷一三四[M].台北：成文出版社，1992：242.

② 王葆心.古文辞通义[M].武汉：武汉大学出版社，2008：16.

③ （明）袁中道.珂雪斋集：卷十[M].上海：上海古籍出版社，1989：482.

　　心以虚而常明，全体奚能以或损？惟客感之纷乘，斯明而转昧。将不能适其分以相偿，又何论于穆之浑全，无言而合？

　　心以灵而善运，本原奚致于或亏。惟朋从之撞扰，斯滞而不灵。将不能如其量而无歉，复何言真精之妙合，达本而穷源。[①]

　　冒头部分共283字，"心"字就出现了9次，"性"字出现了8次。其后文章又云：

　　心之不尽，天无由知。惟然，而吾乃思夫尽其心者。

　　求性于心之外，失性者并失其心；求性于心之中，知心者不外识性。性有几微之未明，斯心有偏端之未慊。惟于性之统绪，不留毫发之疑；即于心之渊源，绝少几希之憾。则其知之无不知，已尽之无不尽也，夫何待于扩充哉。

　　性即所以宰心，泥心者转移其性；心即所以具性，达性者即可见心。心苟依违而失所，必性有疑似之尚存。惟于性之端倪，绝无一毫之扞格；即于心之分际，绝无一隙之流余。则是知之无可知，已尽之无可尽也，亦何待于推广哉！

　　尽其心者，知其性也，而知性有不知天乎？

　　性有理气之可辨，天无方体之可寻，似性易知，而天未易知也。顾吾人一艺之微，而精意与之会通，尚可相窥于其本。矧天命谓性，性不能离天而立，则即境分呈，终是一元之统会，斯无所用其迟回，更无所烦于探讨。知性则知天，尽心之后，不有其必然者欤？

　　性有实际之足凭，天若虚无而莫测，又似性可知，而天不可知也。顾吾人择术之专，而终身与之追索，亦可洞见于其原。矧性源于天，天亦将因性而显，则随时而在，惟此一气之感通，斯无参夫犹豫，即无所失其研穷。知性则知天，尽心之中，更有其断然者矣。

　　此皆知性之功也，而能知性者何人乎？[②]

　　后半部分共484字，其中出现"心"字17次，出现"性"字26次。这

---

① 顾廷龙.清代硃卷集成：卷四[M].台北：成文出版社，1992：153-155.

② 顾廷龙.清代硃卷集成：卷四[M].台北：成文出版社，1992：153-155.

里的所谓"心""性"即是心学之主题。陆王心学主张心先于理；程朱理学认为理先于心。理学以为"性即理"，心学则曰"心即理"。

既然"心即理"，故而书写即以心为重，亦因之能出以性灵。嘉庆己卯沈福清之八股文《曰：修己以安百姓》评语即云："扫除一切政治肤词，文必己出，语不犹人，是能疏淪性灵，发抒题蕴者。"①嘉庆丁丑沈巍皆之八股文《子曰：为政以德》又评价云："是扪虱而谈气象。"②道光甲辰乡试举人徐志恭之文，大主考批曰："笔鲜墨润，舒卷从心；以我驭题，不为题驭。"③咸丰壬子乡试举人朱厚基之文，其评语云："吐滂沛于寸心，含绵邈于尺素；全然一篇心得之语。"④

从兹可见，清代性灵派的八股文是有存在的证据的，只是八股文毕竟是高度自律的文体，因而这类风貌的八股文就注定无法高产，但是考官能够认识到这种文字的可贵，并且认可它，这无疑是一种进步。二派相较，云间派显然为主流。

（二）考据派与辞采派

云间、性灵以风格相对，而考据和辞采则以内容、形式之美相区分。

清乾嘉时期考据渐渐盛行，学人之文高举旗帜，其风至处，皆被余泽。八股文内部，也有了一种细微的分歧，这就是考据派和辞采派之分野，这种分类主要考察其更偏重内容还是形式。

考据派是清代独有的一个学术流派，所谓考据就是通过校勘、考证、释义来研究文本，而在写文章的时候运用考据法就是指能够娴熟运用各种文字材料充盈自己的文章，它更偏重内容的厚重和充实。此派伴随着清代学人之文的兴起而萌芽，很重要一个原因是皇帝提倡。嘉庆帝于登基初年（1796年）即谕令内阁曰："本日，覆勘试卷大臣进呈广东、四川等省乡试各卷。朕披阅各该省所出《四书》题、《五经》题，多涉颂圣，诗题亦系习见语，殊属非是。试官简抡人才，出题考试，固不可竞尚新奇，然

---

① 顾廷龙.清代硃卷集成：卷六[M].台北：成文出版社，1992：86.

② 顾廷龙.清代硃卷集成：卷六[M].台北：成文出版社，1992：38.

③ 顾廷龙.清代硃卷集成：卷一三零[M].台北：成文出版社，1992：301.306.

④ 顾廷龙.清代硃卷集成：卷一三零[M].台北：成文出版社，1992：322.

亦须择其题句足以发挥义理、敷陈经术者，方可征实学而获真才。若只将颂圣语句命题试士，何足以觇底蕴？且《四书》《五经》内，字句冠冕、语近颂扬者，皆可豫拟而得，并易启揣摩宿构之弊，于士习文风均有关系。嗣后，各省乡试派出试官及各省学政所出题目，务将《四书》《五经》内义旨精深及诗题典里者，课士衡文，用副朕敦尚经义，崇实黜华至意。"①时乾隆帝耄耋之年尚勤恳不辍，还和嘉庆帝共参国事，嘉庆元年（1796年）正月庚寅、正月辛卯"太上皇帝与皇帝御紫光阁，阅中式武举骑射（技勇）"②，十月庚寅、十月辛卯"上侍太上皇帝御紫光阁，阅中式武举马步射（技勇）"③。

促进其产生的另一政治背景是清初严苛的文字狱和连坐政策："据一种不完全的档案材料《清代文字狱档》，自乾隆六年（1741年）至乾隆五十三年（1788），前后四十八年间，共有六十三起，差不多每年都有文字狱案发生，杀人焚书，成为平常的事情。"④时文人们尚未从明清易代、天崩地解的痛苦和迷惘中清醒过来，他们大都认为是晚明空谈心学导致国家败亡，因而想要找到一种落地生根的实学来挽救世弊，加上他们随时面临残酷的杀戮和精神摧残，在这种严酷的历史进程中，文人不得不小心规避各类可能的迫害和危险，百无一用是书生，国事莫谈，只好钻进故纸堆恣意爬梳以求得一隅之安，此恐考据派之缘起之一。当时的考据派内部又有以惠栋为首的"吴派"，倡"博学、好古"；还有以戴震为代表的"皖派"，主张"实事求是、无微不信"。他们考据的目的在于依据汉儒意见通经，而八股文本身就必须从正面角度解经阐义，熟悉并运用四书五经来使自己的文字充实、严谨，是士子们学习的关键，这使得考据派成了清代中期八股文的一大流派。

在《清代硃卷集成》中，考据派的八股文随处可见，如乾隆庚戌会试齐嘉绍八股文评语曰："镕经沥液，自铸伟词，斯为树骨训典，选言

---

① 王炜. 《清实录》科举史料汇编［G］. 武汉：武汉大学出版社，2009：584.

② 王炜. 《清实录》科举史料汇编［G］. 武汉：武汉大学出版社，2009：583.

③ 王炜. 《清实录》科举史料汇编［G］. 武汉：武汉大学出版社，2009：586.

④ 游国恩. 中国文学史：卷四［M］. 北京：人民文学出版社，1964：189.

宏富。"①这里的"镕经沥液、选言宏富"即指其考据功夫深厚，旁征博引，在文中可直观见到。嘉庆丁丑会试沈巍皆之八股文《君子而时中》，其批语云："诠时字谁能如此警辟；镕经成子；君子所以中庸，只是敬耳。处处照注补出，戒惧功夫紧，对无忌惮，立论时中字毫无浮光掠影之谈，炼意精纯，铸词警透；树义坚卓，如铜墙铁壁不可动摇。"②所谓"熔经成子"，就是指该八股文融合经义，文章充实，自成大家；而"处处照注补出"，则是指文章考据谨严，如铜钱铁壁般扎实。与沈巍皆同年进士陶际清同题硃卷评语为："根柢槃深；理实气空，浑灏流转，奏金石以破蟋蟀之吟，不同铮铮细响。"③嘉庆己卯沈福清八股文则有如此评价："摅精气以成文，抒奥思而析理。渊懿则浸淫六艺，精华则斧藻群言。汲古者逊其风神，趋时者无其气骨，所谓外表玉润，内涵澜清者也。"④这里的"理实"就是说文章考据功夫扎实，真气弥漫，无可辩驳。

　　纵观整个清代八股文，这类以考据为文的例子不胜枚举，可知考据派之八股文所占比率不低。梁启超《清代学术概论》曰："其在我国，自秦以后，确能成为时代思潮者，则汉之经学，隋唐之佛学，宋及明之理学，清之考证学，四者而已。"⑤考据派既然非常注重实理，必致其风严谨务实，在语言上就不大可能掺杂太多的感情色彩。

　　与此相对，辞采派可以说自散文问世以来就一直连绵起伏未曾断线，八股文不过延续其一脉而已，晚明八股文就曾以骈采众长为尚，"八股文作为一种考试文体，有着自己的特性和趋向，那就是表现才华取悦主司，走向华丽是他不可压抑的内在动力。而在明末，王纲解纽，主司乏力，文统在下，才学之士有着广阔的空间可以随意驰骋，八股文走向重文采一路也就可以理解了"⑥。至清代，各种诗歌、散文流派纷起，王士禛之神韵

---

①　顾廷龙. 清代硃卷集成: 卷四 [M]. 台北: 成文出版社, 1992: 24.

②　顾廷龙. 清代硃卷集成: 卷六 [M]. 台北: 成文出版社, 1992: 41-44.

③　顾廷龙. 清代硃卷集成: 卷六 [M]. 台北: 成文出版社, 1992: 76.

④　顾廷龙. 清代硃卷集成: 卷六 [M]. 台北: 成文出版社, 1992: 81-82.

⑤　梁启超. 清代学术概论 [M]. 上海: 上海古籍出版社, 1988: 1.

⑥　吴承学. 中国古代文体学研究 [M]. 北京: 人民出版社, 2011: 367.

说、沈德潜之格调说、翁方纲之肌理说、袁枚的性灵说等各持一家，尤其清代散文大派"桐城派"非常注重"义理、考据、辞章"，其中"辞章"更注重形式，如词语、句子的选择，谋篇布局，声韵平仄等方面的因素。桐城门下弟子无数，纷纷效仿和践行，故士人之八股文并不缺失华彩耀目的篇章。从《清代硃卷集成》之八股文觇视，嘉道以后，除了以义理立文章宗旨，以考据充实文章内容，亦有相当一部分考官盖因博学兼擅，因而对辞采之润饰、篇章之安排也相当重视，举人、进士们为了博得评委青眼，也会注重文章之辞采、声韵、结构，遂成风气之一。

道光丙申会试韦逢甲八股文评语："落落词高，飘飘意远；行文如翻水成，想见兴酣落笔得意疾书之乐。"①意指其文词意高超，神气凌云，文如行云流水，仿佛可见作者奋笔成辞之乐。道光丙申会试慧成之八股文《小人闲居为不善　一节》破题曰："迫于所见而不自安，自欺者更欺世也。"②此后眉批曰："腾跃而入，真有犀划双流蚁穿九曲之妙。"③这段评语不仅涉及文辞之妙，且讲到布局之美，腾跃而入，是说文章破题犀利深刻，"犀划双流、蚁穿九曲"是说文章措辞精锐，布局智巧。其后文章曰："不善必有所止，闲居则其意便而不能定其止，能定其止，是不善只一端而已；不能定其止，则随在皆兴，不善相接，有任其聪明才智之所到以充其不善者矣。"④文章眉批继续评价曰："用止、限二字刻画，无所不至；起伏离合，一气盘折。"⑤这里将文章谋篇布局之起伏跌宕而一气贯通之势描述了出来，的是确评。乾隆丁酉浙江乡试硃卷蔡英之八股文总批曰："灏气行空，纬以藻采，缤纷威凤翔而韶英鸣响异。"⑥此处指文章灏然之气与藻采缤纷同现，使其仿佛凤鸟和着非同凡响的韶英之乐翩翩翔舞。道光乙酉科乡试沈锡庆之八股文评语："藻采纷披，笔情秀

---

① 顾廷龙.清代硃卷集成: 卷十[M].台北: 成文出版社, 1992: 76.

② 顾廷龙.清代硃卷集成: 卷十[M].台北: 成文出版社, 1992: 154.

③ 顾廷龙.清代硃卷集成: 卷十[M].台北: 成文出版社, 1992: 154.

④ 顾廷龙.清代硃卷集成: 卷十[M].台北: 成文出版社, 1992: 154.

⑤ 顾廷龙.清代硃卷集成: 卷十[M].台北: 成文出版社, 1992: 154.

⑥ 顾廷龙.清代硃卷集成: 卷二三一[M].台北: 成文出版社, 1992: 396.

丽。"①就是说他的八股文讲究辞采之华丽，而因为文字锦绣云铺，故而其风格秀丽通达。

考据派之八股文重在引经据典、华富博瞻，而辞采派之八股文则重在骈四俪六、雕镂满眼，但杰出之才可以兼容并蓄，如同治甲子乡试王鼎元之八股文评语曰："振采负生，闳中肆外。"②评价说王鼎元此篇八股文既有真气内实，外兼辞采高卓。可见考据派并非完全摒弃修辞，而辞采派也并非空有其表，两派各有侧重，各具其趣，考官们对此也是博采兼容，使其呈现出内在的多样性。

（三）复古派与新学派

复古派与新学派的主要区分在于复古派的文章在内容上以古文为宗师，而新学派则在文章内容与形式方面都有了一些新的突破。

明代王鏊（守溪）可称为复古派八股文之先导。而守溪之所以被称为椎轮大辂的巨擘，很大程度上是由于其八股文古风盎然，且语词淡而实膏，颇具宿儒之风。清代李光地评价曰："某少时颇怪守溪文无甚拔出者，近乃知其体制朴实，书理纯密。以前人语句对而不对，参差错落，虽颇近古，终不如守溪裁对整齐，是制义正法。"③郑鄤在《明文稿汇选》中评曰："清空灏气，助其神明，名山大川，领其细致，茧丝牛毛析其神理，纤云流水荡其天机，所谓应有尽有，应无尽无，后有作者，弗可及矣。成、弘之际，盖国家文明初盛之会，而公适当之，遂能以八股举业匹休前哲，为一代宗工。"④此二子对王鏊之文的评价即已包容万象，说明复古派之根底为何。

清代八股文亦有不少气象宏大平淡之作，古意斑斓，沉郁顿挫，颇具风致，本书称这一部分八股文作者为清代制义中的"复古派"。例如，嘉庆壬戌章道鸿（乡试第1名，会试207名，殿试二甲第5名）会试硃卷评语云："昌黎云，气盛则言之短长与声之高下者皆宜，是卷有根柢，知其

---

① 顾廷龙.清代硃卷集成：卷一三四[M].台北：成文出版社，1992：95.

② 顾廷龙.清代硃卷集成：卷一四三[M].台北：成文出版社，1992：330.

③ （清）李光地.榕村语录：卷二[M].北京：商务印书馆，2019：688.

④ （明）郑鄤.峚阳草堂文集：卷七[M].福安：郑氏祠堂，1933：18.

潜心经学而博大昌明。"①这里用韩昌黎之言论批评章道鸿之八股文，其意不言自明。嘉庆己卯会试姜坚之八股文《曰：修己以安百姓》评语曰："古文胜景；粹然儒者之言。"②《人之为道而远人，不可以为道》一文眉批曰："纯是古文笔法。"③《诚身有道，不明乎善，不诚其身也》评语云："六经为我注脚，是读书人文字。"④嘉庆壬戌王楚堂八股文评语有云："简练名贵，卓然大家；宏深肃括，风度端凝。"⑤嘉庆辛酉进士王茹瑶本房总批曰："以古文为时文而得其神，古韵流于笔墨之外，转机于心手之间，其味油然而长，其光渊然而幽，非浸淫于左国史汉及唐宋诸家者，不能也是卷。三艺纯乎西京气息，而法律之谨严，意致之工细，尤徵酝酿功深。"⑥嘉庆壬戌卢炳涛之硃卷总批云："其坚义也赅而精，其敷采也雅而泽，气含风雨之润，笔吐星汉之华，可谓秉经酌雅，文质彬彬者矣。诗括三唐之秘，经荟诸儒之精，五策详明，尤徵博洽，揭晓后知生两浙通才，东阳儒族，清箱六叶。"⑦这里的三唐之秘与东阳儒族，指的是以李东阳为首的茶陵派，他们主张诗学唐宋，延伸至八股文，亦然。此处论说其八股文用"东阳儒族"一词，正是清代八股文复古派存在的一个表征。

就八股文而言，复古派自是当之无愧的派别之祖，《清代硃卷集成》所有现存八股文中，无论是考据派、辞采派还是性灵派，几乎都可以找到受复古派影响的痕迹。

而新学派主要是就其内容方面的新变与复古派形成对照。这一派大致起于道光时期，刘继德考证道：

道光年间的今文经世致用之学，还没有形成近新学的形态。经世派

---

① 顾廷龙.清代硃卷集成: 卷六 [M].台北: 成文出版社, 1992: 402.

② 顾廷龙.清代硃卷集成: 卷六 [M].台北: 成文出版社, 1992: 102–103.

③ 顾廷龙.清代硃卷集成: 卷六 [M].台北: 成文出版社, 1992: 106.

④ 顾廷龙.清代硃卷集成: 卷六 [M].台北: 成文出版社, 1992: 111.

⑤ 顾廷龙.清代硃卷集成: 卷四 [M].台北: 成文出版社, 1992: 351.

⑥ 顾廷龙.清代硃卷集成: 卷四 [M].台北: 成文出版社, 1992: 370.

⑦ 顾廷龙.清代硃卷集成: 卷四 [M].台北: 成文出版社, 1992: 284.

是地主阶级中的改革派。然而，这时期的经世致用之学，与传统的经学有所不同了，与占统治地位的宋学和汉学完全不同了。它提出了治理与国计民生有关的各种实际问题，提倡发展工商业和商品经济，批判皇权专制与官僚政治的腐败。他们敏锐而朦胧地认识到西方工业文明的某些长处，迈出了向西方学习的第一步，成为引进西方科学文化、改造封建文化的催生剂，这不能不对"重道轻器""重义理轻科学"的传统思想以冲击，起到了用"传统"冲击"传统"的作用，并促使了清朝闭关政策的破产。因此，这期间的经世致用之学，是儒学的离心力，它开始形成了近代西学与中学两种新旧文化的冲突与交融。为由旧学走向新学，打开了缺口，开辟了道路，是由中世纪文化形态转变为近代文化形态的契机和中间站。①

西学真正入中国始自葡萄牙和西班牙传教士来东亚，经历很长时间的"西学汉籍"之风：也就是西方传教士将欧洲的地理、文化传至东方，并以汉文记录和写作东方之风土人情、文化宗教等内容，且将其介绍到欧洲去，实现了中西方文化的深度交际。

至晚清中国留学生纷纷远渡重洋赴国外学习，他们为中西方文化交流贡献了巨大的力量。此际西学兴盛，人们的生活发生了天翻地覆的变化，八股文之内容随之悄然变异，形成一个全新的流派——新学派。此派写作八股文不拘泥于摹古，常于八股文中出现代表新时期的词汇、事件等，这种八股文写作方法是前无古人的，如同治甲戌进士延清八股文中有"然而倡率有方，中外咸奉为模范也"②等字句，光绪癸卯科进士金兆丰有"卒至新学飙起，程度日进"③"处今之时势，欲求游学之无损者，当以选材为第一主义。必也多得聪颖子弟，志趣纯正，无忧乎内顾，无涉乎纷华者，使自读宋、明之书，以防几微之变；览周秦诸子，以扩智识之作用。然后归本于孔、孟之教，以距其私情而端其趋向。而又分年派往出洋，随其天资学力之所至，优者期以三年，稍钝者或期以五年，令出使大臣，时

① 刘继德. 道光年间的学术流派[J]. 宁夏大学学报，1989（3）：49.
② 顾廷龙. 清代硃卷集成：卷三六[M]. 台北：成文出版社，1992：410.
③ 顾廷龙. 清代硃卷集成：卷八八[M]. 台北：成文出版社，1992：240.

加督勉，务使助其发动，抉其精微而后止。学成回国，考其文凭，量材器使，学童年力方强，当必能增加其识见，强健其智力，以发挥其爱国之精神者。储才之要，其在斯乎"①等字句。又如光绪甲午乡试黄居中之八股文《东渐于海，西被于流沙》写道：

> 气禀金方生，近崆峒而性武，何以东雉西獒之贡，争达帝廷？渐以仁则无不洽浃，被以泽则无不包容。岂第东诸侯来同断发，输其玉帛；西诸戎即叙织皮，献自昆仑也？……无异中邦一时，同我太平者。西荒以外，转遥尊东海而来；东夷之人，或飞度流沙而去。此则天地之气机，有日开，无日闭，非变也，实常也。②

文章题目虽出自古，其内容却涉及西荒东夷之人的相互交流，与前大有不同，实乃"以古为新"。此文加批曰："末段倜傥，指挥上下五千年，纵横九万里，洞达时务，陈义甚高。"③不仅如此，此时期八股文之内容还频繁出现西学之名词，还出现"欧罗巴、额尔齐斯河"等地名，而形式上不再如前朝之严苛，更多倾向于策问及类于策论的内容。再如光绪乙未胡同颖之八股文《居天下之广居，立天下之正位，行天下之大道。得志，与民由之》云：

> 饥馑荐臻，寇盗充斥，民气日嚣哉！彼外夷之龋龁我中国者，又复煽其缪悠之说，谓君主之国，其暴横恣取，不过厉民以自养，务使我民惑其邪说，疾视其主而公然讪谤，哄然叛乱。彼乃诋为乱国，谓不足自主，于是以救民为名，而加以兵威，必至缳索其赀财，割取其土疆，使中国受其役使而后止，岂不哀哉！④

此时甲午战争后，所谓"龋龁"中国，即列强蚕食中国；所谓"缳索其赀财，割取其土疆"，正言割地赔款。而先秦并无中国之说，故此处应是以制义写现实。又后"君主之国，其暴横恣取"之言，用新学派命之并无愆错。

---

① 顾廷龙.清代硃卷集成：卷八八 [M]. 台北：成文出版社，1992：239–242.

② 顾廷龙.清代硃卷集成：卷二三零 [M]. 台北：成文出版社，1992：440.

③ 顾廷龙.清代硃卷集成：卷二三零 [M]. 台北：成文出版社，1992：440.

④ 顾廷龙.清代硃卷集成：卷八四 [M]. 台北：成文出版社，1992：24.

宣统己酉科徐炳之八股文写道：

据八万四千二百一十七之地，抚三十三兆四十二万有奇之民，处列强环伺之秋，承累世积弱之后，挺然自振，变法图强，取他人之长以补己之短。保存种族，铸造国民，卒至势力膨胀，名誉震烁，凌轹五洲，睥睨全球，是九十九所称具有独立精神者。厥惟日本，自全球交通欧化东渐，东瀛三岛首当其冲。明治维新以后，朝野上下无一不效仿西人者，而教育之法，尤不惜一再更定，以求革除旧俗。①

此文讨论日本教育与德国教育的异同，在当时之社会中，识见不凡，周香荃夫子评价此文曰："熟识时务，洞明制体，非胸有积轴者不辨。"②这篇文章已经纯乎是古代散文模式，无破承起讲，无股对收结，文章内容至少反映出几个问题：第一，当时的西学东渐已为常态，故而科考以此为题；第二，当时的士人不但了解本国情况，还能够充分认识外国国情，因而欲从中得到借鉴以兴旺本国教育；第三，宣统帝溥仪能够认识到教育的重要性，并允许这种题目进入科考，可见他其实并没有那样无能和迂腐，只是清政府至晚期千疮百孔，积弱积贫，凭他一人之识已无力回天。

其他如光绪甲辰进士章祖申在八股文中说："故不曰道德，而曰明德。明之云者，复性存理，诚中形外。宋儒所释，最为精当。正心术之原，操风化之本，淑身淑世，舍此末由。"③此处虽为阐释先秦典籍，却又云"宋儒所释"，可见其文并不全指先秦，且此文从体式而言，更接近论，而对仗之处几乎不多见，洋洋洒洒，如云舒卷，却无涯涘，与八股文之对仗成篇、八股成文之基本程式相去甚远，流露出浓重的末世情怀。

当然，上述所谓的流派只是根据地域、师承等关系组合起来的一些不具备派系自觉且无明确团体口号的写作群体，故而跟历史上所有诗词歌赋等文体的派别不同，其派系之间并非泾渭之明，存在交融共存的状态，尤

---

① 顾廷龙.清代硃卷集成：卷四零四[M].台北：成文出版社，1992：111.

② 顾廷龙.清代硃卷集成：卷四零四[M].台北：成文出版社，1992：115.

③ 顾廷龙.清代硃卷集成：卷九十[M].台北：成文出版社，1992：78.

其新学派只是一个断自时间的流派类别，其文融合了复古派、辞采派等各流派的特征，而以中西交流为一个新的时代特色。

因之，判断其流派名称，只是做一个学术上的静态分解，而实际之八股文流派存在状态并非显性，且无鲜明的口号与学术宗旨，判别时盖当取其要义，以核心内容为纲，以不同的分类标准为界限做出合理之断语。

小　结

明代成熟期之八股文"众法皆工，无体不备"，一个很重要的特征就是其时八股文完全摆脱了注疏体，文本释放出鲜明的文学性，正因为这种自觉的文体革新的出现，部分地解放了八股文之禁忌，使其个性特征得以彰显，而文本个性特征的加强就使得各类风格的八股文纷纷出现。

清承明制，且在其原始语境变动不休的情况下，地域、师承各不相关的进士群体在不同的社会语境、江山气质中培育出丰富多变的风格特征，再加上作者各自不同的阅历和性格特点，其八股文风格更是多姿多彩。

故而本章首先从历时语境视野考察清代八股文存在的各种可能的个体风貌；继而根据八股文"与世沉浮"之特性，研究清代几个特定时段的八股文阶段性风格特征；最后阐释清代八股文流派之别和风格特点。

结　语

　　自从正式进入学者们的研究视野，八股文得到的学术评价始终是毁誉参半，甚至其早期评价往往过大于功。《清代硃卷集成》所存八股文虽并非篇篇珠玉，其存文中亦有不堪卒读之属。但一个不容忽略的事实是，现存八股文本糟粕所见甚少，大多为清代各层级科举考试遴选出的精品之作，这些作品中皆蕴含着十分丰富的文学因子，气机流走，语言雅洁，圆如弹丸，布局精巧，颇有许多值得借鉴的经验和技巧，非常值得现代人借鉴和研究。

　　关于八股文之文体形态研究，目前亦不乏论家，但尚无全面而系统的研究成果问世。人们研究文体形态，多从其程式入手，又常混淆了"体制""体式""体裁"等内容，或者"体制""体式"混用，使读者不便划定其概念边界。加之很少有学者真正深入文本，更没有将原始语境对文体形态的影响纳入整体视野，使文本研究成为无根之水，此固殊为遗憾。本书从文体形态学出发，在精研前人关于"文体形态"的各种主要观点之后，整合周振甫、童庆炳、郭英德、吴承学等前贤观点，逐步形成一个新的理论框架，即语境、体制、语体、体法、风格五位一体的八股文文体形态研究新范式。

　　原始语境是任何一种文体都难以逃避的话题，而八股文语境的一个至关重要的前提在于其"考试文体"的属性，使其所作必须考虑"被考官认可"这一规则。而大部分时候，八股文获得"认可"除了"理真"，必须得考虑考官做出判断所依恃的文化背景，亦必须得贴合时代为此类文本设立的美学标准。故本书在认定原始语境应当包括历时语境和共时语境的基础上，主要讨论了三个方面的内容：第一方面，将目光锁定于清代八股文发生嬗变的精神基础——理学语境上，重点比较了明、清两代八股文在内容方面体现出的理学趋向，说明八股文的经学性逐步减弱而其文学性逐步加强的历史史实，亦表明士人对待理学的态度始终与八股文的理学精神转向密切相随；第二方面，介入清代八股文的评语系统，对其中所反映出的以《文心雕龙》《文赋》《二十四诗品》《沧浪诗话》等为文化基础的原始评价做了结合文本的归纳和品鉴，从而指出其时的文化语境还是建立在传统的中国文学批评理论的基础上，而这种评价机制反过来引领士人写作八股文时的价值判断，使其有意趋近评委们的喜好，以求获得青睐；第三方面，在理学语境和文化语境的基础上，本书探讨了其共时语境——当时社会的八股文衡文标准"理法辞气、清真雅正"如何体现在士人的八股文中，这种语境对八股文的积极影响也是不容忽视的。

清代八股文的体制主要指其结构形态。众所周知，所有文体的结构形态都不可能一蹴而就，皆需要在漫长的历史进程中一点点地从无到有，又逐步丰富成熟，在达到其鼎盛期之后再逐步回落，有些文体会隔着一个或数个朝代复兴、变异，从而产生脱胎于旧体制的新结构模式。清代八股文亦是如此，它的文体萌发于先秦时期，但其正式成型和成熟在明朝中期，其时八股文已经"众法皆工、无体不备"。其文体制包括题目、冒头（包括破题、承题、起讲）、四比八股、出题收结等四个部分。但其体制在成熟后并未一成不变，而是始终随着社会状况的变化处于一个动态演变的过程中。清初之八股文体制主要承继明代成熟期的八股文体制，偶有一些革新的尝试。乾隆末至嘉庆，八股文体制变化加剧，官方默许这种变化，甚至一些体制之变本就为一些掌握话语权的官员所倡，使得八股文一改明代成熟期之体制模式，变得丰富多样，其时，几乎70%以上的八股文并不规行矩步，而是各逞其新，二股、四股、六股之八股文比比皆是，符合传统体制的常式八股文之数量远远小于变式八股文。除此之外，清代八股文在体制上的一个鲜明变化，就是大量的对偶变体出现，比如不追求字句数量完全相等的意对、隔断对、长段对、段内对偶套叠、镶嵌对、排比对等，这些对偶变体的出现，不但变革了八股文的体制，就连其写法都心随意变，几乎覆灭了明代传统八股文的写法，呈现出一种新制频出的局面，这些变化释放出清代八股文追求艺术性和文学性的信号。这说明两方面的问题：第一是清代八股文的追求新变是有其自觉意识的，士人们的新变甚至引起嘉庆帝的注意，以致他专门下旨遏制这种不合传统的文章。第二是这种新变从文体意义上说，既是对"八股成文"体制的挑战，是对其僵化体制的解放；同时也是对其文体的解构，使其离本质的文体特征越来越远，最终成为导致文体式微的内因之一。

除了体制之变迁，其语体也始终处于变动之中。首先，清代八股文中存在着大量的"四字格"，且结构形式多样，韵律和平仄也各有其趣，这种语言模式一是受八股文阐释经典的本质特征影响，二是继承中国古代文化"以偶为正"观念的结果，三是八股文局部吸纳了"四六文"之语言模式。其次，相较明代而言，清代八股文大部分摆脱了"质木无文"的注疏体状态，更加注重声韵之美，具体表现在其破题、四字格短语、股对中使用头韵、谐韵尾、双声叠韵、重言、平仄对称等手段，使其首先在声音的抑扬顿挫上吸引读者关注。与此同时，清代八股文也特别注意辞格的因袭和创造。比如长句短句间隔相合，单句复句杂糅相间，使整个八股文骈散相间，犹如大珠小珠落玉盘；排比句、排比段联翩而来，使整个文章气盛言宜；使事用典对称分布，使篇章布局整饬绵密，典雅富丽；对偶对仗工稳妥帖，使文本布局显得从容圆活，迂徐周详。总体而言，其修辞效果更加鲜明，使其时八股文比之明代更具文学性因子，因而更加耐读。

清代八股文的体法亦较明代更加完备，作为"议论体"文本，士人们不但完全变革了原来几乎等同于帖括的八股文模式，还大胆将各种古文之行文法则十分熟练地运用于八股文之写作，使其由早期的"宗经"发展到"解经"继而解构经意，以一己之见阐发议论，以致虽然同题卷甚多，几乎绝少抄袭之作，各个士人笔下之"圣贤"，各有特色。同时，此期八股文，更加注重起承转合之法，将整个文章的脉络组织得密不透风、滴水不漏，逻辑顺序十分紧实，在明八股文之基础上更上层楼。且在清中后期以钓渡挽之法写作小题，开创了八股文写作的新法门。虽然这种小题被诸多有识之士诟病，认为它们割裂经义，对社会发展弊大于利，但由于八股文之出题范围实在局限过多，若无小题补救，八股文写作更会陷入僵局甚至死地，故此种开创亦应做一分为二的剖析，不可偏激臧否。此外，还有一个必须注意的现象就是清代八股文在结构文章时常采用"倚峰成文"的模式，这既是对传统的继承，亦有突破其规的地方。

与此嬗变相对应，清代八股文表现出了各种各样的个体风格类型，如豪放豪迈、雄浑浑括、高古高朗、风雅高雅、遒劲遒上、清刚清和等。且因为某特定时期的社会状况相对稳定，本书将《清代硃卷集成》和其他部分会试八股文做了全面而系统的梳理和比较，以具体文本为例，分析归纳了清代八股文阶段性的总体风格特征。在辑录文章的过程中，又逐步领略到清代八股文流派存在的可能性与具体表现，并对此做了一些客观而浅显的探究。

整体而言，本书在文体形态的系统性和细节性问题上都做了一些有益的尝试和探索，这些探索足以证明清代八股文是由经学性最强、文学性不太鲜明的康雍乾时期发展到经学性最弱、文学性最强的同光时期，其发展脉络十分清晰可感。但本书依然有待完善，比如对清代八股文与其他文体的相互渗透与影响探讨不够深入，对其流派的地域、师承问题也分析得不够透彻，这些问题都需要在今后的研究中进一步开掘和补充。

参考文献

一、古籍文献类（以朝代为序）

[1]（战国）孟轲著,杨伯峻译注.孟子[M].长沙:岳麓书社,2000.

[2]（战国）荀况著,祝鸿杰注.荀子[M].杭州:浙江古籍出版社,1999.

[3]（魏）曹植著,丁晏铨评.曹植集[M].上海:上海古籍出版社,2018.

[4]（晋）陆机著,张怀瑾译注.文赋译注[M].北京:北京出版社,1984.

[5]（南朝·梁）萧统.文选[M].上海:上海古籍出版社,1986.

[6]（南朝·梁）刘勰著,韩泉欣校注.文心雕龙[M].杭州:浙江古籍出版社,2001.

[7]（汉）班固.白虎通义[M].北京:中华书局,1991.

[8]（汉）刘向.战国策[M].上海:上海古籍出版社,2015.

[9]（唐）李林甫编,陈仲夫点校.唐六典[M].北京:中华书局,1992.

[10]（唐）欧阳询.艺文类聚[M].北京:中华书局,1965.

[11]（唐）李邕.李北海集[M].上海:上海古籍出版社,1992.

[12]（唐）杜佑.通典[M].北京:中华书局,1988.

[13]（唐）司空图.司空表圣文集[M].上海:上海古籍出版社,2013.

[14]（宋）王钦若.册府元龟·贡举部[M].北京:中华书局,1960.

[15]（宋）王安石.临川文集[M].北京:中华书局,1959.

[16]（宋）王楙.野客丛书[M].北京:中华书局,1991.

[17]（宋）朱熹.四书章句集注[M].北京:中华书局,2012.

[18]（宋）程颢,程颐.二程全书六种[M].郑州:河南人民出版社,2018.

[19]（宋）严羽. 沧浪诗话笺注［M］. 杭州：浙江古籍出版社，2015.

[20]（宋）朱熹著，（宋）黎靖德编. 朱子语类［M］. 武汉：崇文书局，2018.

[21]（宋）郑樵. 通志［M］. 北京：中华书局，1987.

[22]（元）马端临. 文献通考［M］. 北京：中华书局，2006.

[23]（元）脱脱撰，刘浦江标点. 宋史［M］. 长春：吉林人民出版社，1995.

[24]（元）倪士毅. 作义要诀［M］. 北京：中华书局，1985.

[25]（元）陈澔注. 礼记［M］. 上海：上海古籍出版社，2016.

[26]（明）归有光. 归有光全集［M］. 上海：上海人民出版社，2015.

[27]（明）王鏊. 王守溪稿［M］. 怀德堂，1662.

[28]（明）王鏊. 王守溪先生集［M］. 洪洞张恢.

[29]（明）沈承. 文体［M］. 北京：北京出版社，1997.

[30]（明）吴讷. 文章辨体·凡例［M］. 北京：人民文学出版社，1962.

[31]（明）汤宾尹，许獬辑录. 汤若士点阅汤许二会元制义十二卷［M］. 明万历刻本.

[32]（明）徐师曾. 文体明辨序说［M］. 北京：人民文学出版社，1962.

[33]（明）丘濬. 大学衍义补［M］. 北京：京华出版社，1995.

[34]（明）李东阳. 大明会典·学校［M］. 扬州：广陵书社，2007.

[35]（明）袁中道著，钱伯城点校. 珂雪斋集［M］. 上海：上海古籍出版社，2019.

[36]（明）陶宗仪. 说郛三种［M］. 上海：上海古籍出版社，2012.

[37]（明）吴应箕. 吴应箕文集［M］. 合肥：黄山书社，2017.

[38]（明）王守仁著，吴光编校. 王阳明全集［M］. 上海：上海古籍出版社，1992.

[39]（明）陆世仪. 思辨录辑要［M］. 北京：中华书局，1985.

[40]（明）徐一夔. 始丰稿［M］. 台北：台湾商务印书馆，1987.

[41]（明）袁黄辑. 游艺塾续文规［M］. 上海：上海古籍出版社，1995.

[42]（清）顾廷龙. 清代硃卷集成［M］. 台北：成文出版社，1992.

[43]（清）李德龙. 未刊清代硃卷集成［M］. 北京：学苑出版社，2019.

[44]（清）方苞. 化治四书文：卷四［M］. 上海：上海古籍出版社，2003.

[45] (清)方苞.钦定四书文[M].台北：台湾商务印书馆，1983.

[46] (清)阮元校刻.十三经注疏[M].北京：中华书局，1980.

[47] (清)俞长城辑.可仪堂一百二十名家制义[M].令德堂，1662.

[48] (清)俞长城.俞宁世文集：卷四[M].北京：商务印书馆，1935.

[49] (清)名家制义六十一家[M].1644.

[50] (清)王步青.小题五集精诣[M].1740.

[51] (清)楼汯编著，浦江楼季吴评定.明文分类小题贯[M].道光甲午重镌，宝仁堂梓.

[52] (清)吴懋政辑.八铭塾钞[M].庆云楼.

[53] (清)俞长城.可仪堂文集[M].北京：商务印书馆，1936.

[54] (清)袁守定.时文蠡测[M].北京：北京出版社，2000.

[55] (清)梁章钜著，陈居渊校点.制义丛话[M].上海：上海书店出版社，2001.

[56] (清)梁章钜.试律丛话[M].上海：上海书店出版社，2001.

[57] (清)一粟.红楼梦资料汇编·兰墅十艺[G].北京：中华书局，1964.

[58] (清)钟声.道生堂全稿[M].清光绪十五年湘书局刻本.

[59] (清)张廷玉.明史：卷六[M].北京：中华书局，1974.

[60] (清)赵尔巽.清史稿[M].北京：中华书局，1976.

[61] (清)商衍鎏.清代科举考试述录[M].上海：生活·读书·新知三联书店，1958.

[62] (清)黄汝成.日知录集释：卷十六[M].上海：上海古籍出版社，2006.

[63] (清)唐彪.读书作文谱[M].台北：伟文图书出版有限公司，1976.

[64] (清)刘熙载.艺概·经义概[M].上海：上海古籍出版社，1978.

[65] (清)袁枚.袁枚全集·答戴敬咸进士论时文[M].南京：江苏古籍出版社，1993.

[66] (清)纪昀等.四库全书总目[M].北京：中华书局，2013.

[67] (清)章学诚著，仓修良编注.文史通义新编新注[M].北京：商务印书馆，2017.

[68] (清)左宗棠.左宗棠全集[M].长沙：岳麓书社，1996.

[69]（清）钦定大清会典事例·贡举：卷三五零[M]．北京：中华书局，1991．

[70]（清）托津．钦定大清会典事例[M]．台北：台湾文海出版社，1991．

[71]（清）王夫之．宋论[M]．北京：中华书局，1964．

[72]（清）黄宗羲著，沈芝盈点校．明儒学案[M]．北京：中华书局，1985．

[73]（清）梁杰，周以清．四书文源流考[M]．上海图书馆馆藏道光五年刻本．

[74]（清）鄂尔泰．世宗献皇帝实录：卷二[M]．北京：中华书局，1985．

[75]（清）世祖章皇帝实录：卷五七[M]．北京：中华书局，1984．

[76]（清）世宗宪皇帝实录：卷一二一[M]．北京：中华书局，1984．

[77]（清）铁保．钦定八旗通志：卷三十五[M]．长春：吉林文史出版社，2002．

[78]（清）张大昌．杭州八旗驻防营志略：卷九[M]．光绪十九年浙江书局刊本．

[79]（清）昆岗．大清会典事例·驻防考试：卷三八七[M]．上海：上海古籍出版社，2003．

[80]（清）铁保．钦定八旗通志·驻防考试：卷一百[M]．长春：吉林文史出版社，2002．

[81]（清）文庆．钦定国子监志[M]．北京：北京古籍出版社，2000．

[82]（清）冯桂芬著，郑大华点校．冯桂芬马建忠集[M]．沈阳：辽宁人民出版社，1994．

[83]（清）顺天府志·京师志：卷九[M]．清光绪十二年刻，十五年重印本．

[84]（清）太宗文皇帝实录：卷五[M]．北京：中华书局，1984．

[85]（清）国史馆．满洲名臣传[M]．哈尔滨：黑龙江人民出版社，1991．

[86]（清）刘锦藻．清朝续文献通考·学校：卷九五[M]．北京：商务印书馆，1912．

[87]（清）清代吏治史料[M]．北京：线装书局，2004．

[88]（清）徐珂．清稗类钞[M]．北京：中华书局，1986．

[89]（清）朱轼．历代名臣传[M]．长沙：岳麓书社，1993．

[90]（清）弘昼，鄂尔泰．八旗满洲氏族通谱·富察氏[M]．沈阳：辽海出版社，2002．

[91]（清）梁溪坐观老人．清代野记卷[M]．成都：巴蜀书社，1988．

[92]（清）清代诗文集汇编．学文堂文集[G]．上海：上海古籍出版社，2010．

［93］（清）袁仁林. 虚字说［M］. 北京：中华书局，2004.

［94］（清）戴名世. 戴名世集［M］. 北京：中华书局，1986.

［95］（清）王颋. 黄滔全集［M］. 天津：天津古籍出版社，2008.

［96］（清）潘耒. 遂初堂诗集［M］. 济南：齐鲁书社，1997.

［97］（清）袁枚. 随园诗话［M］. 北京：人民文学出版社，1982.

［98］（清）袁枚. 袁枚全集·科第类：卷十［M］. 杭州：浙江古籍出版社，2015.

［99］（清）阮葵生. 茶馀客话［M］. 北京：中华书局，1959.

［100］（清）魏源. 古微堂外集：卷六［M］. 光绪四年淮南书局刊本.

［101］（清）福格. 听雨丛谈：卷九［M］. 北京：中华书局，1997.

［102］（清）沈德潜著，霍松林校注. 说诗晬语［M］. 北京：人民文学出版社，1979.

［103］（清）王士禛著，赵伯陶点校. 古夫于亭杂录［M］. 北京：中华书局，1988.

［104］（清）俞樾. 春在堂随笔［M］. 南京：江苏古籍出版社，2000.

［105］（清）李光地著，李玉昆点校. 榕村语录［M］. 北京：商务印书馆，2019.

［106］（清）赵翼. 瓯北诗话［M］. 南京：凤凰出版社，2009.

［107］（清）陆陇其. 三鱼堂集［M］. 清康熙刻本.

［108］（清）李渔. 李渔全集［M］. 杭州：浙江古籍出版社，2010.

［109］（清）陆陇其. 松阳讲义［M］. 文渊阁四库全书本.

二、今人专著类（以出版时间为序）

［1］陈钟凡. 第一种中国文学批评史［M］. 上海：中华书局，1929.

［2］卢前. 八股文小史［M］. 上海：商务印书馆，1937.

［3］吕叔湘. 文言虚字［M］. 北京：中国青年出版社，1944.

［4］张镶一. 修辞概要［M］. 北京：中国青年出版社，1953.

［5］钱仲联. 桐城派古文与时文的关系问题［A］.//桐城派研究论文集［C］. 合肥：安徽人民出版社，1963.

［6］吕叔湘. 汉语语法分析问题［M］. 北京：商务印书馆，1979.

［7］程千帆. 唐代进士行卷与文学［M］. 上海：上海古籍出版社，1980.

［8］许大龄. 清代捐纳制度.［M］. 北京：北京大学出版社，1980.

[9]郑奠, 谭全基. 古汉语修辞学资料汇编[G]. 北京: 商务印书馆, 1980.

[10]周秉钧. 古汉语纲要[M]. 长沙: 湖南教育出版社, 1981.

[11]杨伯峻. 古汉语虚词[M]. 北京: 中华书局, 1981.

[12]郑远汉. 辞格辨异[M]. 武汉: 湖北人民出版社, 1982.

[13]张志公. 修辞概要[M]. 上海: 上海教育出版社, 1982.

[14]李新魁. 汉语文言语法[M]. 广州: 广东人民出版社, 1983.

[15]周振甫. 文章例话[M]. 北京: 中国青年出版社, 1983.

[16]钱钟书. 谈艺录[M]. 北京: 中华书局, 1984.

[17]秦秀白. 文体学概论[M]. 长沙: 湖南教育出版社, 1986.

[18]王钟翰. 清史列传[M]. 北京: 中华书局, 1987.

[19]郑子瑜. 郑子瑜修辞学论文集[M]. 北京: 中华书局香港分局, 1988.

[20]吕叔湘. 吕叔湘文集·中国文法要略[M]. 北京: 商务印书馆, 1990.

[21]卢明辉. 清代蒙古史[M]. 天津: 天津古籍出版社, 1990.

[22]周振甫. 中国修辞学史[M]. 北京: 商务印书馆, 1991.

[23]刘传夫, 李慧志. 中国文体比较学[M]. 天津: 南开大学出版社, 1991.

[24]褚斌杰. 中国古代文体学[M]. 台北: 台湾学生书局, 1991.

[25]云峰. 蒙汉文化交流侧面观[M]. 天津: 天津古籍出版社, 1992.

[26]谭永祥. 汉语修辞美学[M]. 北京: 北京语言学院出版社, 1992.

[27]郭锡良, 李玲璞. 古代汉语[M]. 北京: 语文出版社, 1992.

[28]钱基博. 中国文学史[M]. 北京: 中华书局, 1993.

[29]张毅. 文学文体概说[M]. 北京: 中国人民大学出版社, 1993.

[30]姜广辉. 理学与中国文化[M]. 上海: 上海人民出版社, 1994.

[31]童庆炳. 文体与文体的创造[M]. 昆明: 云南人民出版社, 1994.

[32]周振甫. 中国文章学史[M]. 北京: 中国文联出版公司, 1994.

[33]启功. 说八股[M]. 北京: 中华书局, 1994.

[34]张少康. 中国历代文论精品[M]. 长春: 时代文艺出版社, 1995.

[35]蔡方鹿. 程颢程颐与中国文化[M]. 贵阳: 贵州人民出版社, 1996.

[36]田启霖. 八股文观止[M]. 海口: 海南出版社, 1996.

[37]云峰. 蒙汉文学关系史[M]. 乌鲁木齐: 新疆人民出版社, 1997.

[38] 张德禄. 功能文体学 [M]. 济南：山东教育出版社，1998.

[39] 张中行. 闲话八股文 [M]. 沈阳：辽宁教育出版社，1998.

[40] 徐建顺. 名家状元八股文 [M]. 北京：光明日报出版社，1999.

[41] 潘立勇. 朱子理学美学 [M]. 北京：东方出版社，1999.

[42] 胡壮麟. 理论文体学 [M]. 北京：外语教学与研究出版社，2000.

[43] 顾亦然. 中国古代散文名篇 [M]. 北京：人民文学出版社，2000.

[44] 吴承学. 中国古代文体形态研究 [M]. 广州：中山大学出版社，2000.

[45] 申丹. 叙述学与小说文体学研究 [M]. 北京：北京大学出版社，2001.

[46] 吴洁敏，朱宏达. 汉语节律学 [M]. 北京：语文出版社，2001.

[47] 王凯符. 八股文概说 [M]. 北京：中华书局，2002.

[48] 王力. 汉语诗律学 [M]. 上海：上海教育出版社，2002.

[49] 严耀中，戴建国. 学思集 [M]. 上海：上海古籍出版社，2002.

[50] 张杰. 清代科举家族 [M]. 北京：社会科学文献出版社，2003.

[51] 嘎尔迪. 蒙古文化专题研究 [M]. 北京：民族出版社，2004.

[52] 邓云乡. 清代八股文 [M]. 石家庄：河北教育出版社，2004.

[53] 李树. 中国科举史话 [M]. 济南：齐鲁书社，2004.

[54] 王守元. 文体学研究在中国的进展 [M]. 上海：上海外语教育出版社，2004.

[55] 胡壮麟，刘世生. 西方文体学辞典 [M]. 北京：清华大学出版社，2004.

[56] 童庆炳. 文体与文体的创造 [M]. 昆明：云南人民出版社，2004.

[57] 李士彪. 魏晋南北朝文体学 [M]. 上海：上海古籍出版社，2004.

[58] 郭英德. 中国古代文体学论稿 [M]. 北京：北京大学出版社，2005.

[59] 周振甫. 文学风格例话 [M]. 上海：复旦大学出版社，2005.

[60] 吕叔湘，朱德熙. 语法修辞讲话 [M]. 沈阳：辽宁教育出版社，2005.

[61] 孙良明. 中国古代语法学探究 [M]. 北京：商务印书馆，2005.

[62] 黄强. 八股文与明清文学论稿 [M]. 上海：上海古籍出版社，2005.

[63] 刘海峰. 科举学导论 [M]. 武汉：华中师范大学出版社，2005.

[64] 贾奋然. 六朝文体批评研究 [M]. 北京：北京大学出版社，2005.

[65] 张德禄. 语言的功能与文体 [M]. 北京：高等教育出版社，2005.

[66]郭英德.中国古代文体学论稿[M].北京:北京大学出版社,2005.

[67]彭林.清代经学与文化[M].北京:北京大学出版社,2005.

[68]王运熙,顾易生.中国文学批评史新编[M].上海:复旦大学出版社,2005.

[69]黎运汉,盛永生.汉语修辞学[M].广州:广东教育出版社,2006.

[70]龚延明.中国古代职官科举研究[M].北京:中华书局,2006.

[71]刘海峰,李兵.中国科举史[M].上海:东方出版中心,2006.

[72]刘世生.文体学概论[M].北京:北京大学出版社,2006.

[73]刘海峰.科举制的终结与科举学的兴起[M].武汉:华中师范大学出版社,2006.

[74]龚笃清.八股文鉴赏[M].长沙:岳麓书社,2006.

[75]傅璇琮.唐代科举与文学[M].西安:陕西人民出版社,2007.

[76]王水照.历代文话[M].上海:复旦大学出版社,2007.

[77]李瑞卿.中国古代文论修辞观[M].北京:中国传媒大学出版社,2007.

[78]周新曙.明清八股文鉴赏[M].武汉:湖北人民出版社,2008.

[79]孔庆茂.八股文史[M].南京:凤凰出版社,2008.

[80]赵宪章.汉语文体与文化认同研究[M].北京:中华书局,2008.

[81]申丹.西方文体学的新发展[M].上海:上海外语教育出版社,2008.

[82]侯维瑞.文学文体学[M].上海:上海外语教育出版社,2008.

[83]王葆心.古文辞通义[M].武汉:武汉大学出版社,2008.

[84]龚笃清.《西厢记》曲语题八股文[M].长沙:湖南人民出版社,2008.

[85]吴伟凡.明清制艺今说:八股文的现代阐释[M].北京:学苑出版社,2009.

[86]张思齐.八股文总论八种[M].武汉:武汉大学出版社,2009.

[87]黄强,王颖.游戏八股文集成[M].武汉:武汉大学出版社,2009.

[88]何镇邦.观念的嬗变与文体的演进[M].北京:作家出版社,2009.

[89]曲卫国.话语文体学导论[M].上海:复旦大学出版社,2009.

[90]刘海峰.科举学的形成与发展[M].武汉:华中师范大学出版社,2009.

[91]蒋寅.清代文学论稿[M].南京:凤凰出版社,2009.

[92]陈水云,陈晓红.梁章钜科举文献校注二种[M].武汉:武汉大学出版社,2009.

[93] 蒋寅. 中国古代文学通论: 清代卷 [M]. 北京: 人民出版社, 2010.

[94] 吴洁敏. 汉语节律学 [M]. 北京: 语文出版社, 2010.

[95] 姜传松. 清代江西乡试研究 [M]. 武汉: 华中师范大学出版社, 2010.

[96] 曹道巴特尔. 蒙汉历史接触与蒙古语言文化变迁 [M]. 沈阳: 辽宁民族出版社, 2010.

[97] 龚笃清. 八股文百题: 揭示八股文隐蔽的历史面目 [M]. 长沙: 岳麓书社, 2010.

[98] 俞东明. 文体学研究: 回顾、现状与展望 [M]. 上海: 上海外语教育出版社, 2010.

[99] 吴航斌. 人面桃花相映红: 司空图二十四诗品别裁 [M]. 北京: 线装书局, 2010.

[100] 金开诚, 李井慧. 中国古代政治史话: 八股文 [M]. 长春: 吉林文史出版社, 2011.

[101] 邹建锋. 明代理学向心学的转型: 吴与弼和崇仁学派研究 [M]. 北京: 社会科学文献出版社, 2011.

[102] 曾枣庄. 文化、文学与文体 [M]. 上海: 上海人民出版社, 2011.

[103] 任竞泽. 宋代文体学研究论稿 [M]. 北京: 商务印书馆, 2011.

[104] 邓嗣禹. 中国考试制度 [M]. 长春: 吉林出版集团有限责任公司, 2011.

[105] 吴承学, 何诗海. 中国文体学与文体史研究 [M]. 南京: 凤凰出版社, 2011.

[106] 赵基耀. 清代八股文译注 [M]. 上海: 上海古籍出版社, 2011.

[107] 吴承学. 中国古代文体学研究 [M]. 北京: 人民出版社, 2011.

[108] 许钟宁. 二元修辞学 [M]. 上海: 复旦大学出版社, 2012.

[109] 刘虹, 石焕霞. 清代直隶科举研究 [M]. 北京: 科学出版社, 2012.

[110] 张杰. 清文化与满族精神 [M]. 沈阳: 辽宁民族出版社, 2012.

[111] 霍四通. 中国现代修辞学的建立——以陈望道《修辞学发凡》考释为中心 [M]. 上海: 上海人民出版社, 2012.

[112] 胡元德. 古代公文文体流变 [M]. 扬州: 广陵书社, 2012.

[113] 邓心强, 史修永. 桐城派文体学研究 [M]. 合肥: 安徽大学出版社, 2012.

[114] 高明扬. 文体学视野下的科举八股文研究 [M]. 昆明: 云南人民出版社, 2012.

[115] 曾枣庄. 中国古代文体学 [M]. 上海: 上海人民出版社, 2012.

[116] 陈柱. 中国散文史 [M]. 北京: 东方出版社, 2012.

[117] 陈祖武. 清代学术源流 [M]. 北京: 北京师范大学出版社, 2012.

[118] 孙欣. 清代余姚邵氏家族 [M]. 杭州: 浙江大学出版社, 2012.

[119] 高明扬. 文体学视野下的科举八股文研究 [M]. 昆明: 云南人民出版社, 2012.

[120] 袁行霈, 陈进玉. 中国地域文化通览·辽宁卷 [M]. 北京: 中华书局, 2013.

[121] 罗积勇. 词汇与修辞学散论 [M]. 北京: 中国社会科学出版社, 2013.

[122] 林上洪. 清代科举人物师承研究 [M]. 武汉: 华中师范大学出版社, 2013.

[123] 宋克夫. 宋明理学与明代文学 [M]. 北京: 中国社会科学出版社, 2013.

[124] 胡吉星. 文体学视野下的美颂传统研究 [M]. 北京: 中国社会科学出版社, 2013.

[125] 邓国光. 文章体统: 中国文体学的正变与流别 [M]. 上海: 上海古籍出版社, 2013.

[126] 龚延明. 中国古代制度史研究 [M]. 杭州: 浙江大学出版社, 2013.

[127] 陈尚敏. 清代甘肃进士研究 [M]. 兰州: 甘肃人民出版社, 2013.

[128] 启功. 文体两种 [M]. 北京: 北京师范大学出版社, 2013.

[129] 王玉超. 明清科举与小说 [M]. 北京: 商务印书馆, 2013.

[130] 余祖坤. 历代文话续编 [M]. 南京: 凤凰出版社, 2013.

[131] 田启霖. 明清会元状元科举文墨集注 [M]. 哈尔滨: 黑龙江大学出版社, 2014.

[132] 杨树达. 古书句读释例 [M]. 长春: 吉林人民出版社, 2014.

[133] 龚笃清. 八股文汇编 [G]. 长沙: 岳麓书社, 2014.

[134] 胡习之. 核心修辞学 [M]. 北京: 中国社会科学出版社, 2014.

[135] 沈兼士. 中国考试制度史 [M]. 北京: 中国和平出版社, 2014.

[136] 王力. 中国文法学初探 [M]. 太原: 山西人民出版社, 2014.

[137] 王齐洲. 中国古代文学观念发生史 [M]. 北京: 人民文学出版社, 2014.

[138] 云峰. 民族文化交融与文学研究论稿 [M]. 北京: 中央民族大学出版社, 2015.

[139] 孟建安. 修辞语义: 描写与阐释 [M]. 广州: 暨南大学出版社, 2015.

[140] 王炜. 明代八股文选家考论 [M]. 武汉: 武汉大学出版社, 2015.

[141] 杨峰, 张伟. 清代经学学术编年 [M]. 南京: 凤凰出版社, 2015.

[142] 杨朝亮. 清代陆王学研究 [M]. 天津: 天津古籍出版社, 2015.

[143] 冯胜利. 汉语韵律语法新探 [M]. 上海: 中西书局, 2015.

[144] 李舜臣, 欧阳江琳. 历代制举史料汇编 [G]. 武汉: 武汉大学出版社, 2015.

[145] 杜家骥. 清代八旗官制与行政 [M]. 北京: 中国社会科学出版社, 2015.

[146] 余来明. 元明科举与文学考论 [M]. 武汉: 武汉大学出版社, 2015.

[147] 龚笃清. 明代八股文史 [M]. 长沙: 岳麓书社, 2015.

[148] 王颖. 游戏八股文研究 [M]. 武汉: 武汉大学出版社, 2015.

[149] 张林军. 语言的节奏特征研究: 从行为到神经机制 [M]. 北京: 北京语言大学出版社, 2015.

[150] 田启霖. 明清会元状元科举文墨集注 [M]. 桂林: 广西师范大学出版社, 2016.

[151] 梅军. 殷商西周散文文体研究 [M]. 北京: 科学出版社, 2016.

[152] 司建国. 当代文体学研究文本描述与分析 [M]. 广州: 中山大学出版社, 2016.

[153] 谷曙光. 贯通与驾驭: 宋代文体学述论 [M]. 北京: 人民文学出版社, 2016.

[154] 丁辉, 陈新蓉. 明清嘉兴科举家族姻亲谱系整理与研究 [M]. 北京: 中国社会科学出版社, 2016.

[155] 李南晖. 中国古代文体学论著集目 [M]. 北京: 北京大学出版社, 2016.

[156] 金克木. 八股新论 [M]. 上海: 生活·读书·新知三联书店, 2017.

[157] 曾大兴. 文学地理学概论 [M]. 北京: 商务印书馆, 2017.

[158] 杨树达. 杨树达修辞学讲义 [M]. 北京: 当代世界出版社, 2017.

[159] 张国敬. 非文学文体解析与翻译: 以功能文体学为理论视角 [M]. 天津: 南开大学出版社, 2017.

[160] 李世愉, 胡平. 中国科举制度通史·清代卷 [M]. 上海: 上海人民出版社, 2017.

[161] 夏令伟. 宋元文体与文体学论稿 [M]. 广州: 中山大学出版社, 2018.

三、硕博论文（以完成时间为序）

（一）博士学位论文

[1] 郑邦镇. 明代前期八股文形构研究 [D]. 台北: 台湾大学, 1987.

[2] 蒋金星. 《清代硃卷集成》的文献价值和学术价值研究 [D]. 杭州: 浙江大学, 2004.

[3] 李兵. 书院与科举关系研究 [D]. 厦门: 厦门大学, 2004.

[4] 庞飞. 中国古代选官制度与审美风尚的变迁 [D]. 济南: 山东大学, 2005.

[5] 高明扬. 科举八股文专题研究 [D]. 杭州: 浙江大学, 2005.

[6] 方芳. 《清代硃卷集成》研究——以进士履历档案为中心 [D]. 杭州: 浙江大学, 2006.

[7] 邓建国. 科举制度的伦理审视 [D]. 长沙: 湖南师范大学, 2007.

[8] 胡海义. 科举文化与明清小说研究 [D]. 广州: 暨南大学, 2009.

[9] 周勇. 明代会元别集考论 [D]. 武汉: 武汉大学, 2011.

[10] 田子爽. 游戏八股文研究 [D]. 扬州: 扬州大学, 2012.

[11] 刘文彬. 方苞时文研究 [D]. 上海: 复旦大学, 2013.

[12] 顾瑞雪. 科举废止前后的晚清社会与文学 [D]. 武汉: 武汉大学, 2013.

[13] 于洋. 自由与个性解放的诉求 [D]. 武汉: 华中师范大学, 2014.

[14] 陈祥龙. 作圣之基——《论语》教本研究 [D]. 上海: 华东师范大学, 2014.

（二）硕士学位论文

[1] 赵永强. 八股文与明清古文和诗歌 [D]. 扬州: 扬州大学, 2005.

[2] 易灿辉. 古今语文考试比较研究 [D]. 昆明: 云南师范大学, 2006.

[3] 石焕霞. 科举作弊及其与科举制度功能的异化 [D]. 石家庄: 河北师范大学, 2006.

[4] 林红. 明代八股时文对文学的背离与融通 [D]. 长春: 东北师范大学, 2006.

[5]胡珠楠. 明代科举制度以及对当今高考改革的启示[D]. 天津: 天津师范大学, 2010.

[6]何九甫. 八股文教学及其对当前语文教学的启示[D]. 兰州: 西北师范大学, 2011.

[7]潘月飞. 由八股文和申论反思传统写作文化[D]. 长春: 长春理工大学, 2011.

[8]颜清. 归有光考论[D]. 武汉: 华中师范大学, 2013.

[9]江艳. 举业金针——清代八股文读本研究[D]. 上海: 华东师范大学, 2014.

[10]欧阳颖琳. 清代云南进士文学著述考[D]. 昆明: 云南师范大学, 2015.

[11]黄艳. 清代江南举人研究[D]. 长沙: 湖南大学, 2016.

[12]刘佳. 清代书院课艺研究[D]. 扬州: 扬州大学, 2017.

四、期刊论文（以刊发时间为序）

[1]史树青. 座谈长沙马王堆汉墓帛书[J]. 文物, 1974（9）: 45-47.

[2]郑天挺. 清代考试的文字——八股文和试帖诗[J]. 故宫博物院院刊, 1982（2）: 3-7+25.

[3]顾文韵. 整理馆藏清代硃卷札记[J]. 图书馆杂志, 1985（3）: 31-34.

[4]许树安. 科举考试的八股文及其它[J]. 文献, 1986（03）: 247-255.

[5]金克木. 高鹗的八股文[J]. 读书杂志, 1988（1）: 103-108.

[6]朱瑞熙. 宋元的时文——八股文的雏形[J]. 历史研究, 1990（3）: 29-43.

[7]张永江. 八旗蒙古与清代的武科及翻译科考试[J]. 内蒙古社会科学报, 1990（1）: 77-81.

[8]唐群. 八旗蒙古科举小史[J]. 中国民族, 1993（12）: 44-45.

[9]黄强. 八股文的解释学透析[J]. 扬州大学学报, 1998（2）: 3-9.

[10]沈登苗. 明清全国进士与人才的时空分布及其相互关系[J]. 中国文化研究, 1999（1）: 59-66+3.

[11]刘海峰. 科举学的世纪回顾[J]. 厦门大学学报, 1999（3）: 15-23+125.

[12]张杰. 新发现高鹗会试履历中的籍贯与生年——科举硃卷研究之一[J]. 清史研究, 1999（4）: 102-105.

[13] 董莲枝.《清代硃卷集成》的文献价值 [J]. 辽宁大学学报, 2000 (4):
56-57.

[14] 吴承学. 明代八股文文体散论 [J]. 中山大学学报, 2000 (6): 1-7+33.

[15] 张杰. 清代八旗满蒙科举世家述论 [J]. 满族研究, 2002 (1): 36-38.

[16] 黄强. 稗官野乘悉为制义新编——论明清小说对八股文的影响 [J]. 明清
小说研究, 2002 (4): 84-93.

[17] 黄强. 八股文的文学因素 [J]. 南京工业大学学报, 2003 (5): 49-53.

[18] 夏剑钦.《清代硃卷集成》中的魏源档案文献 [J]. 船山学刊, 2004 (3):
36-38.

[19] 田澍. 明代八股文文体述论 [J]. 西北师大学报, 2004 (6): 54-58.

[20] 龚延明, 高明扬. 清代科举八股文的衡文标准 [J]. 中国社会科学, 2005
(04): 176-191+209.

[21] 毛晓阳, 金甦. 清代文进士考订 [J]. 清史研究, 2005, (4): 63-77.

[22] 潘洪钢. 清代驻防八旗与科举考试 [J]. 江汉论坛, 2006 (6): 85-89.

[23] 顾农. 读《八股文与明清文学论稿》[J]. 江海学刊, 2007 (5): 230-231.

[24] 方芳. "科举家族"定义商榷 [J]. 汕头大学学报, 2008 (2): 29-31+94.

[25] 傅林祥. 江南、湖广、陕西分省过程与清初省制的变化 [J]. 中国历史地
理论丛, 2008 (2): 118-126+147.

[26] 高明扬. 科举八股文源流考述 [J]. 山西师大学报, 2008年 (2): 34-38.

[27] 王伟. 艾南英与八股文之流变 [J]. 鄂州大学学报, 2009 (3): 50-53.

[28] 张思齐. 李贽《说书》与明代八股文 [J]. 西华大学学报, 2009 (04): 16-21.

[29] 王玉超, 刘明坤. 八股文的嬗变与明清小说理学色彩的对应变化 [J]. 广
西社会科学, 2011 (5): 120-123.

[30] 刘明坤, 王玉超. 八股结构对明清小说布局的影响 [J]. 河南社会科学,
2011 (3): 16-19.

[31] 李建中. 文体学研究的路径与前景 [J]. 江海学刊, 2011 (1): 120-123.

[32] 谭家健. 再评八股文滥觞于战国 [J]. 职大学报, 2011 (1): 51-54.

[33] 王丽亚. 清前期八旗挑甲制度演变浅析 [J]. 历史教学, 2011 (6): 16-19.

[34] 王玉超, 刘明坤. 明清小说评点对八股文体式的借用 [J]. 贵州师范大学

学报, 2012: (2): 79-82.

[35] 高明扬. 从时文蠡测看袁守定的八股文观 [J]. 西南石油大学学报, 2012 (4): 112-116.

[36] 邹长清. 清代翻译科考论 [J]. 石家庄学院学报, 2012 (5): 23-33.

[37] 张宏勇, 张荣刚. 论明代经义八股格的形成过程 [J]. 文艺评论, 2013 (8): 39-42.

[38] 蒋金星. 再论清代科举试帖诗得 "某" 字中 "某" 字的位置 [J]. 教育与考试, 2013 (2): 41-44.

[39] 张富林. 章学诚的八股文观 [J]. 文艺评论, 2013 (2): 104-108.

[40] 刘万华. 明末清初实践理学发微 [J]. 商丘师范学院学报, 2014 (08): 48-53.

[41] 申丹. 文体学研究的新进展——剑桥版《文体学手册》评介 [J]. 外语教学与研究, 2014 (2): 303-308.

[42] 雷茜, 张德禄. 多模态文体学——一种文体学研究的新方法 [J]. 外语教学, 2014 (5): 1-4+44.

[43] 张荣刚. 经义文体结构在宋元的发展探析 [J]. 大理学院学报, 2014 (5): 41-45.

[44] 王日根, 章广. 清代八旗科举制度的发展及其影响 [J]. 考试研究, 2015 (5): 100-110+99.

[45] 鲁小俊. 清代官年问题再讨论——以多份硃卷所记不同生年为中心 [J]. 清史研究, 2015 (2): 90-101.

[46] 赵志伟. 谈截搭题——中国古代考试漫谈 [J]. 中学语文教学, 2017 (10): 86-88.

[47] 郑超群. 八股文的句式韵律探析 [J]. 西华大学学报, 2017 (5): 48-53.

[48] 鲁小俊. 书院考课与八股文——以清代书院课艺总集为中心 [J]. 文学遗产, 2017 (06): 120-132.

附录一 《清代硃卷集成》各时期会试硃卷进士名录

朝代	科年与进士人名（内含存卷数量，若为3篇者不注，一般每科3篇，皆为同题卷；有超或者少篇者其名后注明实存八股文篇数；括号内标为此人所作策、论篇数）
康熙	丁丑（康熙三十六年）1697科李继修
	丙戌（康熙四十五年）1706科王克让
	壬辰（康熙五十一年）1712科谢济世
	戊戌（康熙五十七年）1718科谢光纪4
雍正	癸卯（雍正元年）1723恩科于沂、丛洞
	甲辰（雍正二年）1724科姜士仑
	丁未（雍正五年）1727科汪波
	庚戌（雍正八年）1730科林令旭
乾隆	丁巳（乾隆二年）1737恩科吴培源
	己未（乾隆四年）1739科葛乃衮
	壬戌（乾隆七年）1742科丛中芷
	戊辰（乾隆十三年）1748科毛少睿、庄采
	辛巳（乾隆二十六年）1761恩科胡高望、沈作梓
	癸未（乾隆二十八年）1763科鲁鸿
	丙戌（乾隆三十一年）1766科福保
	己丑（乾隆三十四年）1769科特克慎、梦吉
	辛卯（乾隆三十六年）1771恩科方昂
	乙未（乾隆四十年）1775科赵钧彤
	辛丑（乾隆四十六年）1781科王鸿中、汪长龄
	甲辰（乾隆四十九年）1784科李骧元
	己酉（乾隆五十四年）1789科彭希郑
	庚戌（乾隆五十五年）1790恩科齐嘉绍
	乙卯（乾隆六十年）1795恩科高鹗、张大维

续表

朝代	科年与进士人名（内含存卷数量，若为3篇者不注，一般每科3篇，皆为同题卷；有超或者少篇者其名后注明实存八股文篇数；括号内标为此人所作策、论篇数）
嘉庆	丙辰（嘉庆元年）1796恩科俞日灯、戴殿泗、鹿维基
	己未（嘉庆四年）1799科：廉能、曹汝渊、俞恒泽、王家景、俞恒润、杨树基、黄维烈
	辛酉（嘉庆六年）1801恩科：钱樾1、邹家燮1、秀宁0、王汝瑶、朱方增0、饶向荣0、杨廷英、刘澍
	壬戌（嘉庆七年）1802科：王楚堂0、胡开益0、卢炳涛0、翟昂0、洪耀0、章道鸿0、卿祖培0
	乙丑（嘉庆十年）1805：彭浚
	戊辰（嘉庆十三年）1808科：吴恩韶0、王会清、赵家震、李如兰
	己巳（嘉庆十四年）1809恩科：余源1、孔传伦1、李光瀛1、钱燮
	辛未（嘉庆十六年）1811科：朱壬林、阎善庆、黄杨镳3、钱骙4（会试1、乡试3）、杨思敬、倪彤书0、张昶0
	甲戌（嘉庆十九年）1814科：张翔、林芳、赵棠、张惇训、张梧、刘礼奎
	丁丑（嘉庆二十二年）1817科：王贻桂、邵堂、朱士达0、赵炳、朱能作、张颉云0、全钰0、沈巍皆、胡锡麟、陆元烺0、陶际清1
	己卯（嘉庆二十四年）1819恩科：沈福清、姜坚、胡晖吉、洪锡光
	庚辰（嘉庆二十五年）1820科：邵日诚、徐汝鏊、陈辉甲1、宋应文0、张祥河、金光杰1、吴光镐、陈銮0、周涛
道光	壬午（道光二年）1822恩科：吉达善、何熙绩、何耿绳、陆我嵩0、徐栋、蔡绍洛、吉年、姚廷清、顾元恺、蔡赓扬
	癸未（道光三年）1823科：刘承本0、黄光焯0、韦崧杰0、江文纬、包大成0、虞协、衍豫0、李品芳0、苑馤桂、秦大治
	丙戌（道光六年）1826科：朱昌颐1、郑汝楫、陈耀庚0、顾夔、刘庆凯0、程庭桂、周栻
	己丑（道光九年）1829科：朱逢年、赵光裕1、何朝恩、余坤、姚振启0、傅绎、钱福昌（攀龙）、孙义0、曹荣、袁振瀛、俞树风、汪本铨0、金储英、锡麟、张修育0、朱兰0、王同治0、解艺0、许正绶（正阳）0、刘沄0、倪杰0、王选1、李汝霖0
	壬辰（道光十二年）1832恩科：马学易（第一名）8、许祥光、朱珊元、曹树奎、吴钟骏0、王璪、吴运枢0
	癸巳（道光十三年）1833科：安诗、蔡宗茂0、金树本、吴炜0、张邦佺0、王芳、陶春元1、吴开阳、毓科0、李恩庆0、方大淳0、陈光绪（诗）0、朱宪增0、袁铭泰0、广勇（惠）、沈秉荃0、何家驹0、唐潮0、彭作籍0
	乙未（道光十五年）1835科：蒋申璠、孙铭恩0、何咸亨0、戴泽长、何鸣章0、贾仲山、胡应泰0、曹联桂2
	丙申（道光十六年）1836：蔡振武、郭沛霖0、赵兆熙、韦逢甲、温文禾、毓检0、沈兆霖0、徐文藻、慧成、何绍基0、梁敬事1、吕佺孙、李汝峤0、教右贤（本姓朱）0、梅棠6、彭以竺8、王启曾

续表

朝代	科年与进士人名（内含存卷数量，若为3篇者不注，一般每科3篇，皆为同题卷；有超或者少篇者其名后注明实存八股文篇数；括号内标为此人所作策、论篇数）
道光	戊戌（道光十八年）1838科：延恒、沈祖懋、昌禄（原名福陞额）0、陈源兖0、福兴0、尹辉宗、钱以同0、徐相、吕信孙2
	庚子（道光二十年）1840科：吴荮元（钦赐第一）、冯桂芬、吴台朗0、邹正杰0、鲍锡年0、卜葆馛0、朱时中、刘宝楠0、范梁0、姚光发、卓櫵、周炳鉴（燠）、许振祊
	辛丑（道光二十一年）1841恩科：蔡念慈0、刘廷榆8、徐墉、尉光霞6、王瑞庆、高鸿飞0、高本仁、何绍谨0、毕道远、潘曾莹、赵昀、吴性成0、张兆辰、冼倬邦、吴若准、张金镛、陈寿图、朱锡珍、彭涵霖、麟庆、爱达、赵文瀛
	甲辰（道光二十四年）1844科：恩霖、杨大容、莫炽（毓岗）、蒋大镛、温德宣、刘墍、冯培元2、王景淳、段嘉树（家霖）、克明、张逢辛、方浚颐、于凌辰、段寿臻2、何秋涛0、焦肇瀛、王家璧、石意恭1、魏源1
	乙巳（道光二十五年）1845恩科：徐时梁、萧玉铨、金鹤清、吴昌寿0、文颖、文起、刘书年、李仁远、贡璜0、曹骅0、孟培桢、韩一松、何桂芬0、吕序程2、黄廷瓒2、萧锦忠、罗宝森1、曹炳燮0、丰安
	丁未（道光二十七年）1847科：许彭寿、庞钟璐0、张修府、萨丙阿、雷對0、刘廷鉴、徐申锡0、姚体备、李德仪0、丁守昌0、陈秉彝、沈桂芬、吴应宽、孙观0、王友端0、刘其年、唐仁森0、熊其光0、杨书香、曹鸿举、潘斯濂、曹登庸、陈鼐、汪先烺0、叶维藩0、辛本楒
	庚戌（道光三十年）王肇歆、何元恺、陆增祥、邹溥霖8、何福咸8、季念诒0、吉惠、周誉芬
咸丰	壬子（咸丰二年）1852恩科：葆谦2、潘祖荫、吴仰贤、俞允若、骆文蔚、朱绌、魁龄、何灿、郝铎、何谨顺、余、胡履吉（家锟）、朱潮、张鼎辅（原名珩）、相燮堃、陈承袠、俞奎恒、童大甶
	癸丑（咸丰三年）1853科：恩吉、任重光、张德容0、牛宜、孙如僅、张日衔、王澍、林大木、廖正亨、周范、葛桐衔0、吕朝端0、尹耀宗、孙杰（昌烈）
	丙辰（咸丰六年）1856：蒋彬蔚0、龚嘉儁、洪调纬、李文瀛、洪麟绶（昌振）0、夏同善、杨秉璋、钟孟鸿、洪昌燕、黄廷金、徐景轼、卓景濂、陈彬绶、赵有淳、孔宪彀、李应辇、孙钦昂、杨泽山、杨景盂、王日煊、秦赓彤、沈秉成0、盛植型0、夏献蓉、汪朝棨、文辂6、叶衍兰、华晋芳0、谭仲麟、周鹤、田依渠、屈永清、韩钦、黄文璧（翎）、何枢
	己未（咸丰九年）1859科：马传煦、杜寿鹏、孙念祖、徐尔麟、陈倬0、崔乃肇、徐炳烈0、李汝弼0、黄锡彤（兆白）、吉长清、王正矜、王师曾、周瑞清（必全）、特亮、楼震、张丙炎1（正大光明殿钦命一等第一）、侯甲瀛、王咏春、田国俊2、周家楣、凌行均0、严辰6、骨瑞瑢、唐启荫、谢辅坫0、朱学笃、孙家鼐
	庚申（咸丰十年）1860恩科：徐致祥、潘自强0、赵亮熙0、崔穆之、刘洭年6、张元培、祈世长、凌行堂0、李师濂、王荣琯、傅遇年0、钟骏声、欧阳保极、林彭年、孙汝霖、蒋启勋

续表

朝代	科年与进士人名（内含存卷数量，若为3篇者不注，一般每科3篇，皆为同题卷；有超或者少篇者其名后注明实存八股文篇数；括号内标为此人所作策、论篇数）
同治	壬戌（同治元年）1862科：龚聘英、李瓘辉、仇炳台、黄彬、吴廷芬、涂修政、何金寿、曹秉浚、段福昌0、王琛6、谭均培0、徐郙、汪正元、董兆奎、童毓英0、张家骧0、温忠翰、翁曾源0
	癸亥（同治二年）1863恩科：解煜1、王绛、黄绍新、汪彦增、王鸿飞6、周兰0、张道渊、梁琛、周信之、丁凤年6、文潋、罗振云、邢守道、李端遇、李嘉乐、黄谋烈、李铭霍、楼誉普（咏）0、彭君穀、张观准6（3为保和殿覆试卷）、张鹏翼、龚显曾、景善、黄基、曾国霖6、陆尔熙0、王景贤0、夏子鍚、张瑞麟、周绍达0、龚承钧6、廖寿恒2、王宝善0、胡元照0、凌卿云、邓渭璜2
	乙丑（同治四年）1865科：吴峋、随福、钱保衡0、刘凤苞0、朱福基、周蓉第6、周开铭0、方学伊、朱丙寿0、费彦厘、张曾亮、汪鸣銮4、冯光勋0、张瑞卿6、温绍堂0、李衢衡、张建勋、忠斌、顾云臣、萧晋卿0、黄钟瓒0、王魁銮0、胡聘之0、吴仁杰、郑守孟0、李如霖、冷鼎亨、孙纪云、周岱0、钮玉庚、朱以增、刘至喜、尹铭心、顾奎、李嘉宾0、杨霁0、黄毓恩、张清华、韦业祥0、李国琇、陈本枝、张英麟、崔焕章、欧阳烜0、曹秉哲0、杨联桂、王元晋、周铭旂6、庆锡荣（首恒）0、施锡卫0、周廷揆
	戊辰（同治七年）1868科：蔡以瑺0、吴大潋0、郑训承、慕荣干4、孙汝明6、特秀0、王国均0、许景澄、陈瑜、孙慧基、陈启泰0、潘衍桐0、赵继元1、林祖述6、沈善登、汪鉴0、吴宝恕、李应鸿6、刘履安6、林之升0、熊汝梅、金兆基、徐德裕0、周崇传0、徐鸣皋、张文璇0、陈兆翰、方汝绍0、冯方缉、陈达2、余鉴6、岑傅霖0、薛振钰0、黄自元、徐文洞、姜球0、那日濂0、丁云翰、陈以咸、严蔚文、顾树屏、余烈、欧阳衔、罗德绰、馨德6、皇甫治、于万川、崔国榜0、汤铭新0、夏玉瑚、何如璋0、周骐0、张绍棠、陶模0、杨际春、戚人铣0、彭润章0、龚镇湘0、刘常德0、邵积诚0、徐家鼐、郑贤坊0、胡乔年、王峪嵘0、赵汝臣8、刘廷枚、徐作梅、王逢年0、嵩申、高蔚光6、吴连奎0、广照、洪钧0、陈钦铭 0、洪镕经0、徐祥麟、张人骏0、刘海鳌、鲁琪光、谭承祖0、徐鼎琛0、李郁华
	辛未（同治十年）1871科：邵世恩、陆继辉、袁善0、张海鹏、朱鉴章、季邦桢、徐景福、章洪钧、张佩纶0、杜锡熊、王祖光6、孙汝赞、朱元治4、何养恒、陈康琪0、方功勃、崔国因0、何秉礼、崔澄6、王广寒、丁立干0、张祖谟、周晋堃、恽彦彬、吴观礼、劳乃宣、樊恭煦、何粹然、刘敦纪、吴浚宣、罗大佑、汪昌、孙家慕0、黄杰、潘宗寿、陆廷黻、陈梦麟、杜天枢、李铁林、朱庆镛、赵锦章、沈星标、陈钦0、王廉4、汪运錀、沈莲、钱振常、李曾珂、丁墉0、崔锦中、丁立瀛、郑成章、朱成熙0、王履亨、陈聿昌0、盖绍曾、边伦慈、翟鸿禨、臧济臣、薛崇禧0、成占春0、赵环庆0、刘齐浔、金保泰、彭懋谦6、陈岳、洪镔、田我霖、余弼、曹昌祺、陈秉和6、杨作楫、高岳崧、石裕绅、王方田
	甲戌（同治十三年）1874科：陈光煦、张明毅0、冯钟岱0、刘传福、叶如圭、陈润庠、庞庆麟、曾延里、孙葆田6、楼杏春、王赤曾、俞寿祺、陆宗郑、梁肇晋、诸可炘、冯健0、延清、俞培元、乌拉布、李裕泽、胡燏芬、冯光遹0、赵惟善、尚贤6、章德藻0、于衡霖6、翟伯恒0、常文之、郑秉成、张礽杰、路履祥、保昌、郑钫0、张景祈0、赵增荣6、沈汝奎0、倪观澜0、程开运0、戴锡钧、李宗莲、杨钦琦、鲍临、顾怀壬、周晋麟0、姚恭寿、谭宗浚、朱升吉0、姚礼泰4、黄贻楫、陈士炳、刘本植6、石成峰、任贵震0、胡廷玉、詹鸿谟

朝代	科年与进士人名（内含存卷数量，若为3篇者不注，一般每科3篇，皆为同题卷；有超或者少篇者其名后注明实存八股文篇数；括号内标为此人所作策、论篇数）
	丙子（光绪二年）1876恩科：屈传衔、周盛典0、朱善祥2、梁亿年、赵曾重、周福增、春溥0、朱镜清0、缪荃荪、周华林1、章志坚0、贾璜、顾潢4、王用钦0、曹榕0、刘锋、李世寅0、周绂麟0、孔宪增0、陆宝忠0、李廷实6、冯文蔚0、吴福保0、宋德泽0、冯松生、段李尧0、朱一新0、王炳燮0、武人选0、徐锡祉0、沈霖溥0、周景曾0、陶芳琦0、万际轩0、熊祖诒0、黄濂之0、但弻0、郑绍成0、陈琇莹0、金星桂0、徐致靖0、徐允升0、钱禄泰0、钱锡庚0、周宗洛0、汪麟昌0、吴传绂0、翁锡祺0、徐振翰0、荣光世0、刘宗标0、李士瓒0、闵荷生0、陈蓍0、王朝俊0、袁叶茂0、唐椿森0、倪恩龄0、林嵩尧0、刘一桂0、朱显廷0、申尚毅0、郑思赞0、陈邦瑞0、艾廷选0、路敬亭0、吴子申、曹滨、刘泰阶
	丁丑（光绪三年）1877科：梁枚0、朱崇佐0、董沛0、杨文莹0、吴大衡0、张桢0、付桐豫0、何焕章0、孙滨泽0、于沧澜0、程夔0、吴超0、蒋其章、曹庆恩0、朱赓飏6、洪思亮0、俞冠群0、周龄0、李象辰0、汪朝模0、翁斌孙、孙赞清0、治麟6、俞廷熙0、杨晨0、陈熙昱0、傅誉荪0、戴兆春0、柳文沶0、吴祖椿0、吴郁生0、孔祥霖0、濮子潼0、武吉祥0、沈恩荣0、何式璜0、江澍畇0、马彦森、崔立之0、张嘉禄0、连文冲0、邵心豫0、朱铭瓒0、严家让0、继昌0、陈炳奎0、吴保龄0、惠荣0、吕凤岐0、田怡0、左挺生0、锡元0、朱寿熊0、朱锡蕃0、黄中理0、夏衔0、沈维诚0、冯锡仁0、王寿枬0、潘遹0、王保建0、熊遇知0、卢敏
光绪	庚辰（光绪六年）1880科：王咏霓、顾莲0、黄绍箕14（会试3、乡试3、覆试3、策问5）、顾绍成0、于式枚20（包括会试、乡试、策问等）、孙汝梅0、葛咏裳0、徐琪0、袁鹏图4、沈曾植0、丁立钧0、朱福诜0、连培基0、曾云章0、杨崇伊0、阚纲0、汪宗沂8、汪宝树15、萨廉0、汤绳和0、马存朴0、刘焕0、朱炳熊0、陈鼎0、邓嘉纯0、王颂蔚13、郑赓声0、柏锦林6、李慈铭2（有一文仅第3页，不计入）、查荫元0、黄思永0、郭赓平2、宋荫培0、汪受祚0、斋步銮0、张铭和（云锦）、范德镕0、王丕厘0、何乃莹0、朱兆鸿0、孔广钟0、褚成博0、陈洪绶6、胡锡祜（锡纯）0、蔡世佐、丁芳4、王乘燮14、王懿荣43（含会试卷、1论、1疏、10问、两次乡试硃卷等）、卜文焕0、王兰、聂济时、裴维侒8、吴同甲、张是彝、杨福臻0、盛炳纬6、俞炳辉0、鲁鹏0、唐骅路0、程禄0、曹作舟0、张平格6、郭曾炘0、戴彬元、李经世0、江昌燕0、钱锡晋0、郑言绍0、志锐、孙福申0、徐保谦11、冯仲侯
	癸未（光绪九年）1883科：宵本瑜0、张预0、秦绶章0、秦夔扬0、华辉0、嵩寿0、徐定超、谢辅濂0、陈晃0、姜定镐0、陈名珍4、管廷献4、陈受颐0、李梦莹0、黄福楙0、张筠6、熊亦奇6、周萃峰0、舒泰0、李瀛瑞4、彭清藜0、王培佑0、鲍恩绶0、朱锡恩13、胡毓麒0、荣庆6、孙崇纬3、柳思诚0、黄传礼0、陈咸庆0、陈槐林0、包宗经0、曹寯瀛0、王桂琛0、徐炳文6、陈荣昌0、龚化龙0、冯汝骙8、汪凤藻0、邵松年0、曹福元0、高祚昌6、赵臣翼0、蒯光典、李振鹏0、洪家滋0、樊学贤0、吕佩瑹0、陈源濋0、赵五星0、王祖畬0、曾宗彦0、田恂0、葛金烺0、晋荣0、周绍刘0、王荃0、胡景桂0、杨鸿瀜0、陈增玉0、顾曾烜0、沈家本0、何维栋0、孙崇墉0、葛宝华0、汪汝纶0、徐宝锷0、徐贞0、江廷燮0、济中0、方铸0、章祥熊0、赵汝翰4、彭琨生0、刘嵲燮0、朱占科0、郑邦任0、朱祖谋0、谢池春0、傅汝梅0、缪介臣0、李葆实0、顾厚焜0、孔昭乾0、王绍廉0、李秉瑞0、熙麟0、王式文0、李务滋0、俞成庆0、雷祖迪0、庞桂庭0、汤曜0、章法护0、杨履晋6、尤炳黉（hóng）0

续表

朝代	科年与进士人名（内含存卷数量，若为3篇者不注，一般每科3篇，皆为同题卷；有超或者少篇者其名后注明实存八股文篇数；括号内标为此人所作策、论篇数）
光绪	丙戌（光绪十二年）1886科：于齐庆、王荣商、刘启襄0、姚肇瀛0、汪时琛、贺涛、贺沅、冯煦、吴庆坻、谢昌年0、黄济川0、陈志喆10、鲍心增、秦树生8、陈通生13、格呼铿额、仇继恒、王守训4、傅彦瑞、雷天柱0、江峰青、陆寿臣、王文毓、沈曾桐18、邹福保、孔宪教2、杜友白0、章绍洙、吴品珩、高觐昌、姚丙然、李蟠根、爱仁、江德宣、张元奇4、吴鸿甲、徐受濂0、沈维善、朱士黻0、童春、张燮堂、余赞年、余应云0、常牧0、孙综源、龚其藻0、梁葆仁、刘岳云、王尤、陈昌绅、刘玉珂0、邹嘉来、张阜成、梅汝鼎、张克浍0、徐世昌、查文清、韩培森、潘尚志0、刘果、倪惟诚、曾福谦、张星吉、庄钟济、蒋傅燮6、盛沅、吴炳、曹子昂
	己丑（光绪十五年）1889科：周朝槐13、费念慈、朱延薰、李传元、张维彬、唐宗海0、郑炽昌、廖平0、朱寿慈、劳肇光、刘奉璋、朱德泽、董康、曾光岷0、潘守康、郁保章、江标11（包含优贡卷）、戚扬、刘启端、姚士璋2、何锡褆6、彭光湛、李柏龄、蔡宝仁、罗厚焜、赵尔萃、刘荫椿、方凤鸣、程仲昭、鲍琪豹、熊文寿、柯劭愍、王启烈、孙鼎烈7、朱秉成、曾广钧、金蓉镜、郑錢、沈瑜宝、张庭诗、王岳崧、李孝先2、张焕章、梁肇荣、孙廷翰、黄传祁、李进禄、冯端、金鸿翔、孟滢、毛庆蕃、王继香、李砚田、孔昭家、程丰厚、程元恺、周来宾、李子方、吴玉润、汤汝和、王少勋、陈庚经、易贞、袁用宾、恽毓鼎、杨德峄0、欧阳煦6、刘元诚、寿椿0、李含菁、喻兆蕃0、张孝谦、张颉辅0、徐仁铸7、朱怀新、毛慈望、陈钟信、马嘉桢0、赵际泰、刘彭年、吴嘉瑞、唐书年、张其锰0、傅世炜
	庚寅（光绪十六年）1890恩科：陈懋鼎、夏之森、耿济瀛、延祺、洪嘉与、程秉钊、赵惟熙、王铭渊、陈宝瑨、陈宝璐、刘奋熙、余堃、宋瞻宸0、王景禧、沈卫4、高振声、李华芬、范迪襄、黄绍第、王塾、夏寅官、凌河钧、焦锡龄、阎志廉、于受庆、黄厪初、郑叔忱、王修植、杨捷三、聂宝琛、陈守戬0、蔡元培0、刘树屏、汪凤梁、陈康端、宋子联、汪宗翰、刘崇照、叶南金、王以慜、苏元桢、黄澍荣、刘寅浚、杨家骧、李经畬、华俊声、吴怀清、徐鸿泰、吴锡儁0、陈国华0、章士荃、钱锡爵、汪庆生、吴锜、王全纲、吴庆祥、张学华、刘瞻汉、王庆平、张蔚增、何声灏、张瑞芳、张瑞芬、吴煦、何敬钊、田庚、王清穆、陆仰贤、秦家穆、张坚、陈乃绩0、杨学敏、吴学曾0、李安、施沛霖6、汪清麒、孙绍阳、葛祥熊、刘秉权0、史履晋6、张祖祺、王宝璈、徐桂馨、黄曾源、钱昌祚、陈应辰、孙洞3（含1残篇）、植尧兰、范宗莹、籍忠宣6、张祖望、王公辅、江仁微0
	壬辰（光绪十八年）1892科：刘可毅8、李希圣、杨士晟0、贵诚、赵鼎仁、汤寿潜14、罗迪楚0、陈凤藻0、王仁俊、周云、渠本翘8、汪康年6、彭諟庠0、吴士鉴、伍元芝、李书翰0、王得庚、夏孙桐、施启宇、张元济、陈乃賡、孙培元0、刘显曾、熊希龄、范德权、袁宝璜、寿朋、叶尔恺、俞鸿庆、吴宝镕0、熙彦、何藻翔、衡瑞、高宝銮、戴锡之、汪洵、傅增淯、杨楷1、陈伟勋、周钧、恽毓嘉0、李云庆、李祖寿、张鹤龄、王庆埏、裕绂17、杨介康0、杜翯、陆廷桢、汪春榜、伍铨萃0、管世骏、杨敬远、贻谷0、龚心铭、张心镜、刘润珩、朱家宝、万云路6、周学海、赵琛0、张联骏0、黄炳元、饶士瑞0、刘燕翼、蒋式理4、赵銮扬13、瞿化鹏、池伯炜0、汤元铣、郭曾準、萧立炎、刘瑞璘、曾述荣、王家骧、王世桢、龚心鉴、程利川、丁麟年、康咏、齐绅甲0

续表

朝代	科年与进士人名（内含存卷数量，若为3篇者不注，一般每科3篇，皆为同题卷；有超或者少篇者其名后注明实存八股文篇数；括号内标为此人所作策、论篇数）
光绪	甲午（光绪二十年）1894恩科：陶世凤、俞省三、孙同康10、续绛、沈同芳、李灼华、金文翰、徐鋆、茹恩彬0、林丙修0、何葆麟、鲍德麟、汪声玲6、谢元洪0、龚启芝、李继沅、安文澜13、陶联琇、傅兰泰、孙锵、吴燕绍、王会厘0、黄秉湘、关冕钧0、何荣烈0、陈寿瑄、梁秉年0、郑沅、周绍昌6、吴庭芝、陈君耀、尹铭绶、王照6、陈瑞玉、李祖年、夏启瑜、周宝清0、孙鸣皋0、吴敬修6、刘廷琛6、楼守恕0、靳学礼、吴士钊4、江春霖、韩兆霖、江衡、朱应枸、王凤文0、沈祖桐、顾寿椿、王学伊、顾祖彭、章燮理、涂步衢、李九烈、吴筠孙、姚舒密、王廷
	乙未（光绪二十一年）1895科：孙荣枝、刘嘉斌、曾瑞莱、金鉽0、任锡纯、杨锡霖0、吴维炳、徐承宣、秦达章、程和、郭景象6、谢荣熙、秦锡圭0、杨道钧0、胡峻、同裕、李翰芬0、袁绪钦、丰和、贡士元0、徐信善、赵炳麟、姚炳熊6、胡同颖（同炳）6、赵鹤龄、曹葆琦、王焯、黄寿衮4、曹蛰孙6、朱彭寿、雷以动6、吕传恺、林开謩、丁良佐、陈枬、王志昂6、李瑞清、周炳荣、龚心钊7、李庆霖、张翰光、王伊、赵增琦8、王恕
	戊戌（光绪二十四年）1898科：陆增炜7、张廷献、王廷灼2、朱锡霖、王士杰、董若洵、王廷才、潘鸿鼎、高焕然0、应德完、祝嘉聚、孟锡珏、许汝棻1、魏家骅、龙学泰、俞陛云、潘绍周、彭泰士0、吴宝镕0、郑师灼、陆春官、章际治、蒋玉泉、苏耀泉、石光邁、蔡玮6、王延纶、李福简、陆懋勋、何元泰0、王芹芳6、施恩、陈应涛0、周应昌、朱运新、何联恩、王廷扬、王仪通0、郭显球、潘昌煦6、江忠振、邓邦述、王世奎、鲁晋、赵传恝、吴黼藻、丁锡祐、刘明源、蔡兆荣1
	癸卯（光绪二十九年）恩、正并行科：金兆丰、绍先、张鹏翔2、王寿彭5、单镇、田毓璠4、钮泽晟4、李德星、朱寿朋5、郭则沄、陈衎、陆鸿仪0（有3论）、章钰0、孔昭晋0（有3论）、史国琛0（有3论）、邵章1、袁嘉谷2（另有1策1论）、孙智敏0（3论）、班吉本1、张荫春1（1策1论）、王大钧0（5论）、夏启端1、（1策1论）、彭世襄0（3论）、陈敬第0（3论）、袁祖光1（2论）、王鸿翔1（2论1策）、高廷梅1、张家骏1（另有5论、策）、万武宣1
	甲辰（光绪三十年）1904恩科：章祖申1（3论、策）、王鸿栻1（2论2策）、沈钧儒1（2论）、张茂炯0（1论2策）、钱淦0（1论1策1疏）、傅增湉1、（7论5策）、史之选0（1论1策）、朱点衣0（1策）、潘鸣球0（3论）、王季烈1（1论1策）、舒元璋2（2策1论）、楼思浩1（1论）、周之桢1（2论）、彭运斌1（2论）、陆光煦1（6论1策）、金梁1（1论）、蒋尊祎0（5论）、忻江明1、王慎贤0、章祓1、李德铿1（1论1策）、雷恒1（1论1策）、杨毓泗2、高振霄1、竺麟祥2、章圭瑑1、曹元鼎1、杨靖恭1、林世焘1

附录二　辑录《清代硃卷集成》八股文常、变式统计表

进士名讳、 科份及页码	个人简介	八股文题目	体制模式
李继修，康熙 丁丑科，1679 年，三-7-18	河南归德府睢州柘 城县岁贡生，习 《诗经》，中式第 66名	子曰："参乎！吾道一以贯之" 一句	常式
		天之所覆，地之所载，日月所 照，霜露所坠，凡有血气者，莫 不尊亲。	常式
		禹闻善言，则拜。大舜有大焉， 善与人同，舍己从人，乐取于人 以为善	变式：无大结
王克让，康熙 丙戌科，1706 年，三-23-34	山东青州府临淄县 民籍府学廪生，习 《易经》，中式第 197名	子曰：不知命，无以为君子也； 不知礼，无以立也；不知信，无 以知人也。	变式：3股，排比对
		唯天下至诚，为能尽其性　一句	变式：4股，无后 股、束股
		设为庠序学校以教之；庠者养 也，校者教也，序者射也　二句	变式：6股，无束股
邹奕凤，康熙 丙戌乡试， 1706年，一三 零-171-174	江苏无锡人，康熙 丙午进士，翰林院 编修，官广西学正	子谓子夏曰：女为君子儒，无为 小人儒	变式：4股，无后股 和束股
谢济世，康熙 壬辰科，1712 年，三-37-54	广西桂林府全州附 生，习《易经》， 乡试第1名，会试第 76名，钦授翰林院 庶吉士	事父母能竭其力，事君能致其 身。	变式：2股，无中 股、后股、束股和大 结
		溥博渊泉，而时出之，溥博如 天，渊泉如渊，见而民莫不敬， 言而民莫不信，行而民莫不说。	变式：4股，无后 股、束股和大结
		由尧舜至于汤，五百有余岁，若 禹皋陶，则见而知之，若汤，则 闻而知之。　三句	变式：5股，无中 股、后股、束股

进士名讳、科份及页码	个人简介	八股文题目	体制模式
谢光纪，康熙戊戌科，1718年，三-55-73	山东登州府福山县学生，民籍，习《礼记》	君子无众寡，无小大，无敢慢，斯不亦泰而不骄乎？ 二句	变式：4股，无后股、束股
		必得其位，必得其禄，必得其名，必得其寿	常式
		昔者子贡问于孔子曰："夫子圣矣乎？"孔子曰："圣则吾不能，我学不厌而教不倦也。" 二句	常式
于沂，雍正癸卯恩科，1723年，三-75-90	山东登州府宁海州副榜贡生，民籍，习《书经》，中式第102名	道之以德，齐之以礼，有耻且格。	常式
		齐庄中正，足以有敬也。	常式
		若禹皋陶，则见而知之。	变式：6股，无束股
丛洞，雍正癸卯恩科，1723年，三-94-106	山东登州府文登县廪膳生，民籍，习《诗经》，中式第131名	道之以德，齐之以礼，有耻且格。	常式
		齐庄中正，足以有敬也。	变式：6股，无束股
		若禹皋陶，则见而知之。	常式
姜士仑，雍正甲辰科，1724年，三-109-124	无履历	诚者自成也，而道自道也。	常式
		行夏之时	常式
		子曰：素隐行怪，后世有述焉，吾弗为之矣；君子遵道而行，半途而废，吾弗能已矣。	变式：4股，无后股、束股
		献子之与此五人者友也，无献子之家者也。	变式：4股，起股隔段对，无中股、后股、束股
汪波，雍正丁未科，1727年，三-125-130	无履历	仲尼祖述尧舜，宪章文武，上律天时，下袭水土。	变式：6股，无束股
林令旭，雍正庚戌科，1730年，三-132-157	江南松江府娄县民籍，监生，习《诗经》，中式第74名	志于道，据于德，依于仁。	变式：6股，无束股
		自诚明，谓之性；自明诚，谓之教。诚则明矣，明则诚矣。	常式
		见其礼而知其政，闻其乐而知其德。 三句	变式：12股

续表

进士名讳、科份及页码	个人简介	八股文题目	体制模式
吴培源，乾隆丁巳恩科，1737年，三－152－160	无履历	君子之所　二句	变式：9股，束股为排比对
		人皆有不，政矣	变式：6股，无束股
葛乃衰，乾隆己未科，1739年，三－161－178	山东登州府蓬莱县学增广生，民籍，习《易经》，中式第76名	生而知之者，上也；学而知之者，次也。	常式
		舜好问而好察迩言，隐恶而扬善，执其两端，用其中于民。	常式
		君子所性，仁义礼智根于心。	常式
丛中芷，乾隆壬戌科，1742年，三－187－198	山东登州府蓬莱县廪膳生，民籍，治《书经》，中式第66名，钦授翰林院庶吉士	如保赤子。心诚求之，虽不中不远矣。	变式：6股，无束股
		子击磬于卫，有荷蒉而过孔氏之门者，曰："有心哉，击磬乎！"	变式：4股，无后股和束股
		所过者化，所存者神	变式：10股
毛绍睿，乾隆戊辰科，1748年，三－199－218	浙江严州府遂安县廪生，民籍，习《易经》，中式第6名，钦授刑部湖广司额外主事	好人之所恶，恶人之所好，是谓拂人之性，灾必逮夫身。	变式：6股，无束股
		子曰：呜呼！曾谓泰山不如林放乎？	常式
		鲁君之宋，呼于垤泽之门。	常式
庄采，乾隆戊辰科，1748年，三－223－235	江南徽州府歙县附学生，民籍，习《诗经》，中式第239名	好人之所恶，恶人之所好，是谓拂人之性，灾必逮夫身。	变式：10股
		子曰：呜呼！曾谓泰山不如林放乎？	变式：4股，无后股和束股
		鲁君之宋，呼于垤泽之门。	变式：6股，无束股
胡高望，乾隆辛巳恩科，1761年，三－237－240	无履历	大夫曰：何以利吾家？	常式
沈作梓，乾隆辛巳恩科，1761年，三－242－257	浙江湖州府德清县拔贡生，民籍，习《易经》，中式第100名	红紫不以亵服。当暑，袗絺绤。	变式：10股
		旅酬下为上，所以逮贱也；燕毛，所以序齿也。	变式：2股，仅一个长段对
		大夫曰："何以利吾家？"	变式：10股

进士名讳、科份及页码	个人简介	八股文题目	体制模式
鲁鸿，乾隆癸未科，1763年，三-259-272	江西建昌府新城县拔贡生教谕，民籍，习《易经》，中式第10名	子曰："宁武子邦有道则知，邦无道则愚。"	变式：6股，无束股
		子曰："无忧者，其惟文王乎！"	变式：6股，无束股
		淳于髡曰：先名实者，为人也；后名实者，自为也。夫子在三卿之中，名实未加于上下而去之	变式：4股，无后股和束股
福保，乾隆丙戌科，1766年，三-273-292	正白旗明福管领下内府汉军附学生，习《春秋》，中式第33名，钦点翰林院庶吉士	君子周急不继富。原思为之宰，与之粟九百	变式：6股，无束股
		诗云：相在尔室，尚不愧于屋漏。故君子不动而敬。	变式：6股，无束股
		诐辞知其所蔽，淫辞知其所陷，邪辞知其所离，遁辞知其所穷	变式：6股，无束股
特克慎，乾隆己丑科，1769年，三-293-314	正黄旗满洲都统五尔庆阿佐领下，恩监生，习《诗经》，中式第65名	子在陈曰：归与！归与！吾党之小子狂简	变式：4股，起讲后有一散式段落，无后股和束股
		天地之道，可一言而尽也	变式：6股
		孟子曰，人之有德慧术知者，恒存乎疢疾	变式：6股
		知虞公之不可谏而去之秦，年已七十矣；曾不知以食牛干秦穆公之为污也。	变式：2股，其他散体化
梦吉，乾隆己丑科，1769年，三-323-335	正蓝旗满洲六格佐领下，廪膳生，习《诗经》，中式第87名，钦点翰林院庶吉士	子在陈曰：归与！归与！吾党之小子狂简	变式：6股
		天地之道，可一言而尽也。	常式
		孟子曰，人之有德慧术知者，恒存乎疢疾。	常式：后股处为隔段对
方昂，乾隆辛卯恩科，1771年，三-337-356	山东济南府历城县廪膳生，习《诗经》，中式第94名，特简刑部江西司主事	子曰：若臧武仲之知，公绰之不欲，卞庄子之勇，冉求之艺。	常式
		明乎郊社之礼，禘尝之义	变式：10股
		今日性善，然则彼皆非欤？	变式：无股对，破题+四大段+大结

续表

进士名讳、科份及页码	个人简介	八股文题目	体制模式
赵钧彤，乾隆乙未科，1775年，三－359－377	山东登州府莱阳县学增生，民籍，习《礼记》，中式第145名，钦点即用知县	苟日新，日日新，又日新。	
		仲叔围治宾客，祝鮀治宗庙，王孙贾治军旅	变式：3股，仅1个排比对。
		"敢问何谓浩然之气？"曰："难言也。"	变式：4股。无后股和束股
王鸿中，乾隆辛丑科，1781年，三－379－397	山东登州府福山县增广生，民籍，习《诗经》，中式第26名，赐同进士出身	所藏乎身不恕。	变式：4股，无后股和束股
		子曰：女奚不曰。	变式：4股，无后股和束股
		孟子曰："待文王而后兴者，凡民也。"	变式：2股，起股前有一大段散体文
汪长龄，乾隆辛丑科，1781年，三－407－419	山东济南府历城县廪膳生，民籍，习《诗经》，中式第118名，特用知县	所藏乎身不恕	常式
		子曰：女奚不曰。	常式
		孟子曰："待文王而后兴者，凡民也。"	常式
李骥元，乾隆甲辰科，1784年，三－420－428	无履历	知止而后有定，定而后能静，静而后能安，安而后能虑，虑而后能得。	常式
		吾为之范我驰驱，终日不获一；为之诡遇，一朝而获十。	变式：6股，无束股
彭希郑，乾隆己酉科，1789年，四－2－17	江南苏州府长州县增广生，民籍	"点，尔何如？"鼓瑟希，铿尔，舍瑟而作，对曰："异乎三子者之。"	变式：2股，余皆散体
		溥博如天，渊泉如渊。	常式
		苟为不熟，不如荑稗。	变式：4股，无后股和束股
齐嘉绍，乾隆庚戌恩科，1790年，四－21－34	直隶天津府天津县附学生，民籍附学生，中式第15名	皆自明也。	变式：2股，仅一个隔段对
		君命召，不俟驾行矣。	变式：4股，余皆散体
		使数人要于路，曰："请必无归，而造于朝！"	变式：散体化，无股对

续表

进士名讳、科份及页码	个人简介	八股文题目	体制模式
高鹗，乾隆乙卯恩科，1795年，四-37-40	镶黄旗满洲都统内汉军延庆佐领下廪膳生，民籍，中式第86名，字云士，号秋甫，别号兰墅，戊寅年10月生，钦点内阁中书	无存文。	
张大维，乾隆乙卯恩科，1795年，四-43-65	绍兴府诸暨县学附生，民籍，年84，钦赐举人	民之所好好之，民之所恶恶之。	常式
		柴也愚，参也鲁，师也辟，由也喭。	常式
		齐人曰："所以为蚳蛙，则善矣；所以自为，则吾不知也。"	变式：6股，无束股
康雍乾总计	共辑录81篇，共26篇常式，余55篇变式		
俞日烜，嘉庆丙辰恩科，1796年，四-67-97	江西广信府广丰县附学生，民籍，中式第78名，钦点内阁中书	虽曰未学，吾必谓之学矣。	变式：6股，无束股
		莫见乎隐，莫显乎微。	变式：6股，其中股为隔段对
		不愆不忘，率由旧章。	变式：6股，无束股
戴殿泗，嘉庆丙辰恩科，1796年，四-99-116	浙江金华府浦江县，民籍，中式第83名，殿试二甲第1名，钦点翰林院庶吉士	虽曰未学，吾必谓之学矣。	常式：对仗工稳
		莫见乎隐，莫显乎微。	常式：对仗工稳
		不愆不忘，率由旧章。	变式：6股，无束股
鹿维基，嘉庆丙辰恩科，1796年，四-118-141	山东登州府学福山县廪膳生，民籍，中式第140名，殿试二甲40名，钦点刑部主事	虽曰未学，吾必谓之学矣。	变式：6股，无束股
		莫见乎隐，莫显乎微。	变式：6股，无束股
		不愆不忘，率由旧章。	变式：2股，余皆散体
廉能，嘉庆己未科，1799年，四-142-157	正黄旗满洲都统评福佐领下俊秀监生，中式第30名	是故君子有大道，必忠信以得之，骄泰以失之。	变式：6股，起股意对且有拗无
		曾子曰：慎终追远，民德归厚矣。	变式：4股，起股即为隔段对
		孟子曰：尽其心者，知其性也，知其性则知天矣。	常式

续表

进士名讳、科份及页码	个人简介	八股文题目	体制模式
曹汝渊，嘉庆己未科，1799年，四－159－173	山西汾州府汾阳县监生，民籍，中式第31名	是故君子有大道，必忠信以得之，骄泰以失之。	变式：4股，余皆散体
		曾子曰：慎终追远，民德归厚矣。	变式：6股，无束股
		孟子曰：尽其心者，知其性也，知其性则知天矣。	变式：6股，无束股
俞恒泽，嘉庆己未科，1799年，四－175－189	顺天府大兴县廪膳生，民籍，中式第52名	是故君子有大道，必忠信以得之，骄泰以失之。	变式：6股，无束股
		曾子曰：慎终追远，民德归厚矣。	变式：4股，无后股、束股
王家景，嘉庆己未科，1799年，四－193－205	浙江杭州府钱塘县学附生，商籍。安徽歙县人，中式第58名	是故君子有大道，必忠信以得之，骄泰以失之。	变式：6股，无束股
		曾子曰：慎终追远，民德归厚矣。	变式：6股，中股为隔段对
		孟子曰：知其心者，知其性也。	变式：6股，无束股
俞恒润，嘉庆己未科，1799年，四－207－221（始意对增加，多不工）	顺天府大兴县附学生，民籍，中式第91名	是故君子有大道，必忠信以得之，骄泰以失之。	常式：意对多，对仗不工
		曾子曰：慎终归远，民德归厚矣。	变式：4股，余皆散体
		孟子曰：尽其心者知其性也，知其性则知天矣。	变式：12股
杨树基，嘉庆己未科，1799年，四－223－241	山东登州府蓬莱县拔贡生，民籍，拔贡会考一等20名，恩科乡试69名，会试125名，殿试三甲76名，钦点主事签，分礼部仪制司	是故君子有大道，必忠信以得之，骄泰以失之。	常式：多意对，对仗不工
		曾子曰：慎终追远，民德归厚矣。	变式：4股，皆意对，不工
		孟子曰：尽其心者知其性也，知其性者，则知天矣。	变式：6股，意对多，甚不工
黄维烈，嘉庆己未科，1799年，四－243－246	江西南昌府南昌县优廪生，民籍，中式第186名	是故君子有大道，必忠信以得之，骄泰以失之。	变式：6股，无束股，意对多，甚不工
钱樨，嘉庆辛酉恩科，1801年，四－260－263	无履历	尧舜帅天下以仁，而民从之。	变式：6股，无束股

进士名讳、科份及页码	个人简介	八股文题目	体制模式
邹稼燮，嘉庆辛酉恩科，1801年，四–267–269	江西饶州府乐平县优附生，民籍，中式第115名	尧舜帅天下以仁，而民从之。	变式：6股，无束股
王茹瑶，嘉庆辛酉恩科，1801年，四–289–291	山东青州府诸城县廪膳生，时为莘县训导，乡试第2名，会试第154名	百姓足，君孰与不足；百姓不足，君孰与足。	变式：无股对，全文散体
张兴镛，嘉庆辛酉乡试，1801年，一三一–177–179	华亭县选拔优廪生，民籍，乡试第57名	鲜能知味也。	变式：6股，无束股
彭浚，嘉庆乙丑科，1805年，四–413–428	湖南衡州府恒山县优贡生，民籍，镶黄旗官学教习，会试第204名，覆试一等16名，殿试一甲第1名	子曰：老者安之，朋友信之，少者怀之。	变式：9股，中股为排比对
		喜怒哀乐之未发谓之中。	变式：4股，无后股和束股，意对多
		夫志至焉，气次焉，故曰：持其志无暴其气。	变式：6股，无束股，皆意对，不工
王会清，嘉庆戊辰科，1808年，五–9–26	云南临安府蒙自县附学生，民籍，中式第207名，钦点即用知县	德者本也，财者末也。	变式：6股，无束股，甚不工
		如有博施于民而能济众，何如？可谓仁乎？	变式：2股，余皆散体，意对多，甚不工
赵家震，嘉庆戊辰科，1808年，五–38–44	山西直隶解州廪膳生，监籍，中式第235名，钦点即用知县	德者本也，财者末也。	变式：6股，无束股
		如有博施于民而能济众者，何如？可谓仁乎？	变式：无股对，皆散体
李如兰，嘉庆戊辰科，1808年，五–55–61	浙江杭州府乙酉科举人，金华府东阳儒学教谕，商籍，钦赐国子监学正	德者本也，财者末也。	变式：4股，余皆散体
		如有博施于民而能济众者，何如？可谓仁乎？	变式：6股，皆意对，甚不工
余源，嘉庆己巳恩科，1809年，五–73–76	浙江绍兴府余姚县附生，民籍，钦点翰林院庶吉士	得天下有道：得其民斯得天下矣；得其民有道，得其心斯得民矣。	变式：4股，仅一个长隔段意对，甚不工
孔传伦，嘉庆己巳恩科，1809年，五–9–82	无履历	得天下有道：得其民斯得天下矣；得其民有道，得其心斯得天下矣。	变式：4股，无后股和束股，甚不工

续表

进士名讳、科份及页码	个人简介	八股文题目	体制模式
李光瀛，嘉庆己巳恩科，1809年，五－85－88	无履历	得天下有道：得其民斯得天下矣；得其民有道，得其心斯得天下矣。	变式：6股，无束股，且后股为长段对，甚不工
钱燮，嘉庆己巳恩科，1809年，五－95－108	浙江衢州府学龙游县附生，民籍，钦赐国子监学正	君子喻于义，小人喻于利。	变式：6股，无束股，较工
		思知人，不可以不知天。	变式：6股，无束股，较工
		得天下者有道：得其民，斯得天下矣；得其民有道，得其心，斯得其民矣。	变式：4股，无后股、束股和大结，较工
朱壬林，嘉庆辛未科，1811年，五－117－128	浙江嘉兴府平湖县学附生，民籍，中式第1名，钦点翰林院庶吉士	子曰：中庸之为德也，其至矣乎。	常式，工稳
		知斯三者，则知所以修身。	变式：3股，仅一个排比对
		存其心，养其性，所以事天也。	变式：2股，长段对，无中股、后股和束股
阎善庆，嘉庆辛未科，1811年，五－133－160	顺天府宛平县学廪膳生，民籍，中式第16名，钦点翰林院庶吉士	子曰：中庸之为德也，其至矣乎。	变式：6股，无束股
		知斯三者，则知所以修身。	变式：7股，一个排比对加一个隔段对
		存其心，养其性，所以事天也。	常式
黄扬镳，嘉庆辛未科，1811年，五－163－180	江苏常州府金匮县增广生，民籍，中式第42名，钦点翰林院庶吉士	子曰：中庸之为德也，其至矣乎。	常式
		知斯三者，则知所以修身。	变式：4股，无后股与束股，有意对
钱𫓧，嘉庆辛未科，1811年，五－185－198	浙江绍兴府上虞县拔贡生，戊戌朝考刑部督捕司七品京官，民籍，中式第62名，钦点翰林院庶吉士	存其心，养其性，所以事天也。	变式：4股，无后股与束股
		其为气也，至大至刚，以直养而无害，则塞于天地之间。（庚午乡试卷）	变式：6股，有意对
		经德不回，非以干禄也；言语必信，非以正行也。	常式

进士名讳、科份及页码	个人简介	八股文题目	体制模式
杨思敬，嘉庆辛未科，1811年，五-205-216	浙江杭州府海宁州，民籍，中式第69名，钦点即用知县	子曰，中庸之为德也，其至矣。	变式：4股，有意对，无后股和束股
		知斯三者，则知所以修身。	变式：6股，无束股
		存其心，养其性，所以事天也。	变式：6股，无束股
张翱，嘉庆甲戌科，1814年，五-231-248	广东潮州府学附生，民籍，乡试第1名，会试第11名，钦点翰林院庶吉士	生之者众，食之者寡，为之者疾，用之者舒。	变式：4股，意义相对的隔段对
		德之不修，学之不讲，闻义不能徙，不善不能改，是吾忧也。	常式
		行有不得者，皆反求诸己，其身正而天下归之。	变式：6股，无束股
林芳，嘉庆甲戌科，1814年，五-251-277	浙江温州府拔贡生，民籍，拔贡第1名，癸酉乡试第11名，会试第20名	生之者众，食之者寡，为之者疾，用之者舒。	变式：4股，无后股和束股
		德之不修，学之不讲，闻义不能徙，不善不能改，是吾忧也。	常式
		行有不得者，皆反求诸己，其身正而天下归之。	变式：7股，中股为一排比对。无束股
		子曰：刚毅木讷近仁。（乡试卷）	变式：6股，意对甚不工，无束股
		存乎人者，莫良于眸子，眸子不能掩其恶，胸中正则眸子瞭焉，胸中不正则眸子眊焉，听其言也。（乡试卷）	变式：6股，无束股
赵棠，嘉庆甲戌科，1814年，五-283-294	江苏松江府上海县学增广生，民籍，庚午乡试19，甲戌会试26，殿试三甲20，钦点即用知县	生之者众，食之者寡，为之者疾，用之者舒。	变式：6股，甚工，无束股
		子曰：德之不修，学之不讲，闻义不能徙，不善不能改，是吾忧也。	变式：6股，后股为一镶嵌对，无束股
		行有不得者，皆反求诸己，其身正而天下归之。	常式
张惇训，嘉庆甲戌科，1814年，五-303-315	江苏松江府上海县，中式，民籍，中式第32名	生之者众，食之者寡，为之者疾，用之者舒。	变式：4股，有意对。无后股和束股
		子曰：德之不修，学之不讲，闻义不能徙，不善不能改，是吾忧也。	变式：4股，无后股和束股
		行有不得者，皆反求诸己，其身正而天下归之。	变式：7股，后股为排比对，无束股

右上角：续表

进士名讳、科份及页码	个人简介	八股文题目	体制模式
张梧，嘉庆甲戌科，1814年，五-317-335	山东登州府蓬莱县附学生，民籍，中式第122名，钦点内阁中书	生之者众，食之者寡，为之者疾，用之者舒。	变式：4股，仅一个隔段对
		子曰：德之不修，学之不讲，闻义不能徙，不善不能改，是吾忧也。	变式：6股，无束股
		行有不得者，皆反求诸己，其身正而天下归之。	常式
刘礼奎，嘉庆甲戌科，1814年，五-337-353	顺天府宛平县增广生，民籍，祖籍江苏，中式第162名，钦点翰林院庶吉士	生之者众，食之者寡，为之者疾，用之者舒。	变式：4股，仅一个隔段对
		子曰：德之不修，学之不讲，闻义不能徙，不善不能改，是吾忧也。	常式
		行有不得者，皆反求诸己，其身正而天下归之。	变式：11股，包含3个排比对和1个正常股对
王贻桂，嘉庆丁丑科，1817年，五-355-373	顺天府宛平县廪膳生，民籍，祖籍浙江，戊辰乡试第95名，会试第12名，钦点翰林院庶吉士	子曰：为政以德。	变式：6股，含一个意对，余工，无束股
		君子而时中。	变式：6股，含一个意对，余颇工，无束股
		仁，人之安宅也；义，人之正路也。	变式：2股，长段对，无中股、后股和束股
赵柄，嘉庆丁丑科，1817年，五-393-413	江苏松江府上海县附监生，民籍，癸酉乡试第15名，会试第51名，钦点翰林院庶吉士	子曰：为政以德。	变式：12股
		君子而时中。	常式，工
		仁，人之安宅也；义，人之正路也。	变式：2股，长段对，无中股、后股和束股
朱能作，嘉庆丁丑科，1817年，五-415-433	浙江金华府浦江县廪膳生，民籍，庚午乡试中第51名，会试中式第82名，殿试二甲第14名，钦点户部主事	子曰：为政以德。	常式：较工
		君子而时中。	常式
		仁，人之安宅也；义，人之正路也。	变式：6股，较工，无束股

续表

进士名讳、科份及页码	个人简介	八股文题目	体制模式
沈巍皆，嘉庆丁丑科，1817年，六-31-47	安徽六安直隶六安州拔贡生，民籍，乡试第1名，会试第182名，钦点翰林院庶吉士	子曰：为政以德。（经生之学，名臣之言，其典贵高华，具有国初诸大家风力。）	变式：6股，较工，无束股
		君子而时中。	常式：工
		仁，人之安宅也；义，人之正路也。	变式：2股，仅1长段对。无中、后和束股
胡锡麟，嘉庆丁丑科，1817年，六-49-67	江西瑞州府学生，新昌县民籍，中式第210名，钦点主事分发刑部湖广司	子曰：为政以德。	常式：工
		君子而时中。	变式：6股，无束股
		仁，人之安宅也；义，人之正路也。	变式：2股，长段对
陶际清，嘉庆丁丑科，1817年，六-73-76	无履历	君子而时中。	变式：4股，无后股和束股
沈福清，嘉庆己卯恩科，1819年，六-79-95	江南苏州府吴江县廪贡生，民籍，乡试中式第20名，会试11名，钦点主事	曰：修己以安百姓。	变式：6股，无束股
		人之为道而远人，不可以为道。	变式：6股，无束股，工
		诚身有道：不明乎善，不诚乎身矣。	变式：6股，无束股，工
姜坚，嘉庆己卯恩科，1819年，六-97-113	江苏扬州府甘泉县附生，民籍，会试第19名，钦点翰林院庶吉士	曰：修己以安百姓。（翩若惊鸿，矫若游龙，纯是古文笔法）	变式：6股，无束股，工
		人之为道而远人，不可以为道。	变式：6股，无束股，工
		诚身有道：不明乎善，不诚乎身矣。	变式：6股，无束股，工
胡晖吉，嘉庆己卯恩科，1819年，六-115-129	安徽徽州府休宁县廪膳生，民籍，中式第85名	曰：修己以安百姓。	变式：6股，无束股，工
		人之为道而远人，不可以为道。	变式：4股，无后股和束股
		诚身有道：不明乎善，不诚乎身矣。	变式：4股，无后股和束股
洪锡光，嘉庆己卯恩科，1819年，六-130-146	江西饶州府余干县廪膳生，民籍，中式第119名	曰：修己以安百姓。	变式：6股，无束股，工
		人之为道而远人，不可以为道。	变式：6股，无束股，工
		诚身有道：不明乎善，不诚乎身矣。	变式：4股，无后股和束股

续表

进士名讳、科份及页码	个人简介	八股文题目	体制模式
邵日诚，嘉庆庚辰科，1820年，六-153-185	大兴县监生，民籍，原籍江苏常熟县，癸酉科挑取誊录，乡试第65名，会试第5名，钦点翰林院庶吉士	仁者先难而后获。	变式：4股，无后股和束股
		成己，仁也；成物，智也。性之德也。	变式：6股，无束股，工
		以善服人者，未有能服人者也；以善养人，然后能服天下。	变式：4股，无后股和束股
		君君臣臣，父父子子。（己卯乡试卷）	变式：6股，无束股，工
		君子素其位，而行不愿乎其外。（乡）	变式：6股，无束股
		是故诚者天之道也，思诚者人之道也。（乡）	变式：6股，无束股
徐汝銮，嘉庆庚辰科，1820年，六-195-198	安徽徽州府歙县监生，民籍，癸酉科誊录，工部员外郎，民籍，顺天乡试第57名，会试第18名，覆试一等14名，殿试二甲52，钦点翰林院庶吉士	仁者先难而后获。	变式：6股，无束股
张祥河，嘉庆庚辰科，1820年，六-251-254	江苏松江府娄县学廪膳生，民籍，会典馆誊录兼充绘图两次，优叙即用知县，会试第132名，钦授内阁中书充内廷会典馆校对官	仁者先难而后获。	变式：6股，无束股
金光杰，嘉庆庚辰科，1820年，六-267-270	湖北汉阳府黄陂县优贡生，民籍，中式第135名	以善服人者，未有能服人者也；以善养人，然后能服天下。	变式：4股，无后股和束股
吴光镐，嘉庆庚辰科，1820年，六-281-284	浙江金华府东阳县学附生，民籍，中式第142名，钦点内阁中书	仁者先难而后易。	变式：6股，无束股

进士名讳、科份及页码	个人简介	八股文题目	体制模式
周涛，嘉庆庚辰科，1820年，六-315-324	贵州贵阳府贵筑县副榜，民籍，乡试第4名，会试第240名，钦点兵部主事	成己，仁也；成物，知也。性之德也。	常式
		以善服人者，未有能服人也；以善养人，然后能服天下。	变式：6股，无束股
嘉庆总计	共辑录121篇，常式19篇，变式102篇		
吉达善，吉年，道光壬午恩科，1822年，六-327-398	父：镶蓝旗满洲和伦佐领下监生，时任兵部笔帖式候选主事，中式第7名，钦点即用知县，签掣四川，乾隆辛亥二月生；子：镶蓝旗满洲和伦佐领下监生，时任兵部笔帖式委署主事，中式第58名，钦点即用知县奏留本部	子曰：学如不及，犹恐失之。	变式：6股，无束股
		诗云：鸢飞戾天，鱼跃于渊，言其上下察也。	变式：6股，无束股
		子曰：学如不及，犹恐失之。	常式
		诗云：鸢飞戾天，鱼跃于渊，言其上下察也。	变式：6股，无束股
江文玮，道光癸未科，1823年，七-103-106	安徽徽州府廪膳生，婺源县民籍，中式第82名，钦点即用知县	切问而近思，仁在其中矣。	变式：6股，无束股
苑馥桂，道光癸未科，1823年，七-193-200	贵州镇远府学廪生，原籍安徽池州，中式第190名，钦点即用知县	知远之近，知风之自，知微之显，可以入德矣。	变式：2股，余皆散体，甚不工
		入则孝，出则悌，守先王之道。	变式：6股，无束股
朱昌颐，道光丙戌科，1826年，七-221-224	浙江嘉兴府学拔贡生，海盐县龟籍，时任户部广西司候补主事兼云南司行走，会试中式第12名，覆试一等第2名，殿试一甲第1名，钦点翰林院修	人之有技，若己有之。人之彦圣，其心好之。	变式：4股，隔段对，甚不工
郑汝楫，道光丙戌科，1826年，七-235-242	浙江温州府永嘉县民籍，罗官学教习，中式第28名，钦点即用知县	无求备于一人。	变式：6股，无束股，甚工
		是集义所生者，非义袭而取之也，行有不慊于心，则馁矣。	变式：6股，无束股，含隔段对

续表

进士名讳、科份及页码	个人简介	八股文题目	体制模式
朱逢年，道光己丑科，1829年，七-327-334	江苏松江府华亭县廪膳生，民籍，会试第2名，殿试二甲24，钦点翰林院庶吉士	或生而知之，或学而知之，或困而知之，及其知之一也。	变式：6股，无束股
		君使臣以礼。	变式：4股，无后股和束股，工
马学易，道光壬辰恩科，1832年，八-225-232	苏州府学增广生，长洲县民籍，会试中式第1名，殿试三甲第24名，钦点刑部主事	施诸己而不愿，亦勿施于人。	变式：6股，无束股
		乐天者，保天下；畏天者，保其国。	变式：2股，长段对，无中股、后股和束股
安诗，道光癸巳科，1833年，九-19-22	江苏常州府金匮县优廪生，民籍，会试第15名，覆试一等12，殿试二甲第78名，钦点主事签分，兵部职方司	古之愚也直，今之愚也诈而已矣。	变式：6股，无束股，工，狂狷
姜申璠，道光乙未科，1835年，九-325-328	顺天府大兴县附生，民籍，祖籍浙江会稽，中式第4名	大德不逾闲。	变式：4股，无后股和束股
		夫孝者善继人之志，善述人之事者也。	变式：6股，无束股
蔡振武，道光丙申恩科，1836科，十一-10-14	浙江杭州府学附生，民籍，会试第2名，保和殿覆试二等11，殿试二甲66，朝考17，钦点翰林院庶吉士派习《国书》	小人闲居为不善，无所不至；见君子而后厌然，掩其不善而著其善。	变式：6股，无束股
徐相，道光戊戌科，1838年，十一-27-30	正蓝旗汉军都统文瑾佐领下廪膳生，会试第89名，保和殿覆试二等18，殿试二甲11，朝考入选，钦点翰林院庶吉士	言必信，行必果。	常式
吴苐元，道光庚子科，1840年，十一-71-74	肇庆府学廪生，民籍，乡试钦赐第1名，会试钦赐第1名，钦点国子监学正	赐也达，于从政乎何有。	变式：6股，无束股

续表

进士名讳、科份及页码	个人简介	八股文题目	体制模式
冯桂芬，道光庚子科，1840年，十一-87-90	江南苏州府吴县副贡生，民籍，道光戊子乡试副榜第8名，壬辰乡试第16名，会试中式第10名，保和殿覆试一等7，殿试一甲2，钦授翰林院编修	如琢如磨者，自修也。	变式：12股
		盖均无贫，和无寡。	变式：6股，无束股
刘廷榆，道光辛丑恩科，1841年，十一-291-294	山东东昌府拔贡生，民籍，时任沂州府蒙阴县训导，道光丁酉拔贡第1名，己亥乡试64，辛丑会试中式第4名，保和殿覆试二等3，朝考一等1，殿试二甲61，钦点翰林院庶吉士	约我以礼。	变式：6股，无束股和大结
麟庆，道光辛丑恩科，1841年，十二-289-292	正白旗满洲内务府瑞麟佐领下廪膳生，时任内务府笔帖式，中式第158名，钦点主事签分工部	君子依乎中庸，遁世不见知而不悔，唯圣者能之。	变式：6股，无束股
爱达，道光辛丑恩科，1841年，十二-315-318	镶黄旗蒙古业布冲额佐领下附学生，辛丑会试中式第167名，钦点吏部主事	诗云：王赫斯怒，爰整其旅，以遏徂莒，以笃周祜，以对于天下。	变式：6股，无束股
恩霖，道光甲辰科，1844年，十二-383-386	正白旗满洲福勒浑佐领下监生，中式第8名，钦点即用知县，签掣湖南	下学而上达，知我者其天乎。	变式：6股，无束股
蒋大镛，道光甲辰科，1844年，十三-15-18	江苏常州府无锡县附生，民籍，中式第31名，钦点即用知县，签掣直隶	有所不足，不敢不勉。	变式：6股，无束股，工
魏源，道光甲辰科，1844年，十三-369-372	无履历	以为未尝有材焉，此岂山之性也哉。	变式：6股，无束股

续表

进士名讳、科份及页码	个人简介	八股文题目	体制模式
徐时梁，道光乙巳恩科，1845年，十三-381-388	宁波府学附生，民籍，癸卯乡试第22名，会试第23名，钦点主事签分刑部	人焉廋哉，人焉廋哉。	变式：6股，无束股和大结
		诗曰：妻子好合，如鼓瑟琴。兄弟既翕，和乐且耽。宜尔室家，乐尔妻帑。	变式：6股，无束股
文颖，道光乙巳恩科，1845年，十四-19-22	正蓝旗汉军都统庆善佐领下俊秀监生，旗籍，会试中式第68名，钦点即用知县，签掣山东	诗曰：妻子好合，如鼓瑟琴。兄弟既翕，和乐且耽。宜尔室家，乐尔妻帑。	变式：6股，无束股和大结
文起，道光乙巳恩科，1845年，十四-35-38	正蓝旗汉军都统庆善佐领下俊秀监生，旗籍，会试第31名，钦点主事签掣工部	诗曰：妻子好合，如鼓瑟琴。兄弟既翕，和乐且耽。宜尔室家，乐尔妻帑。	变式：6股，中股为隔段对
张修府，道光丁未科，1847年，十四-339-342	江苏太仓直隶州嘉定县学廪膳生，民籍，会试第4名，覆试二等50名，殿试三甲第9名，朝考二等11，钦点翰林院庶吉士	君子贤其贤而亲其亲。	变式：6股，无束股
萨炳阿，道光丁未科，1847年，十四-367-370	正蓝旗满洲恩隆佐领下廪膳生，一等浙江候补知县，丁酉乡试第8名，丁未会试第9名，钦点即用知县，签分直隶	盖有之矣，我未之见也。	变式：6股，无束股
		孟子曰，子岂好辩哉，我不得已也。	变式：4股，无后股和束股
王肇歆，道光庚戌科，1850年，十五-337-344	江西吉安府安福县附生，民籍，中式第1名	所谓诚其意者，毋自欺也。	变式：6股，无束股
		子曰：泰伯其可谓至德也已矣，三以天下让民，无得而称焉。	变式：4股，无后股和束股
何元恺，道光庚戌科，1850年，十五-365-368	广西平乐府平乐县，民籍，会试第4名，殿试二甲85，钦点内阁中书	五十而慕者，予于大舜见之矣。	变式：10股

进士名讳、科份及页码	个人简介	八股文题目	体制模式
李殿华，道光癸卯乡试，1843年，二二九-429-432	西安府渭南县廪膳生，军籍，乡试中式第22名	言未及之而言谓之躁，言及之而不言谓之隐。	变式：6股，含一隔段对和一镶嵌对
道光总计	共辑录40篇，常式2篇，变式38篇		
葆谦，咸丰壬子恩科，1852年，十七-119-123	正蓝旗满洲世袭二等子爵松龄佐领下附生，中式第7名，钦点主事签分刑部	柴也愚，参也鲁。	变式：6股，无束股和大结
潘祖荫，咸丰壬子恩科，1852年，十七-151-154	江苏苏州府吴县监生，记名国子监学正学录，会试第9名，保和殿覆试二等第1名，殿试一甲第3名，赐进士及第，朝考一等第4名，授翰林院编修	楚国无以为宝，惟善以为宝。	变式：6股，无束股
恩吉，咸丰癸丑科，1853年，十八-163-169	内务府正白旗满洲毓恒管领下廪膳生，时任堂笔帖式，会试第9名，朝考一等27，钦点翰林院庶吉士	子曰：听讼，吾犹人也。必也，使无讼乎。	变式：4股，无后股和束股
		君子义以为质	变式：6股，无束股，工
		孟子道性善，言必称尧舜。	变式：6股，无束股
龚嘉儁，咸丰丙辰科，1856年，十九-25-32	云南府拔贡生，昆明县民籍，内阁中书，己酉云南乡试第17名，丙辰会试中式第8名，覆试一等24，殿试二甲20，钦点工部主事	告诸往而知来者。	常式
		洋洋乎发育万物，峻极于天。	变式：4股，意对
洪调纬，咸丰丙辰科，1856年，十九-59-62	湖北武昌府江夏县拔贡，庚戌科考取国子监学正，录候选内阁中书，民籍，会试第10名，覆试一等第4名，殿试二甲第11名，朝考一等第23名，钦点翰林院庶吉士	莫如□仁。	常式

进士名讳、科份及页码	个人简介	八股文题目	体制模式
马传煦，咸丰己未科，1859年，二十一–13–24	浙江绍兴府会稽县学咨部优行廪膳生，民籍。候选国子监学正学录，户部学习员外郎，会试第1名，朝考一等17，钦点翰林院庶吉士	色难有事。	变式：4股，无后股和束股。
		今夫天。	变式：6股，无束股
		焉能使予不遇哉。	常式
徐致祥，咸丰庚申恩科，1860年，二十二–223–234	江苏太仓州嘉定县监生，民籍	大学之道。	变式：6股，无束股，工
		植其杖而芸，子路拱而立。	变式：6股，无束股，工
		定于一。	常式：工
崔穆之，咸丰庚申恩科，1860年，二十二–282–286	山东东昌府荏平县拔贡生，民籍，会试第77名，覆试一等18，殿试二甲第6，朝考一等24，钦点翰林院庶吉士	大学之道。	常式：工
龚聘英，同治壬戌科，1862年，二十三–187–198	江苏太仓州崇明县学廪生，民籍，刑部江西司候补主事，军机处行走，方略馆协修，中式第4名，朝考一等，钦点翰林院庶吉士	此谓唯仁人为能爱人，能恶人。	变式：6股，无束股
		子曰："谁能出不由户？何莫由斯道也？"	变式：6股，无束股
		乐民之乐者，民亦乐其乐；忧民之忧者，民亦忧其忧。乐以天下，忧以天下。	常式：此期文中股后股较短，束股反而很长
李瑾辉，同治壬戌科，1862年，二十三–209–212	广东广州府新会县附贡生，民籍，会试第16名，朝考二等17名，钦点工部主事	此谓唯仁人为能爱人，能恶人。	常式：此期文中股后股较短，束股反而很长
		子曰，谁能出不由户，何莫由斯道也。	变式：4股，无后股束股，后股长，不工
仇炳台，同治壬戌科，1862年，二十三–233–244	江苏松江府娄县拔贡生，民籍。户部山东司主事，前充正黄旗官学汉教习同知衔，特用知县，中式第25名，朝考一等11名，钦点翰林院庶吉士	此谓唯仁人为能爱人，能恶人。	
		子曰，谁能出不由户，何莫由斯道也。	变式：6股，无束股，不工
		乐民之乐者，民亦乐其乐；忧民之忧者，民亦忧其忧。乐以天下，忧以天下。	常式

续表

进士名讳、科份及页码	个人简介	八股文题目	体制模式
温忠翰，同治壬戌科，1862年，二十四-87-90	山西太原府太谷县俊秀监生，民籍，正大光明殿覆试一等11名，会试第192名，殿试一甲第3，朝考一等第2，钦授翰林院编修	此谓唯仁人为能爱人，能恶人。	变式：6股，无束股，工
		子曰，谁能出不由户，何莫由斯道也。	变式：4股，无后股和束股
		乐民之乐者，民亦乐其乐；忧民之忧者，民亦忧其忧。乐以天下，忧以天下。	变式：6股，无束股，较工
解煜，同治癸亥恩科，1863年，二十四-119-130	直隶永平府临榆县县学廪膳生，民籍，壬戌科大挑二等候选教谕，会试第2名，覆试一等第2名，殿试二甲15，朝考一等第5名，钦点翰林院庶吉士	大畏民志，此谓知本。	变式：6股，无束股，较工
		其养民也惠，其使民也义。	变式：2股，长段对，无中股、后股和大结
		于是始兴发补不足。召大师曰：为我作君臣相说之乐。	变式：6股，无束股，较工
李嘉乐，同治癸亥恩科，1863年，二十五-68-80	河南广州附生，民籍，会试第76名，覆试二等第13名，朝考一等第28名，钦点翰林院庶吉士	大畏民志，此谓知本。	变式：6股，无束股，工
		其养民也惠，其使民也义。	变式：6股，无束股，工
		于是始兴发补不足。召大师曰：为我作君臣相说之乐。	变式：4股，起讲后有一长段散体议论
凌卿云，同治癸亥恩科，1863年，二十六-91-104	河南直隶光州学优增生，民籍，会试192名，覆试二等60名，朝考三等57名，钦点主事签分户部	大畏民志，此谓知本。	变式：10股
		其养民也惠，其使民也义。	变式：12股
		于是始兴发补不足。召大师曰：为我作君臣相说之乐。	变式：10股
吴峋，同治乙丑科，1865年，二十六-147-158	山东武定府海丰县学副贡生，民籍，会试第2名，钦点主事签分礼部祠祭司	孝慈则忠，举善而教不能，则劝。	变式：6股，无束股
		必得其寿。	常式：后股比较长
		不违农时，谷不可胜食也。	变式：6股，起股后有大段议论为过接，无束股
忠斌，同治乙丑科，1865年，二十七-79-90	正黄旗满洲内务府奎善佐领下廪膳生，乡试第6名，会试53名，殿试三甲68名，钦点主事签掣户部	孝慈则忠，举善而教不能，则劝。	变式：6股，无束股，工
		必得其寿。	常式：工
		不违农时，谷不可胜食也。	变式：6股，无束股

续表

进士名讳、科份及页码	个人简介	八股文题目	体制模式
张清华，同治乙丑科，1865年，二十七-451-454	广东广州府番禺县监生，民籍，会试第152名，覆试一等，16，殿试二甲第6，朝考一等35，钦点翰林院庶吉士	孝慈则忠，举善而教不能，则劝。	变式：6股，无束股，工
		必得其寿。	变式：4股，中股长段，烦乱不工，无后股、束股和大结
郑训成，同治戊辰科，1868年，二十八-299-310	浙江湖州府乌程县副贡生，民籍，会试第5名，保和殿覆试一等36名，钦点刑部主事即用	畏大人，畏圣人之言。	变式：6股，无束股，工
		君子未有不如此，而蚤有誉于天下者也。	变式：6股，无束股，工
		以予观于夫子，贤于尧舜远矣。	变式：4股，无后股和束股
顾树屏，同治戊辰科，1868年，三十-175-186	江西广信府广丰县优廪贡生，民籍军功，赏加员外郎衔工部都水司主事，会试第87名，朝考一等17名，钦点翰林院庶吉士	畏大人，畏圣人之言。	变式：6股，无束股，工
		君子未有不如此，而蚤有誉于天下者也。	变式：6股，无束股，工
		以予观于夫子，贤于尧舜远矣。	变式：6股，无束股，工
馨德，同治戊辰科，1868年，三十267-294（6篇）	镶白旗满洲裕光佐领下廪膳生，会试第101名，覆试一等20名，钦点翰林院庶吉士	畏大人，畏圣人之言。	变式：6股，无束股
		君子未有不如此，而蚤有誉于天下者也。	变式：6股，无束股
		以予观于夫子，贤于尧舜远矣。	常式：工
		吾斯之未能信，子说（壬戌乡试卷）	变式：6股，无束股
		及其至也，察乎天地（乡）	变式：9股，束股为排比对
		保民而王莫之能御也（乡）	变式：6股，无束股
嵩申，同治戊辰科，1868年，三十一-283-286	内务府镶黄旗满洲唐武塞一品荫生，户部贵州司学习郎中，赏戴花翎，会试第208名，钦点翰林院庶吉士	畏大人，畏圣人之言。	变式：6股，无束股，工
广照，同治戊辰科，1868年，三十一-353-364	内务府正白旗汉军赓音布佐领下副贡生，会试第219名，覆试一等45名，钦点翰林院庶吉士	畏大人，畏圣人之言。	变式：6股，无束股，工
		君子未有不如此，而蚤有誉于天下者也。	变式：6股，无束股，甚工
		以予观夫子，贤于尧舜远矣。	变式：2股，余皆散体，无大结

进士名讳、科份及页码	个人简介	八股文题目	体制模式
李郁华，同治戊辰科，1868年，三十二－89-100	湖南新化县优廪生，员外郎衔，候选六部主事，民籍，会试第266名，朝考一等15名，钦点翰林院庶吉士	畏大人，畏圣人之言。	变式：6股，后股为一个隔段对，实为8股
		君子未有不如此，而早有誉于天下者也。	变式：6股，无束股，工
		以予观于夫子，贤于尧舜远矣。	常式：有意对
邵世恩，同治辛未科，1871年，三十二－111-122	浙江杭州府钱塘县廪生，商籍，候选教谕	有子曰，信近于义，言可复也。恭近于礼，远耻辱也。因不失其亲，亦可宗也。	变式：7股，中股为排比对，无束股
		人一能之，己百之；人十能之，己千之，果能此道矣。	常式：甚工
		天下之善士，斯友天下之善士。	变式：6股，无束股
陈梦麟，同治辛未科，1871年，三十四－59-70	浙江绍兴府上虞县学咨部优行廪膳生，世袭云骑尉，民籍，会试第104名，覆试一等21，朝考一等70，钦点翰林院庶吉士	有子曰，信近于义，言可复也。恭近于礼，远耻辱也。因不失其亲，亦可宗也。	变式：7股，其中股为排比对，无束股和大结
		人一能之，己百之；人十能之，己千之。果能此道矣。	变式：6股，无束股
		天下之善士，斯友天下之善士。	变式：6股，无束股
朱庆镛，同治辛未科，1871年，三十四－131-142	江苏扬州府泰州学廪膳生，民籍，会试第126名，钦点即用知县	有子曰，信近于义，言可复也。恭近于礼，远耻辱也。因不失其亲，亦可宗也。	变式：7股，其中股为排比对，无束股和大结（此排比对俨然现实生活图谱，何来板滞？融哲理于寻常语，震撼人心；后股直为处世恒言，警策流丽，非融通之贤，难臻此境界）
		人一能之，己百之；人十能之，己千之。果能此道矣。	变式：6股，无束股
		天下之善士，斯友天下之善士。	变式：6股，无束股
彭懋谦，同治辛未科，1871年，三十五－187-194	陕西兴安府石泉县增贡生，候选同知，民籍，乡试第32名，会试第267名，钦点主事签，分工部	有子曰，信近于义，言可复也。恭近于礼，远耻辱也。因不失其亲，亦可宗也。	变式：5股，起股为排比对，无后股和束股
		人一能之，己百之；人十能之，己千之。果能此道矣。	变式：6股，无束股（此文栩栩，为学之曲折，如在目前）
		天下之善士，斯友天下之善士。	常式

续表

进士名讳、科份及页码	个人简介	八股文题目	体制模式
陈秉和，同治辛未科，1871年，三十五-355-376	山东充州府曲阜县拔贡生，充觉罗学正，蓝旗官学汉教习，乡试第163名，会试第299名，钦点翰林院庶吉士	有子曰，信近于义，言可复也。恭近于礼，远耻辱也。因不失其亲，亦可宗也。	常式：8股，其中起股与后股为排比对
		人一能之，己百之；人十能之，己千之。果能此道矣。	变式：6股，无束股
		天下之善士，斯友天下之善士。	变式：4股，无后股和束股
		设其裳衣。（乡）	变式：6股，无束股，工
		校者教也，序者射也。（乡）	变式：6股，无束股，工
高岳崧，同治辛未科，1871年，三十五-425-438	陕西西安府长安县廪生，民籍，会试第314名，保和殿覆试一等第7名，殿试一甲第2名，赐进士及第，钦授翰林院编修	有子曰，信近于义，言可复也。恭近于礼，远耻辱也。因不失其亲，亦可宗也。	变式：4股，无后股和束股，起股前、中股后有一长段散体议论，为此段时间常态
		人一能之，己百之；人十能之，己千之。果能此道矣。	常式
		天下之善士，斯友天下之善士。	变式：4股，无后股和束股（此文实类战国韩非之论，气盛言宜）
陈光煦，同治甲戌科，1874年，三十六-49-60	浙江杭州府钱塘县学附生，刑部学习主事，商籍，祖籍绍兴府，会试中式第4名，朝考一等第10名，钦点翰林院庶吉士	子曰：君子坦荡荡。	变式：10股
		自诚明谓之性。	变式：6股，无束股，工
		孟子曰：君仁，莫不仁；君义，莫不义。	变式：6股，无束股，工
楼杏春，同治甲戌科，1874年，三十六-247-259	浙江金华府学附生，义乌县民籍，中式第71名，钦点即用知县	子曰：君子坦荡荡。	变式：4股，无后股和束股
		自诚明谓之性。	变式：6股，无束股，工
		孟子曰：君仁，莫不仁；君义，莫不义。	变式：6股，无束股，工

进士名讳、科份及页码	个人简介	八股文题目	体制模式
延清，同治甲戌科，1874年，三十六-407-419	京口驻防优贡生，系蒙古镶白旗德通佐领下人。会试第106名，覆试一等第36名，钦点主事，签掣工部都水司	子曰：君子坦荡荡。	常式
		孟子曰：君仁，莫不仁；君义，莫不义。	变式：6股，无束股
乌拉布，同治甲戌科，1874年，三十七-21-33	镶黄旗满洲耀奎佐领下廪膳生，会试第117名，朝考一等33，钦点翰林院庶吉士	子曰：君子坦荡荡。	变式：6股，无束股
		自诚明谓之性。	常式
		孟子曰：君仁，莫不仁；君义，莫不义。	变式：6股，无束股和大结
保昌，同治甲戌科，1874年，三十七-343-356	正红旗汉军都统崇继佐领下附生，中式第175名，钦点即用知县	子曰：君子坦荡荡。	变式：6股，其中股为隔段对
		自诚明谓之性。	变式：6股，无束股
		孟子曰：君仁，莫不仁；君义，莫不义。	变式：6股，其后股为隔段对
胡廷玉，同治甲戌科，1874年，三十八-379-391	江西南昌府都昌县拔贡生，拣选知县，民籍，会试第331名，钦点内阁中书，其父亦为内阁中书，其夫子皆为科场大员	子曰：君子坦荡荡。	变式：6股，无束股
		自诚明谓之性。	变式：6股，无束股
		孟子曰：君仁，莫不仁；君义，莫不义。	变式：6股，无束股
詹鸿谟，同治甲戌科，1874年，三十八-404-415	浙江杭州府仁和县附生，民籍，原籍安徽休宁县，会试第341名，覆试一等24，朝考一等第8名，钦点翰林院庶吉士	子曰：君子坦荡荡。	常式
		自诚明谓之性。	变式：6股，无束股和大结
		孟子曰：君仁，莫不仁；君义，莫不义。	变式：6股，无束股（一唱三叹，应弦赴节，入后抑扬抗坠，尤飘飘乎有凌云之气）
咸同总计	共辑录109篇，其中常式18篇，变式91篇		
屈传衔，光绪丙子恩科，1876年，三十八-427-439	四川成都府贯县拔贡生，花翎五品衔，吏部候补主事，会试第4名，保和殿一等18，朝考一等31，钦点翰林院庶吉士	康诰曰：克明德；大甲曰：顾諟天之明命。	变式：6股，无束股
		施于有政，是亦为政	变式：6股，无束股
		惟义所在。	变式：6股，无束股

续表

进士名讳、科份及页码	个人简介	八股文题目	体制模式
朱善祥，光绪丙子恩科，1876年，三十九-13-	浙江嘉兴府秀水县，民籍。选拔贡生，刑部七品小京官，会试第15名，覆试一等，朝考一等81，钦点翰林院庶吉士	施于有政，是亦为政	变式：6股，无束股
		惟义所在。	变式：6股，无束股，工
缪荃孙，光绪丙子恩科，1876年，三十九-131-143	江苏常州府江阴县监生，民籍。	康语曰：克明德；大甲曰：顾諟天之明命。	变式：6股，无束股
		施于有政，是亦为政。	常式
冯崧生，光绪丙子恩科，1876年，四十-15-26	浙江杭州府仁和县学咨部优行增生，民籍，会试第112名，朝考一等49，钦点翰林院庶吉士	康语曰：克明德；大甲曰：顾諟天之明命。	变式：6股，无束股
		施于有政，是亦为政。	变式：6股，无束股
		惟义所在。	变式：6股，无束股
周宗洛，光绪丙子恩科，1876年，四十一-16-37	浙江湖州府归安县县学附生，民籍，内阁中书衔，会试第208名	康语曰：克明德；大甲曰：顾諟天之明命。	变式：2股，长段对。无中股、后股和束股
		施于有政，是亦为政。	变式：6股，无束股
		惟义所在。	变式：6股，无束股
吴子申，光绪丙子恩科，1876年，四十二-45-56	浙江绍兴府诸暨县学附生，民籍，乡试钦赐举人，会试钦赐进士及第，朝考钦点翰林院编修	康语曰：克明德；大甲曰：顾諟天之明命。	变式：6股，无束股，工
		施于有政，是亦为政。	常式
		惟义所在。	变式：6股，无束股，工
梁枚，光绪丁丑科，1877年，四十二-53-113	浙江湖州府归安县学附生，民籍，祖籍福建，会试第3名，保和殿覆试一等第25名，朝考一等第56名，钦点翰林院编修	修己以安百姓，修己以安百姓。	变式：6股，无束股，工
		言而世为天下则。	变式：6股，无束股和大结，工
		见贤焉然后用之。	变式：6股，无束股和大结，工
洪思亮，光绪丁丑科，1877年，四十三-15-26	安徽安庆府怀宁县拔贡生，民籍，会试第63名，保和殿覆试一等第9名，朝考一等四十一，钦点翰林院庶吉士	修己以安百姓，修己以安百姓。	常式
		言而世为天下则。	变式：缺大结，束股为长段对
		见贤焉然后用之。	常式

进士名讳、科份及页码	个人简介	八股文题目	体制模式
治麟，光绪丁丑科，1877年，四十三-163-210	正黄旗满洲中正佐领下荫生，会试第107名，钦点翰林院庶吉士	修己以安百姓，修己以安百姓。	变式：6股，无束股，工
		言而世为天下则。	变式：4股，无中股和后股
		见贤焉然后用之。	变式：6股，无束股，工
马彦森，光绪丁丑科，1877年，四十四-25-36	浙江台州府临海县优行廪膳生，民籍，会试第177名	修己以安百姓，修己以安百姓。	变式：6股，无束股，工
		言而世为天下则。	变式：6股，无束股
		见贤焉然后用之。	变式：6股，无束股
继昌，光绪丁丑科，1877年，四十四-183-194	内务府正白旗汉军善禄管领下监生，原籍满洲，会试第213名，钦点主事签，分工部	修己以安百姓，修己以安百姓。	变式：6股，无束股
		言而世为天下则。	变式：6股，无束股
		见贤焉然后用之。	变式：6股，无束股
朱锡蕃，光绪丁丑科，1877年，四十五-13-	安徽徽州府学廪膳生，休宁县民籍，会试172名，朝考一等42，钦点翰林院庶吉士	修己以安百姓，修己以安百姓。	变式：6股，其中含一个镶嵌对，无束股
		言而世为天下则。	变式：2股，长段对，无中股、后股和束股
		见贤焉然后用之。	变式：10股，含一个镶嵌对
王咏霓，光绪庚辰科，1880年，四十五-197-204	浙江台州府黄岩县副贡生，民籍，景山官学教习，会试第3名	子曰：吾与回言终日，不违，如愚。退而省其私，亦足以发，回也不愚。	变式：6股，其中含一个镶嵌对
		柔远人则四方归之，怀诸侯则天下畏之。	变式：2股，长段对，无中股、后股和束股
		又尚论古之人。颂其诗，读其书，不知其人，可乎？是以论其世也。	变式：4股，无后股和束股
于式枚，光绪庚辰科，1880年，四十六-13-28	广西平乐府贺县监生，民籍，祖籍四川顺庆府，会试第11名，殿试赐进士出生，朝考一等50名，钦点翰林院庶吉士	子曰：吾与回言终日，不违，如愚。退而省其私，亦足以发，回也不愚。	常式
		柔远人则四方归之，怀诸侯则天下畏之。	变式：6股，含一个镶嵌对，不工
		又尚论古之人。颂其诗，读其书，不知其人，可乎？是以论其世也。	变式：2股，余皆散论，甚不工

续表

进士名讳、科份及页码	个人简介	八股文题目	体制模式
沈曾植，光绪庚辰科，1880年，四十六－257－268	浙江嘉兴府嘉兴县俊秀监生，民籍，候选部寺司务，会试第24名，钦用主事签掣刑部	子曰：吾与回言终日，不违，如愚。退而省其私，亦足以发，回也不愚。	变式：6股，无束股
		柔远人则四方归之，怀诸侯则天下畏之。	变式：2股，长段对
		又尚论古之人。颂其诗，读其书，不知其人，可乎？是以论其世也。	变式：4股，含一个长段对，余皆散，不工
汪宗沂，光绪庚辰科，1880年，四十七－13－44	江南徽州府歙县优贡生，民籍，中式第40名，钦点即用知县签掣山西	子曰：吾与回言终日，不违，如愚。退而省其私，亦足以发，回也不愚。	变式：6股，无束股
		柔远人则四方归之，怀诸侯则天下畏之。	变式：2股，长段对，无中股、后股、束股和大结
		又尚论古之人。颂其诗，读其书，不知其人，可乎？是以论其世也。	变式：6股，无束股，工
萨廉，光绪庚辰科，1880年，四十七－207－214	镶蓝旗满洲明廉佐领下监生，会试第56名，钦点翰林院庶吉士	柔远人则四方归之，怀诸侯则天下畏之。	常式：束股较长
		又尚论古之人。颂其诗，读其书，不知其人，可乎？是以论其世也。	变式：4股，中股为一个长段对
柏锦林，光绪庚辰科，1880年，四十八－15－26	山东济南府济阳县优廪生，民籍，会试第90名，覆试一等第122名，朝考一等第68名，钦点翰林院庶吉士	子曰：吾与回言终日，不违，如愚。退而省其私，亦足以发，回也不愚。	变式：4股，中股为一个长段对
		柔远人则四方归之，怀诸侯则天下畏之。	变式：6股，后股较长，无大结
		又尚论古之人。颂其诗，读其书，不知其人，可乎？是以论其世也。	变式：6股，无束股
王懿荣，光绪庚辰科，1880年，四十九－35－42	山东登州府福山县民籍，副榜贡生，会试中式156名，保和殿覆试一等35名，殿试二甲17名，赐进士出身，朝考一等第3名，钦点翰林院庶吉士	子曰：吾与回言终日，不违，如愚。退而省其私，亦足以发，回也不愚。	变式：全文散体
		柔远人则四方归之，怀诸侯则天下畏之。	变式：2股，长段对，无大结

进士名讳、科份及页码	个人简介	八股文题目	体制模式
张是彝，光绪庚辰科，1880年，五十-13-24	江南苏州府长洲县学廪生，民籍，会试第181名，殿试三甲32，朝考二等第40名，钦点即用知县	子曰：吾与回言终日，不违，如愚。退而省其私，亦足以发，回也不愚。	变式：6股，后股较长，无束股和大结
		柔远人则四方归之，怀诸侯则天下畏之。	变式：2股，长段对，无大结
		又尚论古之人。颂其诗，读其书，不知其人，可乎？是以论其世也。	变式：6股，中股简洁，后股长段，无束股
张预，光绪癸未科，1883年，五十一-33-44	浙江杭州府钱塘县拔贡生，民籍，同知衔，分发补用同知直隶州随带加三级，会试第2名，覆试一等37名，殿试二甲第6名，朝考一等第8名，钦点翰林院庶吉士	知其说者之于天下也，其如示诸斯乎。	变式：6股，中股简洁，后股长段，无束股
		文理密察，足以有别也。	变式：10股，中股为四个单位排比对，后股长段，无束股和大结
		其事则齐桓晋文，其文则史。	变式：6股，无束股
顾儒基，光绪癸未科，1883年，五十二-11-22	江苏通州优行附学生，民籍，会试中式第43名，殿试三甲第94名，钦点内阁中书	知其说者之于天下也，其如示诸斯乎。	变式：6股，无束股
		文理密察，足以有别也。	常式：后股长段
		其事则齐桓晋文，其文则史。	变式：6股，无束股，工
王桂琛，光绪癸未科，1883年，五十三-19-30	山东青州府诸城县附生，民籍，会试第88名，殿试三甲第16名，朝考三等第23名，钦点内阁中书	知其说者之于天下也，其如示诸斯乎。	变式：6股，后股长段，无束股
		文理密察，足以有别也。	常式：工
		其事则齐桓晋文，其文则史。	变式：6股，无束股，工
赵五星，光绪癸未科，1883年，五十四-13-24	河南开封府学优廪膳生，会试第160名，钦点即用知县	知其说者之于天下也，其如示诸斯乎。	变式：6股，无束股，工
		文理密察，足以有别也。	变式：6股，无束股，工
		其事则齐桓晋文，其文则史。	变式：6股，无束股，工
徐贞，光绪癸未科，1883年，五十五-11-22	河南开封府优廪生，泗水县民籍，中式第166名，钦点即用知县	知其说者之于天下也，其如示诸斯乎。	变式：6股，无束股，工
		文理密察，足以有别也。	常式：中后股简洁，构成排比对
		其事则齐桓晋文，其文则史。	变式：6股，无束股，工

续表

进士名讳、科份及页码	个人简介	八股文题目	体制模式
熙麟，光绪癸未科，1883年，五十六-69-80	内务府正白旗汉军锡亨管领下监生，候补主事，会试第271名，朝考二等第1名，钦点翰林院庶吉士	知其说者之于天下也，其如示诸斯乎。	变式：2股，长段对
		文理密察，足以有别也。	变式：6股，起股为一镶嵌对
		其事则齐桓晋文，其文则史。	变式：6股，无束股，工
于齐庆，光绪丙戌科，1886年，五十六-309-320	江南扬州府江都县附生，民籍，会试第2名，殿试二甲16名，赐进士出身，朝考一等第7名，钦点翰林院庶吉士	子张问行 一节	变式：8股，束股长段，无大结
		中庸不可能也。	变式：6股，无束股和大结
		取诸人以为善，是与人为善者也，故君子莫大乎与人为善。	变式：6股，无束股
冯煦，光绪丙戌科，1886年，五十七-14-25	江苏镇江府金坛县副贡生，民籍，会试第15名，殿试一甲第3名，赐进士及第，钦授翰林院编修	子张问行 一节	变式：6股，无束股
		中庸不可能也。	变式：6股，无束股
		取诸人以为善，是与人为善者也，故君子莫大乎与人为善。	变式：6股，无束股
江峰青，光绪丙戌科，1886年，五十八-19-30	江南徽州府婺源县附生，民籍，会试第59名，朝考二等53名，钦点即用知县	子张问行 一节	变式：8股，无大结
		中庸不可能也。	变式：6股，无束股和大结
		取诸人以为善，是与人为善者也，故君子莫大乎与人为善。	变式：6股，无束股和大结，后股长段
吴鸿甲，光绪丙戌科，1886年，五十九-15-26	江苏常州府江阴县优廪生，民籍，会试第108名，保和殿覆试一等第48名，殿试二甲12名，赐进士出身，朝考一等26，钦点翰林院庶吉士	子张问行 一节	常式：束股长段
		中庸不可能也。	变式：6股，后股长段，无束股
		取诸人以为善，是与人为善者也，故君子莫大乎与人为善。	变式：6股，后股长段，无束股
梅汝鼎，光绪丙戌科，1886年，六十-19-30	江西南昌府南昌县学选拔廪生，民籍，会试第172名，覆试一等第20名，朝考一等第34名，赐进士出身，钦点翰林院庶吉士	子张问行 一节	变式：6股，后股长段，无束股
		中庸不可能也。	变式：4股，中股长段，无后股束股
		取诸人以为善，是与人为善者也，故君子莫大乎与人为善。	变式：6股，后股长段，无束股

进士名讳、科份及页码	个人简介	八股文题目	体制模式
周朝槐，光绪己丑科，1889年，六十二-13-24	广东广州府顺德县民籍，充广州府学廪膳生，会试第10名，朝考二等第47名，钦点主事签分吏部验分司兼文选司行走	子曰：行夏之时，乘殷之辂，服周之冕，乐则韶舞。	变式：4股，起股中股皆意对
		取人以身，修身以道。	变式：4股，仅一个短句和长段相隔出现的隔段对
		曰：子不通功易事，以羡补不足，则农有余粟，女有余布；子如通之，则梓匠轮舆皆得食于子。	变式：4股，意对，无后股和束股
戚扬，光绪己丑科，1889年，六十三-17-28	浙江绍兴府山阴县学优行廪膳生，民籍，会试第80名，殿试二甲第98名，赐进士出身，朝考一等第43名，钦点翰林院庶吉士	子曰：行夏之时，乘殷之辂，服周之冕，乐则韶舞。	变式：11股，含一个排比对
		取人以身，修身以道。	变式：6股，无束股
		曰：子不通功易事，以羡补不足，则农有余粟，女有余布；子如通之，则梓匠轮舆皆得食于子。	变式：4股，中股长段
孙鼎烈，光绪己丑科，1889年，六十四-11-22	江苏常州府无锡县岁贡生，民籍，内阁中书兼办中书科，诰敕事物方略馆校对，会试第125名，保和殿覆试一等第71名，殿试二甲第45名，朝考一等第73名，钦点翰林院庶吉士	子曰：行夏之时，乘殷之辂，服周之冕，乐则韶舞。	变式：4股，起股长段
		取人以身，修身以道。	常式：束股较长
		曰：子不通功易事，以羡补不足，则农有余粟，女有余布；子如通之，则梓匠轮舆皆得食于子。	变式：无股对，皆散体
孟滢，光绪己丑科，1889年，六十五-13-24	河南开封府郑州优贡生，民籍，会试第178名，朝考二等第90名，钦点主事签分礼部	子曰：行夏之时，乘殷之辂，服周之冕，乐则韶舞。	变式：6股，无束股
		取人以身，修身以道。	变式：4股，为镶嵌对
		曰：子不通功易事，以羡补不足，则农有余粟，女有余布；子如通之，则梓匠轮舆皆得食于子。	变式：4股，无后股束股
欧阳煦，光绪己丑科，1889年，六十六-17-28	江西九江府彭泽县学增生，民籍，会试第233名，保和殿覆试一等第8名，朝考一等第15名，钦点翰林院庶吉士	子曰：行夏之时，乘殷之辂，服周之冕，乐则韶舞。	变式：5股，中股为排比对
		取人以身，修身以道。	变式：6股，无束股
		曰：子不通功易事，以羡补不足，则农有余粟，女有余布；子如通之，则梓匠轮舆皆得食于子。	变式：4股，无后股束股

续表

进士名讳、科份及页码	个人简介	八股文题目	体制模式
陈懋鼎，光绪庚寅恩科，1890年，六十八-9-20	福建福州府闽县学附生，民籍，会试中式第15名，殿试二甲第127名，朝考二等第2名，钦点内阁中书	子贡曰："夫子之文章，可得而闻也；夫子之言性与天道，不可得而闻也。"子路有闻，未之能行，唯恐有闻。	变式：6股，无大结
		知所以治人，则知所以治天下国家矣。凡为天下国家有九。	变式：6股，无束股
		霸者之民，驩虞如也；王者之民，皞皞如也。	变式：6股，无束股
蔡元培，光绪庚寅恩科，1890年，六九-404-416	浙江绍兴府山阴县附学生，民籍，中式第81名	子贡曰："夫子之文章，可得而闻也；夫子之言性与天道，不可得而闻也。"子路有闻，未之能行，唯恐有闻。	变式：6股，无束股
		知所以治人，则知所以治天下国家矣。凡为天下国家有九。	变式：无股对，破承之后四个长段，皆散体，无大结
		霸者之民，驩虞如也；王者之民，皞皞如也。	变式：无股对，破承之后三个长段，皆散体
刘树屏，光绪庚寅恩科，1890年，七十-13-24	江苏常州府阳湖县学拔贡生，民籍，记名内阁中书，会试第83名，覆试一等第10名，朝考一等第68名，钦点翰林院庶吉士	子贡曰："夫子之文章，可得而闻也；夫子之言性与天道，不可得而闻也。"子路有闻，未之能行，唯恐有闻。	变式：4股，皆意对，甚不工
		知所以治人，则知所以治天下国家矣。凡为天下国家有九。	变式：6股，无束股
		霸者之民，驩虞如也；王者之民，皞皞如也。	变式：8股，无大结
章士荃，光绪庚寅恩科，1890年，七十一-39-50	江苏松江府增广生，娄县民籍，中式第144名	子贡曰："夫子之文章，可得而闻也；夫子之言性与天道，不可得而闻也。"子路有闻，未之能行，唯恐有闻。	变式：无股对，皆散体
		知所以治人，则知所以治天下国家矣。凡为天下国家有九。	变式：4股，起股后一长段议论，不对
		霸者之民，驩虞如也；王者之民，皞皞如也。	变式：4股，隔段对

进士名讳、科份及页码	个人简介	八股文题目	体制模式
王清穆，光绪庚寅恩科，1890年，七十二-13-24	江苏太仓州崇明县优行增贡生，民籍，会试第199名，保和殿覆试一等第29名，朝考二等第62名，钦点主事签分户部河南司行走	子贡曰："夫子之文章，可得而闻也；夫子之言性与天道，不可得而闻也。"子路有闻，未之能行，唯恐有闻。	变式：6股，无束股
		知所以治人，则知所以治天下国家矣。凡为天下国家有九。	变式：6股，无束股
		霸者之民，驩虞如也；王者之民，皞皞如也。	常式：束股长段，工
黄曾源，光绪庚寅恩科，1890年，七十三-15-26	汉军正黄旗驻防福州府学附生，旗籍，会试第279名，殿试二甲第122名，赐进士出身，朝考一等第72名，钦点翰林院庶吉士	子贡曰："夫子之文章，可得而闻也；夫子之言性与天道，不可得而闻也。"子路有闻，未之能行，唯恐有闻。	变式：8股，后股长段，无大结
		知所以治人，则知所以治天下国家矣。凡为天下国家有九。	变式：6股，无束股
		霸者之民，驩虞如也；王者之民，皞皞如也。	变式：6股，无束股和大结
刘可毅，光绪壬辰科，1892年，七十三-255-266	江苏常州府学拔贡生，武进县民籍，会试中式第1名，朝考一等第16名，钦点翰林院庶吉士	子曰，君子矜而不争，群而不党。子曰，君子不以言举人，不以人废言。	变式：8股，无大结
		斯理也，达乎诸侯、大夫及士、庶人。	常式：工
		井九百亩，其中为公田，八家皆私百亩，同养公田。	变式：无股对，冒头后三个长段，皆散体
王仁俊，光绪壬辰科，1892年，七十四-43-54	江南苏州府吴县学廪贡生，民籍，会试第20名，保和殿覆试一等第20名，殿试二甲第73名，赐进士出身，钦点翰林院庶吉士	子曰，君子矜而不争，群而不党。子曰，君子不以言举人，不以人废言。	变式：8股，束股长段，无大结
		斯理也，达乎诸侯、大夫及士、庶人。	变式：4股，皆意对，无大结
		井九百亩，其中为公田，八家皆私百亩，同养公田。	常式
周学铭，光绪壬辰科，1892年，七十五-17-28	安徽池州府建德县廪贡生，民籍。戊子科副榜刑部员外郎，江西司帮主稿兼司务厅行走，会试第53名，覆试一等第4名，殿试二甲第4名，赐进士出身，朝考一等第66名，钦点翰林院庶吉士	子曰，君子矜而不争，群而不党。子曰，君子不以言举人，不以人废言。	变式：10股
		斯理也，达乎诸侯、大夫及士、庶人。	变式：6股，无束股，工
		井九百亩，其中为公田，八家皆私百亩，同养公田。	变式：4股，无后股和束股

续表

进士名讳、科份及页码	个人简介	八股文题目	体制模式
杨楷，光绪壬辰科，1892年，七十六-21-24	江苏常州府无锡县增贡生，民籍，会试第99名，朝考二等第5名，钦点主事签分户部	子曰，君子矜而不争，群而不党。子曰，君子不以言举人，不以人废言。	变式：4股，无后股和束股
杨敬远，光绪壬辰科，1892年，七十七-13-25	河南光州直隶州商城县优廪生，民籍，会试中式第145名，朝考一等，钦点主事签掣吏部	子曰，君子矜而不争，群而不党。子曰，君子不以言举人，不以人废言。	变式：6股，无束股（此文尽皆人生哲学，哪有半分八股神理。却字对句偶，确是八股神品。描绘职场小人淋漓入骨，亦将小人伪为君子之状描摹尽净）
		斯理也，达乎诸侯、大夫及士、庶人。	常式
		井九百亩，其中为公田，八家皆私百亩，同养公田。	变式：6股，无大结
赵銮扬，光绪壬辰科，1892年，七十八-23-34	直隶天津府天津县廪膳生，民籍，丙戌会试誊录，中式第236名，奉旨以原班用	子曰，君子矜而不争，群而不党。子曰，君子不以言举人，不以人废言。	常式：束股长段对
		斯理也，达乎诸侯、大夫及士、庶人。	变式：6股，无束股
		井九百亩，其中为公田，八家皆私百亩，同养公田。	变式：4股，以四个"然则"四股排比
陶世凤，光绪甲午恩科，1894年，七十九-47-58	江苏常州府金匮县优廪生，民籍。国史馆誊录，会试第1名，朝考二等第4名，钦点主事签分兵部	达巷党人曰：大哉孔子。	变式：6股，无束股，工
		道不远人，人之为道而远人，不可以为道。伐柯伐柯，其则不远。执柯以伐柯，睨而视之。犹以为远。故君子以人治人，改而止。忠恕违道不远。	变式：4股，无后股和束股
		庆以地。	变式：4股，意对，余皆散体

进士名讳、 科份及页码	个人简介	八股文题目	体制模式
龚启芝，光绪甲午恩科，1894年，八十-13-24	浙江金华府学咨部优行廪膳生，东阳县民籍，国史馆誊录，景山官学教习，期满以知县用	达巷党人曰：大哉孔子。	变式：4股，起股中股之间有一大段散体议论
		道不远人，人之为道而远人，不可以为道。伐柯伐柯，其则不远。执柯以伐柯，睨而视之。犹以为远。故君子以人治人，改而止。忠恕违道不远。	变式：6股，无束股
		庆以地。	变式：2股，冒头后三大段议论，皆散体，最后两段意对
吴庭芝，光绪甲午恩科，1894年，八十一-17-28	江西九江府湖口县，民籍，拔贡生，刑部主事，湖广司主稿，会试第258名，覆试一等47名，钦点翰林院庶吉士	达巷党人曰：大哉孔子。	变式：6股，无束股
		道不远人，人之为道而远人，不可以为道。伐柯伐柯，其则不远。执柯以伐柯，睨而视之。犹以为远。故君子以人治人，改而止。忠恕违道不远。	变式：6股，无束股
		庆以地。	变式：4股，起股和中股之间有长段散体议论
孙荣枝，光绪乙未科，1895年，八十二-369-380	浙江杭州府仁和县副贡生，民籍，会试第2名，保和殿覆试一等第36名，朝考三等第44名，钦点主事签分户部	主忠信。	变式：6股，无束股
		优优大哉，礼仪三百。	变式：4股，起股和中股之间有长段散体议论
		居天下之广居，立天下之正位，行天下之大道。得志，与民由之。	变式：5股，中股为3段排比
吴纬炳，光绪乙未科，1895年，八十三-29-40	浙江杭州府钱塘县优廪生，民籍，宗室官学教习。会试第35名，覆试一等第48名，殿试二甲第2名，赐进士出身，钦点翰林院庶吉士	主忠信。	变式：6股，无束股
		优优大哉，礼仪三百。	变式：6股，无束股
		居天下之广居，立天下之正位，行天下之大道。得志，与民由之。	变式：4股，无后股束股，余皆散体
胡同颖，光绪乙未科，1895年，八十四-15-26	江苏苏州府昭文县，民籍，会试第145名	主忠信。	变式：12股
		优优大哉，礼仪三百。	变式：6股，缺束股，不工
		居天下之广居，立天下之正位，行天下之大道。得志，与民由之。	变式：5股，起股为3段排比对，中股为长段对

续表

进士名讳、科份及页码	个人简介	八股文题目	体制模式
陆增炜，光绪戊戌科，1898年，八十五-299-310	江苏太仓直隶州镇洋县附生，民籍，会试第1名，殿试二甲第54名，赐进士出身，朝考二等第69名，签分刑部云南清吏司	子曰：放于利而行，多怨。能以礼让为国乎？何有？不能以礼让为国，如礼何。	变式：6股，无束股
		不诚无物。	变式：4股，意对
		所以动心忍性，曾益其所不能。	常式
王廷材，光绪戊戌科，1898年，八十六-17-28	江苏松江府娄县附生，民籍，户部候补员外郎，会典馆校对官，保举候选知府，会试第27名，覆试一等第72名，奉旨以员外郎即用	子曰：放于利而行，多怨。能以礼让为国乎？何有？不能以礼让为国，如礼何。	变式：6股，无束股
		不诚无物。	变式：6股，无束股
		所以动心忍性，曾益其所不能。	变式：4股，无后股和束股
金兆丰，光绪癸卯科，1903年，八十八-231-234	浙江金华府金华县学咨部优行廪膳生，民籍，郡城中学堂师范高才生，会试第8名，朝考二等第54名，钦点翰林院庶吉士	敬事而信，节用而爱人。	变式：无股对，冒头后三段散体
黄居中，光绪甲科乡试，1894年，二三零-423-426	阶州直隶州优廪生，民籍，乡试中式第1名	远之则有望，近之则不厌。	变式：4股，镶嵌对
章祖申，光绪甲辰恩科会试，1904年，九十-77-80	浙江湖州府乌程县学优行廪生，民籍，会试第25名，朝考一等第27名，钦点翰林院庶吉士	大学之道，在明明德，在亲民，在止于至善。	变式：3股，排比对
光绪总计	共辑录165篇，其中常式17篇，变式148篇		
全部文本常、变比率	共辑录513篇，其中常式92篇，变式421篇，常式占总数的17.9%，变式占总数的82.1%		